Robert S. Robins
Jerrold M. Post

Die Psychologie des Terrors

Vom Verschwörungsdenken zum politischen Wahn

Robert S. Robins
Jerrold M. Post

Die Psychologie des Terrors

Vom Verschwörungsdenken zum politischen Wahn

Aus dem Amerikanischen von
Christiana Goldmann

Droemer

Die amerikanische Originalausgabe erschien 1997 unter dem Titel
Political Paranoia. The Psychopolitics of Hatred
bei Yale University Press, New Haven und London.

Die Folie des Schutzumschlags sowie die Einschweißfolie sind
PE-Folien und biologisch abbaubar.
Dieses Buch wurde auf chlor- und säurefreiem Papier gedruckt.

Redaktion: Thomas Menzel
Umschlaggestaltung: ZERO Werbeagentur, München
Umschlagabbildung: Artwork by ZERO
Satz: Ventura Publisher im Verlag
Druck und Bindung: Spiegel Buch GmbH, Ulm
Printed in Germany
ISBN 3-426-27273-3

2 4 5 3 1

Für unsere Enkelinnen

Katherine Simone Robins
Emily Post Keller
Rachel Post Gramlich

Mögt ihr in einer Welt aufwachsen,
die weniger von Haß weiß
und mehr von Verständnis und Toleranz.

Inhalt

Vorwort zur deutschen Ausgabe

Dieses Buch wurde 1997 geschrieben und veröffentlicht. Es beschreibt nicht nur das unheilvolle Phänomen des politischen Wahns, sondern warnt auch vor dessen Folgen. Die tragischen Ereignisse des 11. September 2001 zeigen, daß diese Warnungen nur allzu berechtigt sind.

Politischer Wahn ist keine seltene Form der Psychopathologie, vielmehr wohnt er dem menschlichen Wesen inne. Das Bedürfnis nach Feinden hat tiefsitzende biologische und sozialpsychologische Wurzeln. Von klein auf wird uns beigebracht, wen wir zu lieben und wen wir zu fürchten oder zu hassen haben. Weil die Neigung zum politischen Wahn derart tief in uns verwurzelt ist, konnten wir zeigen, wie sie in der Populärkultur, in der politischen Agitation und der politischen Macht, in der Literatur, der Religion, der Suche nach materieller Sicherheit und Wohlstand, aber auch im Innersten der von ihr Befallenen zum Ausdruck kommt. Alle diese Manifestationen des politischen Wahns gibt es auch heute noch, und es wird sie auch weiterhin geben, aber Form und Heftigkeit ihres Auftretens verändern sich mit den Zeitläuften.

Als wir dieses Buch geschrieben haben, zeigte sich eine wahnhafte Auffassung von Politik besonders in der populären Kultur und in terroristischen Aktionen von Bürgern der Vereinigten Staaten gegen ihr eigenes Land. Fünf Jahre später hat die Bedrohung spürbar zugenommen. Sie findet nun ihren Ursprung außerhalb der Vereinigten Staaten und wird von religiösem Extremismus und kulturellem Haß genährt. Diese Aspekte des Themas sind vor allem in den Kapiteln »Das Bedürfnis nach Feinden«, in dem die Psychologie von haßerfüllten Massenbewegungen beschrieben wird, und »Töten im Namen Gottes« sowie in den verschiedenen Abschnitten des Buches zu finden, die sich mit dem Islam befassen.

Das Motiv, im Namen Gottes zu töten, ist weder neu, noch ist es auf eine bestimmte Religion beschränkt. Im Alten wie im Neuen Testament gibt es Stellen, an denen zu Gewalt aufgerufen wird, um die bedrohte Religion zu verteidigen. Verschiedene gewaltbereite Massenbewegungen sowie Attentate wurden durch diese Verse angeregt.

Wie alle großen Religionen besitzt auch der Islam vielfältige Traditionen, von denen einige friedlichen und andere gewalttätigen Ursprungs sind. Die weltweite Bekämpfung und Vernichtung des Feindes, die von Osama bin Laden und seinem Terrornetzwerk Al Qaida propagiert wird, macht die Bedrohung deutlich, der die Hauptrichtung des Islam durch den radikalen Extremismus ausgesetzt ist. Dieser wird für die muslimische Jugend zusehends attraktiver, die wiederum von radikalen Klerikern aufgestachelt wird, welche den Haß auf den säkularen Westen predigen. Wie schon Khomeini vor ihm rechtfertigt auch Osama bin Laden die Gewalt, indem er Verse aus dem Koran zitiert: »Tötet die Götzendiener, wo immer ihr sie findet, und ergreift sie oder belagert sie und lauert ihnen auf an allen Orten.« Dieses Zitat belegt jedoch keineswegs, daß Gewalt für den Islam charakteristisch ist. Er ist keine gewalttätige Religion. Wir haben den Zwiespalt an anderer Stelle in unserem Buch so formuliert: »Die aus dem Alten Testament hervorgegangenen Weltreligionen sind, wie wir alle, gespalten zwischen dem Lebens- und dem Todestrieb, zwischen Liebe und Haß. Die heiligen Texte inspirieren durch Worte der Liebe und Gerechtigkeit, sie waren Ursache für einige der größten Errungenschaften des menschlichen Geistes. Allerdings haben sie Gläubige ebenso zu gewalttätiger Aggression im Dienste des Glaubens inspiriert.«

Die angesprochene Mißdeutung der Religion, obwohl in keiner Religion vollständig verschwunden, findet heute ihren stärksten politischen Ausdruck im Terrorismus, der von Teilen der islamischen Welt, besonders im Nahen Osten, getragen wird. Dieser Konflikt wird von vielen Problemen angeheizt. Seine psychologische Dynamik gründet sich jedoch auf den politischen Wahn und auf Aggression als vermeintliche Verteidigung.

Angst, Ekel oder gar Selbsthaß – Gefühle, welche die westlich geprägte Moderne bei vielen Moslems auslöst – haben den Wunsch geweckt, das Zentrum dieser Moderne und der Globalisierung anzugreifen: die Vereinigten Staaten von Amerika. Viele Moslems halten ihre Kultur und damit ihre Religion für bedroht. Völker, Länder und Zivilisationen, die sich bedroht fühlen, neigen zu rigidem Verhalten und exzessivem Mißtrauen, nicht nur gegenüber ihren Freunden, sondern gerade auch gegenüber der größeren Gemeinschaft, die ihnen kaum Beachtung schenkt. Weil die Bedrohung in ihren Augen allgegenwärtig ist, glauben sie ein Recht zu haben, all das zu vernichten, was nicht zu ihrer eigenen, streng definierten Gruppe gehört.
Elemente dieser Belagerungsmentalität finden wir nicht nur bei den muslimischen Extremisten, sondern auch bei Israelis und neuerdings auch in den Vereinigten Staaten. Dies bedeutet nicht, daß diese Mentalität jeder sachlichen Grundlage entbehrte. Die muslimische Welt, die Israelis und nun auch die Amerikaner haben durchaus Grund, sich bedroht zu fühlen. Sollte jedoch das Gefühl der Bedrohung die bestimmende psychologische Eigenschaft der Amerikaner werden, dürften das daraus entstehende Bewußtsein, Opfer zu sein, und die Aggression zum Zweck der Verteidigung im anbrechenden 21. Jahrhundert Konflikte heraufbeschwören, die es an Intensität mit denen des 20. Jahrhunderts ohne weiteres aufnehmen können.

Washington und New Orleans,
im Januar 2002

Robert Robins
Jerrold Post

Einleitung

(Der launige I-Ah erfuhr von Pu, daß ihm der Schwanz fehlte. Mit einem langen traurigen Seufzer sagte I-Ah:)
»Ich glaube, du hast recht.«
»Natürlich habe ich recht«, sagte Pu.
»Das erklärt einiges«, sagte I-Ah düster. »Es erklärt alles. Kein Wunder.«
»Du mußt ihn irgendwo gelassen haben«, sagte Winnie der Pu.
»Jemand muß ihn genommen haben«, sagte I-Ah. »Das sieht ihnen ähnlich«, fügte er nach langem Schweigen hinzu.

A. A Milne, *Pu der Bär*

Paranoia, die
Geistesstörung, die durch ein System von Wahnideen und die Projektion persönlicher Konflikte gekennzeichnet ist, die der angeblichen Feindseligkeit anderer angelastet werden; chronische funktionale Psychose mit schleichendem Verlauf, charakterisiert durch beharrliche, unerschütterliche, logisch konsistente Selbsttäuschungen, die für gewöhnlich Größen- oder Verfolgungswahn betreffen
Paranoiker, der
eine unter Paranoia leidende Person
paranoid, Adj.
durch übertriebenes Mißtrauen, Größen- oder Verfolgungswahn charakterisiert

Übersetzt aus:
Websters New Universal Unabridged Dictionary

Von den vielen Beileidsbekundungen, die Eleanor Roosevelt beim Tode ihres Ehemannes erhielt, stammte die merkwürdigste von Jossif Stalin. Nachdem er in knappen Worten seinem Mitgefühl Ausdruck verliehen hatte, deutete der sowjetische Diktator an, Franklin Delano Roosevelt sei wohl vergiftet worden, und er, Stalin, würde Mrs. Roosevelt jede erdenkliche Hilfe anbieten, wenn sie der Sache auf den Grund zu gehen wünsche. Offenbar gehörte es in Stalins Kreml zur Etikette, einer trauernden Witwe den Gedanken einzuflüstern, ihr Mann sei einem Mordanschlag zum Opfer gefallen, und sie zur Entlarvung des Übeltäters aufzufordern.[1] Sieht man einmal von dem makabren Humor ab, enthüllt diese Anekdote auch etwas sehr Bezeichnendes über die Politik des damals größten Landes der Erde. Zunächst einmal geht aus ihr hervor, daß das Land von einem Mann regiert wurde, der die Politik durch die Brille seiner Paranoia betrachtete. Aus seiner Perspektive sterben selbst ältere, an schwerer Hypertonie und Arteriosklerose leidende Männer keines natürlichen Todes, sondern werden vergiftet. Zweitens spiegelt die Andeutung, es sei ein Mord geschehen, und der Ratschlag, dafür Rache zu nehmen, offenbar das normale Vorgehen des Kremls wider; ein ganzes Regime huldigte dieser paranoiden Weltsicht. Und schließlich nahm Stalin an, der Rest der Welt – in diesem Fall die Vereinigten Staaten – teile sein gestörtes Realitätsbewußtsein. Er projizierte seine eigene psychopathologische Einstellung und die seiner Gesellschaft auf andere.

Doch zeugte diese Projektion wirklich von seinem psychopathologischen Zustand, oder entsprach sie nicht vielmehr der Wirklichkeit des Lebens im Kreml? Kürzlich veröffentlichte Dokumente aus sowjetischen Archiven belegen, daß Stalin behauptete, Lenin habe, nachdem ein Schlaganfall ihn ans Krankenbett gefesselt hatte, nach Zyankali verlangt, um seiner Qual ein Ende zu bereiten – und das, obwohl er nicht sprechen konnte. Stalin bezeichnete die Verabreichung des Giftes als einen »Akt der Menschlichkeit« und versprach, die Bitte »ohne Zögern« zu erfüllen.[2] Diese Begebenheit zeigt, daß Stalin Lenins Tod zu beschleunigen wünschte, um seine unumschränkte Macht zu sichern, und läßt sein Schreiben an Mrs. Roosevelt verständlicher erscheinen.

Die Verfasser dieses Buches – ein Psychiater, der seine berufliche Laufbahn der politischen Psychologie gewidmet hat, und ein Politologe, der sich seit langem mit der Rolle psychopathologischer Erscheinungen in der Politik beschäftigt hat – haben im Laufe ihres Lebens immer mehr erkannt, welche Bedeutung Wahnvorstellungen in der Politik zukommt.[3] Eine wahnhafte Weltsicht war ein entscheidender Beweggrund für die zerstörerische Politik der berüchtigtsten Massenmörder unseres Jahrhunderts: Adolf Hitler und Jossif Stalin. Dem Ajatollah Ruhollah Khomeini gelang es, gegen den äußeren Feind, den »Großen Satan« Vereinigte Staaten, eine solche Raserei zu entfachen, daß die Revolution der islamischen Fundamentalisten im Iran außerordentlich erfolgreich konsolidiert wurde. Der Massenselbstmord und die Tötung der Anhänger des Reverend Jim Jones im Tempel des Volkes in Guyana wurden durch Wahnideen ausgelöst, und Wahnideen gossen Öl ins Feuer jener Brandherde, die zu Tausenden und Abertausenden ethnisch motivierter Morde auf dem Balkan, in Indien und in Zentralafrika führten.

Im Extremfall gipfelt diese bösartige Triebkraft in blutigen Dramen. Doch auch in stabilen, demokratischen und humanen Gesellschaften lauert die paranoide Dynamik. Man denke nur an Filme wie *JFK, Silkwood* und *Missing,* in denen Verschwörungen die »wahre« Erklärung der Ereignisse darstellen. Für die Boulevardpresse gehören Verschwörungsgeschichten zum täglichen Brot, ob sie nun herhalten müssen, um den Tod Marilyn Monroes oder den Angriff auf Pearl Harbor zu erklären, und auch der Selbstmord Vincent Fosters, des Chefberaters des amerikanischen Präsidenten, am 20. Juli 1993 gab Anlaß zu Verschwörungstheorien. Freilich ist das Phänomen alles andere als neu. Frühere Jahrhunderte, etwa das Tudorzeitalter in England, waren geprägt vom Verfolgungswahn, und die lange Tradition der Verfolgungen von Juden, Katholiken, Zigeunern, Schwarzen und »Fremden« aller Art wäre ohne ihn nicht denkbar.

Als Persönlichkeitsstörungen betrachtet, können Wahnvorstellungen mit einer großen Bandbreite psychischer Zustände einhergehen, angefangen von völlig normalen Verhaltensweisen bis hin zu schweren psychopathologischen Erscheinungen. Nahezu unschädlich sind sie, wenn sie bloß eine gelegentliche menschliche Reaktion auf einen vieldeutigen Reiz sind. Wer von uns hat sich angesichts der Aufforderung, sich unverzüglich zum Chef zu begeben, nicht schon einmal gefragt: »Was habe ich denn nur angestellt?«

Einige Menschen, die in ihrem Leben nur selten von Mißtrauen geplagt wurden, entwickeln erst mit fortgeschrittenem Alter paranoide Züge, andere haben sie zeit ihres Lebens, und selbst wenn ihr Realitätssinn nie so weit getrübt wird, daß sie psychotische Wahnvorstellungen ausbilden, ist ihre Weltsicht doch überwiegend paranoid. Diese Menschen, die unter einer der ernstesten Persönlichkeitsstörungen leiden, haben eine paranoide Persönlichkeit. Die paranoide Persönlichkeitsstörung äußert sich in grenzenlosem Mißtrauen und ständigen Verdächtigungen, wobei die Motive anderer Menschen immer als böswillig gedeutet werden.[4]
Personen mit einer solchen paranoiden Persönlichkeitsstörung

- nehmen ohne hinreichenden Grund an, daß andere sie ausnutzen, ihnen schaden oder sie täuschen;
- hegen ständig Zweifel an der Loyalität oder der Vertrauenswürdigkeit ihrer Freunde oder Kollegen;
- zögern, sich anderen anzuvertrauen, weil sie grundlos fürchten, diese Information könne gegen sie verwendet werden;
- lesen verborgenen Spott oder Drohungen in wohlwollende Bemerkungen oder harmlose Ereignisse hinein;
- hegen ständig Groll gegen andere, weil sie Beleidigungen, Kränkungen und Mißachtungen nicht vergeben können;
- sehen sich Angriffen auf ihren Charakter oder ihren Ruf ausgesetzt, die für andere nicht nachvollziehbar sind, und sind schnell mit wütenden Reaktionen oder Retourkutschen bei der Hand;
- verdächtigen grundlos ihre Ehe- oder Sexualpartner, es mit der Treue nicht genau zu nehmen.

Im schlimmsten Fall geht die paranoide Haltung mit schweren Geistesstörungen einher, die sowohl funktional als auch organisch sind. Schwere paranoide Symptome werden von paranoider Schizophrenie, manisch-depressiven Störungen und organischen Psychosen begleitet. Sie treten auch in Spätstadien von Drogen- und Medikamentenmißbrauch auf.
Der Begriff *Paranoia* datiert bis in die Zeit vor Hippokrates zurück

und bezeichnet eine Geistesstörung. Im Zusammenhang mit Verfolgungs- und Größenwahn wurde der Ausdruck 1863 von Karl Ludwig Kahlbaum, einem deutschen Psychiater, eingeführt, doch erst ein anderer deutscher Psychiater, Emil Kraepelin, hat die Symptome der Paranoia systematisch beschrieben und den Ausdruck zur Bezeichnung einer seltenen Störung herangezogen, eines schleichend entstehenden Wahnsystems, das frei von Halluzinationen ist und mit völlig normalen logischen Überlegungen einhergeht. Ein anderer Pionier der Seelenkunde, Eugen Bleuler, definiert 1911 die Paranoia als »Ausbildung eines aus gewissen falschen Prämissen entwickelten und in seinen Teilen logisch verbundenen unerschütterlichen Wahnsystems, ohne nachweisbare Störung aller anderen Funktionen, also auch Mangel aller ›Verblödungssymptome‹, wenn man nicht die Kritiklosigkeit gegenüber den Wahnideen dazu rechnen will«.[5] Diese Störung zeichne sich durch ein geschlossenes Wahnsystem aus, ohne daß das Bewußtsein überhaupt getrübt sei oder andere psychische Erkrankungen vorlägen. Der Paranoiker ist, abgesehen von seiner Wahnvorstellung, das Opfer einer Verschwörung zu sein, völlig normal. Häufig ist die Wahnvorstellung nicht wahrnehmbar, obwohl sie den Paranoiker in wachem Zustand vollkommen beherrschen kann. Solange die Wahnideen nicht unmittelbar berührt werden, mag sich die Umgebung darüber täuschen, wie schwerwiegend der Realitätssinn des Paranoikers gestört ist.[6]

Von den vier klinischen Erscheinungsformen der Paranoia – Verfolgungswahn, Größenwahn, Eifersucht und sexuelle Erregung – tritt der Verfolgungswahn am deutlichsten und häufigsten auf. Verfolgungs- und Größenwahn sind es denn auch, die sich recht nahtlos in die Welt der Politik einfügen. Der Größenwahn entspringt einer frühen Phase in der kindlichen Entwicklung, in der Kinder davon überzeugt sind, erstaunliche Kräfte und Fähigkeiten zu besitzen. Als Reaktion auf Frustrationen flüchtet sich das paranoide Individuum in Allmachtsphantasien.

Personen, die Verfolgungswahn entwickeln, mißtrauen anderen zutiefst und neigen stark dazu, ihre eigene Feindseligkeit zu leugnen und sie auf andere zu projizieren.[7] Der Begriff Paranoia wird jedoch nicht nur in bezug auf diese spezifisch klinischen Symptome verwendet, er bezeichnet, wie wir bereits gesehen haben, im weiteren Sinne auch Züge und Verhalten einer Persönlichkeit, die ständig auf der Hut ist, andere stets verdächtigt, die überempfindlich und kontaktarm ist.[8] Ein wichtiger Aspekt dieses Verhaltens besteht darin, daß unangenehme persönliche Gefühle geleugnet und anderen zugeschrieben werden, ein Abwehrmechanismus, den man unter dem Namen »Projektion« kennt. Der Tatsache eingedenk, daß paranoide Reaktionen vielfältigen Ursprungs sein und nach Dauer und Heftigkeit variieren können, werden wir in diesem Buch die Begriffe paranoid und Paranoia in diesem weiteren Sinn aus austauschbar verwenden und darunter sowohl klinisch manifeste paranoide Zustände als auch paranoide Verhaltensformen und eine paranoide Weltsicht verstehen.

Obwohl die paranoide Weltsicht viele Bereiche des menschlichen Handelns berührt, ist sie in der von Parteiungen bestimmten Welt der Politik besonders ausgeprägt und stets gegenwärtig. Shimon Peres bemerkte einmal ironisch über das Mißtrauen, das sein Verhältnis zu seinem alten politischen Gegner, Israels Premierminister Yitzhak Rabin, durchzog: »Argwohn hat seinen ganz besonderen Charme. Er verleiht einem das Gefühl, immer auf seiten des Gerechten und Richtigen zu streiten. ... Argwohn ist eine sehr gefällige Ware.«[9] In seiner extremsten Form ist das paranoide Verhalten zerstörerischer als irgendein anderes politisches Verhalten.

Denn Paranoiker haben nicht einfach Gegner, Rivalen oder Widersacher: Sie haben Feinde, Feinde, die man nicht so leicht kaltstellen kann und bei denen jeder Versuch, Kompromisse mit ihnen einzugehen oder sie gar auf die eigene Seite zu ziehen, vergeblich wäre. Feinde kann man nur vernichten. Was sagte doch gleich Huey Long, der frühere Gouverneur von Louisiana, zu seinen politischen Widersachern? »Ich werde Sie nicht nur aus dem Feld schlagen, ich werde Sie ruinieren.«

Was die Definition und das Verständnis der politischen Paranoia erschwert, ist der Umstand, daß sie als durchaus angemessene politische Reaktion beginnt, dann aber weit über das Ziel hinausschießt. Wie Fieber bei bestimmten Krankheiten, so ist auch ein gewisses Maß an Argwohn in der Politik eine notwendige, ja gesunde Verteidigung. Lyndon B. Johnson, durchaus kein paranoider Politiker, bemerkte einmal, man müsse in der Politik die Fähigkeit besitzen, beim Betreten eines vollen Raumes zu spüren, wer der Anwesenden für und wer gegen einen sei. Jeder Politiker, ob in Moskau oder in Washington, muß sich beständig gegen Angriffe wappnen und besonders sensibel für die Versuche seiner Gegner sein, sich im geheimen zu organisieren und gegen ihn zu konspirieren. Ein Politiker, dem diese Sensibilität abgeht, wird sich nicht lange halten können, in einigen politischen Systemen mag ihm nicht einmal ein langes Leben beschieden sein. Im Kreml, wo Verschwörungen an der Tagesordnung waren, konnte es tödlich sein, dafür keine Antenne zu haben.

Politiker, die Verrat und Verschwörung hautnah erlebt haben, werden diese Lektion nie mehr vergessen und sie möglicherweise zu stark verallgemeinern. So wie der Aphorismus »Nur weil ich paranoid bin, bedeutet dies nicht, daß sie mir nicht an den Kragen wollen« einen wahren Kern haben mag, ist auch die Behauptung »Weil sie mir an den Kragen gehen wollten, war ich gut beraten, niemandem zu vertrauen und alle um mich herum als mögliche Feinde zu betrachten« oftmals wahr. Ist der Politiker erst ein gebranntes Kind, lernt er schon aus Selbsterhaltungstrieb, eine paranoide Haltung zu entwickeln und sich von anderen zurückzuziehen, was ihn unfähig macht, auf Vertrauen basierende Allianzen einzugehen.

Dieses Buch ist in verschiedene Stufen der Darstellung unterteilt. Zunächst beschreiben wir, wie sich die Welt einer paranoiden Persönlichkeit darstellt, für die Argwohn die Conditio sine qua non ist. Danach beschäftigen wir uns mit Verschwörungstheorien sowie historischen Ereignissen und Kulturen, die man nicht anders als paranoid nennen kann, um auf diesem Wege zu erklären, warum die menschliche Gattung einen derart starken Trieb zur Paranoia hat. Im nächsten Schritt wenden wir uns dem entscheidenden

Bindeglied zwischen Individuum und Kollektiv zu. Zum Schluß werden politische Führer mit einer paranoiden Weltsicht analysiert.

Paranoia ist ein Leitmotiv des politischen Lebens. Manchmal erklingt es presto und furioso wie die Musik von Bläsern, und manchmal wird es nur von einer Harfe gespielt, gleichsam zu einem zarten Geflüster gedämpft. Manchmal scheint es sich völlig verflüchtigt zu haben. Doch es kehrt immer wieder. Paranoia, die Quintessenz der politischen Psychopathologie, hat sich verheerend auf den Lauf der Geschichte ausgewirkt, und sie wird es auch weiterhin tun, da sie ein unabdingbarer Teil der menschlichen Natur ist.

Kapitel 1
Das wahnhafte Bewußtsein

> Unser Gehirn hat die Fähigkeit entwickelt, durch unsere Einbildungskraft eine eigene Welt für uns zu schaffen. Nur sehr wenige Menschen leben in der wirklichen Welt. Wir halten uns vielmehr im Reich unserer Wahrnehmungen auf, und diese unterscheiden sich stark voneinander, je nach den Erfahrungen, die der einzelne gemacht hat. Wir mögen Gefahren sehen, wo gar keine drohen. Ist die Störung sehr weit fortgeschritten, können wir uns sogar einbilden, unter Feinden zu leben, obwohl wir von Freunden umgeben sind.
>
> Willard Gaylin, *The Rage Within*

Der Paranoiker lebt in einer Welt voller Gefahren, er steht im Mittelpunkt allen Übelwollens. Die stets gegenwärtige Gefahr schärft seine Sinne. Da er sich ununterbrochen überwacht, alle seine Schritte beobachtet glaubt, fürchtet er, auch nur eine Minute in seiner Wachsamkeit nachzulassen könne tödlich sein. Wie ein Unterseeboot, das in feindlichen Gewässern mit seinem Periskop unaufhörlich den Horizont nach einem Feind absucht, sucht der Paranoiker unablässig nach kleinsten Hinweisen auf eine drohende Gefahr.

Die sieben Elemente der Paranoia

Äußerstes Mißtrauen ist eines der wesentlichen Merkmale des paranoiden Syndroms. Die anderen sind Selbstbezogenheit, Größenwahn, Feindseligkeit, Furcht vor einem Verlust der Autonomie, Projektion und Wahnideen.

Mißtrauen

Mißtrauen ist das sinnfälligste Merkmal des Paranoikers. Für ihn sind die Dinge nicht so, wie sie zu sein scheinen. Er läßt sich nicht von scheinbar unverfänglichen Tatsachen täuschen, sondern glaubt, ihre wahre Bedeutung zu kennen. Unaufhörlich sucht er nach verborgenen Bedeutungen, nach Hinweisen auf die Feinde, von denen er weiß, daß sie draußen lauern. Indem er seine Wahrnehmungen nach vorgefaßten Ideen und im voraus gezogenen Schlüssen interpretiert, indem er solchermaßen sein Denken auf den Kopf stellt, stürzt er sich auf den winzigsten Hinweis, der seine Verschwörungstheorie untermauert.[1] Auch wenn die Belege einer Verschwörung noch so stark widersprechen – er schiebt sie als Blendwerk beiseite, allein dazu gedacht, ihn in falscher Sicherheit einzulullen. Denn dafür wähnt sich der Paranoiker viel zu schlau, für ihn beweisen die anscheinend widersprüchlichen Tatsachen nur, wie gerissen und finster seine Feinde sind. Er *weiß* schließlich, daß er von Gefahren umgeben ist.

Seine Suche gleicht der des Wissenschaftlers, allerdings mit einem entscheidenden Unterschied.[2] Um die Wahrheit herauszufinden, geht der Wissenschaftler sowohl deduktiv als auch induktiv vor, er sucht nach Erklärungen für seine Beobachtungen. Der Wissenschaftler testet seine Hypothesen. Sollten die Beobachtungen gegen sie sprechen, ist er bereit, sie wieder fallenzulassen. Anders der Paranoiker, er kennt die »Wahrheit« bereits im voraus und sucht nach Bestätigung. Seine Schlußfolgerung steht schon fest, er braucht nur noch die Beweise. Der Paranoiker will also keine Hypothese bestätigen oder falsifizieren. Er zweifelt nicht daran, daß er bei genügender Anstrengung schon Beweise für seinen Verdacht finden wird. So greift er nur jene »Belege« heraus, die seinen Schluß, es drohe Gefahr, bestätigen. Mit geschärfter Aufmerksamkeit für das Detail interpretiert der Paranoiker – oft mit großem Scharfsinn – alle Tatsachen weg, die nicht zu seinen Täuschungen passen: In jedem Ereignis und in jeder Bemerkung spürt er Hinweise und »wirkliche Bedeutungen« auf. Seine Suche ist strikt zweckgerichtet.[3] In der Weltsicht des Paranoikers geschehen Ereignisse nicht einfach, sie sind bewußt von jemandem verursacht worden. Für den Paranoiker gibt es keinen Zufall. Alles geschieht nach einem Plan. Er ist besessen von dem Gedanken, die Bedeutung, den Plan hinter den scheinbar zufälligen Ereignissen aufzudecken. Begegnet der Paranoiker derselben Person an zwei aufeinanderfolgenden Tagen in der U-Bahn, so bedeutet das für ihn, daß er beschattet wird. Nickt die Person gar einer anderen zu, so ist klar, daß es ein Netz von Überwachern gibt. In der Welt des Paranoikers existieren keine Schattierungen, kein Platz für Ungewißheit. Mehrdeutigkeit wird nicht toleriert, alles wird tendenziell in Entweder-Oder-Kategorien gesteckt: gut oder böse, Freund oder Feind. Einen großen Teil seiner intellektuellen Findigkeit verwendet der Paranoiker darauf, Ungewißheit aufzulösen. Obwohl sein Urteilsvermögen getrübt ist, obwohl er Tatsachen nicht gegeneinander abwägt, kann man dem Paranoiker nicht absprechen, durch und durch logisch vorzugehen: Was falsch ist, sind seine Prämissen. Er ist ein großartiger Faktensammler, doch er sammelt nur jene Fakten, die sich seinem logischen System einfügen. So gesehen ist die Paranoia die intellektuellste unter den Geistesstörungen, jene, die sich am leichtesten mit einer komplexen politischen Ideologie verbinden kann. Menschen sind ihrem Wesen nach räsonierende Tiere, und der Paranoiker treibt das Räsonieren auf die Spitze. Das Problem liegt nicht im Nachdenken an sich, vielmehr entspringt es der vorgegebenen falschen Prämisse, daß Gefahr lauere.[4] Die besondere psychische Logik des Paranoikers wurde paläologisch genannt, um ihre primitive Natur zu unterstreichen.[5] Diese psychische Logik entspricht der eines Kindes oder eines Naturvolkes, das dem Unbegreiflichen einen Sinn verleihen möchte. Sie funktioniert nach einem Prinzip, das Eilhard von Domarus zum ersten Mal formuliert hat, ein Wissenschaftler, der das Wahnsystem paranoider Schizophrener systematisch untersucht hat.[6] Während der Normale Identität nur auf der Grundlage identischer Subjekte annimmt, akzeptiert die paläologische Logik auch die Identität der Prädikate. Gemäß dieser Logik können zwei Dinge, die ein gemeinsames Merkmal teilen, identisch sein. Wenn ein

kleiner Junge, zum Erstaunen seiner Mutter, einem Fremden mit dem Ruf »Papa« entgegenspringt, dann wendet er folgende Logik an: »Papa trägt eine Hose; dieser Mann trägt auch eine Hose; also ist dieser Mann mein Papa.« Die paranoide Täuschung, man sei die Jungfrau Maria, basiert auf derselben schrägen Logik: »Ich bin eine Jungfrau; Maria war auch eine Jungfrau; also bin ich die Jungfrau Maria.« Diese logische Verknüpfung erklärt, warum der Paranoiker der räumlichen oder zeitlichen Gleichzeitigkeit zweier unverbundener Ereignisse eine Bedeutung unterlegt.
Die Politik ist reich an dieser paläologischen Logik. Wenn mein Großvater vor 50 Jahren von Moslems ermordet wurde, dann sind alle Moslems Mörder und müssen dementsprechend behandelt werden. Wenn ein Bankier mich übers Ohr gehauen hat, sind alle Kapitalisten Diebe, und der Kapitalismus muß vernichtet werden. Für den Paranoiker gibt es keine zufälligen Tragödien oder Unglücksfälle.

Selbstbezogenheit

Die Annahme, er, der Paranoiker, sei die Zielscheibe böser Absichten, beherrscht sein Denken. Für den Paranoiker hat alles eine auf *ihn* bezogene Bedeutung. Handlungen und Bemerkungen, die mit ihm überhaupt nichts zu tun haben, sind seiner Meinung nach an ihn adressiert: Er weiß mit Sicherheit, daß er Gegenstand größten Interesses ist. Die Welt des Paranoikers wimmelt von Feinden, und im Mittelpunkt ihrer Aufmerksamkeit steht er. Eines der erstaunlichsten Merkmale des Paranoikers ist, daß seine Selbstbezogenheit eher defensiven Charakter hat. Er zieht es vor, im Mittelpunkt einer Verschwörung zu stehen, statt ignoriert zu werden.
Die Prämisse, alles beziehe sich auf die eigene Person, kann zu einer, wie Norman Cameron es genannt hat, paranoiden Pseudo-Gemeinschaft führen, zu einer »eingebildeten Organisation, die aus realen und imaginierten Personen besteht und für den Patienten das eine gemeinsame Ziel verfolgt, etwas gegen ihn zu unternehmen«.[7] Wenn sich der Wahn des Paranoikers verdichtet und ihm das Wesen der feindlichen, gegen ihn verschworenen Gemein-

schaft bewußt wird, geschieht es oft, daß er sagt: »Jetzt wird mir alles klar.«
Sobald die wahnhafte »Realität« zuschnappt, entwickelt sie eine Eigendynamik. Ein harmloser Blickkontakt zwischen Fremden wird zur Bestätigung, daß sie miteinander im Bunde stehen und Teil der Verschwörung sind. Ein Kratzer an der Autotür wird zum Beweis, daß das Auto wiederholt aufgebrochen und mit einer Wanze versehen wurde. Die gut organisierte Gemeinschaft verschworener Feinde wird zum Gegenstand aller aggressiven Projektionen des Paranoikers.

Größenwahn

Eng verknüpft mit dem Glauben des Paranoikers, er stünde im Mittelpunkt allen Geschehens, ist seine Selbstüberschätzung. Seine Gewißheit duldet keinen Widerspruch. Er kennt die Wahrheit und hat für alle, die so dumm sind, ihm zu widersprechen, nichts als Verachtung übrig. Die arrogante Haltung des Paranoikers führt regelmäßig zu gestörten zwischenmenschlichen Beziehungen.

Feindseligkeit

Was selbst bei flüchtiger Bekanntschaft mit einem Paranoiker auffällt, sind weniger seine Verschwörungstheorien und ist auch nicht seine Arroganz, sondern seine feindselige Haltung zur Welt. Der Paranoiker ist herausfordernd und reizbar, humorlos und überempfindlich, er ist angriffslustig, streitsüchtig und stets angespannt. Seine defensive Haltung enthält eine lauernde Angriffsbereitschaft. Die Gesellschaft eines Paranoikers vermittelt leicht das Gefühl, besonders vorsichtig sein zu müssen, um ihn ja nicht zu aggressiven Ausbrüchen zu provozieren.
Die innere Feindseligkeit des Paranoikers ist so heftig, daß er zum Gefangenen eines ständig wachsenden Bedürfnisses nach Liebe wird.[8] Da aber seine Selbstzweifel sehr ausgeprägt sind, ist auch die Ablehnung nicht weit entfernt, und seine Suche nach Liebe ist zum Scheitern verurteilt. Die untergründige Unsicherheit und Ungewißheit treibt den Paranoiker zwanghaft dazu, Liebes- und

Treuebeweise zu fordern. Seine Feindseligkeit, sein tiefsitzender Argwohn, sein Mißtrauen und das diesen Gefühlen entspringende Handeln machen es ihm schwer, enge Beziehungen aufrechtzuerhalten. Aufgrund der vermeintlichen Ungerechtigkeiten, die ihm in dieser bedrohlichen Welt zugefügt wurden, ist er ewig wütend. Er hat das Gefühl, alles sei ihm feindlich gesinnt, die Menschen um ihn herum warteten nur darauf, ihn zu erledigen. Er nimmt eine aggressive Haltung gegenüber seinen angeblichen Feinden ein und provoziert erst die Feindseligkeit, die er im voraus unterstellt hatte, was für ihn nur die Bestätigung dafür ist, daß sie tatsächlich hinter ihm her sind.

Einige Paranoiker suchen ihr Heil eher in der Flucht als im Kampf. Aber auch sie sind kontaktarm, in ihrer Kommunikation gehemmt und nicht weniger argwöhnisch als der beschriebene streitbare Typus.[9] Beide Typen sind große »Sammler von Ungerechtigkeiten«, doch während der kämpferische Paranoiker offen Widerstand leistet und Rache für seine angeblich schlechte Behandlung sucht, nährt der in sich gekehrte einen heimlichen Groll.

Furcht vor Autonomieverlust

Wie eine aufgezogene Feder ist der Paranoiker immer sprungbereit. Stets ist er auf einen Übergriff vorbereitet, den er als Beeinträchtigung seiner Autonomie oder seines freien Willens deutet. Sein psychologisches Motto lautet: »Trampelt ja nicht auf mir herum.« Sich äußerem Druck oder fremder Autorität zu beugen ist ihm unerträglich.[10] Er ist ununterbrochen auf der Hut vor möglichen Versuchen einer überlegenen Macht oder unbekannter Personen, ihm einen fremden Willen aufzuzwingen, und demonstriert übertriebene Unabhängigkeit.

Es entbehrt nicht der Ironie, daß der Paranoiker, getrieben vom Verlangen nach vollkommener Sicherheit und der Furcht vor einem Verlust der Kontrolle, sich oft selbst in Gefahr begibt.[11] Deshalb verbringt er seine Zeit damit, sich Umstände vorzustellen, die seiner Sicherheit abträglich sein könnten, und handelt dann nach diesen Vorstellungen. Sein Verlangen nach absoluter Sicherheit ist die Verkehrung eines durchaus gesunden Verhaltens, das von anpassungsfähiger Klugheit und Vorsicht geprägt ist. Der Paranoiker fürchtet sich vor Schwäche und verachtet warmherzige oder zärtliche Gefühle. Diesen Ängsten mag der Wunsch zugrunde liegen, Befehle entgegennehmen zu wollen, sich passiv einer Autorität zu unterwerfen. Nur ist dieser Wunsch für den Paranoiker unannehmbar, und deshalb baut er starke psychologische Barrieren gegen diese gefürchtete (und doch zugleich erwünschte) Möglichkeit auf.

Ein nicht geringes Maß an politischer Autonomie ist in der Tat notwendig, um die politischen Ziele und psychischen Bedürfnisse eines Machthabers zu erfüllen.[12] Vollkommene Autonomie ist freilich ebenso unmöglich wie vollkommene Sicherheit. Leben in einer Gesellschaft setzt voraus, sich in einigen Dingen dem Willen anderer zu unterwerfen und anzupassen. Dasselbe gilt für das Streben nach Sicherheit. Bis zu einem gewissen Grad müssen wir Ungewißheit akzeptieren. Da der Paranoiker sich mit dieser Unvollkommenheit nicht abfinden und keine Kompromisse schließen kann, befindet er sich ständig mit wirklichen und phantasierten Feinden im Streit, die ihn bevormunden und seine Autonomie verletzen wollen.

Projektion

Wenn Argwohn das Kennzeichen der Paranoia ist, so ist Projektion der ihr zugrundeliegende Mechanismus.[13] Projektion entspringt nach Sigmund Freud der normalen Tendenz, für innere Zustände oder Veränderungen äußere Ursachen verantwortlich zu machen. Ein Beispiel, das gerade für die politische Welt von Relevanz ist, ist die Neigung kleiner und ängstlicher Menschen, ihren Feinden eine übertriebene Größe und Macht zuzuschreiben.

Projektion stellt eine Abweichung gegenüber dem verhältnismäßig normalen Zustand der Scham dar. Unfähig, ein schmerzhaftes Gefühl zu ertragen, projiziert das Individuum es auf seine Mitmenschen und leugnet es. Zweck der Projektion ist es, unannehmbare Gefühle auf die Außenwelt zu übertragen. Ein solches Verfahren hat den Vorteil, daß eine unerträgliche innere Bedrohung auf diese Weise in eine leichter zu bewältigende äußere Bedrohung verwandelt wird. Dieser Vorteil ist allerdings um den Preis des Realitätsverlustes erkauft. Projektion, eine besondere Art der Realitätstrübung, stellt eine autistische Weltsicht dar. Der Paranoiker zieht sich nicht von der Außenwelt zurück; die Störung liegt vielmehr in der Interpretation der Wirklichkeit. Sie beruht auf einer durch interpretative Eingriffe verzerrten Erkenntnis dieser Realität. Die Projektionen des Paranoikers betreffen nicht das, was klar vor Augen liegt, sondern die hinter dem Beobachtbaren verborgenen Motive der anderen. Die Projektion ist ein Kompromiß mit der Wirklichkeit; der Paranoiker »kommt der Wirklichkeit auf halbem Wege entgegen«.[14]

Wahnideen

Wahnvorstellungen und irrige Meinungen, an denen trotz starker Gegenbeweise festgehalten wird, stellen das fixierte, verdichtete Extrem der Projektion dar. Die folgende Skizze aus einer Fallgeschichte illustriert eine Täuschung über den Bezugspunkt: »Ein junger Mann, der unter einer chronischen paranoiden Schizophrenie litt, zweifelte seit langem an seiner Männlichkeit und fürchtete, homosexuell zu sein. Während einer Busfahrt fühlte er sich zunehmend unwohl, da er sicher war, daß die Mitfahrenden ihn mit Abscheu betrachteten und hinter vorgehaltener Hand flüsterten: ›Schwuler‹.« Er hatte seine Selbstvorwürfe geleugnet und sie auf andere übertragen.

Von allen paranoiden Wahnvorstellungen finden Verfolgungs- und Größenwahn am leichtesten Eingang in die Welt der Politik. Diese beiden Wahnvorstellungen und die damit verbundenen Gefühle gehen beim Paranoiker, der sich für einzigartig hält, eine Allianz ein.[15] Er erwartet, ganz besonders zuvorkommend behandelt zu werden, obgleich er seinerseits dazu neigt, andere zu manipulieren und auszunutzen, ohne sich darüber bewußt zu werden, wie er auf sie wirkt. Behandelt man ihn nicht besonders entgegenkommend, reagiert er verletzt, verärgert, ja manchmal auch mit rachsüchtiger Wut.

Rodney war ein 54jähriger Mann, der nach dem Versuch, mit seinem Lieferwagen durch die Tore des Weißen Hauses zu brechen, in die Klinik eingeliefert wurde. Aus seinen persönlichen Unterlagen ging hervor, daß er am Vortag seine Arbeit als Tellerwäscher verloren hatte. Bei einem psychiatrischen Gespräch, das geführt wurde, um herauszufinden, ob er eine Gefahr für die Allgemeinheit darstelle, erklärte er mit wütender Selbstgewißheit, er sei schließlich der »König der Welt«. Er hatte durch die Tore des Weißen Hauses brechen wollen, um seinen angestammten Thron in Besitz zu nehmen.

Als der untersuchende Psychiater ihn darauf hinwies, daß bereits jemand auf dem Thron säße, warf Rodney ein: »Sie denken an Mr. Johnson.« »Ganz recht«, sagte der Psychiater, »und es scheint ihm dort gutzugehen.« Darauf Rodney: »Er ist bloß der Präsident, ich aber bin der König.« Gefragt, wie er ihn zum Verzicht auf den Thron bewegen wolle, antwortete der Patient: »Ich würde ihn zu überreden versuchen.« »Und wenn er sich nicht überzeugen läßt?« »Wenn es gar nicht anders geht«, entgegnete Rodney mit eisiger Entschlossenheit, »würde ich ihn mit Gewalt vertreiben.« Das gab den Ausschlag, und Rodney wurde in die geschlossene psychiatrische Abteilung eingewiesen.

Dieser Patient wehrte unerträgliche Minderwertigkeitsgefühle dadurch ab, daß er einen kompensatorischen Größenwahn entwickelte. Die äußerst schmerzhafte Tatsache, als Tellerwäscher entlassen worden zu sein, deutete er in die schmeichelhaftere Wirklichkeit um, zum König der Welt auserkoren zu sein.

Obwohl es sich einer Störung verdankt, ist das Wahnsystem kohärent, ein in sich geschlossenes Ganzes, dessen einzelne Aspekte sich gegenseitig unterstützen. Das Syndrom insgesamt mag für die Person aufbauend (»Ich muß doch eine bedeutende Persönlichkeit sein, wenn andere sich gegen mich verschwören«) und auf der politischen Bühne durchaus von Nutzen sein. Auch verfügt es über einen sich selbst bestätigenden Mechanismus. Ein politischer Mißerfolg untermauert die Verdachtsmomente des Paranoikers, und ein Erfolg bestätigt ihn in seiner Selbstüberhebung.[16] Doch nur bei dem offen in seinem Wahn gefangenen Paranoiker ist diese pathologische Einstellung sichtbar, sonst aber oft verschleiert. Typischerweise bleiben andere Charakterzüge davon unberührt: Stalin war beispielsweise für sein charmantes und leutseliges Verhalten bekannt.

Die Abwehr von Feindseligkeit und Minderwertigkeit

Vieles, was sich beim Paranoiker an der Oberfläche manifestiert, geht auf die Abwehr entgegengesetzter Gefühle zurück.[17] So erklärt sich auch das sture, allen gegenteiligen Beweisen trotzende Beharren des Betroffenen darauf, von Verfolgern umstellt zu sein. Der Paranoiker kann es sich nicht leisten, seinen vorab gezogenen Schluß, er würde verfolgt, in Zweifel zu ziehen, denn diese Annahme ist für sein psychisches Wohlbefinden notwendig. Er kann sich nicht mit der zugrundeliegenden Scham über seine Bedeutungslosigkeit konfrontieren. Der »Beweis«, daß man sich gegen ihn verschworen hat, macht ihn zu einer wichtigen Persönlichkeit. Als jemand, der von Feinden umringt ist, hat sich der Paranoiker seiner Bedeutung vergewissert.[18]

Indem er zu primitiven psychologischen Abwehrmechanismen wie Leugnung, Verdrehung und Projektion greift, distanziert sich der Paranoiker von seinen inneren Gefühlen. Das alles überragende Problem in paranoiden Zuständen ist die Feindseligkeit. Von heftigem Zorn erfüllt und aus Angst vor seinen eigenen Aggressionen, wehrt der Paranoiker seine Wut ab, indem er sich selbst zum Opfer von Verfolgern stilisiert.

Zweck der Projektion ist es, unannehmbare Gefühle, und das sind im Normalfall Aggressionen, an die Umwelt zu entäußern. Die Projektion schafft einen äußeren Ersatz für eine innere Spannung oder

Bedrohung und stabilisiert auf diese Weise wieder ein bedrohtes und rigides Abwehrsystem. Dank der Projektion veräußerlicht der Paranoiker sein ganz und gar böses, aggressives Ich und schreibt diese Gefühle anderen Personen oder Gruppen zu. Diese werden nun ihrerseits zu äußeren Verfolgern, gegen die es sich zu verteidigen heißt. Aus diesem Grund reagiert der Paranoiker so argwöhnisch oder so extrem sensibel auf andere Menschen.[19] Er erweckt den Eindruck, er beschäftige sich ständig mit sich selbst und sei höchst arrogant, ohne sich um die Bedürfnisse und Gefühle anderer zu kümmern. In Wahrheit aber grübelt er fast immer darüber, was andere ihm gegenüber empfinden. Die Arroganz ist nur eine Maske, die seine stets präsente Unsicherheit und seine Selbstzweifel verbirgt. Weil der Paranoiker sich unterlegen und verachtet fühlt, wird er leicht ein Opfer von Neid und Eifersucht. Da er seine Umwelt ständig beobachtet, um herauszufinden, was sie von ihm denkt, nimmt er immer das Schlimmste an. So erklärt sich seine Empfindlichkeit gegenüber Kritik. Der defensive Selbstbezug führt regelmäßig zu gestörten persönlichen Beziehungen.

Der Paranoiker schützt sich gegen die unerträgliche Wirklichkeit, indem er eine andere Wirklichkeit konstruiert. Die neugeschaffene Realität ist Balsam für sein verwundetes Ich. Die Selbstüberschätzung muß als Abwehr seiner Bedeutungslosigkeit verstanden werden. Das Bedürfnis, an einem positiven Selbstbild festzuhalten, erklärt, warum er so hartnäckig behauptet, Gegenstand einer Verschwörung zu sein. Auch wenn man erwarten würde, der Paranoiker fühle sich durch die Erkenntnis, daß es keinerlei Verschwörung gegen ihn gibt, beruhigt, wäre sie im Gegenteil für ihn katastrophal. Sie würde sein Bewußtsein zunichte machen, daß er eine bedeutende Persönlichkeit ist. Für ihn ist es besser, verfolgt, als überhaupt nicht beachtet zu werden. Wenn er sich für ein Nichts hält, verschafft ihm der Wahn, Gegenstand einer Verschwörung zu sein, ein Gefühl von Bedeutung. Wer sich für einen Versager hält, rettet seine Selbstachtung, wenn er sein Versagen der Niedertracht anderer zuschreiben kann, wie der folgende Auszug aus einer Krankengeschichte verdeutlicht.

Will, ein 23jähriger Student, der an einer Universität in Washington, D.C., die Vorbereitungskurse für ein Medizinstudium besuchte, wurde mit einem akuten psychotischen Schub in die Klinik eingeliefert. Er war von der Vorstellung besessen, der Stadtrat hindere seine frühere Freundin Barbara daran, ihn zu sehen. Offenbar fürchtete Barbara, eine schöne Kommilitonin, die nebenbei als Fotomodell arbeitete, durch die Prüfungen zu fallen. Sie hatte sich an Will herangemacht, ihm erzählt, wie attraktiv sie ihn fände, und ihn gebeten, ihr bei ihren Arbeiten zu helfen. Will arbeitete Tag und Nacht mit ihr, so daß Barbara die Prüfungen bestand. In dieser Zeit hatte er sich heftig in sie verliebt, und sie schien seine Liebe zu erwidern.
Nachdem die Prüfungsergebnisse veröffentlicht worden waren und damit klar war, daß Barbara ihren Abschluß würde machen können, ließ sie Will sofort fallen. Unfähig, die Realität zu ertragen und zu erkennen, daß ihn Barbara, die in Wahrheit nichts für ihn empfand, skrupellos ausgenutzt und manipuliert hatte, hielt er seine Selbstachtung aufrecht, indem er die Wahnvorstellung entwickelte, Barbara liebe ihn zwar, aber der Stadtrat habe sich verschworen, die beiden zu trennen. Diese Vorstellung schützte ihn vor zwei demütigenden Wahrheiten: der des Verlustes von Barbara und – vielleicht noch wichtiger – der der demütigenden Beschämung, manipuliert worden zu sein. Er hatte nicht nur die Realität geleugnet, er hatte zudem sein inneres Ohnmachtsgefühl umgewandelt und auf die Machenschaften des Stadtrates projiziert. Nicht der arme Narr Will war manipuliert und zurückgewiesen worden. Vielmehr war der mächtige Stadtrat dafür verantwortlich. Diese Wahnvorstellung erlaubte es Will, sich nicht als einen ausgebeuteten und fallengelassenen Tölpel zu sehen, sondern als Hauptperson einer üblen Verschwörung, als romantisches Opfer einer mächtigen Instanz, die eine Vereinigung mit seiner Geliebten verhinderte. Nachdem man ihm geholfen hatte, sich der

schmerzvollen Realität seines Verlustes zu stellen, wichen seine Wahnvorstellungen tiefer Depression und Selbstmordgedanken. Die projizierten Gefühle waren nun wieder internalisiert worden, und die schmerzhafte Realität war sichtbar geworden.

Paranoider Verfolgungs- und Größenwahn dient dem Zweck, ein Gefühl von Unterlegenheit, Wertlosigkeit und geringer Liebenswürdigkeit zu überwinden. So wie die Vorstellung, Ziel einer Verschwörung zu sein, vor der eigenen Minderwertigkeit schützt, ist auch die Großspurigkeit des Paranoikers eine Abwehr der eigenen Unsicherheit. Es ist besser, großartig und von zentraler Bedeutung zu sein, als unbedeutend und unzulänglich. Ein Mensch mit übertriebener Selbsteinschätzung und großen Ambitionen, der unleugbar gescheitert ist, kann seinen mangelnden Erfolg durchaus den Machenschaften seiner Feinde zuschreiben. Wenn auch unterschiedlich stark ausgeprägt, so ist die Ideenwelt des Paranoikers doch immer eine Kompensation seiner Minderwertigkeitsgefühle. Der Paranoiker schützt sein Selbstwertgefühl, indem er die Schuld anderen Personen gibt.[20]

Der Größenwahn ist ein Schutzschild für ein zerbrechliches Ich. Die Eifersucht des Paranoikers, seine Empfindlichkeit gegenüber Zurücksetzung und sein prompt hochkochender Ärger angesichts einer Beleidigung, dies alles entspringt seiner Unsicherheit, die seine arrogante Fassade verbirgt. Wird seine Fassade der Großartigkeit von der Wirklichkeit durchlöchert, entstehen unerträgliche Scham, Verletzung und Wut.

In der Erwartung, bevorzugt behandelt zu werden, und in der Wut über die enttäuschte Erwartung manifestiert sich eine narzißtische Anspruchshaltung, denn die Paranoia läßt sich als eine primitive Form des krankhaften Narzißmus begreifen.[21] Die narzißtische Trias besteht (1) aus einer narzißtischen Anspruchshaltung, die unvermeidlich zu (2) Enttäuschung und Desillusionierung angesichts der Frustration unersättlicher narzißtischer Bedürfnisse führt, was wiederum (3) aufgrund der Zurückweisung des »Anspruchs« eine narzißtische Wut auslöst.«[22] Diese dynamische Abfolge ist von größter Bedeutung, um die enge Beziehung zwischen Größenwahn, Verfolgungsgefühlen und nachtragender Rachsucht beim Paranoiker zu verstehen. Die Stärke der Wut erklärt sich aus dem Bewußtsein, daß sein Anspruch negiert und sein großartiges Selbstbild verraten wurde.[23] Auf dem Grund der paranoiden Persönlichkeit lauern Gefühle von Leere, Ungenügen, Scham und Verletzlichkeit.

Ein psychodynamisches Diagramm der politischen Psychologie Adolf Hitlers würde enthüllen, daß ihre Hauptmechanismen auf Projektion und Schuldzuweisung beruhen (vgl. Kapitel 11). Als Hitler versuchte, den deutschen Volkskörper durch die Ausmerzung der jüdischen Pestbeule zu reinigen, projizierte er die geschmähten und gehaßten Teile seiner eigenen Persönlichkeit auf die Juden, um sie dann wütend anzugreifen.[24] Hitler ist das Paradebeispiel eines Paranoikers in der Politik.

Die politische Krankheit schlechthin

Paranoia, jene Geisteskrankheit, die sich am stärksten zwischenmenschlich auswirkt, ist im weiteren Sinn zugleich auch die politischste, da sie sich um Machtbeziehungen dreht. Der Paranoiker kann ohne Feinde nicht leben, und wo sonst könnte man sie so zahlreich finden wie auf der politischen Bühne?

Die fundamentalen Gefühle von Ungenügen, Leere und Verletzlichkeit, die den Paranoiker beherrschen, können sich in der Empfindung von Machtlosigkeit niederschlagen, in einem unerträglichen Gefühl, das, koste es, was es wolle, abzuwehren ist. Welche möglichen politischen Folgen daraus entspringen können, verdeutlichte der Fall Rodney und dessen Versuch, mit seinem Lieferwagen die Tore des Weißen Hauses zu durchbrechen. Was könnte für den Ohnmächtigen mehr Stärke symbolisieren als das Weiße Haus, der Sitz der Macht, die Residenz des mächtigsten Mannes der Welt. Die Welle von Angriffen im Jahr 1994 war ein Beispiel für Ohnmächtige, die in ihrer Frustration Amok liefen und einen kurzen Augenblick lang Beachtung und Bedeutung erhielten. Der Mann, der sich mit einem Flugzeug auf die Säulenhalle des Weißen Hauses stürzte, nachdem er das Radarsystem durchbrochen hatte und in die Bannmeile eingedrungen war, wollte mit einer aufsehenerregenden Tat aus der Welt gehen. Der gefeuerte Tellerwäscher, der eigentlich König sein sollte, gab den Mächtigen des Establishments die Schuld. Er war bereit, ein Attentat auf dessen Oberhaupt durchzuführen, auf den Mann, den er für seine Mißerfolge verantwortlich machte. Doch nicht nur der aggressive, streitlüsterne Paranoiker, sondern auch der stille, zurückgezogene hat politisch eine Rolle gespielt. Als Gruppe genommen, spiegeln die tatsächlichen oder potentiellen Präsidentenmörder in den Vereinigten Staaten das gesamte psychopathologische Spektrum der Paranoia. Viele von ihnen führten ein unauffälliges, zurückgezogenes Leben, bevor sie mit ihrer Tat Geschichte machen wollten. Es waren düster vor sich hin brütende, mißtrauische Einzelgänger, die sowohl Größenwahn als auch Verbitterung an den Tag legten. Die Kluft zwischen ihren großen Ambitionen und ihrer Existenz als Versager war riesig. Mit ihren politischen Gewaltakten wollten sie die Mächtigen treffen, denen sie die Schuld an ihren Fehlschlägen gaben.[25]

Die Welt der Politik besitzt für Individuen und Gruppen mit paranoiden Charakterzügen einen hohen Stellenwert. Im weitesten, nicht pathologischen Sinn des Wortes unterscheidet sich die paranoide Reaktion qualitativ nicht von anderen Reaktionen, denen man im menschlichen Verhalten begegnet. Die Paranoia ist lediglich die Übertreibung eines an sich bewährten Verhaltens in der Politik, das durch Wachsamkeit, scharfer Beobachtung und kluger Prävention gekennzeichnet ist. Ihre politische Brisanz entspringt ihrer bemerkenswerten Fähigkeit, sowohl ein heftig aggressives Verhalten gegenüber eingebildeten Objekten als auch energische und erfolgreiche Reaktionen auf echte Gefahren zu stimulieren.

Mit anderen Worten: Die politische Paranoia verzerrt konventionelle und nützliche Reaktionen auf eine Gefahr. Sie verdankt ihre einzigartig zerstörerische Kraft also nicht nur ihrem krankhaften Argwohn und Wahn, sie verdankt sie ironischerweise auch der (Über-)Aktivierung eines gesunden psychologischen Verhaltens und klugen politischen Handelns. Zunächst kann die paranoide Reaktion beträchtliche Erfolge verzeichnen. Nachdem sie durch ihre Auswüchse verheerenden Schaden angerichtet hat, ist sie oft selbstzerstörerisch. Doch das muß nicht sein. Wie der Fall Jossif Stalin zeigt (vgl. Kapitel 10), kann die furchtbare Unsicherheit des Paranoikers an der Macht alles in den Strudel der Gewalt hineinziehen. Die skrupellose Beseitigung von Feinden, seien sie nun wirkliche oder eingebildete, erweckt den Anschein relativer Sicherheit.

Gerät ein Politiker unter Druck, erscheinen seine charakteristischen Reaktionen wie in einem Vergrößerungsglas. Vor allem bei drohender Gefahr kann der vorsichtig mißtrauische Politiker offen paranoid werden. Denn Mißtrauen an sich ist nicht dysfunktional, paranoides Mißtrauen stellt jedoch eine bösartige Störung dar. Paranoia wird dann zur Karikatur eines an sich bei Gefahr angemessenen Verhaltens und Denkens.

Der politische Paranoiker hat sich nicht ganz und gar von der wirklichen Welt entfremdet. Vielmehr klammert er sich engstirnig an einen Ausschnitt der Wirklichkeit und vergröbert ihn bis ins Pathologische. Dieser Ausschnitt kann eine Tatsache sein: Es mag wirklich eine kleine Verschwörung gegen ihn laufen, es mag ihm wirklich ein kleines und weitgehend unverdientes Unrecht geschehen sein. Es könnte jedoch auch sein, daß irgendein harmloses Ereignis entstellt wird, ein Ereignis, das sich vernünftigerweise nicht als bewußt feindseliger Affront auffassen läßt. Wenn er von derartigen Ereignissen besessen ist, verliert der Paranoiker jedes Maß und baut eine geschlossene Weltsicht um die von ihm erschaffenen Vorstellungen auf.

Es kann durchaus sein, daß sein Verhalten im Kern auf einem Stück Realität beruht, nur kann die Form dieses Verhaltens die Realität verzerren. Der Argwohn, der Eifer, mögliche Feinde zu vernichten, bevor sie selbst zum Schlag ausholen, die Neigung, alle

Ereignisse auf die eigene Person zu beziehen, pervertiert und übertreibt, was in einem gar nicht so verschiedenen Kontext und bei mehr Ausgewogenheit eine gute Selbstbehauptungsstrategie wäre. So erklärt sich auch die These, Paranoia sei gar keine Krankheit, sondern eine fehlgeschlagene Form der Anpassung.[26]

In der politischen Sphäre geht es weniger um unverhohlene Wahnvorstellungen. Sie sind eher die Ausnahme und für andere klar zu erkennen. Die größere Gefahr geht von Wahngedanken aus, die im Grenzbereich bleiben und daher von anderen nicht so einfach als Produkte des Irrsinns identifiziert werden. Bei den meisten Paranoikern in der Politik ist es wahrscheinlich, daß ihr Wahn die Übertreibung und Störung wirklicher Ereignisse und vernünftiger Überzeugungen enthält und nicht rein psychotischer Erfindung entspringt.

Doch natürlich können Machthaber auch das Opfer offen zu Tage liegender Wahnideen werden. Einige sind für die Welt eine Katastrophe gewesen, wie Roms Nero, Paraguays Diktator José Gaspar Rodriguez Francia, Jossif Stalin und Adolf Hitler. Viele andere Politiker mit paranoiden Psychosen, beispielsweise Großbritanniens Außenminister Lord Castlereagh und der amerikanische Verteidigungsminister James Forrestal, haben nur wenig Schaden angerichtet. Das psychopathologische Verhalten von Castlereagh und Forrestal war so offenkundig, daß ihre möglicherweise schädlichen Anweisungen ignoriert wurden. Die größte Gefahr stellt der Paranoiker dar, dessen psychische Störung *nicht* erkannt wird (Hitler, Stalin, Jim Jones, David Koresh), denn er kann sehr leicht Anhänger finden und sie zum politischen Extremismus verleiten.

Jerrold M. Post, einer der Autoren dieses Buches, beobachtete an den gegenüberliegenden Ecken einer Washingtoner Kreuzung einmal zwei Männer, die exemplarisch die unterschiedliche politische Anziehungskraft eines als psychisch krank erkannten Paranoikers und eines undurchschauten Paranoikers illustrierten. Ihre Botschaften waren sehr ähnlich, doch die von ihnen hervorgerufenen Reaktionen waren völlig verschieden.

An einer Ecke hatte ein bärtiger Mann Mitte Vierzig seinen Posten bezogen. Um den Hals trug er eine Tafel, auf der vor der Gehirnkontrolle durch die Regierung gewarnt wurde. Die von ihm verteilten Flugblätter verbreiteten sich über diese Bedrohung:

> Haben auch Sie das Gefühl, ihr Gehirn würde von einem unterbewußt wirkenden Radio kontrolliert? Die Regierung hat eine große Geheimabteilung geschaffen, die sich mit der Erforschung und Förderung der Gehirnkontrolle von Individuen und Gruppen durch das stumme Radio befaßt.
> Die Regierung ist der Beginn jeder Despotie. Das Radio wird oft eingesetzt, um Menschen zu allen möglichen Verbrechen, zur Sünde und zu idiotischen Entscheidungen zu verleiten. Regierung, Ärzte, Anwälte, Geschäftsleute, Psychiater, Kirchen und Schulen kontrollieren unsere Gehirne ... Alle Staaten benutzen das unterbewußte Radio, um an ihren Bürgern Experimente zur Gehirnkontrolle durchzuführen ...
> Man sagt uns, Leute, die Stimmen hören, seien automatisch verrückt. Mit der Verbreitung des stummen Radios hören immer mehr Leute stumme Radiostimmen. Stumme Radios werden oft in Zahnfüllungen, Brillengestellen und Ohrringen eingebaut, um die Übertragung zu sichern. Um Experimente mit Gruppen durchzuführen, werden ganze Gebäude und Räume verkabelt. Und die Medien machen uns weis, daß das eine Frage der nationalen Sicherheit sei.

Die Fußgänger bemühten sich, den offenbar gestörten Mann zu meiden. Sein wahnwitziger politischer Traktat rankte sich um zwei für die Paranoia charakteristische Themen: Verfolgung und Kontrolle, zwei Weisen, mit Minderwertigkeits- und Ohnmachtsgefühlen fertig zu werden.
Dieser Mann ist ein Beispiel für eine oft anzutreffende Wahnvorstellung, die »Manipulationsmaschine«, die zum ersten Mal 1919 von Victor Tausk, einem Mitglied des Kreises um Freud, beschrieben worden ist.[27] Tausk bemerkte, daß Verfolgungsideen auf dem

Boden von Entfremdungsgefühlen gedeihen. Die Ursache dieser inneren Empfindung wird dann nach außen projiziert, auf eine Verschwörung durch finstere Verfolger, die mit Hilfe der »Manipulationsmaschine« alle kontrollieren wollen. Die Maschine selbst hat sich im Tempo der technologischen Entwicklung verändert. Zu Freuds Zeiten sollte sie elektrische Wellen aussenden, später waren es dann Radiowellen und Videosignale, und heute, im Zeitalter von Star Wars, werden im Weltraum stationierte Laserstrahlen als Quelle der Kontrolle beschworen. Wie auch immer – der Mann mit der Tafel bestritt also jede Verantwortung für seine inneren Ohnmachtsempfindungen und projizierte sie auf ein System, dessen Verfolgungsopfer er war. An der anderen Straßenecke verteilte ein ernster junger Mann politische Broschüren. Darin war von einer umfassenden internationalen Verschwörung die Rede, die bereits beträchtlichen Einfluß auf die nichtsahnenden Bürger ausübte und drohte, unser gesamtes Schicksal zu lenken. Lyndon LaRouche sei es gelungen, diese Verschwörung des Bösen zu entlarven, und mittels seiner Zeitungen, Bücher und Pamphlete versuche er, die Welt aufzurütteln. Auch verbreitete er seine Erkenntnis durch den Mund einer Schar von Anhängern, zu denen auch dieser ernste junge Mann gehörte.
Die von LaRouche aufgedeckte Verschwörung barg eine ungeheuerliche Bedrohung. Die Sprache seines Traktats hatte eine schlagende Ähnlichkeit mit den Pamphleten des Mannes an der gegenüberliegenden Straßenecke:

Zerschlagt die Verschwörung
im Zeichen des Wassermannes
von Lyndon LaRouche

Die Bevölkerung der Vereinigten Staaten von Amerika wird einer Gehirnwäsche unterzogen. Diese Gehirnwäsche wird von einer großen Gruppe von Fachleuten beharrlich und methodisch durchgeführt, von einer Schar von Sozialpsychologen, die, gefördert von ihren Forschungsinstituten, im Dienste der Regierung, der Konzerne, des Kapitals und der

Medien stehen und von einer mächtigen Allianz aus Geschäftsleuten und Finanzkräften kontrolliert werden, die ihrerseits die Hochtechnologiebranche unserer Wirtschaft beherrschen, vor allem die Bereiche Kommunikationstechnik, Elektronik und Kybernetik ... Die Sozialpsychologen und Sozialwissenschaftler ... beschlossen (in den Jahren 1963–65), eine massive, langfristig angelegte Kampagne zur Gehirnwäsche zu starten, mit dem Ziel, die bestehenden Werte und die Moral der Amerikaner zu unterhöhlen, sie der Rationalität, der Wissenschaft und Technologie zu entfremden.

Die traditionellen Werte unserer Nation ... sollen durch ein anderes Wertesystem ersetzt werden. Dieses andere Wertesystem, das von der Homosexualität über orientalische Mystik bis zum »kosmischen Bewußtsein« und einem »religiösen Fundamentalismus« reicht, erhielt den Codenamen ... »New Age« oder »Die Verschwörung im Zeichen des Wassermanns«.

Jeder Aspekt des geistigen und psychischen Lebens der Amerikaner wurde erfaßt, verzeichnet und in Computern gespeichert. Die Einrichtungen, das Personal und die Netzwerke wurden ausgebaut und besetzten alle Schlüsselpositionen in den staatlichen, bundesstaatlichen und lokalen Behörden.

Über diesen eng miteinander kooperierenden Gruppen von Sozialpsychologen, Meinungsforschern und Meinungsmachern präsidiert eine einflußreiche und mächtige Elite ... Ehemalige Geheimdienstler nennen diese furchteinflößende Gruppe ... das »Komitee der Dreihundert«. Sie selbst zieht es vor, sich als »die Olympier« zu bezeichnen. Sie haben die eigentliche Macht in diesem Land.[28]

Die von LaRouche beschriebene Verschwörung war nicht weniger bizarr als die Manipulationsmaschine, von der der Mann mit der Tafel sprach. Doch dessen Warnungen wurden nicht ernst genom-

men (man hielt ihn für einen Geistesgestörten), während Lyndon LaRouche eine beträchtliche Anhängerschar gewinnen und an sich binden konnte. Worin unterscheiden sich die beiden?
LaRouche, der rhetorisch zu überzeugen wußte und nicht offensichtlich psychisch krank war, verfügte über die nötige persönliche Ausstrahlung und das politische Geschick, eine Organisation aufzubauen und sich an eine bestimmte Wählerschaft zu wenden (vgl. Kapitel 7). Entscheidend ist, daß er keine akute Geistesstörung zeigte und daher von seinen potentiellen Anhängern auch nicht als psychisch krank erkannt wurde. Es könnte auch sein, daß LaRouche geistig gesund war und nur opportunistisch darauf spekulierte, eine paranoide Botschaft auszunutzen. Es ist unmöglich zu entscheiden, ob LaRouche ein ernstlich gestörter Paranoiker ist oder nicht. Von Bedeutung ist aber, daß er eine beträchtliche Gefolgschaft um sich versammeln konnte, die in ihm den Visionär und keine emotional gestörte Persönlichkeit sah. Als Meister des Details und geschickter Arrangeur ausgewählter »Tatsachen« verstand es LaRouche, die Belege, den »Beweis« für die Existenz einer internationalen Verschwörung einer Oberschicht zu liefern, die darauf aus ist, das Schicksal der Masse zu bestimmen.
Oft hat der wahnhafte Glaube, eine Verschwörung sei im Gange und man sei von einem Heer von Feinden umringt, eine reale Basis. Eine hohe Position in irgendeiner Organisation zu bekleiden leistet immer der Paranoia Vorschub. Untergebene und Rivalen mögen den Frontmann öffentlich loben, aber hinter seinem Rücken gegen ihn intrigieren. Wenn Politiker ihr Mißtrauen kultivieren, so ist dies zunächst ein Akt der Klugheit. Doch wie wir gesehen haben, kann daraus auch ein Abgleiten in die Paranoia werden. Wie bei der Feindseligkeit auch gibt es ein dynamisches Zusammenspiel zwischen wahnhaftem Mißtrauen und dem Verhalten jener, die den paranoiden Politiker umgeben. Das Verhalten des Paranoikers mag in der Tat genau die Ablehnungen und Verschwörungen erzeugen, die es zuvor nicht gab. Die Angst vor Feinden kann zu einer sich selbst erfüllenden Prophezeiung werden.
Aus dem gleichen Grund kann das grandiose Selbstbild des Para-

noikers und das daraus resultierende Verhalten tatsächlich Größe erzeugen. Der Traum vom Ruhm ist erfüllbar. Alle bedeutenden politischen Paranoiker pflegten sich selbst für großartig zu halten: Hitler, der Bewunderer Nietzsches, sah sich als Übermensch, Stalin verstand sich als Führer der größten Macht in der Geschichte, Ruhollah Khomeini als Retter des Islam.

Es ist daher nicht leicht zu entscheiden, ob Politiker mit großspuriger Selbsteinschätzung den Kontakt zur Realität verloren haben oder nicht. Aus einigen wurden ja bedeutende historische Persönlichkeiten, die das Leben ihrer Völker stark beeinflußten, denen die Massen zujubelten, deren Anhänger bereit waren, für sie zu sterben, und deren Worte begierig von Gelehrten, Journalisten, Präsidenten und Generälen aufgenommen wurden. Für sie wurde die Phantasie Wirklichkeit, erfüllte sich der Traum vom Ruhm. So wie der Paranoiker wirkliche Intrigen aufdecken kann, kann er auch von seiner Großartigkeit überzeugt sein, echte Bewunderer finden und wirkliche Macht erlangen, sofern er Erfolg hat.

Zentral für das politische Leben ist das Wissen darum, daß man einen Gegner, einen Rivalen oder Widersacher hat. Erst wenn aus den Rivalen Feinde werden, betreten wir das Reich des Wahns. In den Vereinigten Staaten sind die Demokraten und Republikaner (meistens) nicht verfeindet. Sie verhalten sich wie Rivalen, Gegner oder Widersacher zueinander. Für Hitler und Stalin aber waren Rivalen und Widersacher Feinde.

Ohne die Unterscheidung zwischen Feind und Gegner wird man den Paranoiker nicht verstehen. Die Person oder die Gruppe, die im Mittelpunkt der Wahngedanken steht, sollte nicht als durch und durch psychopathologisches Objekt begriffen werden. Rivalen um die Macht gehören notwendig und unvermeidlich zum politischen Leben. Doch der psychisch gesunde Politiker wird in ihnen Konkurrenten sehen, wohingegen der Paranoiker sie für mitleidlose Feinde hält, die vernichtet werden müssen, damit sie ihn nicht vernichten.

War es nur Stalins Wahn, daß andere Nationen sich gegen die russische Revolution verschworen hatten? Sicherlich nicht. Viele Länder wollten die Sowjets stürzen, und zu diesem Zwecke rüsteten sie sogar Armeen aus. War es nur Stalins Wahn zu glauben, seine Untergebenen und politischen Rivalen arbeiteten auf seinen Sturz hin? Gewiß nicht. In der politischen Welt des Kremls vertrauensvoll und ohne Argwohn zu sein wäre nicht nur naiv, sondern verhängnisvoll gewesen. Doch in seinem wahnhaften Eifer, seine wirklichen und eingebildeten Feinde zu vernichten, organisierte Stalin Säuberungen, denen zwischen 24 und 40 Millionen Sowjetbürger zum Opfer fielen.

Stalin zeigte sämtliche Hauptmerkmale der Paranoia, allen voran den Argwohn, der bei ihm zu einem obsessiven Glauben an Verschwörungen ausartete. Er ließ sich zu feindseligen und maßlosen Handlungen hinreißen, wodurch er sich in einer eskalierenden Spirale paranoider Gewalt immer mehr Feinde schuf. Doch wie die meisten vom Wahn besessenen Politiker war er kein Narr. In seinen Forschungen zu Stalin hat Robert Tucker, inspiriert durch seine Studien zu anderen militanten Politikern, das Profil einer kämpferischen politischen Persönlichkeit beschrieben, die in hohem Maße mit einem erfolgreichen paranoiden Reiz vereinbar ist, und dafür den Begriff »kriegerische Persönlichkeit« geprägt.[29]

Die kriegerische Persönlichkeit: Richard Nixon

Um der Erweiterung ihrer Macht willen lösen Politiker mit einer kriegerischen Persönlichkeit einen gesellschaftlichen Wahn durch Gruppenmanipulation aus. Solche Individuen gedeihen vor allem in totalitären Regimen, sind jedoch auch in Demokratien anzutreffen.

Menschen mit einer kriegerischen Persönlichkeit weisen folgende Eigenschaften auf:

- Sie sind der Kopf oder wollen der Kopf einer kämpferischen Bürokratie werden – nicht der Bürokratie einer Kampforganisation, sondern einer Bürokratie, die selbst kämpft, wie die Nazis oder Bolschewiki.

- Sie verfügen über eine große Fähigkeit, sich selbst in Szene zu setzen, was sie erreichen, indem sie vorgeben, alles im Dienste der Gruppe zu tun, während es ihnen doch nur um den eigenen Erfolg geht.
- Die von ihnen geschürten Wahnvorstellungen von Feinden und Verschwörungen und ihr gewalttätiges Verhalten berühren sich mit der Realität und entsprechen unmittelbaren politischen Imperativen.
- Sie richten die ganze Energie ihrer Gruppe auf die Vernichtung eines dämonischen Feindes und stärken so den Zusammenhalt der Gruppe.

Es ist wichtig, sich darüber im klaren zu sein, daß dieses Muster keine psychopathologischen Wurzeln haben muß und auch nicht unbedingt einen krankhaften Wahn spiegelt. Man muß kein Paranoiker sein, um eine paranoide Botschaft zu vermitteln. Gewiß, es ist leichter, eine paranoide Botschaft wirksam zu verbreiten, wenn man eine wahnhafte Veranlagung hat, eine Neigung, sich Verschwörungstheorien hinzugeben. Aber extreme wahnhafte Vorstellungen können auch von Individuen übermittelt werden, die selbst keinem Wahn verfallen sind und nur die politische Ernte einfahren wollen, die ein paranoider Reiz verspricht. Falls das Verhalten solcher Politiker einen krankhaften Wahn reflektiert, wird das irgendwann zu Tage treten, spätestens wenn sie eine Politik verfolgen, die für ihre eigenen politischen Interessen irrelevant ist oder ihnen gar zuwiderläuft, während sie mit ihren Einbildungen durchaus vereinbar ist. Stalin beispielsweise enthüllte die wahnhafte Dimension seiner Persönlichkeit, als er in den Jahren 1934–39 die große Säuberung durchführte, eine Säuberung, die erst eingeleitet wurde, nachdem er seine Macht konsolidiert hatte und politisch nicht mehr angreifbar war. Was hier zum Ausdruck kam, war Stalins Verlangen, seine eigenen psychischen Dämonen zu vertreiben.

Kriegerische Persönlichkeiten treten nicht nur in totalitären Gesellschaftssystemen auf. Richard Nixon zum Beispiel lebte in einer westlichen Demokratie. Wie sein Biograph Stephen Ambrose in *Nixon: The Education of a President* deutlich machte, hatte Nixon einen vielschichtigen Charakter, der viele Eigenschaften der kriegerischen Persönlichkeit aufwies: »Die Unfähigkeit, irgend jemandem zu vertrauen, gehört zu den Hauptcharakterzügen des erwachsenen Nixon. Es ist ein immer wiederkehrendes Thema in Interviews, in persönlichen Gesprächen und in seinen Schriften zur Person. Er beharrte darauf, daß ›man sich in meiner Stellung [er war damals Vizepräsident] den Luxus einer intimen Freundschaft nicht leisten kann. Man kann sich absolut niemandem anvertrauen‹.«[30]

Nixon war eine der bedeutendsten Gestalten im Nachkriegsamerika, und er provozierte heftige Ablehnung. Sein Charakter und sein politischer Stil hatten einen wahnhaften Zug. Eine Ursache dafür war seine überzogene Reaktion auf die Isolation, die jede politische Führungsposition mit sich bringt, vor allem wenn es sich um ein Regierungsamt handelt. Wer immer eine hohe Stellung bekleidet, ob in der Regierung, der Geschäftswelt oder irgendeiner großen Organisation, weiß, daß viele Menschen um persönlicher Vorteile willen vertrauliche Beziehungen pflegen, die sie manchmal auch zu verraten bereit sind. Nixon, der schon seinem Temperament nach ein Einzelgänger war, war für die wahnfördernden Wirkungen seiner Stellung besonders empfänglich. Zwar hatte er politische Mitstreiter, doch zwischen ihnen und ihm herrschte eine kühle Distanz, und sobald der organisatorische Zusammenhalt sich lockerte, brach auch die Beziehung ab. Bebe Rebozo und Robert Abplanalp waren die einzigen, mit denen ihn eine lebenslange Freundschaft verband, und sie hielten sich von der Politik fern.[31] Anders als viele Präsidentengattinnen war Pat Nixon nicht die Vertraute ihres Mannes. Nixon war ein einsamer Staatsmann, und im Garten der Einsamkeit fällt der Argwohn auf fruchtbaren Boden.

Nixons feindseliger Argwohn ist jedoch nicht nur auf die Einsamkeit des Staatsoberhauptes zurückzuführen. Die heftige Abneigung, die zwischen ihm und einem nicht geringen Teil der amerikanischen Öffentlichkeit bestand, entwickelte sich über jahrzehntelange Zusammenstöße. Infolgedessen erhielt Nixons paranoide Weltsicht und seine besessene Einstellung zu seinen Gegnern reichlich Nahrung: Nur weil er unter leichtem Verfolgungswahn litt, hieß das nicht, seine Gegner seien nicht darauf aus, ihn zu stürzen. Ein Großteil sozialer Interaktion lebt von dem Wunsch, Konflikte zu vermeiden. Wenn Menschen herausgefordert werden, reagieren sie normalerweise auf dem gleichen Provokationsniveau oder ignorieren die Provokation, um dem Konflikt die Spitze abzubrechen.

Einigen jedoch, auch denen mit einer paranoiden Disposition, fehlt diese wichtige soziale Fähigkeit, und sie lassen daher Konflikte eskalieren.[32] Die Bereitschaft des Paranoikers, mit Feindseligkeit auf Feindseligkeit zu reagieren, schürt den Konflikt, obwohl er sich nicht bewußt ist, welche Rolle er selbst bei der Erzeugung der Spannung spielt. Von seinem Standpunkt aus wurden seine Gefühle nur von »denen da« hervorgerufen, obwohl das Gegenteil zutrifft. Der Paranoiker entdeckt ganz zu Recht, daß seine Umgebung mit Abneigung auf ihn reagiert, verkennt allerdings, welchen Anteil er daran hat und wie er die Menschen um ihn herum in ihrer Haltung bestärkt. Ein wirklicher, wenn auch eher belangloser Konflikt kann dabei durchaus vorliegen. Doch selbst wenn die Provokation echt ist, ist die Reaktion übertrieben. Der Widersacher reagiert dann seinerseits, doch provoziert, schlägt der paranoid veranlagte Politiker noch härter zurück. So kommt es zu einer Eskalation. Schließlich sieht sich ein solcher Politiker als reines Opfer, obwohl er selbst hauptsächlich dazu beigetragen hat, den Ton zu verschärfen. Ist der Widersacher ebenso veranlagt, ist der Prozeß entsprechend heftig, und die Eskalation wird beschleunigt. Während das »Opfer« sich zuvor nur eingebildet hat, Zielscheibe einer außergewöhnlichen Gegnerschaft zu sein, ist aus dieser Gegnerschaft, möglicherweise im Verbund mit einer Verschwörung, nun Wirklichkeit geworden. Ein derartiger Prozeß ist für das Zu-

standekommen vieler paranoider Beziehungen verantwortlich. So auch bei Nixon und seinen erbittertsten Widersachern.
Nixons erste Kampagne richtete sich gegen Jerry Voorhis, den damaligen Kongreßabgeordneten der Demokraten. Voorhis saß fest im Sattel, war reich und liberal. Murray Chotiner, Nixons politischer Mentor, sagte, es sei wichtig, daß der 31jährige Bewerber Richard Nixon dem älteren Politiker am Zeug flicke. Nur wenn sich die Wählerschaft davon überzeugen würde, daß Voorhis abgelöst werden müsse, hätte der aufstrebende Neuling eine Chance. Kaliforniens zwölfter Wahlkreis für den Kongreß wurde bei insgesamt 212 000 Einwohnern hauptsächlich von Industrie- und Landarbeitern beherrscht, während andere Gruppen eher marginal blieben. Der Wahlkreis galt »als drittsicherster Stimmbezirk der Demokraten im ganzen Land«.[33] Voorhis war freilich nicht unangreifbar. Er war ein schlechter, weitschweifiger Redner und war bisher nur auf mittelmäßige politische Herausforderer gestoßen. Auch hatte er sich weder als tatkräftiger noch besonders erfolgreicher Gesetzgeber hervorgetan; in Washington genoß er den Ruf, ein politischer Heiliger mit verschrobenen Neigungen zu sein. Beispielsweise bestand er darauf, in sämtlichen Kongreßakten das »Hon.« vor seinem Namen zu streichen, weil es nur Papier verschwende. Nixon hackte auf der Tatsache herum, daß Voorhis seit 1942 zwar mehr als 100 Gesetzesentwürfe eingereicht habe, von denen aber nur einer durchging, und dieser betraf die Übertragung der rechtlichen Zuständigkeit für Kaninchen an eine andere Bundesbehörde.
Vor allem aber fiel ins Gewicht, daß 1946 eine Zeit des Umbruchs war. Seit den dreißiger Jahren hatten die Demokraten die amerikanische Politik bestimmt, doch nun sorgten die ersten Anzeichen des Kalten Krieges und die Stagnation des New Deal für einen Rechtsruck. Zudem herrschte die Meinung, die ältere Politikergeneration solle abdanken und die Siegergeneration des Zweiten Weltkrieges eine Chance bekommen, die Geschicke des Landes zu leiten.
Nixon war ein hartarbeitender und effizienter Wahlkämpfer, der

die Wahl mit einem Vorsprung von 14 Prozent gewann. Im Gegensatz zu Nixons späterem Ruf »waren die unmittelbaren Pressestimmen zum Wahlkampf sehr wohlwollend. Die *Time* vom 18. November 1946 schrieb, es sei ein sehr fairer Wahlkampf um den zwölften Bezirk geführt worden, und hob lobend hervor, daß Nixon ›so höflich war, persönliche Angriffe auf seinen Gegner zu unterlassen‹. Selbst der unterlegene Voorhis sagte, die Amtsübergabe an Nixon sei sehr freundlich verlaufen, und er hoffe, daß sie sich als ›persönliche Freunde‹ trennten.«[34] Nixon äußerte später einmal, der 6. November 1946 sei der glücklichste Tag in seiner politischen Laufbahn gewesen.

Auf den ersten Blick scheint der Verlauf dieses Wahlkampfes nicht auf Nixons spätere Laufbahn und seinen Ruf als skrupelloser, von der Presse und allen Liberalen gehaßter Wahlkämpfer hinzudeuten. Sieht man jedoch genauer hin, finden sich durchaus Anzeichen dafür. Wenn Voorhis Nixon nach der Wahl seinen Freund nannte, so spricht daraus nur seine Großmut. Denn Nixon war sich nicht zu schade, Schläge unter der Gürtellinie auszuteilen. Er warf dem gemäßigten und aufrechten Voorhis Sympathien für den Kommunismus vor. Doch richteten sich die Angriffe nicht unmittelbar gegen die Person Voorhis, seine Schuld lag für Nixon eher darin, die falschen Parteifreunde zu haben. Die Demokraten und die demokratische Partei wurden verketzert, ja geradezu verteufelt. Stärker als die meisten Politiker ließ Nixon sich von Ideen motivieren, ohne deshalb Ideologe im eigentlichen Sinne zu sein. Seine mächtigste Triebfeder aber war der Ehrgeiz. Da die Republikanische Partei das Vehikel dieses Ehrgeizes war, mußte Nixon bei seiner Karriere seine fester im Sattel sitzenden Gegner, also die Demokraten, klein und häßlich erscheinen lassen – auch Voorhis.

Noch vor dem Bürgerkrieg hatte Alexis de Tocqueville geschrieben, die amerikanischen Parteien unterschieden sich nur nach ihren Richtungen, hinsichtlich der Prinzipien seien sie sich einig. Nixon behauptete das Gegenteil: Die Demokraten seien weniger loyal, weniger patriotisch, weniger entschiedene Verfechter einer freien Gesellschaft als die Republikaner. Er warf ihnen vor, entweder prinzipienlos oder an finstere Grundsätze gebunden zu sein. In diesem wenn auch nicht ausdrücklich geäußerten Vorwurf verriet sich Nixons »wahnhafte Tendenz«, und engagierte Demokraten rochen sie sogleich. Sie verübelten es ihm, daß er kein faires Spiel spielte. Daß sein politischer Stil nicht vor Verleumdungen und der Verletzung des guten Tons haltmachte, zeigte sich deutlich, als er etwa 1950 Helen Gahagan Douglas, seiner liberalen Opponentin im Senat, vorhält, sie »sei bis hin zu ihrer Unterwäsche rot«, oder wenn er später dem demokratischen Präsidentschaftskandidaten Adlai Stevenson unterstellte, er werde von »Mafiabossen, Gangstern und den Resten der alten Capone-Gang« unterstützt.[35] Nachdem er sich erst einmal einen schlechten Ruf erworben hatte, wurde dieser in den Händen seiner Gegner zum politischen Werkzeug, das unweigerlich hervorgeholt wurde, gleichgültig ob es in jedem einzelnen Fall gerechtfertigt war oder nicht.

Es ist nicht weiter erstaunlich, daß ein leidenschaftlicher Parteipolitiker auf die Abneigung der von ihm Angegriffenen stößt. Erstaunlich ist jedoch, daß sich schon bei Nixons erstem Wahlkampf eine auf Gegenseitigkeit beruhende Feindschaft zwischen ihm und einem Großteil der Presse entwickelte, vor allem bei den angeseheneren Zeitungen. Für die Presse »wurde Nixon geradezu ein rotes Tuch«, besonders nachdem er maßgeblich an der Untersuchung gegen den des Meineides überführten Beamten des Außenministeriums Alger Hiss beteiligt gewesen war.[36] Anläßlich des Präsidentschaftswahlkampfes zwischen Nixon und Kennedy im Jahre 1960 schreibt William White, »aus den 40 bis 50 Zeitungskorrespondenten der bundesweiten Presseorgane, die Kennedy seit seinen ersten Wahlkampfauftritten bis in den November hinein begleitet hatten, war mehr als nur ein Pressekorps geworden, sie wurden zu seinen Freunden und einige zu seinen glühendsten Bewunderern. Wenn sie nachts im Bus oder im Flugzeug saßen, sangen sie mit Kennedys Wahlkampfhelfern selbstkomponierte Lieder über Nixon und die Republikaner. Sie fühlten sich wie die Soldaten des Herrn, auf dem Weg in die Schlacht für eine neue Gesellschaft.«[37] In gewisser Weise galt ihre Begeisterung Kennedy (so wie vier und acht Jahre früher die Presse eine ähnliche, wenn auch verhaltenere Sympathie für Stevenson an den Tag gelegt hat), aber ein Gutteil Abneigung gegen Nixon spielte auch eine Rolle. Nixon war sich darüber im klaren, und in seiner berühmten Abschiedsrede – »Nixon wird euch nicht länger als Prügelknabe zur Verfügung stehen« – anläßlich seiner Niederlage bei den kalifornischen Gouverneurswahlen von 1962 warf er der Presse unfaires Verhalten vor und stilisierte sich zu ihrem Opfer.

Während seiner Präsidentschaftszeit schien Nixon sich krankhaft mit jeder negativen Kritik seitens der Presse zu beschäftigen. Er fertigte Listen aller Presseleute an, die als seine Feinde keinen Zutritt mehr zu ihm erhalten sollten, und bezeugte seinen Haß auch auf andere Weise. Die Presse zahlte ihm mit gleicher Münze heim und behandelte ihn nicht sehr objektiv.

Dieser persönliche Konflikt wurde noch durch die Tatsache verschärft, daß Nixons Präsidentschaft in eine Zeit des allgemeinen Mißtrauens gegen alle wichtigen Regierungsinstitutionen fiel. Regierungsfeindlichkeit gehörte damals überdies zum guten Zeitungston. Beides hatte schon zum Sturz des Demokraten Lyndon B. Johnson beigetragen. Die Abneigung der Presse gegen Nixon war so groß, daß sie sich sogar jenseits des Atlantiks bemerkbar machte. Einer der Autoren dieses Buches (RSR) lebte zur Zeit von Nixons Rücktritt in England und erinnert sich an einen Nachrichtensprecher, den es buchstäblich vor Freude nicht mehr auf seinem Stuhl hielt, als er die Neuigkeit verkündete.

Nixons politischer Wahn war mithin so vielschichtig wie Nixon selbst, er war eine Mischung aus aktiver und reaktiver Vorsicht, die, aus bitterer Erfahrung geboren, in provokative Handlungen gegen angebliche Feinde abglitt, die so zu wirklichen Feinden wurden. Sein Wahn spielte eine entscheidende Rolle bei seinem Aufstieg zur Macht, und ohne ihn wäre es wahrscheinlich nicht zu einer Amtsenthebung gekommen.

Wer sagt, was Wahn ist?

»Sie schimpften mich verrückt, und ich schimpfte sie verrückt, aber zum Teufel noch mal, sie waren in der Mehrheit.«

Nathaniel Lee, Dramatiker des 17. Jahrhunderts, bei seiner Einweisung in das Irrenhaus Bedlam

Weil ein übertrieben argwöhnisches Verhalten sowohl nützlich als auch verhängnisvoll irrational sein kann, mag, was rational und klug in einem Fall ist, irrational und gestört im anderen Fall sein. Politische Dissidenten in Stalins Sowjetunion, die nicht ständig auf der Hut waren, sich nicht überwacht glaubten und kein Mißtrauen zeigten, landeten schnell im Gefängnis. Wenn sie im Westen Asyl fanden und sich weiterhin so verhielten, als spionierte man ihnen ständig hinterher und als dürfe man niemandem vertrauen, konnte es leicht geschehen, daß ihnen die Diagnose Wahnvorstellungen präsentiert wurde. Unter konspirativen Bedingungen ist Mißtrauen ratsam. Doch der wirkliche Paranoiker ist nicht fähig, sein Mißtrauen wie eine Schutzkleidung anzulegen und wieder abzulegen, wenn sie überflüssig geworden ist. Da er sich immer in Gefahr glaubt, sich immer als Ziel einer Verschwörung sieht, verkennt er die Veränderungen in seiner Umwelt und ändert folglich auch nie sein Verhalten.

Der Fall des sowjetischen Generalmajors P. G. Grigorenko verdeutlicht lebhaft, wie sehr der Kontext darüber bestimmt, was als Wahn gilt.[38] 1961, mitten im Kalten Krieg und auf dem Höhepunkt seiner militärischen Laufbahn, wurde General Grigorenko zum Regimekritiker. Er warf der Sowjetregierung vor, daß sie, wie wir heute sagen würden, Menschenrechtsverletzungen begangen habe, und behauptete, von der Regierung verfolgt zu werden. 1964 wurde er in eine Anstalt für geistesgestörte Kriminelle eingeliefert. Nach seiner Entlassung zehn Jahre später wurde er von Dr. Walter Reich vom U.S. National Institute of Mental Health untersucht. Laut Bericht des amerikanischen Arztes war Grigorenko geistig völlig gesund. Die Ergebnisse der sowjetischen und der amerikanischen Einschätzungen von identischen Vorstellungen und Verhaltensmustern lassen sich folgendermaßen zusammenfassen:

Sowjets	**Amerikaner**
Obsessionen	Hartnäckigkeit
Wahnvorstellungen	zutreffende Meinungen
psychotische Selbstüberschätzung	engagierter Einsatz

Seit den siebziger Jahren hat sich die Weltöffentlichkeit über den politischen Mißbrauch der Psychiatrie in der Sowjetunion empört, und 1979 wurde der Allunionsverband der sowjetischen Psychiater aus dem psychiatrischen Weltverband ausgeschlossen. Die Sowjetunion hatte ein Netz von »Spezialkliniken« für geistesgestörte Kriminelle aufgebaut, die von Psychiatern mit dem Rang eines Offiziers der GRU, des sowjetischen militärischen Geheimdienstes, geleitet wurden. Da es weder ein korrektes Einweisungsverfahren noch ein respektiertes Vertrauensverhältnis zwischen Arzt und Patient gab, fiel es der Regierung leicht, die Psychiatrie für ihre Zwecke einzuspannen.
Gefördert wurde der Mißbrauch noch durch die schwammigen und extrem weit gefaßten Diagnosekriterien für die sogenannte schleichende Schizophrenie. Das Vorliegen »abwegiger Vorstellungen« galt als Anzeichen für den Beginn einer schwerwiegenden paranoiden Geistesstörung. Zu den Vorstellungen, die auf eine schleichende Schizophrenie hinwiesen, gehörten »sozialreformerische Wahnideen«. Ein anderes Symptom war »kverulanstvo« oder Querulantentum. Ein Fabrikleiter konnte sich an den örtlichen KGB-Psychiater wenden und melden, ein Arbeiter beklage sich zu Unrecht über schlechte Behandlung. Die Diagnose hing davon ab, welche Stellung man in der Hierarchie einnahm. Der Arbeiter konnte beispielsweise dem KGB nicht mitteilen, daß der Leiter an Querulantentum litt.[39] Die Beschuldigung seitens eines Vorgesetzten veranlaßte eine psychiatrische Untersuchung, die unter Um-

ständen mit der Zwangseinweisung in eine der gefürchteten Spezialkliniken enden konnte. Ein Gerichtseinspruch dagegen war nicht möglich. Schließlich sorgte die Regierung nur dafür, daß »diagnostizierte Geisteskranke« die »nötige psychiatrische Versorgung« erhielten.

In den Kliniken wurden schmerzhafte »therapeutische« Verfahren angewandt, um die »wahnhaften« Ideen des Patienten auszulöschen. Der Patient galt als geheilt, wenn er keine »sozialreformerischen Wahnideen« mehr äußerte und einsah, daß es sich dabei nur um Symptome seiner Geisteskrankheit handelte. Um sicherzustellen, daß der Patient nach seiner Entlassung keinen Rückfall erleidet, wurde er eingehend ambulant überwacht. Zusätzlich wurden Informationen von seiner Arbeitsstelle und seinem sozialen Umfeld eingeholt. Ein erneutes Auftreten von »sozialreformerischen Wahnideen« galt als ausreichender Beweis dafür, daß die Krankheit wieder ausgebrochen war, was eine nochmalige Klinikeinweisung und eine härtere »Behandlung« nach sich zog.

Hier versuchte ein totalitäres System, jede politische Kritik zu verunglimpfen, indem sie ihren Träger zum Paranoiker stempelte. Grigorenko litt nicht an einem krankhaften Wahn. Das paranoide Sowjetsystem verfolgte ihn *tatsächlich*. Das unterstreicht noch einmal die Bedeutung des kulturellen Kontextes, in dem die Diagnose gestellt wird. Wird die Paranoia von Fachleuten diagnostiziert oder durch Mehrheitsmeinung? Die Dichterin Emily Dickinson fand eine poetische Antwort auf diese Frage:

Much Madness is divinest Sense –
To a discerning Eye –
Much Sense – the starkest Madness
'Tis the Majority
In this, as All, prevail –
Assent – and you are sane –
Demur – you're straightway dangerous –
And handled with a Chain –[40]

Es ist daher nicht leicht, in einer paranoiden Kultur die Diagnose »politischer Wahn« zu stellen, denn wie sollte man Wahn von tatsächlicher Verfolgung unterscheiden?

Die Spiegelwildnis

Man könnte denken, die Spionageabwehr in den westlichen Nachrichtendiensten sei in den offen demokratischen Gesellschaften ein Treibhaus für Wahnideen. Die Welt der Spionageabwehr wurde einmal treffend als »Spiegelwildnis« bezeichnet.[41] Wer die Infiltration durch feindliche Spionagedienste wirksam bekämpfen will, muß eine Nase für Verschwörungen haben. Wem es an berufsbedingter »Paranoia« mangelt, ist fehl am Platze. Der Unterschied zwischen beruflich gefordertem Mißtrauen und professioneller Wachsamkeit einerseits und einem psychisch bedingten Wahnsystem andererseits ist jedoch beträchtlich. Ein Offizier der Spionageabwehr kann seinen Argwohn abstellen, wenn er starke Beweise für einen Fehlalarm hat. Nicht so der echte Paranoiker: Er mag von den Gedanken an seinen Widersacher so beherrscht sein, daß er allen gegenteiligen Beweisen zum Trotz »weiß«, ein bestimmtes Individuum wurde eingeschleust und ist ein Provokateur. Der paläologische Schluß lautet dann: »Unsere Gegner werden versuchen, uns zu infiltrieren, indem sie vorgeben, Überläufer zu sein und uns mit Informationen zu versorgen. Daher ist jeder, der sich als Überläufer bezeichnet und uns Informationen anbietet, ein eingeschleuster Agent.«

Genau das spielte sich in der Amtszeit James Angletons ab, des Gründers der amerikanischen Spionageabwehr.[42] Seinen Aufstieg im Office of Strategic Services (OSS), im Zweiten Weltkrieg Vorläufer der Central Intelligence Agency, wie auch seine spätere Karriere innerhalb des CIA verdankte Angleton seiner mißtrauischen Natur. Dennoch wurde er erstaunlicherweise von dem britischen Sowjetspion Kim Philby persönlich und professionell getäuscht. Angleton versuchte diesen Patzer – an dem übrigens die gesamte anglo-amerikanische Spionageabteilung beteiligt war – wiedergutzumachen, indem er sich zu der oberflächlich komplexen, in Wahrheit aber sehr simplen Politik entschloß, niemandem mehr zu vertrauen, mit Ausnahme einiger weniger Mitarbeiter und eines früheren KGB-Überläufers, Anatoli Golitzyn.

Angleton fiel auf die von Golitzyn enthüllte Verschwörung herein und ließ sich von ihm überzeugen, daß Willi Brandt, der bundesdeutsche Kanzler, ein KGB-Agent sei. Golitzyn deutete an, auch Großbritanniens Premierminister Harold Wilson, Schwedens Premierminister Olof Palme, der frühere Botschafter in der Sowjetunion und jetzige Gouverneur von New York, Averell Harriman, ja sogar der amerikanische Sicherheitsberater und Außenminister Henry Kissinger seien sowjetische Befehlsempfänger. Sodann verriet er den sowjetischen »Meisterplan« zur Täuschung des Westens, der im wesentlichen den Einsatz von *Agents provocateurs* vorsah. Golitzyns »Enthüllungen« waren auf den ersten Blick so außergewöhnlich, daß größte Vorsicht angebracht zu sein schien, auch nach einer gründlichen Überprüfung. Doch Golitzyn lieferte genau den »Beweis«, nach dem Angleton gesucht hatte. Als daher ein anderer Sowjetagent, Uri Nosenko, überlief und potentiell wertvolle Hinweise und Informationen mitbrachte, die Golitzyns Netz zerrissen hätten, behandelte Angleton Nosenko mit stillschweigender Duldung hoher FBI- und CIA-Beamter wie ein Kuckucksei des sowjetischen Geheimdienstes und stellte ihn mehrere Jahre unter Hausarrest. Der von Golitzyn gesäte Argwohn veranlaßte Angleton, dem echten Überläufer keinen Glauben zu schenken.

Angleton, der Nosenko für einen Provokateur hielt, sah in dessen Auskünften nur einen Versuch, den »echten« Golitzyn unglaubwürdig zu machen. Mehr noch, wenn Nosenko sich für jemanden verbürgte, so war diese Person automatisch verdächtig. Angletons Welt war tatsächlich eine Spiegelwildnis. Da Golitzyn ihn davon überzeugt hatte, daß es einen Verräter innerhalb der CIA gebe, durchleuchtete Angleton eifrig Dutzende von höheren CIA-Beamten, befleckte ihren Ruf und schädigte nachhaltig ihre Karriere.

Die Welt der Spionage besteht aus Täuschung und Mißtrauen. Ist einmal der Schatten eines Verdachts, vor allem auf einen höheren Beamten, gefallen, ist es diesem kaum noch möglich, seine Loyalität zu beweisen. Vorsicht wird höher veranschlagt als Fairness, so daß die Organisation es meistens, selbst wenn der Verdacht nicht bewiesen wurde, für unklug hält, dem Verdächtigen einen verantwortungsvollen Posten zu geben oder ihn gar zum Geheimnisträger zu machen. Wie viele Paranoiker, deren restliche Persönlichkeit von ihrem Wahn nicht tangiert wird, verfügte Angleton über eine bemerkenswert große Überzeugungskraft. Seine langen Dienstjahre, die Tatsache, daß er zu den CIA-Beamten der ersten Stunde gehörte, seine unerschütterliche Überzeugung, daß es Verräter in den eigenen Reihen gab, und seine gelegentlichen erfolgreichen Entlarvungen echter eingeschleuster Agenten ließen ihn über Jahrzehnte, bis zu seiner Pensionierung, zu einer mächtigen und unheilvollen Gestalt werden.

Die Gesellschaft fällt nicht immer die richtigen Urteile über ihre Paranoiker. Einige werden als eindeutig krank erkannt und ihre Wahnideen als Hirngespinste eines gestörten Geistes betrachtet. Der Dichter Ezra Pound beispielsweise wurde nicht zuletzt wegen seiner profaschistischen und antisemitischen Propaganda ins St.-Elisabeth-Krankenhaus in Washington zwangseingewiesen. Andere, wie James Angleton, sind durch ihre Position genötigt, überall Verschwörungen zu wittern, so daß die Grenzen zwischen beruflich erfordertem Argwohn und persönlichem Wahn durchlässig werden. Wieder andere, wie etwa Lyndon LaRouche, haben mit ihren wahnhaften Verschwörungstheorien politischen Erfolg.
Einige Paranoiker konzentrieren sich auf eine bestimmte Person oder, wahrscheinlicher noch, auf eine bestimmte Gruppe, der sie böswillige Absichten unterstellen und die daher vernichtet werden muß. Es bedarf keiner großen Einsicht, um zu erkennen, wie leicht dieses Mißtrauen in der Welt der Politik entstehen und zur Grundlage aller möglichen Verschwörungstheorien werden kann. Vor allem in Zeiten wirtschaftlicher Depression wird ein Politiker,

der ohne Zögern seinen anklagenden Finger auf »die da« als Ursache aller Probleme richtet, mit großem Zulauf rechnen dürfen.
Weil die Paranoia die Störung einer an sich vernünftigen Reaktion auf die Gefahren in der Politik ist und weil Bedrohungen auftauchen und wieder verschwinden, mag das Ausfindigmachen von Feinden zu einem Zeitpunkt richtig, zu einem anderen aber falsch sein. Einige führende Politiker werden sich aus Gründen, die mit ihrer eigenen psychischen Neigung zu Wahnideen zusammenhängen, zwangsläufig von Feinden umgeben wähnen, gleichgültig was in ihrer äußeren politischen Umgebung vor sich geht. Solche, im klinischen Sinne schwer gestörten Paranoiker sind selten in der Lage, sich in einer politischen Führungsposition zu behaupten. Doch die meisten Paranoiker in der Politik haben keine klinisch auffälligen, extremen Wahnideen ausgebildet. Wie stark ihre manifesten paranoiden Züge ausgeprägt sind, hängt davon ab, unter welchen psychischen und politischen Druck sie geraten und wie andere auf ihre Botschaft reagieren. Einige mögen den haßschürenden Demagogen, der seine Anhänger gegen eingebildete Feinde aufhetzt, als Extremisten abtun, doch alle, die die falsche Sicherheit des Paranoikers brauchen, werden in ihm den Retter sehen, den einzigen Menschen, der einer feindlichen und sinnlosen Welt einen Sinn gibt. Der äußere Zuspruch auf die wahnhafte Botschaft wird wiederum die Überzeugungen des paranoiden Sendboten verstärken.
Gesellschaften sind mal mehr, mal weniger bereit, solche von Wahnideen besessenen Sendboten ernst zu nehmen, und einige Gesellschaften sind für ihre Verlockungen empfänglicher als andere. Wer eine paranoide Botschaft erfolgreich verbreiten möchte, ist auf eine dafür empfängliche politische Kultur angewiesen.

Kapitel 2
Das Verschwörungsdenken und die paranoide Kultur

Der unsichtbare Feind möge nicht existieren (Name der Verbindungsstraße zwischen dem Nordtor Babylons und dem Tempel des Marduk, Babylons Schutzgott, ca. 6000 v. Chr.).

Ishtartor

Alle Regierungen sind undurchsichtig und unsichtbar.

Sir Francis Bacon

Paranoia ist nicht irgendeine obskure Krankheit, die nur die Wahnsinnigen heimsucht. Sie ist in allen Gesellschaften gegenwärtig. Jede Gesellschaft hat ihre paranoiden Gruppen und ihre paranoiden Individuen. Meistens werden sie als verrückt erkannt, manchmal werden sie ignoriert, manchmal verspottet und manchmal schikaniert. Ein Möchtegern-Führer, der eine wahnhafte Botschaft verbreitet, ist dazu verurteilt, ein Prophet in der Wüste zu sein, nur einer kleinen Gruppe von wahren Gläubigen zu predigen, es sei denn, die politische Kultur ist für seine Predigt empfänglich. In einigen Kulturen gibt es historische Situationen – Krisenzeiten, in denen die Existenz der Gesellschaft bedroht zu sein scheint –, in denen paranoide Botschaften besonders attraktiv sind. In anderen Kulturen wird die Paranoia mit der Muttermilch aufgesogen, und es gehört geradezu zum täglichen Brot, sich von Verschwörungen umgeben zu wähnen. In beiden Fällen ist ein bestimmter paranoider Stil klar zu erkennen.

Der paranoide Stil

Richard Hofstadter war der erste zeitgenössische Historiker, der in seinem Buch *The Paranoid Style in American Politics* gesellschaftliche Formen von Paranoia systematisch untersucht hat. Dazu wandte er die damaligen Erkenntnisse über die Paranoia auf soziale Bewegungen an. Er bediente sich eines klinischen Begriffes, ohne ihn klinisch anzuwenden. Hofstadter benutzte den Begriff *paranoid* so, wie Kunsthistoriker von *Rokoko* oder *Barock* sprechen, wie Historiker der nationalen Expansion das Wort *imperialistisch* oder Politologen das Wort *autoritär* verwenden und Soziologen von *Entfremdung* sprechen.

Es ist nicht schwer, den paranoiden Stil auszumachen. Die sich seiner bedienen, glauben, ihre gesamte Lebensweise solle durch eine große und heimtückische Verschwörung umgestoßen werden. An der Geschichtsauffassung des Paranoikers ist nicht so sehr bemerkenswert, daß er an die Existenz und die Bedeutung von Verschwörungen glaubt – schließlich gibt es sie ja, und sie können auch von Bedeutung sein –, sondern daß er sie für *die* historische Triebkraft und das entscheidende Organisationsprinzip jeder Politik hält.

Es ist typisch für diese Sichtweise, daß die Verschwörung als bereits mächtige und stetig wachsende ausgegeben wird. Die Zeit drängt. Der endgültige Sieg der Verschwörer ist nahe. Die wenigen, die die Gefahr erkannt haben, müssen die Verschwörer entlarven und bekämpfen. Es gibt keinen Kompromiß, keine Vermittlung in diesem Konflikt. Es ist ein Kampf auf Leben und Tod. Die Verschwörer sind das Böse schlechthin, und deshalb sind ihre Widersacher, die Mitglieder der paranoiden Gruppe, die Streiter für das Gute. Ganz nach manichäisch-dualistischer Weltsicht wird der Kampf als Auseinandersetzung zwischen Gut und Böse begriffen.

Der paranoide Stil weist deutliche Charakteristika auf und bleibt sich über die Zeiten bemerkenswert gleich. Hofstadter präsentiert vier Beispiele aus unterschiedlichen Epochen. Das erste stammt aus einer Predigt des Reverend Jedidiah Morse, gehalten 1798 in Charlestown, Massachusetts:

> Verworfene und arglistige Männer, Ausländer zumal, haben mit Eifer und Tatkraft geheime und planmäßige Mittel

ergriffen und verfolgt, um die Grundlagen dieser Religion [das Christentum] zu unterwühlen und ihre Altäre umzustürzen, um so die Welt ihres wohltätigen Einflusses auf die Gesellschaft zu berauben ... Diese ruchlosen Verschwörer und Pseudophilosophen haben in großen Teilen Europas ihr Ziel schon erreicht und brüsten sich nun damit, ihre finsteren Machenschaften in allen Ländern der Christenheit verwirklichen zu können.[1]

Religion und fremde Mächte spielen auch später eine herausragende Rolle in der paranoiden Rhetorik, so auch in diesem Auszug aus der *Texas State Times* vom 15. September 1855:

> Es ist allseits bekannt, daß die Könige Europas und der Papst in Rom in diesem Augenblick unsere Vernichtung planen. ... Wir haben gute Gründe zu glauben, daß die Fäulnis bis in unsere Regierung eingedrungen ist und ihr Haupt vom Pesthauch des Katholizismus infiziert ist ... Der Papst hat vor kurzem seinen Nuntius mit einem geheimen Auftrag in dieses Land gesandt. Seitdem tritt die katholische Kirche in den ganzen Vereinigten Staaten mit einer nie gekannten Dreistigkeit auf. ... Diese Lakaien des Papstes propagieren die ehebrecherische Vereinigung von Kirche und Staat. Mit Hetzreden fallen sie über alle nicht katholischen Staaten her und schleudern wildeste Flüche gegen den Protestantismus.[2]

Auch die Macht des Geldes nimmt einen wesentlichen Platz in der paranoiden Ideenwelt ein. Wie die Macht der Religion enthält auch sie einen realistischen Kern der Wahnideen. Die gegen die Banken und großen Firmen zu Felde ziehende American Populist Party hielt 1892 in ihrem Programm fest, daß eine »zwei Kontinente erfassende Verschwörung gegen die Menschheit angezettelt wurde, die dabei ist, die Macht über die Welt zu ergreifen«. Drei Jahre später unterzeichneten die Führer dieser Partei folgendes Manifest:

> Schon 1865/66 schmiedeten die Goldspekulanten Europas und Amerikas ein Komplott ... Seit beinahe 30 Jahren haben die Verschwörer ihr Ziel beharrlich verfolgt. ... Jeder Verrat, jedes politische Mittel, jede Verschlagenheit ist den Geheimbünden des internationalen Goldringes recht, um das Eigentum des Volkes zu schädigen und die finanzielle und kommerzielle Unabhängigkeit unseres Landes zu untergraben.[3]

Der Vorwurf, heftige, jeder Moral spottende politische Ambitionen zu verfolgen, für die politische Verschwörungen ein probates Mittel darstellen, kommt ebenfalls im paranoiden politischen Stil vor. Im Juni 1951, der Korea-Krieg kam langsam in Gang und der Präsidentschaftswahlkampf für das Jahr 1952 hatte begonnen, veröffentlichte Senator Joseph McCarthy im *Congressional Record* seine Einschätzung der Probleme amerikanischer Außenpolitik:

> Welche Erklärung können wir für die gegenwärtige Lage anbieten, wenn nicht die, daß Männer bis in die höchste Regierungsspitze daran arbeiten, uns in die Katastrophe zu führen? Es muß sich hier um eine Verschwörung handeln, deren Ausmaß so groß ist, daß nichts in der Geschichte der Menschheit mit ihr verglichen werden kann. ... Um eine Verschwörung von solch finsterer Niedertracht, daß ihre Urheber, wenn man sie entlarvt haben wird, der Fluch der ganzen Menschheit trifft. Wie sollen wir diese ununterbrochene Folge von Entscheidungen beurteilen? ... Wir können sie nicht mit Unfähigkeit erklären. ... Nach den Gesetzen der Wahrscheinlichkeit müßten zumindest einige dieser Entscheidungen den Interessen unseres Landes dienen.[4]

Bemerkenswert an diesen Zitaten ist nicht ihre Substanz. In jedem einzelnen Fall mag es Grund zur Sorge gegeben haben. Erstens wurde Europa zur Zeit der Französischen Revolution von einer Welle kirchenfeindlicher Einstellungen erfaßt, und ihre radikalsten Vertreter wünschten in der Tat, die Religion wegen der vielen in ihrem Namen begangenen Greuel als soziale Kraft zu vernichten. Zweitens flammten in der Mitte des 19. Jahrhunderts in Europa immer noch politische Konflikte zwischen Katholiken und Protestanten auf. Auch war die Vermutung der Populisten, die internationalen Banken hätten sich um der Profite willen gegen das Allgemeinwohl verschworen, nicht völlig abwegig. Dergleichen geschieht durchaus. Und schließlich hatte McCarthy einige Gründe, einen organisierten Verrat in der amerikanischen Regierung zu fürchten. In allen Fällen waren freilich Ton und Schärfe der Reaktion, gemessen an der tatsächlichen Situation, so unverhältnismäßig, daß diese zweifellos durch persönliche psychische Bedürfnisse beeinflußt wurden, die ihren Widerhall in einer von Ängsten geplagten Bevölkerung fanden.[5]

Verschwörungen als allgemeine politische Erklärung heranzuziehen bedeutet, daß jene, die sich des paranoiden Stils bedienen, Geschichte und Politik als völlig rational und letztlich vorhersagbar betrachten, wenn man nur über den Schlüssel verfügt. In einer Welt, in der nichts absolut feststeht, bietet der paranoide Politiker seinen Anhängern Gewißheit. Die geschlossene Welt, die sich der Paranoiker in seiner Phantasie schafft, ist weitaus kohärenter als die wirkliche Welt. In jener geschieht nichts, was nicht bewußt verursacht wurde.

Obwohl der politische Paranoiker sich als Gegner der Gesellschaft betrachtet, sieht er sich wahrscheinlich als deren Opfer, als Ausgestoßener, der vor allem darum kämpft, dazuzugehören, Teil einer Gemeinschaft zu werden.[6] So gesehen, stehen am Anfang des Wahnsinns Haß, Furcht und Rückzug aus der Gesellschaft. Der Betreffende befindet sich in einer Art Naturzustand, ähnlich dem von Hobbes im *Leviathan* beschriebenen: Er ist von Feinden umgeben, isoliert, ohne Bindung an eine Gemeinschaft. Die verschiedenen Aspekte der Paranoia, beispielsweise die Furcht, andere schmiedeten Komplotte gegen den Paranoiker, lassen sich als Ausdruck entfremdeter Lebensbedingungen sehen. Aus dieser Perspektive ist die Paranoia einfach die Situation eines Menschen, der

seine soziale Natur nicht verwirklichen kann und sich gezwungen sieht, außerhalb der Gesellschaft zu leben. *Politische* Paranoia ist der unglücklich ausfallende Versuch, mit anderen wieder in Beziehung zu treten, erneut eine Gemeinschaft herzustellen.
Die Gesellschaft hält viele Institutionen bereit, um das Bedürfnis nach sozialem Leben und emotionaler Unterstützung zu befriedigen: beispielsweise Kirchen, Klubs, aber auch weniger formelle Gruppen wie Skatrunden oder Sportgruppen. Doch einigen, nämlich jenen, die von wahnhaften Ängsten heimgesucht sind und die sich bereits von der normalen Gesellschaft losgesagt haben, können solche Gruppen keinen emotionalen Rückhalt liefern.
Da der Paranoiker wie alle Menschen ein soziales Lebewesen ist, wird er sich eine Gruppe suchen, die seinen Überzeugungen entspricht und seinen Wunsch nach Gemeinschaft erfüllt. Einige politische Paranoiker werden sich leidenschaftlichen und gewalttätigen Gruppen anschließen, oder sie gründen sozialrevolutionäre Organisationen im Stil der Roten Brigaden oder der RAF (Rote-Armee-Fraktion, vgl. Kapitel 4).
Welche Formen die Paranoia heutzutage annimmt, läßt sich plastischer erkennen, wenn wir die Paranoia in der Vergangenheit untersuchen.

Die Vergangenheit – ein fremdes Land

Kulturanthropologen und vergleichende Kulturpsychologen verwenden einen ahistorischen Ansatz. Wir können die Vergangenheit aber auch wie ein fremdes Land betrachten, wie eine andere, exotische Kultur. Das ist eine Möglichkeit, zu einer durch vergleichende Perspektive gewonnenen Definition der Paranoia zu gelangen. Statt Geschichte als eine Abfolge von Ereignissen zu begreifen, wie man es uns in der Schule beigebracht hat, können wir sie als »Geschichte der Einstellungen, Verhaltensweisen und unbewußten kollektiven Vorstellungen« aufeinanderfolgender Generationen begreifen, kurz als Mentalitätsgeschichte.[7]

Mentalitäten sind Überzeugungen und Haltungen, die von nahezu allen Menschen einer bestimmten Zeit unkritisch geteilt werden, nämlich ohne sich ihrer bewußt zu sein.[8] Die Erforschung von Mentalitäten widmet sich der Geschichte der Ideen und Gedanken all derer, die keine Intellektuellen sind; im Gegensatz zur üblichen Geistesgeschichte beschäftigt sich dieser Forschungszweig nicht mit der Entstehung herausragender Ideen. Auch ist er nicht identisch mit der Geschichte der Ideologien, obwohl sie eines seiner Teilgebiete ist.[9] Ideologien sind systematischer als Mentalitäten und werden, obwohl sie weit verbreitet sind, nicht allgemein akzeptiert. Ein Beispiel für eine heutige Mentalität wäre, zumindest was die reichen Industrieländer betrifft, die Praxis, die Natur auf eine rational-positivistische Weise zu deuten.

Die Erforschung der Mentalitäten unterscheidet sich zudem von einer Kultur- oder Nationalgeschichte dadurch, daß sie sich nicht auf Ereignisse konzentriert, sondern auf die Psychologie und die Entstehung von Begriffsgebäuden. Man könnte die Untersuchung der Mentalitäten auch als eine Geschichte der Weltanschauungen bezeichnen.[10]

Frühe Beispiele für diesen Ansatz – obwohl man damals noch nicht von Mentalitätsgeschichte sprach – sind Johan Huizingas *Herbst des Mittelalters,* ein Werk, in dem das Lebensgefühl und die für selbstverständlich gehaltenen Überzeugungen des späten Mittelalters dargestellt werden, sowie Georges Lefebvres *The Great Fear of 1789,* das die in Frankreich grassierende Hysterie beschreibt, die durch eine panische Angst vor der Rückkehr der Aristokratie ausgelöst worden war.

Eine Hauptthese dieses Buches lautet: Paranoia ist eine charakteristische Mentalität des späten 20. Jahrhunderts. Die weitgehend unhinterfragte paranoide Weltsicht leitet die Interpretation der Ereignisse. Ein schärferes Verständnis der paranoiden Mentalität erhalten wir, wenn wir uns ansehen, welche Form sie 300 Jahre früher im England der Tudors angenommen hat. Wie L. B. Smith nachweist, war die Paranoia eine alltägliche Erscheinung unter den Tudors.[11] Sie figurierte in Ratgebern für Haus und Familie.

Beispielsweise rät ein Handbuch aus jener Zeit, man dürfe vermutlich seiner engsten Familie vertrauen, solle sie aber besser nicht auf die Probe stellen; sie kommt uns in den Kommentaren der Großen, etwa Heinrichs VIII., entgegen; und wir finden sie in der gewundenen und an Verrat nicht armen Hofkarriere des Earl of Essex, die von der gewöhnlich nachsichtigen Königin Elisabeth I. schließlich beendet werden mußte, indem sie ihn enthaupten ließ.[12]
Die Geisteswelt der Tudors war, wie die des Paranoikers, eine der absoluten Vernunft, in der alles miteinander zusammenhing, »wo nichts zufällig geschah« und »alles eine moralische Bedeutung hatte«.[13] Die Wahnidee, daß überall Verschwörungen ihr Unwesen trieben, wurde von der Vorstellung gespeist, alles werde von Individuen in Gang gesetzt. Man war fest davon überzeugt, daß Ereignisse eindeutig nicht durch Zufälle hervorgerufen werden, etwa durch das Wetter, oder durch unpersönliche Einflüsse, wie zum Beispiel den Wohlstand einer bestimmten Provinz, ausgelöst werden, sondern auf die direkten Anstrengungen von Individuen zurückgehen, die generell im geheimen wirken und alles durch ihr Blendwerk verhüllen. Der Monarch war Symbol und Manifestation dieser personalisierenden Auffassung von Politik.[14] Das Tudorzeitalter hat die Paranoia nicht nur erlebt, sondern auch die Saat für künftige Wahnideen gelegt.

Keine paranoide Kultur ohne paranoide Tradition

Was den Wahn so attraktiv macht und zu seinen charakteristischen Eigenschaften zählt, ist sein Rückgriff auf Ideen, Erklärungen und kausale Begründungen. Ein ganzes, von Wahnideen geleitetes Schriftkorpus ist dazu verwandt worden, verschiedene Gruppen zu stigmatisieren, ihnen abscheuliche Praktiken und verschwörerische Aktivitäten vorzuwerfen. Schon in der Antike schrieb man, es gäbe eine Gesellschaft in der Gesellschaft, vor dieser verborgen und entschlossen, sie durch Verschwörung zu vernichten. Das frühe Christentum wurde bis zur Zeit Konstantins mit diesen Vorwürfen verteufelt.

Ein Typus der paranoiden Tradition entwickelt sich am unteren Ende der Gesellschaft: Insbesondere die sozialen Unterschichten sind von Verschwörungstheorien fasziniert und richten ihre Feindseligkeit gegen die kirchliche und weltliche Aristokratie.[15] Im Mittelalter beispielsweise scharten sich verelendete Gruppen um abtrünnige Mönche, Klosterbrüder oder auch Laien. Diese gegen das kirchliche Establishment auftretenden Sekten verkündeten, sie hätten die heilige Mission zu erfüllen, die Welt vor den geheimen, unaufhaltsam wachsenden Mächten des Bösen zu retten, dessen Handlanger der Adel sei. Diese Bewegungen »verdankten ihren mitreißenden Schwung und ihre Zerstörungskraft einer kollektiven Phantasie, die klar wahnhafte Züge hatte«.[16] Wie bei den populistischen Bewegungen, die mit den Namen Joseph McCarthy und Lyndon LaRouche verbunden sind, handelte es sich um paranoide Bewegungen von unten, um einen Massenwahn.

Wahnideen können sich jedoch auch auf eine bei den herrschenden Klassen anzutreffende Tradition stützen.[17] Man denke etwa an die vom Inquisitor Conrad von Marburg im 13. Jahrhundert ausgelöste Paranoia und an die italienischen Adligen des 14. Jahrhunderts, die die häretischen Fratizellen verfolgten.

Im frühen 14. Jahrhundert brachten Philipp der Schöne und sein widerwilliger Verbündeter Papst Klemens V., beide Angehörige der Herrscherkaste, diese beiden unterschiedlichen Traditionen zusammen, indem sie den angesehenen und mächtigen Orden der Templer beschuldigten, geheimen, den katholischen Glauben verhöhnenden Riten zu frönen: Sie sollten Kinder opfern und essen und miteinander Unzucht treiben. Man glaubte, die geheimen Riten entlarvten die Templer nicht nur als Feinde der Gesellschaft, sondern sorgten auch für den engen Zusammenhalt ihrer Mitglieder.

Der Vorwurf der Unzucht und der religiösen Blasphemie tauchte in unterschiedlichen Spielarten immer wieder auf, wenn die Gesellschaft periodisch von der Furcht vor angeblichen Verschwörungen ergriffen wurde. Dieser Massenwahn gipfelte in der Verfolgung der beschuldigten Gruppe, verlosch dann allmählich, konnte aber immer wieder aufflackern.

Wahnideen in entwickelten Gesellschaften sind nicht bloß das Ergebnis von Sozialisationsprozessen in der Kindheit, von angeborenen Neigungen und gesellschaftlichen Krisenzeiten. Derartige Ideen setzen auch bestimmte, sie formende Traditionen voraus, zu denen seit jeher dämonisierte Gruppen und bestimmte Erzählungen gehören, man denke nur an all die Geschichten über Orgien zur Verhöhnung des christlichen Glaubens. Eine systematische, die ganze Gesellschaft erfassende Verfolgungswelle ist nur möglich, wenn es einen über Generationen tradierten legitimierenden Mythos gibt. Im wesentlichen wird der immer gleiche Vorwurf erhoben: Es gibt Geheimbünde, die durch ihre verborgenen, in den Augen der übrigen Gesellschaft abscheulichen Praktiken zu einer verschworenen Gemeinschaft werden, deren Ziel es ist, die Gesellschaft zu zerstören.

Wie die wahnhafte Kultur sich ihre Opfer sucht

Die bekannteste Verschwörungsgruppe des Abendlandes überhaupt, verbunden durch scheußliche Riten und entschlossen, die Gesellschaft zu vernichten, bilden die Hexen, deren Herr Satan persönlich ist. Der berühmteste Ausbruch von Hexenwahn in der amerikanischen Geschichte ereignete sich 1692 in Salem, Massachusetts. Was uns an der Salemer Hexenhysterie am stärksten fasziniert, ist die Möglichkeit, anhand dieses Ereignisses aufzuzeigen, wie die Objekte der Paranoia gewählt werden.

Was sich damals in Salem zutrug, ist durch Zeugnisse sehr gut belegt. Wir werden die Geschehnisse hier nur in gedrängter Form schildern, dafür jedoch das Blickfeld erweitern und auch betrachten, wie sich die Hysterie über Salem hinaus ausbreitete.

Zu Beginn des Jahres 1692 wurden die elfjährige Elizabeth Parris und ihre Kusine Abigail Williams von Anfällen heimgesucht. Sie konnten nicht mehr sprechen und sehen, ihre Münder öffneten und schlossen sich krampfhaft, sie verfielen in heftige Zuckungen, Hälse, Arme und Rücken auf groteske Weise verdrehend, sie husteten, verloren zeitweilig das Gedächtnis, konnten weder hören noch sehen oder fühlen. Ein Gemeindemitglied riet dem Ehemann einer karibischen Sklavin der Familie Parris, ihr Name war Tituba, daß man die Mädchen heilen könne, wenn man dem Hund der Familie einen »Hexenkuchen« zu fressen gebe, der aus dem Urin der Mädchen hergestellt werden müsse. Man folgte dem Rat, und die Anfälle hörten auf.

Die Zubereitung und Verwendung von Urinkuchen galten als Hexenkünste, und diese Handlungen seitens eines Gemeindemitglieds alarmierten denn auch die Geistlichen, die mit der Untersuchung der Anfälle betraut waren. Nicht genug damit, daß eine westindische Sklavin Magie betrieb, ein Gemeindemitglied hatte sie noch dazu aufgefordert, wenn auch in der Absicht, die Mädchen von ihrer »Besessenheit« zu heilen. Am 1. März 1692 gestand Tituba, »daß der Teufel sie in Gestalt eines Mannes aufgesucht habe – er war groß, ganz schwarz und hatte weißes Haar. ... Er hatte ihr ein mit neun Zeichen versehenes Buch gezeigt, und zwei davon stammten von Good und Osborne – zwei älteren Frauen mit schlechtem Ruf. Manchmal habe der schwarze Mann sie gezwungen, mit ihnen zu gehen und die Kinder heimzusuchen. Sie habe sich auf einen ›Stock oder Pfahl gesetzt, hinter mir Good und Osborne. Rittlings sitzend, haben wir uns aneinander festgehalten, wie wir fortkamen, weiß ich nicht, denn ich sah keine Bäume und keinen Weg, sondern war im Augenblick dort.‹«[18]

Die Anfälle traten auch bei anderen Mädchen auf – sie waren im Alter zwischen neun und zwanzig –, was nach mehr Hexen »roch«. Viele der Beschuldigten legten wie Tituba ein Geständnis ab und nannten weitere Frauen, von denen einige wiederum gestanden. Viele Geständnisse, vielleicht sogar die meisten, klangen durchaus aufrichtig. Zu den Glaubensgrundsätzen des Puritanismus gehörte, daß das Volk Gottes, da es in Sünde geboren war, immer der Versuchung ausgesetzt sei. Angesichts dieser Weltsicht überrascht es nicht, daß die Bürger Salems Titubas und ähnliche Aussagen für bare Münzen nahmen. In einem Geständnis wurden zwei nicht weiter identifizierte Frauen aus Boston genannt, die angeblich an satanischen Festen teilgenommen hatten.

Nach Rechtsprechung und Volksglauben gab es zwei Arten von Hexenkünsten. Die erste und älteste würden wir heute als Hexerei oder schwarze Magie bezeichnen. Damals sprach man von *maleficium*. Hexerei lag vor, wenn Worte oder Gegenstände dazu benutzt wurden, anderen zu schaden. Das nötige Wissen und die Techniken konnten von jedem erlernt und praktiziert werden. Das Maleficium bedurfte keiner Zusammenarbeit mit anderen, noch schloß es notwendig einen Teufelspakt ein. In vielerlei Hinsicht waren die Grenzen zwischen Maleficium und akzeptierter christlicher Praxis fließend, weshalb die kirchlichen Autoritäten sich widersprüchlich verhielten, wenn sie Hexerei so grausam bestraften.

Nach einer anderen Auffassung, die stärker auf dem Kontinent als in England vertreten wurde, gehörte zur Hexerei der Pakt mit dem Satan, der Teil einer Verschwörung der finsteren Mächte zur Vernichtung der Gesellschaft war. Das war natürlich die größere Gefahr. Einzelne, die das Vieh des Nachbarn sterben ließen oder mit Zaubersprüchen Stürme entfesselten, waren von Übel und verdienten strenge Bestrafung, doch waren sie bloß ein Ärgernis, keine Bedrohung für die Gesellschaft. Schlossen einzelne Individuen hingegen einen Pakt mit dem Teufel und gründeten unter seiner Führung Geheimorganisationen, zu denen auch hochstehende und mächtige Persönlichkeiten gehörten, dann drohte höchste Gefahr, und energische Schritte waren geraten. Man ging auch davon aus, daß jede Form von Hexerei weitgehend von gesellschaftlichen Außenseitern praktiziert würde, nicht aber von ehrbaren Gemeindemitgliedern.[19]

Titubas Beschuldigung löste zwei Befürchtungen aus. Erstens bewies die Urinkuchenepisode, daß auch normale Gemeindemitglieder in die Hexerei verwickelt waren. Zweitens schürte Titubas Erzählung von den neun Zeichen in dem geheimnisvollen Buch und den beiden unbekannten Frauen aus Boston die Angst, es handle sich um eine weitverzweigte Verschwörung. Noch schwerer wog, daß ein ehemaliger Prediger aus Salem Village, George Burroughs, schnell als Vorsitzender des Hexensabbats »erkannt« wurde. Anfang Mai wurde er aus Maine zurückgeholt, man machte ihm den Prozeß, verurteilte und hängte ihn. Cotton Mather selbst erklärte, Burroughs sei das Haupt der Verschwörung gewesen. In den nächsten 17 Monaten kam es zu mehr als 50 Schuldbekenntnissen. Mehr als ein Drittel der Beschuldigten legten ein Geständnis ab.[20]

Die Menschen gestanden, weil sie Hexerei praktiziert hatten, weil sie nichts Derartiges getan hatten, aber davon überzeugt wurden, daß sie es getan hatten, und natürlich weil sie physisch und psychisch unter Druck gesetzt wurden. Viele Unschuldige gestanden, weil sie schon bald merkten, daß ein Geständnis, die Beschuldigung anderer und ein Reuebekenntnis sie vor weiteren Torturen bewahrten.[21] Viele Beschuldigte ließen sich von ihren Verwandten dazu überreden, ein Geständnis abzulegen und sogar Mitschuldige anzugeben, um sich selbst zu retten. All diese Faktoren waren dafür verantwortlich, daß eine so große Zahl von Menschen beschuldigt wurde – insgesamt 141. Männer wurden ebenso angeklagt wie Frauen, sogar sechs Kinder mußten vor die Richter, darunter auch die fünfjährige Dorcas Good, deren Mutter zu den ersten Beklagten gehörte. Obwohl ein Viertel der Anschuldigungen Männer betraf, standen diese normalerweise in irgendeinem verwandtschaftlichen Verhältnis zu einer angeklagten Frau.[22]

Am 14. Mai 1692 entschied der neue Gouverneur, Sir William Phips, nachdem man ihm die stetig wachsende Liste der Satansanhänger vorgelegt hatte, daß schnelles Handeln geboten sei, um »die Willensschwachen von der Unterzeichnung des Teufelsbuches abzuhalten«.[23]

Gouverneur Phips fürchtete zu diesem Zeitpunkt weniger das Umsichgreifen schwarzer Magie als die Ausweitung der von Satan angezettelten Verschwörung.

Phips ernannte zwei Richter, Oyer und Terminer, die die Fälle

untersuchen und beurteilen sollten. Am 2. Juni 1692 kam das Gericht zusammen, um den Fall Bridget Bishop zu verhandeln.[24] Sie wurde verurteilt und am 10. Juni hingerichtet. Weitere Prozesse, die in der Hauptsache auf beeideten Aussagen beruhten, wurden in schneller Folge durchgeführt. Am 22. September wurden weitere 18 Angeklagte hingerichtet. Die Beschuldigungen blieben nicht unangefochten. Einige Zeugen erklärten, sie seien gezwungen worden, bestimmte Namen preiszugeben, und eines der betroffenen Mädchen gab zu, »aus einer Laune heraus« gehandelt zu haben. Viele Menschen protestierten laut während der fünf Hinrichtungen am 19. August, vor allem gegen die Verurteilung von George Burroughs und des allgemein geachteten John Proctor. Die Prozeßordnung wurde im allgemeinen peinlich beachtet, und Beschuldigungen wurden heftig bestritten. Die Menschen wurden nicht einfach angeklagt und dann zum Galgen geschleift. Viele Beschuldigungen lösten vielmehr Verleumdungsklagen aus, und viele davon waren erfolgreich.
Die frühen Geständnisse, vor allem jene, die sich in Einzelheiten ergingen und andere Zeugnisse zu bekräftigen schienen, ließen die Richter befürchten, sie hätten es mit einem Anschlag des Satans zu tun. William Barker aus Andover erklärte in einem umfangreichen Geständnis, er betreibe die Hexerei schon seit drei Jahren und große Schulden hätten ihn zu einem Pakt mit dem Teufel getrieben, der ihm versprochen habe, seine Schulden zu begleichen. Er habe nicht nur einen Vertrag unterzeichnet und drei Frauen heimgesucht, sondern auch an einer Hexenversammlung in Salem Village teilgenommen. Er gab eine lebhafte Schilderung des Ereignisses von sich und behauptete, der ebenfalls anwesende George Burroughs habe in eine Trompete geblasen, woraufhin sich sogleich viele Hexen eingefunden hätten. Nach seiner Schätzung trieben etwa 100 von den versammelten 300 Hexen ihr Unwesen im Kirchspiel. Der Satan habe eine Rede gehalten und verlangt, daß man ihn anbete, und die Zerstörung Salems und der umliegenden Dörfer vorhergesagt. Auf diese Rede folgte eine Feier, bei der Wein und Brot gereicht wurden. Am Ende seines Geständnisses

bat Barker das Gericht um Verzeihung und die Anwesenden, für ihn zu beten.[25]

Solche Geständnisse verstärkten die Furcht vieler Bewohner Salems, daß das Tausendjährige Reich angebrochen sei, an dessen Ende der Einfluß des Teufels auf der Erde gebrochen sein würde. Doch wenn es so wäre, würde der Teufel dann nicht seine Anstrengungen verstärken und Anhänger werben? Befanden sich die heidnischen Indianer nicht auf dem Kriegspfad? Bedrängten nicht die satanischen Kräfte des Katholizismus die Kolonie der Gottesfürchtigen in Massachusetts? Die Puritaner hatten gute Gründe, die Indianer, die Franzosen und den subversiven Einfluß der Quäker zu fürchten. Auch war der Verdacht, London wolle Hand an ihren wachsenden Wohlstand legen, durchaus vernünftig. Die Furcht der Puritaner, ihre Autonomie entweder durch Eroberung oder durch Unterdrückung einzubüßen, war groß. Wie Richard Godbeer in *The Devils's Dominion* bemerkt, ist »die Neigung, das Böse außerhalb der eigenen Person anzusiedeln, der Schlüssel zum Verständnis der Ereignisse von 1692«.[26] Sie ist auch das Charakteristikum der paranoiden Disposition. Die Mädchen und anderen Mitglieder der Salemer Gemeinde hätten ihre Krämpfe ebensogut als göttliche Strafe für ihre Sündhaftigkeit oder einfach als unerklärliche Krankheit deuten können. Doch statt dessen sahen sie sich nach einer äußeren bösen Macht um.[27]

Es ist bemerkenswert, daß nur Mitglieder der Puritaner unter Anklage gerieten. Obwohl auch Iren, Schotten, Holländer, Franzosen, Katholiken, Quäker, Baptisten, Juden und Indianer in der Gegend lebten, wurde keiner dieser naheliegenden Anwärter der Hexerei beschuldigt. Die Hysterie war ausschließlich nach innen gerichtet.[28]

Als die Zahl der Beschuldigten immer mehr zunahm, befielen die Salemer Regenten allmählich Zweifel, ob so viele mit dem Satan im Bunde stehen könnten. Zwischen Februar und Oktober wurden 43 Geständnisse abgelegt – und natürlich noch sehr viel mehr Gemeindemitglieder der Hexerei beschuldigt.[29] Immer mehr »Angehörige der höheren Stände«, sogar Lady Phips, die Frau des

Gouverneurs, und Kapitän John Alden aus Boston, Sohn des Mayflower-Pioniers John Alden, wurden denunziert.[30]

Am 22. September setzte Gouverneur Phips die Prozesse und Hinrichtungen aus und forderte eine Überprüfung der gerichtszulässigen Beweise. Nach den neuen, von Increase Mather vorgeschlagenen Kriterien zählten Geistervisionen – Berichte über Geistererscheinungen, vor allem wenn andere Anwesende sie nicht sehen konnten – nicht mehr als Beweis. Cotton Mather erklärte in seinen Predigten, der Hexenwahn sei selbst das Werk des Teufels, ausgeheckt, um Zwietracht unter den Christen zu säen. Gouverneur Phips entließ die Richter Oyer und Terminer und befahl, die Gefangenen gegen Kaution freizulassen. Obgleich ein höheres Gericht noch drei weitere Urteile fällte, kam es nicht mehr zu einer Bestrafung. Im Mai 1693 erließ der Gouverneur eine Generalamnestie für alle noch lebenden Angeklagten.

Die Salemer Hysterie zeigte alle Kennzeichen einer paranoiden Episode. Da war der Verschwörungswahn – der Teufel und seine Bundesgenossen –, da wurden starke negative Gefühle mobilisiert (gegen die große Zahl von »Hexen«), und es traten die beiden eng verwandten Eigenschaften überzogene Selbsteinschätzung – Satan hatte Salem auserkoren, um seine letzte Schlacht vor Anbruch des Millenniums zu schlagen – und Größenwahn – Salem würde Satan besiegen und das Christentum retten – auf. Projektion und Furcht vor dem Verlust der Autonomie waren die wichtigsten psychologischen Kräfte, die diese Wahnideen schufen und manifestierten. Was diese Episode von der typischen Hexenhysterie unterschied, waren die vielen Gehängten und die doppelte Beschuldigung des Maleficiums und des Teufelspakts.

Dieses Auftreten von Paranoia hat mit Stalins Säuberungen und Pol Pots Terror viel gemeinsam, doch anders als jene geschichtlich weiterreichenden Ereignisse stürzte sich die Hysterie in Salem auf eine spezifische Gruppe von Opfern (die Beschuldigten), so daß heutigen Gelehrten detaillierte Zeugnisse darüber zur Verfügung stehen, warum, wann und wie sie angeklagt wurden. Die Wahl der Opfer in Salem und an anderen Orten läßt sich auf drei Faktoren zurückführen. In einem anderen historischen Kontext werden die Akzente anders verteilt sein, doch es handelt sich im wesentlichen um die gleichen Faktoren wie in Salem.

Opfer werden im Rahmen eines komplexen und herrschenden Systems von Überzeugungen ausgesucht. Die Vorstellung, daß es Hexen und Hexerei gäbe, daß man sie zu entdecken und zu vernichten habe, war nicht nur Teil des christlichen Glaubenssystems, sie bestand schon länger. Bereits im Buch Exodus heißt es: »Eine Zauberin darfst du nicht am Leben lassen« (22, 18). Die Werkzeuge des Gewerbes – ein bestimmter Trank, eine Puppe mit hineingestoßenen Nadeln – waren Beweise dafür, daß ihr Besitzer Hexenkünste ausübte. Das galt auch für körperliche Zeichen, besonders für die Unempfindlichkeit bestimmter Körperteile gegenüber Schmerzen, etwa das »Hexenmal«, aus dem der Teufel Blut saugte. Auch bestimmte Ereignisse waren belastend, etwa das Wiedererkennen durch die betroffene Person, wenn der Beklagte sie berührte.

Die Vorstellung, daß zum Maleficium auch noch die Ketzerei hinzukommt, stammt eigentlich schon aus dem 15. Jahrhundert. Doch nachdem die Reformation an Boden gewonnen hatte, gerieten zunehmend alle, die gegen religiöse Vorschriften verstießen, Widerstand gegen oder Zweifel am Christentum äußerten, schnell in den Geruch, mit dem Teufel im Bunde zu sein.

Das herrschende System von Überzeugungen läßt sich nicht nur darauf anwenden, was die Menschen tun, sondern auch darauf, wer sie sind. Einige Gruppen eignen sich als Objekte paranoider Verfolgung schon durch ein bestimmtes System von Glaubenssätzen oder eine Ideologie. In Kambodscha konnten die Roten Khmer die traditionelle Fremdenfeindlichkeit ausschlachten, um ihre angeblich verwestlichten Opfer anzuprangern. In seiner Analyse der gefälschten *Protokolle der Weisen von Zion* wies Norman Cohn nach, daß der moderne Antisemitismus auf althergebrachten Verdächtigungen und feindseligen Einstellungen gegenüber Juden fußt, die bis in die Antike zurückreichen.[31] Daß Stalin die etwas wohlhabenderen Bauern, die Kulaken, zu seinen Opfern machen konnte, hing zum Teil auch von der Rolle dieser verhältnismäßig reichen Bauern in der marxistisch-leninistischen Ideologie ab.

Noch entscheidender aber war, daß man in Rußland Verschwörungen als Erklärung für alle möglichen Phänomene anzuführen gewohnt war. Jede paranoide Bewegung muß sich wie jede andere politische Bewegung auch auf tradierte Glaubenssysteme stützen, wenn sie Erfolg haben will. An diese Systeme wird sie sich halten, wenn sie ihre Opfer aussucht.

Opfer werden ausgewählt, weil ihnen bestimmte Rollen zugesprochen werden, sie bestimmte Charakteristika erworben oder ein Verhalten gezeigt haben, das dem Profil entspricht, das dem Gegenstand der Paranoia zugeordnet wird. Wer Magie betrieb oder Kranke heilte, lief besonders Gefahr, der Hexerei beschuldigt zu werden. Tituba zum Beispiel übte Magie aus, indem sie wahrsagte. Weil Hexen an der Bosheit des Teufels teilhaben, konnte es leicht geschehen, daß, wer im manchmal durchaus gerechtfertigten Ruf stand, zänkisch oder in religiösen Dingen nachlässig zu sein, sich auf der Anklagebank wiederfand. Streitsucht scheint eine besonders wichtige Eigenschaft der Denunzierten zu sein. Nicht allein, daß sie sich ständig auf Händel mit anderen einließen, die Beschuldigten hielten auch innerhalb der Familie keinen Frieden. Es war keine Seltenheit, daß Ehemänner ihre Ehefrauen verklagten und umgekehrt. Das Führen übler Nachrede und Diebereien waren unter den Beschuldigten verbreiteter als in der übrigen Bevölkerung, und das betraf vor allem die Frauen. Bei weiblichen Angeklagten war es doppelt so wahrscheinlich, daß sie im Ruf standen, gegen ihre Mitbürger zu hetzen und zu stehlen.[32]

Viele der Angeklagten waren recht unangenehme Zeitgenossen.[33] Eine gewisse Rachel Clinton stieß ihre Mitangeklagten bewußt mit den Ellenbogen an und beschimpfte sie als »Höllenhunde«. John Godfrey aus Andover hatte 132 Prozesse in der Gegend angefangen.[34] Godfrey, ein durch und durch widerwärtiger Mensch, wurde mehrmals vor Gericht gebracht und schließlich mit dem Urteil auf freien Fuß gesetzt, »daß er der Hexerei verdächtig sei, aber nach dem Buchstaben des Gesetzes und den vorliegenden Beweisen nicht im rechtlichen Sinne schuldig«.[35] Doch die vor Gericht gezerrten Angeklagten besaßen oft die Tugenden, die ihren Lastern entsprachen. Widerspenstig und herausfordernd, wie sie waren, vertraten sie ihre Sache. Schließlich hätten sie sich auch jeglicher Gefahr entziehen können, indem sie Geständnisse ablegten und andere denunzierten.

Wir deuteten an, daß einige der Angeklagten tatsächlich Hexerei oder das, was man für Hexerei hielt, betrieben, namentlich das Heilen von Kranken.[36] Die Grenze zwischen wissenschaftlicher Medizin und Heilung durch Hexenkünste war damals weniger eindeutig als heute zu ziehen. Schwerer aber wog, daß einige, die tatsächlich Hexerei praktizierten oder es behaupteten, sich manchmal selbst zu ihrem Treiben bekannten. So brüstete Abigail Hobbes sich damit, »ihren Körper und ihre Seele dem alten Knaben« verkauft zu haben.[37]

Zwar entstammten die Angeklagten meistens den niederen Schichten, doch waren Individuen, die nicht so richtig in das Sozialgeflecht paßten, die über den Stand ihrer Eltern hinausgelangt waren, besonders angreifbar.[38] Den meisten Menschen bereitet es Vergnügen, Aufsteiger zu demütigen, und sie der Hexerei zu beschuldigen war ein ausgezeichnetes Mittel.

Ähnliche »Merkmale« und Verhaltensweisen zeichneten die Opfer auch zu anderen Zeiten und an anderen Orten aus. Pol Pots Opfer waren nach Haltung und Bildung westlich orientiert. Oft trugen sie sichtbare Zeichen ihrer Verwestlichung, zum Beispiel Uhren und Brillen (vgl. Kap. 10). Viele von Stalins Opfern waren seine Gegner, und einige hatten vermutlich versucht, ihn zu stürzen. Wahrscheinlich waren die Kulaken weniger zuverlässige Anhänger der Kommunisten als jene, die an ihre Stelle traten. Viele Juden in Deutschland waren wohlhabender als der durchschnittliche Deutsche, und sie bildeten eine von den deutschen Christen abgegrenzte Gemeinschaft.

Die Paranoia, vor allem die politische, beruht selten auf bloßen Wahnvorstellungen. Es ist typisch für sie, daß sie einen wahren Sachverhalt verzerrt.

Opfer stammen in der Regel aus Kreisen, deren Vernichtung oder Demütigung die Ankläger symbolisch oder materiell bereichern würde, oder aus Gruppen, die ihre Ankläger verärgert haben. Auf der falschen Seite in einem Parteienzwist zu stehen kann die Chancen enorm erhöhen, üble Charakterzüge oder ein boshaftes Verhalten, einschließlich Hexerei, vorgeworfen zu bekommen. Salem Village hatte etwa 200 Einwohner, die älter als 21 Jahre waren.[39] Wie in den meisten kleinen Gemeinden gab es auch im Dorf Salem verschiedene Parteien. Der größte Streit herrschte zwischen den Anhängern und Widersachern von Samuel Parris, dem Prediger einer eigenständigen Gemeinde in Salem Village, die schon seit langem bestrebt war, sich ganz und gar von der älteren, größeren und sich oft einmischenden Gemeinde in Salem Town unabhängig zu machen.[40]

Uns Heutigen erscheint der Streit relativ trivial, doch für die Menschen damals war er sehr heftig. Parris war einer der leidenschaftlichsten Hexenjäger, und seine Kinder hatten den Auftakt zur Jagd gegeben. Zwei Jahre vor Ausbruch der Hysterie hatte er seine Gegner in Salem Town und Salem Village beschimpft, daß »ihre Gegnerschaft zu Gottes Reich und Willen sie in beklagenswertem Einklang mit den Teufeln« leben ließe.[41] Es verwundert nicht, daß Parris, nachdem zur Hexenjagd geblasen worden war, keine Hexen unter seinen Anhängern fand.

Eine andere Form, Opfer auszuwählen, ist subtiler. Sie hängt mit dem Geschlecht zusammen. Ankläger wie Beschuldigte waren mehrheitlich Frauen, insbesondere Frauen, die nicht mit den weiblichen Rollenerwartungen konform gingen. Puritanische Gemeinden im 17. Jahrhundert glaubten, daß Kindergebären eine Pflicht gegenüber Religion und Gemeinschaft sei, ja eventuell die wichtigste Tätigkeit einer Christin überhaupt. Kinderlose Frauen gerieten besonders in Verruf. Eine von sechs Beschuldigten in Salem war eine kinderlose Frau, während insgesamt nur jede zwölfte der in der Gegend von Salem lebenden Frauen keine Kinder hatte. Angeklagte Frauen mit Kindern hatten in der Regel weniger Kinder als der Durchschnitt.[42] Zudem spielten Kinder oft eine Rolle bei der Anklage, Hexerei betrieben zu haben. So wurde vermutet, »Kinder seien durch Hexerei erkrankt oder gar getötet worden, Mütter während Schwangerschaft und Stillzeit verhext worden. Hexen sollten, was eine Karikatur der normalen mütterlichen Aufgaben darstellt, kleine Teufel stillen und ein auffallend verdächtiges Interesse an den Kindern anderer zeigen. Auch waren sie überproportional oft über die Zeit der Gebärfähigkeit hinaus.«[43] Nicht sehr fruchtbare Frauen zu bestrafen war eine Möglichkeit, das Ansehen der Ankläger, die angeblich fruchtbar waren, zu erhöhen. Daß unfruchtbare Frauen Hohn und Spott ausgesetzt waren, mag für einige ein Grund gewesen sein, sich der Hexerei oder einem anderen abweichenden Verhalten hinzugeben. Weiblichen Hexen wurde häufiger vorgeworfen, zu stehlen oder andere in ihren Reden zu schmähen, als anderen Frauen oder männlichen Hexen.[44] Die Verknüpfung von Hexerei und Kindern traf auch auf die Beschuldigten zu: In Salem waren vor allem Kinder die vom Teufel Heimgesuchten und die hauptsächlichen Ankläger.

Eigeninteresse, symbolisches wie materielles, ist der entscheidende, das Anklagemuster prägende Faktor. Ob die Revolution nun von oben oder von unten kommt, Opfer der Paranoia werden oft jene sein, deren Reichtum die Taschen der neuen Herrscher füllt oder deren Demütigung die Selbstachtung ihrer Peiniger stärkt. Die europäischen Juden in den dreißiger und vierziger Jahren waren nicht nur deshalb exponiert, weil sie Außenseiter und seit jeher Gegenstand wahnhafter Ängste waren. Viele von ihnen waren zudem wohlhabend. Die asiatischen Kaufleute, die von Ugandas Idi Amin enteignet wurden, und die von Stalin in den Hungertod getriebenen Bauern sind zwei weitere Beispiele dafür, daß der Wahn seine Opfer zumindest teilweise nach ihrem Wohlstand auswählt. Pol Pots analphabetische Bauern töteten Kambodschaner, die Brillen und Armbanduhren trugen, nicht um in ihren Besitz zu gelangen, sondern um ihren Trägern zu demonstrieren, daß ihre Kultur die überlegenere sei.

Wie wichtig eine symbolische Politik für die Dynamik der Paranoia ist, wird daran ersichtlich, daß die Unterlegenen nicht bloß enteignet, sondern auch gedemütigt werden. Erzwungene öffentliche Geständnisse, die Zuweisung besonders erniedrigender Arbeiten, sogar öffentliche, die Opfer herabwürdigende Hinrichtungen sollen die Stellung der Aggressoren bekräftigen. In allen Gesellschaften und zu allen Zeiten sind diejenigen Gruppen am meisten gefährdet, die eine kulturell festgeschriebene Opferrolle innehaben, die Außenseiter oder in irgendeiner Weise anders sind, die ihre Rolle durch ein bestimmtes Tun oder bestimmte Charakterzüge unterstreichen und deren Verurteilung die Situation der Ankläger verbessern kann. Doch ist hier Vorsicht geboten: In der Hitze wahnhafter Bewegungen spielt immer auch der Zufall eine Rolle. Die Salemerin Rebecca Nurse war zwar kein Muster an Vollkommenheit, aber sie ging regelmäßig zur Kirche und stand im Ruf, eine freundliche und bescheidene Frau zu sein, dennoch zerrten ihre Nachbarn sie vor Gericht und hängten sie. Wenn das Ungeheuer des Wahns durch die Straßen rast, ist niemand sicher. Und in einigen Gesellschaften ist der Glaube an Verschwörung eine alltägliche Erscheinung.

Wo der Wahn die Norm ist

In ihrer klassischen Studie zu den Dobu aus Neuguinea beschreibt Ruth Benedict eine Gesellschaft, die an Hexerei glaubt und Giftmischerei betreibt.[45] Jeder verdächtigt dort jeden, Unglücke werden immer menschlicher Niedertracht zugeschrieben, es herrscht eine allgemeine Feindseligkeit.

Die Dobu leben auf rauhen vulkanischen Inseln vor der Südküste des östlichen Neuguinea. Im Gegensatz zu vielen Inseln in der Region sind ihre Fischgründe mager, und das Land ist nicht sehr fruchtbar. Die Gesellschaft der Dobu ist womöglich noch weniger einladend als das Land. Es gibt keine Rechtsinstitutionen, und Vertrauen ist dort ein Fremdwort. Krankheiten sind sehr verbreitet und werden ausnahmslos auf Zaubersprüche zurückgeführt. Ja, bestimmte Bewohner »sind im Besitz« besonderer Zaubersprüche, um bestimmte Krankheiten auszulösen. Und mit größter Wahrscheinlichkeit wird eine sehr nahe stehende Person den Zauberspruch gemurmelt haben, der krank macht: die Ehefrau, ein Kind oder der Jagdgefährte. Jeder Ehemann und jede Ehefrau bestellt einen eigenen Flecken Erde mit Yamswurzeln, die von den Yamswurzeln ihrer jeweiligen Familie abstammen. Sogar die Yamswurzeln sind eifersüchtig: In der Nähe des Yamsfeldes ist Lachen verboten, denn die Yams würden es übelnehmen und für einen Fluch halten. Jeder Besitz und jede Freude werden verborgen, denn das darin liegende Glück würde noch mehr Flüche auf den Besitzer lenken. Doch das ganze Übelwollen wird hinter einer Fassade von Freundlichkeit versteckt. Wie Benedict bemerkte, erzeugt diese kulturell tiefverwurzelte Täuschung Mißtrauen: »Tugend besteht für einen Dobuaner darin, jemanden auszuwählen, über den er die ganze Niedertracht, die er der Gesellschaft wie den Kräften der Natur zuschreibt, ausgießen kann. ... In seinem Überlebenskampf verläßt er sich auf zwei Waffen: Mißtrauen und Grausamkeit. Er kennt keine Gnade und erwartet sie auch nicht von anderen.«[46] Benedicts Schluß, daß »das Mißtrauen bei den Dobu wahnhafte Dimensionen annimmt«, überrascht daher nicht.[47] In einer solchen Gesellschaft ist es in der Tat schwierig, wenn nicht unmöglich, seinen Mitmenschen zu vertrauen, wie es in den meisten Gesellschaften die Regel ist.

Wenn Paranoia gewissermaßen die Norm in der ganzen Gesellschaft ist, können wir dann überhaupt noch von Paranoia sprechen? Eine Möglichkeit, ein Verhalten als pathologisch oder nicht zu beurteilen, besteht einfach darin, die eigenen Wertmaßstäbe der Gesellschaft heranzuziehen. Ein Verhalten ist dann verrückt, wenn die Gesellschaft es dafür hält, und gesund, wenn es akzeptiert wird.[48] Das ist die These eines reinen Kulturrelativismus, der Benedicts Behauptung über die gesellschaftliche Paranoia bestreiten würde. Für den Verfechter des Kulturrelativismus ist die Gesellschaft der Dobu eine Form menschlicher Interaktion unter anderen. Wenn ein solches Verhalten bei den Dobus normal ist, müssen wir es akzeptieren und sollten ihm kein abwertendes, allgemeingültiges Etikett wie »paranoid« anhängen.

Verbreiteter ist die Auffassung, daß psychopathologische Verhaltensweisen (Paranoia, Depression, Manie usw.) in allen Gesellschaften auftreten, daß aber die Bedingungen, unter denen sie als Krankheit definiert werden, kulturell determiniert sind.[49] Demnach wäre paranoides Verhalten etwas Allgemeines, nur würde von Gesellschaft zu Gesellschaft variieren, wie oft, unter welchen Bedingungen und in welchem Grade es als ein von der Norm abweichendes Verhalten gilt.

In fast allen Teilen der Welt und zu allen Zeiten hat es nahezu allgemein akzeptierte Verhaltens- und Vorstellungsmuster gegeben, die von allen gesunden Mitgliedern der Gesellschaft geteilt wurden.[50] Ebenso gilt das Umgekehrte: Abweichungen und Widersprüche zu diesen Mustern sind ebenfalls allgemeingültig. Die Paranoia gehört zu den allgemeinen Abweichungen und Widersprüchen, die sich in verschiedenen Gesellschaften in verschiedenen Formen und in verschieden starken Ausprägungen manifestieren.[51]

Daher kommt die vergleichende Kulturpsychologie zu dem Schluß, daß Paranoia nahezu immer ein Zuviel der bestehenden Verhaltensmuster und kein qualitativ unterschiedenes Phänomen ist.[52] Es gibt zwei Formen abweichenden Verhaltens, der Widerstand gegen Normen oder ihre Übertreibung. Paranoia fällt fast ausschließlich in die zweite Kategorie. Das heißt, sie ist normalerweise eine Übersteigerung gesellschaftlicher Erwartungen. Wenn die Geschichte eines Landes auffällig oft von Verschwörungen erzählt, wird man behaupten können, daß diese Gesellschaft nicht ohne Grund vom Mißtrauen gegen ihre Feinde erfüllt ist.[53]

Im Nahen Osten wurde eine kulturelle Disposition zu Wahnideen dramatisch verstärkt, weil in der Geschichte der Region immer wieder von Verschwörungen die Rede ist. Infolgedessen ist man in dieser Region mit Verschwörungstheorien schnell bei der Hand, und der politische Diskurs kreist regelmäßig um finstere Machenschaften.

Verschwörungstheorien im Nahen Osten

Als ein amerikanischer Akademiker 1990 während der Golf-Krise eine internationale Konferenz in Tunesien besuchte, glaubte er nicht recht zu hören, als ihm ein tunesischer Kollege zur »Brillanz Ihres Präsidenten« gratulierte und dann ausführte, »daß es einfach ein großartiges Kabinettstück war, so zu tun, als steuere man auf einen schweren Konflikt hin, um ein für alle Mal Amerikas Ölinteressen zu sichern«. Nach seiner Theorie hatten Präsident Bush und Saddam Hussein die geheime Vereinbarung getroffen, scheinbar einen kriegerischen Zusammenstoß zu provozieren, um dann im letzten Moment eine Einigung zu erzielen und das Öl des Nahen Ostens unter sich zu teilen. Was den amerikanischen Professor am meisten verblüffte, war die Tatsache, daß er seinen Kollegen bislang als einen vernünftigen Mann mit ausgeglichenem Gefühlshaushalt kannte.

In den späten achtziger Jahren machten einander widersprechende Verschwörungstheorien die Runde, nachdem in Oberägypten auf den Schleiern von Muslimmädchen ein Zeichen erschienen war, das wie ein Kreuz aussah. Eine Kairoer Zeitung berichtete: »Einige sagten, Christen hätten die Kleider der verschleierten Frauen mit einer Chemikalie behandelt, und dieses Material nähme die Form eines kleinen Kreuzes, nicht größer als eine Ameise, an; sobald der Stoff feucht werde, wüchse das Kreuz auf etwa drei Zentimeter. Andere boten eine abweichende Interpretation, der zufolge der Stoff der Kopfbedeckung aus Israel importiert worden sei, wo man ihn mit wissenschaftlichen Methoden so präpariert hätte, daß er ein Kreuz bilde, um so Zwietracht zwischen Moslems und Christen zu säen.«[54]

Der größte positive Ertrag der Verschwörungstheorien liegt darin, daß er die Person oder die Gruppe, die sich als Opfer einer Verschwörung sieht, von jeder Verantwortung entbindet. Im Nahen Osten werden Verschwörungstheorien typischerweise herangezogen, »um zu erklären, daß nicht die Araber an ihrer Rückständigkeit schuld seien, sondern feindliche ausländische Mächte.«[55]

Um den Panarabismus zu fördern, beschwor Ägyptens Präsident Gamal Abdel Nasser einen imperialistischen Komplott gegen den Nahen Osten, den er bis auf die Kreuzzüge zurückführte. Die Imperialisten bedienten sich der Kreuzzüge, »um uns zu erniedrigen, unseren Besitz und unser Land zu stehlen ... die Saat der Korruption und der Zwietracht zwischen uns zu säen und die Fundamente unserer nationalen Identität zu untergraben. Sie wollen uns mundtot machen, damit wir uns nicht mehr an unsere ruhmreiche Vergangenheit erinnern ... sie wollen sich unserer Köpfe und unserer Welt bemächtigen.«[56]

Ein Botschafter der Vereinigten Arabischen Emirate in Großbritannien ersann eine noch verwickeltere Theorie: Zwar hätten sich Engländer und Juden gegen die Moslems verschworen, doch in Wahrheit trieben die Engländer ihr eigenes Spiel mit den Juden. Israel »ist eine Erfindung der Briten«, die den Staat aus der Furcht heraus gegründet hätten, daß die Juden »England regieren könnten«. Es seien die Briten gewesen, »die den Juden die Idee eingaben, einen eigenen Staat aufzubauen«.[57]

Bei einem Staatsbankett mit Henry Kissinger behauptete der frühere König Faisal von Saudi-Arabien eher das Gegenteil. Er sinnierte darüber, daß es anstelle eines britisch-zionistischen Komplotts oder der oft angeführten amerikanisch-zionistischen Verschwörung eine kommunistisch-zionistische Verbindung gebe, mit dem Ziel, Araber und Amerikaner zu spalten.[58]

Als Erklärung für den beklagenswerten moralischen Verfall der islamischen Gesellschaft präsentierte ein führender ägyptischer Islamist in Radio Kairo eine phantastische Theorie, die den Darwinismus mit einem jüdischen Komplott verband, um islamische Frauen zur Unkeuschheit zu verleiten: »Der Darwinismus ist eine dieser fadenscheinigen Theorien, eine Ausgeburt jüdischen Denkens, und sollte in islamischen Ländern nicht gelehrt werden. Amerika und England haben ihn bereits verboten, weil er auf so tönernen Füßen steht. Und wir wollen ihn studieren? Warum nur? Und was Freud betrifft, er wollte Darwins Komplott gegen unsere islamische Welt in dem bereits genannten Sinn interpretieren, als er sagte: ›Mein Geist wird keine Ruhe haben, meine Augen werden sich nicht schließen, bevor ich nicht erlebt habe, wie die Menschheit zu ihren Ursprüngen zurückgekehrt ist‹ – zu ihren Urahnen, den Affen. Er wollte, daß die Frauen gleich den Affen mit entblößten Geschlechtsteilen durch die Straßen gehen. Die Schamlosigkeit, die wir in unseren Straßen beobachten, ist bloß eine unmittelbare Folge dieser Ansicht und dieses sündhaften Komplotts.«[59]

Es sollte nicht überraschen, daß einige unternehmerisch findige Geisterbeschwörer aus der Neigung des Nahen Ostens, überall Verschwörungen zu wittern, Profit zogen. Die »Theorie der Dschinns« beschäftigt sich mit den Eigenheiten untergeordneter übernatürlicher Wesen, etwa Elfen oder Geister, einem Erbe der vorislamischen, polytheistischen Vergangenheit des Nahen Ostens. Von jeher Teil der Volksmythologien im Nahen Osten, ist das Ringen mit den Dschinns seit der am 9. Dezember 1987 ausgebrochenen Intifada, dem palästinensischen Aufstand in den besetzten Gebieten im Gazastreifen und auf der Westbank, zu einem blühenden Geschäft geworden. Scheich Abu Khaled, ein Geisteraustreiber, sagte, die Zahl der besessenen Moslems habe sich mehr als verdreifacht. »Ich vermute, daß jüdische Zauberer Dschinns zu uns nach Gaza schicken. Die meisten meiner Patienten sind von jüdischen Dschinns besessen.«[60] Jüdische wie christliche Dschinns sollen an der schwarzen Farbe zu erkennen sein, nur daß den jüdischen noch zusätzlich Hörner aus dem Kopf wachsen.

Verschwörungstheorien sind auch in den nichtarabischen Teilen des Nahen Ostens verbreitet. Nach einem Bericht der *New York Times* gab ein Taxifahrer aus Teheran amerikanischen Geheimdienstlern die Schuld an dem notorischen Verkehrschaos in der Stadt. »Sie bringen die Leute dazu, völlig überflüssige Sachen zu machen, und sorgen dafür, daß die Fahrer gereizt werden und vor Wut in die Luft gehen.« Dem CIA wurde auch vorgeworfen, Spannung zwischen Straßenhändlern und Geschäftsbesitzern zu erzeugen, da erstere ihre Stände vor bekannten Geschäften aufzubauen pflegten.[61]

Die Leichtgläubigkeit, mit welcher im Iran der Mann auf der Straße Verschwörungstheorien schluckt, wird von den religiösen Führern des Landes geschickt durch Radiosendungen zu politischen Zwecken ausgenutzt. Am 19. Januar 1990 beschuldigte der Radiosender *Stimme und Auge der Islamischen Republik*, das offizielle Programm der religiösen Führung, die Medien der westlichen Welt, ihrer »satanischen Mission nachzukommen« und gegen die Moslems in Aserbeidschan ein »teuflisches Komplott zu spinnen«.[62] Ja, die iranische Verfassung ist die einzige in der Geschichte der Menschheit, in der gleich zweimal von Verschwörung die Rede ist. Ihre Präambel nennt die Weiße Revolution des Schahs »ein amerikanisches Komplott«, und später heißt es, die Rechte der Nicht-Moslems würden garantiert, *wenn* sie »sich nicht in Verschwörungen gegen die Islamische Republik des Iran verwikkeln lassen«.[63] Interessant ist nicht nur die Bereitschaft, sich von Feinden umgeben zu wähnen, die den Feinden zugeschriebene Macht läßt auch darauf schließen, daß man sich in Grunde machtlos fühlt. Schließlich ist es ein entscheidendes psychologisches Motiv der Verschwörungstheorien, daß sie als Gegenmittel für das zersetzende Gefühl der Machtlosigkeit herhalten müssen. So wie die Wahnidee das psychisch gestörte Individuum über Isolation und Versagen hinwegtröstet, sind Verschwörungstheorien Balsam für eine erfolglose soziale Gruppe oder Gesellschaft, ein Schutz vor Demütigung. Damit soll nicht geleugnet werden, daß es echte Verschwörungen gegeben haben mag oder daß Gruppen Verfolgungen erlitten haben. Was uns beschäftigt, ist vielmehr die psychologische Neigung, an Verschwörungen zu glauben oder sich als Opfer einer Verfolgung zu sehen.

In einigen Fällen können Mißtrauen und Feindseligkeit geradezu eine Landestradition werden, so etwa in Rußland. Es ist ein bemerkenswertes Phänomen, daß im Nahen Osten, wo es von Verschwörungstheorien nur so wimmelt, historische und politische Entwicklungen dazu geführt haben, daß auf beiden Seiten der kulturellen Grenze zwei Volksgruppen mit ähnlichen Verfolgungsideen entstanden sind. Palästinenser wie Israelis fühlen sich als Parias, praktisch von der übrigen Welt isoliert. Jede Gruppe sieht sich als Opfer und hält jede Aggression gegen den angeblichen Feind für gerechtfertigt.

Belagerungsmentalität in Israel

Ist eine Nation Opfer einer Verschwörung geworden, so ist ihr Volk dafür sensibilisiert und eher bereit, Verschwörungen als Erklärungsmodell hinzunehmen.[64] Entsprechend wird eine Nation, die immer Feindseligkeit erfahren hat, darauf geeicht sein, Böses von der Welt draußen zu erwarten. Wenn eine Gruppe zu der Überzeugung gelangt ist, daß der Rest der Welt darauf aus ist, ihr zu schaden, verfällt sie in eine Belagerungsmentalität.[65] Auf zweifelhafte Weise wird von der Entdeckung einer benachbarten, wirklich feindselig eingestellten Gruppe auf die Feindseligkeit der ganzen Welt geschlossen. Wer der Belagerungsmentalität anheimgefallen ist, kommt zu solchen Äußerungen wie »Niemand wird uns in Notzeiten beistehen« und »Die Welt wird froh sein, wenn sie uns endlich los ist«.[66]

Ein großer Teil der jüdischen Bevölkerung teilt diese Belagerungsmentalität, weil sie schon in der Zeit der Römer Verfolgung erfahren hat. Im Alten Testament ist Verfolgung ein immer wiederkehrendes Thema:

> »Gott sprach zu Abraham: ›Du sollst es mit Bestimmtheit wissen: Deine Nachkommen werden Fremdlinge in einem Land sein, das ihnen nicht gehören wird. Sie werden den Menschen dort dienstbar sein, und man wird sie 400 Jahre lang unterdrücken.‹« (Genesis 15, 13)

> »Ein Volk, die Juden, das ganz für sich wohnt, das sich nicht rechnet unter die Völker.« (Numeri 23, 9)

> »Zahlreich sind meine Verfolger und Gegner; doch von deinen Weisungen weiche ich nicht ab.« (Psalm 119, 157)

Der Holocaust, in dem sechs Millionen Juden umkamen, während die Welt die Augen verschloß, bestätigte für viele Juden die historische Lektion, daß sie ganz auf sich gestellt um ihr Überleben kämpfen müßten, da die ganze Welt gegen sie sei. In *Vitals Tage-*

buch schreibt die Schriftstellerin Rachel Katznelson: »Die Völker der Welt blieben gleichgültig, sie protestierten nicht, ... sie drohten nicht den Mördern ... Es schien, als fürchteten die Staatsmänner der Welt, daß die Mörder aufhören könnten, uns zu töten.«[67] Tatsächlich ist die Belagerungsmentalität das entscheidende Fundament des Zionismus. Ihr zufolge sind die Juden überall Opfer der Verfolgung, und Sicherheit werden sie nur in ihrem eigenen Staat finden.

In Israels Dichtung und Prosa sowie im Schulunterricht ist regelmäßig die Rede von den Judenverfolgungen. Untersucht man Texte der israelischen Geschichtsschreibung, wird man unverhältnismäßig häufig auf Stellen stoßen, in denen das Verhältnis zwischen Israel und den übrigen Nationen als eine Beziehung des Hasses charakterisiert wird. Die Belagerungsmentalität schlägt sich in Israels Medien und den Äußerungen seiner Politiker nieder. Beispielsweise stellen es die Medien als unumstößliche Tatsache hin, daß die Welt völkermörderische Absichten gegenüber Israel hegt: »Die antisemitischen Kräfte in allen ihren antizionistischen und gegen Israel gerichteten Einstellungen« zeigen, daß ihre Anhänger »die von Hitler begonnene Endlösung« zum Abschluß bringen wollen.[68] Premierministerin Golda Meir sagte einmal auf eine Frage des Journalisten Stewart Alsop: »Sie glauben also, daß wir einen Massada-Komplex haben. ... Ganz richtig, Mr. Alsop. Wir haben einen Massada-Komplex. Wir haben einen Pogromkomplex, und wir haben einen Hitlerkomplex.«[69] 1988 bemerkte Premierminister Yitzhak Schamir sardonisch in einer Rede: »Wir haben eine ganze Menge ›Freunde‹ in der Welt, die uns liebend gern tot sähen, verwundet, niedergetreten und unterdrückt. Dann endlich könnten sie Mitleid mit den gequälten Juden empfinden und mit ihnen klagen.«[70]

Die Belagerungsmentalität bestimmt das politische Verhalten. Wenn die Welt als ausnahmslos feindselig betrachtet wird, wird die betreffende Nation entsprechend handeln. Mißtrauen und negative Einstellungen werden ihre Außenbeziehungen anleiten, und nach innen werden Konformität und Selbstschutz erzwungen. Solche Einstellungen und Verhaltensweisen können zur Fortführung eines Festungsdaseins führen und ein starkes Hindernis für Konfliktlösungen durch Verhandlungen sein, so im Falle Israels und seiner Nachbarn. Andere Nationen, die eine Belagerungsmentalität ausgebildet haben, sind etwa Albanien, Japan unter der Tokugawadynastie, der Iran, Südafrika zur Zeit der Apartheid und Nordkorea nach dem Zweiten Weltkrieg.

Verschwörungstheorien in Mexiko

1980 wurde Mexiko von einer schweren Dürrekatastrophe heimgesucht. Aus Gründen, die niemals völlig durchsichtig geworden sind, erklärte der Leiter des nationalen meteorologischen Dienstes in Mexiko, das nordamerikanische Frühwarnsystem für Wirbelstürme könne dafür verantwortlich sein.[71] Drei Wochen lang machte diese Anschuldigung in den mexikanischen Zeitungen Schlagzeilen, begleitet von Artikeln mit Überschriften wie »Die Hurrican-Jäger schützen Floridas Tourismus«. Einer dieser Artikel beschrieb detailliert, wann und wo Wirbelstürme in Mexiko aufgetreten sind. Die Wissenschaftler schlossen daraus, die einzige Erklärung für die Dürre sei das »zweckgerichtete und von den Vereinigten Staaten erfolgreich durchgeführte Programm«.[72] Diese »Reportage« war keineswegs nur die Ausgeburt eines allzu phantasievollen Journalisten. Der mexikanische Außenminister untersagte vielmehr der National Oceanographic and Athmospheric Administration, künftig im mexikanischen Luftraum zu operieren. Das historische Erbe und die Ungleichheit der Machtverhältnisse fördern die Neigung, Wahnvorstellungen zu entwickeln. Amerika hat sich zweifellos, sowohl offen als auch verdeckt, wiederholt in mexikanische Angelegenheiten eingemischt, obwohl die Amerikaner Mexiko meistens ignorierten. Da Mexiko in enger Nachbarschaft zu einem größeren, reicheren und weitaus mächtigeren Land lebt, das seine Überlegenheit gegenüber anderen nicht selten demonstriert, überrascht es nicht, wenn Mexikaner eine übertriebene Frucht vor den Vereinigten Staaten an den Tag legen. Zudem grenzt Amerika nicht nur an Mexiko, eine Reihe seiner staatlichen

Behörden, wie das Außenministerium, das Landwirtschafts- und Justizministerium, ist neben anderen spezialisierten Behörden wie dem Internationalen Entwicklungsdienst und der Drogenfahndung im Land tätig. Obwohl die Tätigkeiten der verschiedenen Behörden häufig nicht und noch häufiger schlecht koordiniert sind, verfolgen sie eine gemeinsame Richtung, was ihnen durchaus einen verschwörerischen Anstrich verleihen kann.

Außerdem fließen Informationen in Mexiko sehr viel zäher als in den Vereinigten Staaten, was auf Mexikos lange Geschichte freiwilliger oder vom Staat angedrohter Zensur zurückgeht. Folglich kursieren in der Innenpolitik viele Gerüchte, deren Wahrheitsgehalt schwer festzustellen ist. Sie haben ein sehr viel größeres Gewicht als in den Vereinigten Staaten. Da den Mexikanern jedoch Verschwörungstheorien aus ihrer eigenen politischen Kultur vertraut sind, sind sie ebenso geneigt, derartige Vorwürfe auch gegen die Vereinigten Staaten zu erheben.

Der mexikanische Gelehrte Jorge C. Castañeda illustriert in einem Aufsatz, erschienen in einem Buch über die amerikanisch-mexikanischen Beziehungen mit dem passenden Titel *Limits to Friendship,* wie mangelhafte Koordination seitens der Amerikaner die Vorstellung eines Komplotts aufkommen lassen konnte.[73] Im Mai 1984 machte Mexikos Präsident Miguel de la Madrid einen Staatsbesuch in Washington. Fehler im Protokoll, das übliche Durchsickern von Klatsch an die Presse sowie mangelhaft abgesprochene politische Vorschläge wurden von seinen Anhängern als bewußter Versuch gedeutet, dem Ansehen ihres Präsidenten in den Augen seiner Landsleute zu schaden. Castañeda erinnert sich: »Hier hatten wir in der Tat den Bilderbuchfall einer Verschwörungstheorie, die völlig mit den greifbaren ›Indizien‹ übereinstimmte, jedenfalls *wenn* man auch nur die leiseste Vorliebe für derartige Verdächtigungen hegte. Sicher, jedes einzelne Ereignis konnte für sich genommen interpretiert werden, und die daraus folgenden Erklärungen konnten ohne weiteres akzeptiert werden ... Betrachtet man das Ganze jedoch von der anderen Seite, so war es gar nicht so abwegig, sich den amerikanischen Riesen auf dem Pfad des Komplotts vorzustellen. Denn schließlich gab es ein Motiv dafür: die Politik der USA in Mittelamerika und Nicaragua und nicht zu vergessen eine (von konservativer Seite) allgemeine ideologische Unzufriedenheit mit der Regierungspolitik Mexikos.« Castañeda fährt dann fort, jedes einzelne Ereignis im Sinne eines Komplotts zu deuten: »Handelte es sich hier um die realistische Annahme einer Verschwörung oder nur um ein weiteres Beispiel für Mexikos politische Paranoia und seinen Hang zu Verschwörungstheorien? Die ›Fakten‹ waren weitgehend irrelevant, entscheidend waren die Umstände für die Annahme, daß eine Verschwörung im Gange sei und daß die Vereinigten Staaten sich wieder einmal bewußt in die mexikanischen Angelegenheiten einmischen würden, um ihre eigenen Interessen zu fördern.«[74]

Wie Castañeda betont, konnte man dieselben Ereignisse als Hinweise auf eine Verschwörung deuten oder auch nicht, je nach den Voraussetzungen des Interpreten. Auf diese Weise nährt und bestätigt eine auf Verschwörungen fixierte Kultur sich selbst.

Mißtrauen in den Kulturen von Vietnam, China und Malaysia

Jede Kultur hat eine paranoide Dimension. So geht die konfuzianische Kultur in China und Vietnam davon aus, »daß die entscheidende Kraft außerhalb der totalen Verfügungsgewalt es einzelnen Menschen liegt«, eine Annahme, die zur Lehre des *wu-wei*, des Nicht-Anstrengens, geführt hat, nach der »Kriegslisten, Täuschungen und Siege mit geringster Anstrengung« empfohlen werden.[75]

Die vietnamesische Gesellschaft ist davon überzeugt, daß Täuschung das Wesen der Politik ist, so daß keine Beziehung das zu sein scheint, was sie vorgibt zu sein.[76] In China, dem Geburtsort des Konfuzianismus, »hegt jeder den Verdacht, daß die anderen, die quasi per Definition ›Feinde‹ sind, über bessere *quanxi*, persönliche Verbindungen, verfügen, und deshalb fürchtet auch jeder, daß die Realität von *quanxi* in der Kultur seinen eigenen Interessen zuwiderläuft«.[77] Selbst in der hauptsächlich vom Islam geprägten Kultur Malaysias herrscht der Glaube, daß die Macht sich unsichtbar im Hintergrund hält.[78] Dennoch sind die Kulturen Chinas, Vietnams und Malaysias nicht paranoid. Wie alle anderen Kulturen auch besitzen sie eine paranoide Komponente, die nie ganz erlischt und jederzeit wieder erwachen kann.

Schwarzer Rassismus
Verschwörungstheorien unter Afroamerikanern

Obgleich keine Gruppe gegen Wahnideen immun ist, neigen solche, die auf eine lange Geschichte von Verfolgung zurückblicken, besonders dazu, die Welt durch die Brille paranoider Vorstellungen zu sehen. So wie Erwachsene, die als Kind Opfer sexuellen Mißbrauchs geworden sind, ihrerseits Mißbrauch begehen können, sind Gruppen, die unter den Wahnideen anderer gelitten haben, besonders empfänglich dafür, sich das »Virus« ihrer Peiniger einzufangen.

So richtet sich paranoides Verhalten nicht nur gegen Schwarze, Juden und Moslems, sondern wird auch von einigen Angehörigen dieser Gruppen selbst praktiziert. Da Wahnvorstellungen die Selbstachtung einer Person wiederherstellen können, indem sie ihr versichern, an ihrer Situation nicht selbst schuld zu sein, sind die Gruppenmitglieder mit der ausgeprägtesten Paranoia meistens Argumenten am wenigsten zugänglich. Überzeugungsversuche sind für sie Angriffe, Meinungsverschiedenheiten Beleidigungen und Ratschläge Kritik. Ähnlich vermögen Wahnvorstellungen die Selbstachtung einer ganzen gedemütigten Gruppe wiederherzustellen.

Im heutigen schwarzen Amerika ist eine weißenfeindliche und besonders antisemitische Rhetorik weit verbreitet. Die Behauptung, Opfer einer Verschwörung zu sein, kann das Ego enorm bestärken. Warum sind das Individuum oder die Gruppe in einer so mißlichen Lage? Nun, weil andere, aus Neid oder Furcht vor der echten Überlegenheit der leidenden Gruppe, sich verschworen haben, sie nicht hochkommen zu lassen. Solche Überzeugungen mögen psychologisch aufbauend, ja schmeichelhaft sein, aber sie halten die Betroffenen davon ab, sich mit den wirklichen Problemen aus-

einanderzusetzen, und verführen sie statt dessen dazu, gegen die Windmühlen der Verschwörung zu kämpfen.
Die Verschwörungstheorien unter den Afroamerikanern des späten 20. Jahrhunderts entsprangen großenteils den Gerüchteküchen und der populären Kultur in den städtischen Zentren. Mitte der neunziger Jahre kursierten folgende »Überzeugungen«:

- Aids wurde von den Weißen entwickelt, um die Schwarzen zu ermorden.
- Aids wurde von Weißen entwickelt, in Afrika an den Schwarzen getestet und verbreitete sich dann in der restlichen Welt.
- Die Weißen in der Regierung haben das Komplott geschmiedet, Drogen in die Viertel der Schwarzen zu schmuggeln, um sie besser unterdrücken zu können.
- Der Hersteller der Sportschuhe, die besonders unter Schwarzen beliebt sind, unterstützt mit seinen Profiten das südafrikanische Apartheidregime.
- Eine populäre, von Schwarzen unterstützte Sportartikelfirma gehört dem Ku-Klux-Klan, und das Wort *Troop* im Namen des Artikels bedeutet: »To Rule Over Oppressed People« (für die Herrschaft über die Unterdrückten).
- Eine Mordserie an schwarzen Kindern, in Atlanta, Georgia, für die ein Schwarzer verurteilt wurde, ist in Wahrheit vom FBI begangen worden, um Versuche an schwarzen Genitalien durchzuführen.
- Eine bekannte Imbißkette verwendet in ihren Brathähnchen und Getränken eine Substanz, die schwarze Männer unfruchtbar macht.
- Schwarze in einem Krankenhaus sind der Gefahr ausgesetzt, als Versuchskaninchen zu dienen, wenn sie nicht von einem schwarzen Arzt behandelt werden.[79]

Einige schwarze Studienprogramme sehen in der herrschenden Geschichtsschreibung eine einzige Verschwörung. Mary Lefkowitz, eine Professorin der klassischen Philologie am Wellesley

College, meint dazu: »Ägypter und andere afrikanische Völker der Antike werden als Opfer einer Verschwörung dargestellt: Nach Ansicht einiger schwarzer Gelehrter haben europäische Historiker sich zusammengetan, um die Wahrheit über die zweitrangige und betrügerische Natur der europäischen Kultur zu unterdrücken.«[80] Als der Filmemacher John Singleton in seinem Film *Boyz N the Hood* (Warner TriStar 1991) die Überzeugung eines durchschnittlichen, armen Schwarzen in den Städten Amerikas einfangen wollte, ließ er einen der Darsteller zu einer Gruppe von Schwarzen sagen: »Sie (die Weißen) wollen doch nur, daß wir uns gegenseitig umbringen. Was ihnen in der Sklaverei nicht gelungen ist, das wollen sie jetzt uns selbst erledigen lassen.«[81] Der Titelsong aus *Do The Right Thing* (UIP/Forty Acres and a Mule Filmworks/Spike Lee 1989), einem Film über Rassenkonflikte, in dessen Mittelpunkt eine italienische Pizzeria in einem schwarzen Viertel steht, besingt den Kampf gegen eine abstrakte Macht. Joseph Lowery, Vorsitzender der Southern Christian Leadership Conference, erklärte, daß »Afroamerikaner zu großen Teilen glauben, daß es einen landesweiten Anschlag auf das Leben der Schwarzen gebe«.[82] Lowery, ein christlicher Pfarrer, schloß sich dieser Meinung an: »Der Umschlagplatz für Drogen ist ganz bewußt in die schwarzen Viertel verlegt worden. Denn wo immer Drogen gehandelt werden, kommt es zu Schießereien, so daß sie einander töten können.«[83] Diesem Argument zufolge wurde Heroin von Weißen in die Viertel der Schwarzen eingeschleust, um die schwarze Bürgerrechtsbewegung zu unterdrücken.

Die hier wiedergegebenen Überzeugungen werden auch von systematischen Meinungsumfragen bestätigt.[84] 1990 gab die Southern Christian Leadership Conference eine Umfrage unter 1056 schwarzen, über ganz Amerika verstreuten Kirchenmitgliedern in Auftrag. Zu den Fragen gehörte unter anderem, ob man der Meinung sei, daß Aids eine Form des Genozids an Schwarzen sei. 35 Prozent bejahten dies, und 30 Prozent waren sich unschlüssig.[85] Bei einer kleineren, aber lokal begrenzteren Umfrage (sie betraf 348 Bewohner des südwestlichen New Jersey) im April 1992 wurde den ausgewählten Personen, ohne Berücksichtigung der Rassenzugehörigkeit, eine Reihe von unterschiedlichen Verschwörungstheorien vorgelegt. Zu beantworten war nicht nur die Frage, ob Aids ein regierungsgesteuertes Komplott sei. Auch rassisch neutrale Verschwörungstheorien über fliegende Untertassen, George Bushs angebliche Verwicklung in den Waffenhandel mit dem Iran und gegen die USA gerichtete japanische Verschwörungen sollten beurteilt werden. 93 Prozent der Befragten glaubten an mindestens eine der »Verschwörungen«.

Die Bereitschaft, diese für wahr zu halten, war jedoch nicht gleichmäßig verteilt: »Afroamerikaner waren eher als Weiße und Latinos bereit, Verschwörungen für möglich zu halten, die sich gegen ihre ethnische Gruppe richten sollten. 62 Prozent der befragten Schwarzen antworteten, daß es gewiß oder sehr wahrscheinlich zutreffe, daß die Regierung bewußt Drogen in die Viertel der Schwarzen einschleuse. 68 Prozent glaubten, das FBI habe etwas mit dem Mord an Martin Luther King zu tun. 31 Prozent vertraten die Meinung, die Regierung infiziere bewußt die afroamerikanische Gemeinschaft mit Aids.«[86]

Obwohl die Fehlertoleranz bei solchen Stichproben 11 Prozent beträgt und die Umfrage in einer Gegend durchgeführt wurde, in der die Rassenpolarisierung stärker sein mag als allgemein in der Bevölkerung, zeigt die Erhebung, daß die Überzeugung, Weiße planten Verschwörungen zum Schaden der Afroamerikaner, unter Amerikas Schwarzen weit verbreitet ist. Afroamerikaner glaubten mit deutlich höherer Wahrscheinlichkeit an Verschwörungen als Hispanos oder Weiße, ob sie nun deren Ziel waren (wie bei der Ermordung Martin Luther Kings durch das FBI) oder nicht (wie bei UFOs).

Geht man davon aus, daß es die vermuteten Verschwörungen überhaupt nicht gab, wie läßt sich dann erklären, daß amerikanische Schwarze einen starken Hang zu Verschwörungstheorien haben? Zwei Faktoren drängen sich hier auf. Der erste hängt mit der Geschichte der Schwarzen in Amerika zusammen. Die englische Schriftstellerin Jean Rhys, die selbst eine eingestandene Neigung zu übertriebenem Argwohn hatte, bemerkte dazu: »Wenn Leute paranoid sind, kannst du dein Leben verwetten, daß sie einen Grund dafür haben.«[87] Auch der zweite Grund hängt mit der Unterdrückung der Schwarzen zusammen. Verschwörungstheorien sind in den Vereinigten Staaten weit verbreitet, und normalerweise wird ihnen mit einer gewissen Sympathie Gehör geschenkt, auch wenn die Beweislage eher mager ist. Es erstaunt daher nicht, daß der Glaube an Verschwörungen bei allen Gruppen zu Hause ist, die Afroamerikaner eingeschlossen. Für viele Schwarze stärken sie die Gemeinschaftsbande, wie es identitätsstiftende Mythen für alle Gruppen tun. Aus diesem Grund und weil die seriöseren weißen Medien zögern, schwarze Politiker öffentlich zu kritisieren, werden Wahnvorstellungen, die Schwarze betreffen, in einem Maße legitimiert, wie es für andere solche Vorwürfe nicht gilt.

Patricia A. Turner, Verfasserin des Buches *I Heard It Through the Grapevine: Rumor in African-American Culture* (1994), bezieht sich auf einige der oben aufgeführten paranoiden Gerüchte. In einem Interview mit dem *Chronicle of Higher Education* räumt sie die Falschheit solcher Gerüchte ein, bezeichnet sie aber als eine Form des Widerstands gegen die Konsumkultur.[88] Obwohl sie eine führende Wissenschaftlerin ist, verurteilt sie sie nicht, noch zeigt sie auf, welch verheerende Wirkungen sie haben können.

Sogar in den Medien des Mainstream finden sich Vermutungen über eine Verschwörung der Weißen, deren Ziel es ist, die Schwarzen zu unterdrücken, wie das folgende Zitat aus der *New York Times* verdeutlicht: »Da man sich schwerlich etwas Monströseres als Stateway Gardens [ein schwarzes Ghetto in Chicago] vorstellen kann, selbst wenn wir es versuchten, mag man leicht eine Verschwörung wittern: Vielleicht hat es jemand versucht; vielleicht wollten die Mächtigen genau dies.«[89]

Selbst wenn unter dem Vorsitz von Schwarzen alles getan wurde, um den Vorwurf der Verschwörung zu beweisen, und dabei keine Beweise zutage gefördert wurden, bleibt der Vorwurf bestehen. 1993 legte ein Untersuchungsausschuß, der der Anschuldigung nachging, hinter der Ermordung von Martin Luther King stünde eine weitverzweigte Verschwörung, seinen Abschlußbericht vor. Nach »Dutzenden von Anhörungen, Scharen von Zeugen und 487 Reisen in fünf Länder, um mögliche Spuren zu verfolgen«, sagte der Kongreßabgeordnete Walter Fauntroy, Vorsitzender des House Select Committee on Assassinations, sein Verdacht sei, wie bei vielen Amerikanern, Schwarzen und Weißen, trotz der Tatsache, daß keine neuen Beweise aufgetaucht seien, nicht ausgeräumt.[90]

Es ist nicht leicht, eine populäre Idee zu bekämpfen. Der Glaube, Verschwörungen gehörten zu den treibenden politischen Kräften, steht seit den neunziger Jahren in den Vereinigten Staaten hoch im Kurs. Das tatsächliche Vorkommen bizarrer Verschwörungen liefert eine faktische Basis dafür, an der Paranoia festzuhalten. Gleichwohl richtet man großen Schaden an, wenn die Annahme, es gäbe eine Verschwörung, durch das Einverständnis des Schweigens oder die falsche Komplizenschaft unehrlicher Zustimmung toleriert wird.

Die Staatengemeinschaft als paranoide Vereinigung

Wir haben bereits dargelegt, wie der Paranoiker, der sich im Mittelpunkt aller Feindseligkeit der Welt wähnt, seine Lage zu bessern sucht, indem er einer Gruppe beitritt oder sie gründet, die, wie nicht anders denkbar, wiederum paranoid ist. Wir haben auch schon gesehen, daß dieser Glaube auf einem Wahn beruht. Denn es ist nahezu ausgeschlossen, daß sich jemand in einem echten Naturzustand befindet, in dem jeder jeden bekämpft und keinerlei Gesellschaft existiert. Thomas Friedman zeigt in seinem Buch *From Beirut to Jerusalem,* daß, als es im Libanon während der achtziger Jahre so schien, als sei das Land in einen Hobbesschen Naturzustand zurückgefallen, sich tatsächlich das Gegenteil ereignet hat. Kleine und untereinander eng verbundene Gruppen, durch Bande des Blutes und der Religion zusammengeschweißt, werden stärker, die Menschen schließen sich ihnen mit größerem Engagement an, wofür sie im Gegenzug die intensive Unterstützung der Gruppe erhalten. Friedman kommentiert die Situation so: »Ich bin mir nicht sicher, ob Beirut den vollkommenen Hobbesschen Naturzustand veranschaulicht, aber vermutlich kommt die Stadt diesem Zustand näher als alles andere auf dieser Welt. Sollte das zutreffen, so hatte Hobbes mit seiner Diagnose recht, daß das Leben in einer solchen Welt ›häßlich, grausam und kurz‹ ist, nicht aber damit, daß es ›armselig‹ und ›einsam‹ ist. Wenn jede Autorität zusammenbricht und die Gesellschaft in den Naturzustand zurückfällt, unternehmen die Menschen alles, um nicht arm und einsam zu sein.«[91] An anderer Stelle behauptet Friedman: »Als in Beirut Gesellschaft und Regierungsgewalt zerfielen, trieb das die Menschen dazu, sich in ihren Wohnvierteln, in ihren Mietshäusern, ihren Gemeinden, ihren Familien zu kleinen Gemeinschaften zusammenzuschließen.«[92]

Doch selbst wenn die Individuen selten den Naturzustand hautnah erfahren, mag man ihm im Verhältnis zwischen den Nationen, in der internationalen Arena, häufiger begegnen. Die internationale Gemeinschaft handelt nach der Maxime, immer das Schlimmste vom anderen anzunehmen.[93] Jede Aktion, jede gemeinsame Unternehmung unabhängiger Staaten wird nur so lange andauern, wie sie im langfristigen Interesse beider Parteien ist. Sobald eine Partei zu dem Entschluß kommt, eine Fortsetzung der Vereinbarung sei nicht in ihrem Interesse, wird sie einen Rückzug machen, gleichgültig welche Versprechen gemacht wurden. Unter dieser Voraussetzung werden internationale Beziehungen notwendigerweise von Mißtrauen, Täuschung und Verrat belastet sein. Selbst die Versprechen des nächsten und ältesten Verbündeten sind Lügen, und jede Partei wird dies bei ruhiger Betrachtung erkennen.

Obwohl die These, man solle immer mit dem Schlimmsten rechnen, in Verbindung mit der außenpolitischen Weltsicht von John Foster Dulles,[94] Außenminister unter Eisenhower, entwickelt wurde, handelt es sich nicht bloß um ein historisch begrenztes Phänomen. Sie wirkt noch plausibler, wenn sie auf gegnerische Staaten angewendet wird, nicht auf Verbündete. Auch wird sie die Außenpolitik einiger

Länder offenkundiger bestimmen als die anderer. Dennoch wird sie immer präsent sein. In unterschiedlichem Maße wird diese Wahrheit allgemein anerkannt, selbst wenn sie selten offen ausgesprochen wird. Einzuräumen, daß alle Bündnisse und Unternehmungen von ihrer zukünftigen Effektivität abhingen, würde ihren gegenwärtigen Nutzen schmälern. Immer das Schlimmste anzunehmen ist ein unausgesprochener Teil der Mentalität gegenwärtiger internationaler Beziehungen. Die unbedachte Dominanz dieser Annahme ist zudem nicht bloß eine Beschreibung der Wirklichkeit; sie ist eine sich selbst erfüllende Prophezeiung.

Betrachten wir nun vor dem Hintergrund dieser Annahme die wichtigsten Merkmale der Paranoia: Projektion, Feindseligkeit, Furcht vor dem Verlust der Autonomie, Mißtrauen, Selbstüberschätzung, Größenwahn und Wahnvorstellungen. Es wäre schon seltsam, wenn die für die Außenpolitik ihrer Länder Verantwortlichen diese Eigenschaften nicht erwürben. Jeder wird im stillen denken: »Wenn ich und mein Land bereit sind, unsere Vertragspartner aufs Kreuz zu legen, dann müssten meine ›Verbündeten‹ eigentlich bereit sein, das gleiche zu tun. Und das gilt nicht nur für sie und mich. Jedes Land denkt genauso, deshalb tue ich gut daran, niemandem zu trauen – gleichwohl werde ich bemüht sein, sie davon zu überzeugen, daß ich ihnen traue und daß sie mir trauen können. Dennoch sollte ich versuchen, Intrigen und Verschwörungen aufzudecken und selbst die eine oder andere anzuzetteln.«

Die objektive Situation verwischt also die Grenze zwischen Paranoia und klugem Verhalten in solchem Ausmaß, daß wir Grund haben, den normalen Zustand der internationalen Beziehungen als paranoid zu bezeichnen oder zumindest als Brutstätte der Paranoia.

Politische Paranoiker schließen sich paranoiden Kulturen an, und sollten sie keine geeigneten finden, schaffen sie sie möglicherweise. Paranoide Kulturen erzeugen ein paranoides Verhalten. Hier wie auch in anderen Bereichen des Sozialverhaltens ist das Verhältnis Ursache–Wirkung wechselseitig. Der Schlaf der Paranoia ist nie sehr tief.

Kapitel 3
Die Wurzeln des politischen Wahns

Kurz gesagt glaube ich, daß seit Beginn der menschlichen Evolution das Verhalten jeder einzelnen Horde auf zwei Sittengesetzen beruhte, die Herbert Spencer als »Gesetz des Wohlwollens« und »Gesetz des Übelwollens« bezeichnete. Zwei geistige Aspekte der menschlichen Natur waren somit Gegenstand der »natürlichen Selektion«. Das Gesetz des Wohlwollens begünstigte Wachstum und Reife all der Eigenschaften des menschlichen Wesens, die allgemein geschätzt werden – als da sind Freundlichkeit, guter Wille, Liebe, Altruismus, Idealismus, Glaube, Hoffnung, Wohltätigkeit, Demut und Selbstaufopferung, kurz: die christlichen Tugenden. Unter dem Gesetz des Übelwollens entwickelten sich all die Eigenschaften, die von allen kultivierten Menschen verabscheut werden – Eifersucht, Neid, der Geist der Konkurrenz, Betrug, Intrige, Haß, Wut, Roheit und Übelwollen. Wie die neurale Basis dieser Eigenschaften, der guten wie der schlechten, in der fortschreitenden Entwicklung des menschlichen Gehirns entstand, wissen wir nicht. Sicher aber ist, daß die Chancen einer um ihr Überleben kämpfenden, sich noch entwickelnden Gruppe durch beide Reihen von Eigenschaften gestärkt werden. ... Der Leser wird daher erkennen, daß ich die zwei Seiten der menschlichen Natur für einen wesentlichen Motor der Evolution des Menschen halte.

Sir Arthur Keith:
Essays on Human Evolution

Wir mißtrauen anderen oft, weil wir uns insgeheim selbst verurteilen.
Sir Philip Sidney

Wir haben den Feind getroffen, und siehe da, wir selbst waren der Feind.
Pogo (Walt Kelly)

Was macht uns bloß für den Sirenengesang des Paranoikers so empfänglich? Warum sind so viele ansonsten geistig völlig gesunde Menschen bereit, einem offensichtlichen Paranoiker hinterherzulaufen? Wenn Menschen anfangen, einem Hitler, einem Stalin oder einem Jim Jones zuzuhören, ihm zu glauben und zu folgen, wird aus einer bloß individuellen Verirrung eine kollektive. Legt man ihr nicht schnellstens Zügel an, kann es katastrophale Folgen haben. Daß es eine allgemeine Neigung gibt, auf den Pfaden der Paranoia zu wandeln – den Außenseiter zu verdächtigen, mißtrauisch zu sein, den Feind zu fürchten –, deutet darauf hin, daß wir mit einem tiefsitzenden menschlichen Vermögen ringen. Was aber sind die Wurzeln? Ist die Paranoia nur eine soziale Störung, oder ist sie Teil unserer biologischen Ausstattung? Es liegt jenseits unserer Möglichkeiten, in jedem Fall die genaue Genese eines menschlichen Verhaltens nachzuzeichnen. Wollten wir entscheiden, ob eine bestimmte Verhaltensweise Ergebnis der natürlichen Selektion ist, müßten wir Genmaterial und Umgebung auf eine Weise beeinflussen, wie es dem *Homo sapiens* unangemessen wäre.[1] Zu behaupten, ein Verhalten sei ausschließlich Produkt der Sozialisierung und der individuellen Wahl, hieße, einen Großteil dessen zu verleugnen, was wir über die biologische Evolution wissen, und damit erneut ein Schranke zwischen dem Menschen und anderen Gattungen aufzurichten. Andererseits müßten wir das spezifisch Menschliche bestreiten, wenn wir komplexe psychologische Reaktionen einzig und allein der psychischen Evolution zuschreiben würden. Jedes vielschichtige menschliche Verhalten entspringt dem Zusammenspiel von Evolutionsgeschichte und unmittelbarem menschlichen Kontext. Wir sind außerstande, die Fäden gänzlich zu entwirren, doch immerhin können wir einige hervorstechende Stränge der Evolution ausmachen.

Eine große Menge von Daten deutet darauf hin, daß die Furcht vor dem Feind und das Mißtrauen biologisch bedingt und für das Überleben wichtig sind. Außerdem beschäftigt sich eine Reihe von Beobachtungen aus der Entwicklungspsychologie und der Psychoanalyse mit den psychologischen Wurzeln der Paranoia in der Kindheit. Zunächst aber werden wir den Bereich der biologischen Evolution ins Auge fassen.

Soziobiologische Ursachen

In der Tierwelt lassen sich zwei einander entgegengesetzte Tendenzen feststellen: Konkurrenz und Kooperation. Im Kampf um Reviere, Nahrung und Sexualpartner sind die Geschöpfe der Natur Gegner. Dennoch können sie erkennen, daß es in ihrem Interesse liegt, miteinander zu kooperieren, und sie werden es tun; beispielsweise wenn

- sie genetisch eng miteinander verwandt sind;
- zwei oder mehr nicht miteinander verwandte Individuen zusammen Nachkommen zeugen und großziehen;
- äußere Bedrohungen nur – oder am besten – durch Kooperation abgewehrt werden können.[2]

Soziale Zusammenarbeit hat viele Vorteile: effizientere Nahrungsmittelproduktion, größerer Schutz vor Räubern, bessere Versorgung des Nachwuchses und Arbeitsteilung.[3] Im allgemeinen gibt es folgende Grundlagen der sozialen Zusammenarbeit: Nepotismus (die Bevorzugung von Verwandten), Gegenseitigkeit (wenn Zusammenarbeit für beide Seiten vorteilhaft ist) und Ausbeutung, obwohl einseitige Ausbeutung einer Spezies durch eine andere normalerweise nicht von Dauer sein wird.[4]
Die genetische Basis der sozialen Kooperation ist hinreichend durch die Tatsache bewiesen, daß es keinen Konflikt innerhalb gewisser Insektenstämme gibt, die sich ungeschlechtlich fortpflanzen und deshalb genetisch nahezu identisch sind.[5] In solchen Fällen kommt es zu außergewöhnlichen Formen von Kooperation. Zusammenarbeit nimmt auch dann eine hochentwickelte Form an, wenn identische oder nahezu identisch genetische Interessen durch geschlechtliche Fortpflanzung erreicht werden, wie etwa bei großen sozialen Insektenkolonien (beispielsweise Honigbienen, Ameisen und Termiten) und monogamen Partnern. Wenn Weibchen und Männchen, gleichgültig welcher Gattung, sich zu lebenslanger Monogamie verpflichten, nehmen gemeinsame Interessen

und Kooperation zu. Im Gegensatz dazu schwindet der Altruismus, je lockerer das Verwandtschaftsverhältnis ist, und das trifft auf Menschen ebenso wie auf andere biologische Spezies zu.[6]
Doch jedes soziale, sich geschlechtlich fortpflanzende Lebewesen hat eine einzigartige genetische Ausstattung. Wäre es da nicht in seinem Interesse, zu betrügen und die Hilfsbereitschaft seiner Genossen auszunützen, damit *seine* Gene in Zukunft einen besseren Platz haben werden? Würde eine solche Fähigkeit nicht einen evolutionären Vorteil verschaffen? Auf den ersten Blick scheint die Antwort klar positiv zu sein. Es leuchtet uns, schließlich sind wir soziale Lebewesen, unmittelbar ein, und das Offensichtliche wurde auch von der Spieltheorie bestätigt.[7]
Die obige Überlegung legt den Gedanken nahe, daß ein bestimmtes Verhalten von evolutionären Zwecken beherrscht wird, daß es ein gattungsmäßig vorgegebenes Ziel für die Individuen ist. Diese These, auch unter dem Namen »Fehlschluß der Gruppenselektion« bekannt, wurde überzeugend von Robert Trivers mit dem Argument angegriffen, »alle Eigentümlichkeiten sind zunächst nur selten innerhalb einer Art anzutreffen. Sie können an Häufigkeit nur zunehmen, wenn sich die Überlebensrate und die Fortpflanzungsfähigkeit ihrer Träger erhöht.«[8] Doch kommen wir auf den Streit zwischen Betrüger und Altruist zurück. Der Betrüger verfolgt nicht das Ziel, seinen Genen einen größeren Raum in der Zukunft zu verschaffen, er will unterwerfen und überleben. Betrüger *haben Erfolg*. Da dies der Fall ist, werden Lebewesen lügen, betrügen und täuschen.[9] Michael Gazzaniga, ein bekannter Hirnforscher, der in der menschlichen Intelligenz das Ergebnis evolutionärer Selektion sieht, erklärt: »Schließlich brachte die soziale Zusammenarbeit unserer Vorfahren auch andere Tätigkeiten hervor, wie etwa Betrügereien. Das Bestreben, Quid-pro-quo-Beziehungen zu errichten und Mechanismen für ihre Durchsetzung zu schaffen, hat einige findige Forscher auf die Idee gebracht, daß es eine Art geistiges Wettrüsten in der Evolution gab. Wenn ein Höhlenbewohner zu faulen Tricks greift, wird der Bewohner der Nachbarhöhle mißtrauisch werden, was dann wiederum zu größerem

Mißtrauen bei dem ersten führt, und so weiter und so fort. Während man nicht sehr viel Hirn braucht, um vor dem Regen ins Trockene zu flüchten, bedarf es schon intelligenterer Überlegungen, um den Schleicher aus der Nebenhöhle zu übertölpeln. Zu den Meilensteinen in der Entwicklung menschlicher Intelligenz kommt es, wenn wir lernen, unsere wahren Einsichten und Absichten zu verschleiern.«[10]

Im Wettstreit zwischen ehrlichen Signalgebern und unehrlichen Signalgebern werden die Betrüger gewinnen. Obwohl ein Signal konventionell als »jedes Zeichen, jede Geste, jeder Blick usw., wodurch eine Nachricht übermittelt wird« definiert wird, lassen sich auch Signale übersenden, die den Empfänger täuschen und manipulieren. Eine bessere, wenn auch zynischere Definition eines Signals würde lauten: »Mittel, durch das ein Lebewesen (der Sender) die Muskelkraft eines anderen Lebewesens (des Empfängers) ausbeutet.« Das Gegenstück zur Manipulation durch den Sender ist die Kunst des Gedankenlesens seitens des Empfängers.

Aus dieser Perspektive läßt sich die Entwicklung von Zeichensystemen unter Lebewesen als ein Zusammenspiel von Manipulation und Gedankenlesen deuten,[11] oder, um uns des hier benutzten Vokabulars zu bedienen, als Zusammenspiel zwischen Täuschung und der Fähigkeit, die Täuschung zu durchschauen. Das Mißtrauen gegenüber den täuschenden Signalen des Gegners und das Unterfangen, dessen Gedanken zu lesen, verfolgen daher einen Anpassungszweck. Die Fähigkeit, die täuschenden Signale des manipulierenden Gegners zu durchschauen, ist bei Tieren die Analogie zur mißtrauischen Haltung beim Menschen. Die natürliche Selektion wird Tiere begünstigen, die für subtile Gefahrenzeichen empfänglich sind.[12] Tiere sind die »Psychologen der Natur«.[13] Subjektives Bewußtsein und Selbstwahrnehmung sind ein Produkt der Evolution, sozusagen ein Mittel, um besser in den Gedanken des anderen lesen zu können. Ein Tier, das zu einem Opfer des Gedankenlesens wurde, greift vermutlich zur gezielten Desinformation: Es wird dem Feind bewußt irreführende Informationen zuspielen. Anders gesagt, ein Opfer des Gedankenlesens wird die Tatsache, daß seine Gedanken gelesen werden, ausnutzen, um das Verhalten des Gedankenlesers zu manipulieren. Infolgedessen sind Gedankenlesen und Manipulation in einem »evolutionären Wettrüsten« miteinander verzahnt.[14]

Miteinander zu kooperieren, das »Gesetz des Wohlwollens« einzuhalten, bedarf der ehrlichen Kommunikation. Doch für Individuen, deren Interessen einander zuwiderlaufen, die nach dem »Gesetz des Übelwollens« handeln, etwa Raub- und Beutetiere, wäre eine ehrliche Kommunikation tödlich. In konfliktreichen Beziehungen zu überleben ist nur möglich, wenn man täuschende Signale aussendet. Und mehr noch, das Durchschauen von Täuschungsmanövern zahlt sich in solchen Situationen aus. Die meisten Kommunikationssignale bewegen sich zwischen den Extremen uneingeschränkter Ehrlichkeit und völliger Täuschung.[15] Wenn sich Interessen in keiner Weise berühren, ist Täuschung geboten. Der Grad von Ehrlichkeit hängt vom Grad der Verbundenheit und den gemeinsamen Interessen ab. Doch die Korrelation wird nie vollkommen sein. In vielen Verhandlungen mag man leichter zu einer Übereinkunft kommen, wenn eine Reaktion »vorgetäuscht« ist. Ein erschrockener Anführer kann so tun, als sei er völlig furchtlos, und damit seiner Armee den Sieg sichern. Außerdem sind Beziehungen, die vollkommene Aufrichtigkeit vertragen, sehr rar gesät. Ungeschminkte Aufrichtigkeit zwischen Eheleuten ist ein gutes Rezept, die eheliche Eintracht zu zerstören.

Kooperation bedarf ehrlicher Kommunikationssignale. Sind die Interessen des Paares gegenläufig, ist Täuschung das Geratene. Der Getäuschte wird jedoch schnell lernen, mißtrauisch zu sein, so daß der Täuschende, will er sein wachsames Opfer hereinlegen, sich den Anstrich von Aufrichtigkeit geben muß. Der Betrüger wird soviel erreichen, wie die Leichtgläubigkeit seines Opfers ihm ermöglicht. Je größer die Fähigkeit, Täuschungsmanöver zu durchschauen, desto größer die Wahrscheinlichkeit, am Leben zu bleiben. Vor Täuschung auf der Hut zu sein hat einen Anpassungswert. In einer gefährlichen Situation auf naives Vertrauen zu setzen, kann tödliche Folgen haben.

Berühren sich die Interessen hingegen, wäre es fatal, zu Täuschungsmanövern zu greifen. In diesem Fall ist Aufrichtigkeit wesentlich. Zur Evolutionstheorie der sozialen Kooperation gehört eine ganze Reihe von Verhaltenskategorien:[16]

- unsoziales Verhalten (keine Notwendigkeit der Zusammenarbeit)
- Verwandtschaft oder Nepotismus (gemeinsame Gene durch Abstammung – nicht zwischen Partnern, sondern zwischen Nachkommen und Eltern, Onkeln und Cousins usw.)
- direkte Gegenseitigkeit (ich kratze dich heute, du kratzt mich morgen)
- indirekte Gegenseitigkeit (ich helfe dir, wenn Georg hinsieht, denn sonst wird er schlecht über mich reden)
- reiner Altruismus oder Hilfsbereitschaft (ich helfe unbekannten, nicht mit mir verwandten Menschen, indem ich zu einem allgemeinen Gut beitrage, von dem andere Nutzen haben, ohne selbst einen Beitrag geleistet zu haben)

All diese Kategorien können gleichzeitig oder auf dieselben Individuen zutreffen. Streitigkeiten zwischen Eltern und Nachkommen entstehen beispielsweise, wenn unsoziales Verhalten und Nepotismus in Konflikt geraten: Das Kind verlangt mehr, als die Eltern zu geben bereit sind, weil sie auch noch andere Verwandte zu berücksichtigen haben (vor allem weitere Kinder). Die geschlechtliche Arbeitsteilung bei der Jagd begünstigt das Löwenmännchen, dem die weniger mühevolle – und weniger gefährliche – Aufgabe zufällt, sich gegen den Wind anzuschleichen und die Beute zur Flucht in Windrichtung aufzuschrecken. Auf das Weibchen wartet dann die Arbeit, ein Tier aus der Herde zu isolieren und zu reißen. Dennoch erhält das Männchen den »Löwenanteil« an der Beute, so daß die Weibchen eine größere Arbeitslast zu bewältigen haben, aber die Männchen mehr Vorteile davontragen, also eine »eigennützige Interaktion innerhalb des größeren kooperativen Austausches stattfindet«.[17]

In der Verhaltensforschung gibt es sehr viel Literatur, die sich mit Aggression und Kooperation sowie mit der Funktion, die Vertrauen und Täuschung bei der Zusammenarbeit spielen, beschäftigt.[18] Sowohl bei Schimpansen wie bei Meerkatzen hat man beobachtet, daß vorgetäuschte Versöhnungsgesten gemacht werden, die im allerletzten Augenblick in Aggression umschlagen. Meerkatzen haben sich auch wechselseitig als soziale Werkzeuge »benutzt«, um sich Vorteile gegenüber ihren Rivalen zu sichern.
Eine besondere Bedeutung für die Untersuchung der Paranoia kommt der Frage zu, wie stark die Überlebenschancen von der Fähigkeit abhängen, Täuschungen zu erkennen, falsche Signale zu durchschauen und eine Gefahr auszumachen. Bei einem Experiment wurde eine Meerkatze mittels einer Raubtierattrappe, etwa einer Adlerattrappe, dazu veranlaßt, einen Warnschrei auszustoßen. Doch das so angekündigte Raubtier blieb aus. Geschah dies wiederholt, lernten die anderen Meerkatzen, die Adlerwarnschreie dieses bestimmten Affen zu ignorieren. Allerdings wurde ihre Skepsis gegenüber diesem Artgenossen nicht grundsätzlich, so daß sie immer noch reagierten, wenn er beispielsweise einen Leopardenwarnschrei ausstieß. Zwischen Täuschung und Entlarvung der Täuschung besteht ein dialektisches Verhältnis. Es existiert in der Tat »ein evolutionäres Hochschaukeln zwischen Betrüger und Betrogenem«.[19] Kommt es häufiger zu Täuschungen, wird durch Selektion die Fähigkeit, Täuschungen zu durchschauen, begünstigt. Und nimmt diese Fähigkeit zu, wird durch Selektion auch die Fähigkeit zu täuschen verstärkt.
Untersuchungen bei Kindern weisen darauf hin, daß die Fähigkeit zur Täuschung sowohl biologisch verankert als auch altersspezifisch ist. In einem kürzlich durchgeführten Experiment wurde Kleinkindern erzählt, daß zwei Puppen auf sie zukommen und sie fragen würden, welchen von vier Stickern sie am liebsten hätten. (Man wußte, daß jedes Kind einen Lieblingssticker hatte.) Danach sagte man den Kindern, daß eine der beiden Puppen freundlich sei und sich nicht den genannten Lieblingssticker des Kindes aneignen würde, während die andere mit Sicherheit danach greifen würde.

Dreijährige waren nicht in der Lage, die garstige Puppe zu täuschen, während Vierjährige sehr schnell lernten, sie auszutricksen und der netten Puppe die Wahrheit zu sagen. Ein mächtiger Selektionsdruck ist bei der Entwicklung solcher Strategien am Werk.[20]

Wir sind so »ausgestattet«, daß wir den Feind fürchten und ihn täuschen, seine Täuschungen durchschauen – und zusammenarbeiten. Das mit Wohlwollen und Übelwollen einhergehende soziale Verhalten, auch das Täuschen, ist mit spezifischen neuroanatomischen Strukturen verbunden.[21] Das menschliche Gehirn setzt sich aus drei neuronalen Hauptbereichen zusammen, in denen sich unsere Abstammung von den Reptilien, den frühen und den späten Säugetieren niederschlägt. Diese drei Bereiche bilden ein »dreigeteiltes Gehirn«: Das Reptiliengehirn, das Paläosäugetiergehirn (das limbische System) und das Neosäugetiergehirn, bestehend aus Neocortex und Thalamus. In der Evolution wurden primitivere Strukturen nicht ersetzt, sondern nur ergänzt. Daher besitzen höher entwickelte Säugetiere und der Mensch neben dem Reptiliengehirn und dem Paläosäugetiergehirn noch ein Neosäugetiergehirn. Viele unserer Reaktionen – insbesondere die gleichsam in unseren Eingeweiden spürbare Furcht vor und die aggressive Abwehr gegenüber Fremden – haben ihre Wurzeln in diesen primitiven und reflexhaften Aspekten des menschlichen Gehirns, in den niedersten Stufen der neuronalen Organisation: dem Reptiliengehirn und dem Paläosäugetiergehirn. Andere Formen des Denkens haben eher in anderen Teilen des Gehirns ihren Ursprung. Höherstufiges Denken ist beispielsweise mit den späteren und in ihrer Entwicklung sehr viel differenzierteren Teilen des Gehirns verbunden, mit dem Neocortex des Neosäugetiergehirns. Während das Vorderhirn für zielgerichtete Tätigkeiten wesentlich ist, erfüllen auch die primitiveren Elemente des Gehirns eine entscheidende Aufgabe in der Selbsterhaltung und der Erhaltung der Art. Die neuronale Basis des Gehirns ist einem fahrerlosen Auto zu vergleichen, das viszeral, reflexhaft und ohne bewußte Richtung handelt. Bestimmte Bereiche des Paläosäugetiergehirns sind mit streitbarem und aggressivem Verhalten verbunden – Furcht, Dominanz, Aggression, Abwehr und Besänftigung.[22] Zu den für unseren Gegenstand relevanten Verhaltensformen gehören das Abstecken und Markieren eines Territoriums, das Überwachen desselben, rituelle Verteidigungsgebärden, formalisierte Verteidigungskämpfe, das Einnehmen einer Siegerpose nach erfolgreicher Verteidigung oder Aggression, das Zeigen einer Unterwerfungsgeste und die Bildung sozialer Gruppen.[23]

Für unsere Frage nach den biologischen Vorläufern der Paranoia ist das Reptilienverhalten in Sachen Täuschung von besonderer Bedeutung. Schließlich ist Täuschung ein Schutz gegen Aggression und für das Überleben wesentlich. Doch um zu überleben, müssen Tiere in der Lage sein, eine Täuschung zu durchschauen und sich des biologischen Äquivalents zu Mißtrauen und zu Wachsamkeit gegenüber versteckten Gefahren zu bedienen. Tarnungen sind für Reptilien eine Möglichkeit, ihre Beute und ihre Feinde zu täuschen. Nimmt man chirurgische Eingriffe in bestimmten Teilen des Reptiliengehirns vor oder entfernt sie gar, können diese und andere Verhaltensweisen geändert oder gar ganz aus dem Verhaltensrepertoire gelöscht werden. Auch der Einfluß neurochemischer Faktoren auf das Verhalten ist von beträchtlichem Interesse. Erhöht man mit Hilfe bestimmter Medikamente den Serotoninspiegel bei Affen, so verändert man das Dominanzverhalten.[24] Klinische Untersuchungen bei Menschen haben ergeben, daß Serotonin nicht nur Depressionen dämpft, sondern auch die Selbstachtung steigert, Ängste mildert und Selbstvertrauen stärkt.[25] Hohe Konzentrationen von Serotonin und anderen mit emotionalen Reaktionen verbundenen Neurotransmittern finden sich im primitiven Gehirn, im Sitz der Emotionen.

Es gibt daher hinreichend viele Belege für die biologischen Wurzeln und die Anpassungsfunktion der beiden Aspekte der menschlichen Natur: Kooperation und Aggression, Wohlwollen und Übelwollen. Kooperation innerhalb der eigenen Art ist sinnvoll, aber darüber hinaus ist die biologische Welt von Raubtieren und Feinden bevölkert. In dieser Welt der Gefahren ist es unerläßlich, vor ihnen auf der Hut zu sein und Fremden zu mißtrauen. Wo aber verläuft die Grenze zwischen einem von der Anpassung gebotenem Mißtrauen und krankhafter Paranoia?

Psychologische Ursachen

Wir halten uns an das Vertraute und fürchten das Unbekannte. Der Paranoiker prägt diese menschliche Eigenschaft in besonderer Weise aus. Sein Seelenleben ist von der Furcht und dem Haß gegenüber Fremden bestimmt. Die Furcht vor Fremden läßt sich bis zur Wiege zurückverfolgen.[26]

Wer einen Säugling zum ersten Mal auf den Arm nimmt, wird erleben, daß er sehr wahrscheinlich schreit. Ein Dreijähriger, der einem Fremden vorgestellt wird, wird sich sehr wahrscheinlich hinter einem seiner Elternteile verstecken. Das »Fremdeln«[27] ist eine ganz normale und gesunde Reaktion, die etwa mit dem achten Monat einsetzt. Das Kleinkind ist ein formloses Bündel mächtiger Gefühle, erschreckender Ängste und unbeherrschter Aggressionen. Die Aufgabe der Sozialisation besteht darin, dieses formlose Bündel zu einem Erwachsenen zu machen, der diese mächtigen Gefühle und Triebe beherrschen und beeinflussen, Frustrationen ertragen, anderen vertrauen und mit ihnen kooperieren kann. Denn genau das ist das Fundament der Zivilisation. Durch die familiäre Sozialisation erwirbt das Kleinkind die nötigen Techniken, um mit innerem und äußerem Druck fertig zu werden. Diese Techniken zur Stärkung des Ichs sind die Grundlage der Persönlichkeit, gewissermaßen die Charakterrüstung.[28] Kleinkinder und Schulkinder greifen normalerweise zu den eher primitiveren Abwehrmechanismen des Ichs: Verleugnung, Verzerrung und wahnhafte Projektion.[29] Projektion ist unabdingbar für die Paranoia, aber sie ist, wie wir sahen, im Alltag keine Seltenheit.[30]

Beobachtungen am Verhalten von Kleinkindern und Schulkindern durch die englische Psychoanalytikerin Melanie Klein bildeten das Fundament eines bedeutenden Zweiges der psychoanalytischen

Theorie, der unter dem Titel »Objektbeziehungen« bekannt wurde und vor allem in Großbritannien und Lateinamerika sehr einflußreich war.[31] Kleins Theorie liefert hilfreiche Erklärungen dafür, warum einige Menschen, ohne dazu provoziert worden zu sein, Haß und Furcht gegenüber anderen entwickeln.[32] Das Kleinkind hat noch kein ausgebildetes Bewußtsein seiner selbst, es versteht noch nicht, wo die Außenwelt beginnt und die Grenzen seiner Person verlaufen. Lust- und Unlustgefühle sind mit der Mutter verbunden, die das Kind sowohl nährt wie auch frustriert. Das Kind spaltet diese beiden Züge der Mutter in zwei verschiedene Objekte auf: die gute Mutter, die Wärme und Nahrung spendet, und die böse, frustrierende Mutter. Die aggressiven Impulse des Kindes richten sich auf die böse Mutter, die als hassenswerte Peinigerin erfahren wird. Sowohl das liebende als auch das peinigende Objekt werden nach innen verlegt, also psychisch internalisiert und so Teil des sich entwickelnden Selbstbildes des Kindes. Seit unserer frühesten Kindheit tragen wir alle ein gespaltenes Selbst mit uns herum.[33]

Aufgrund des oben beschriebenen Verhaltens bezeichnet Klein die »paranoid-schizoide Haltung« als eine normale Phase in der kindlichen Entwicklung, eine Haltung, über die einige Individuen nie hinausgelangen und in die andere zurückfallen, wenn sie psychisch unter Druck geraten. Die paranoid-schizoide Haltung ist ein primitiver psychischer Zustand, der durch die Aufspaltung in ein idealisiertes, gutes und liebendes Objekt und ein böses, verfolgendes Objekt charakterisiert ist. Psychoanalytiker sehen in den archetypischen Vorstellungen von Gott und Teufel Projektionen dieser frühen Phantasieobjekte. Roger Money-Kyrle vertritt zum Beispiel die These, Gott sei eine Projektion des idealisierten Objekts, das die Aufgabe hat, Schutz vor dem inneren Verfolger zu bieten.[34]

Die durch die Aufspaltung charakterisierte paranoid-schizoide Haltung beruht nach Klein im wesentlichen auf dem Mechanismus der projizierten Identifikation: »Identifikation durch Projektion beinhaltet das Abspalten von Teilen des Ichs, die dann auf (oder vielmehr in) andere Personen projiziert werden. ... Durch Projektion kommt es zu Gefühlen der Identifikation mit anderen Menschen, da man ihnen eigene Eigenschaften und Haltungen zugeschrieben hat.«[35] Die Bedrängnis des Kindes angesichts seiner aggressiven Haßgefühle wird dadurch gemildert, daß der böse Teil – der *innere Peiniger* – nach außen, auf andere Personen oder Objekte projiziert wird, während die guten Teile in ihm verbleiben und idealisiert werden.[36] Der liebende, nährende Teil wird so zur Grundlage des idealisierten Selbstbildes, während die negativen, destruktiven Gefühle verleugnet und nach außen, auf Fremde oder andere Gruppen, projiziert werden.

Anna Freud hat beobachtet, daß innere aggressiv-destruktive Gefühle besonders bedrohlich sind und die Aufgabe der Projektion darin liegt, die Verbindung zwischen diesen bedrohlichen Impulsen und dem Ich aufzubrechen.[37] Für das Kind »ist es einfacher, mit einem selbstgeschaffenen Ungeheuer zurechtzukommen, als selbst die Bedrohung zu sein«.[38] Damit das Kind weiterhin an das Gute in ihm glauben kann, »muß es das Bewußtsein seiner inneren Zerstörungswut und des Bösen in ihm loswerden, ihm entkommen«.[39] Die Lösung ist Projektion. In der Folge verleugnet das Kind die unerwünschten Gefühle in seinem Inneren. »Die menschliche Fähigkeit, zu projizieren und schädliche seelische Regungen zu entfernen, ist eine Technik, die das Ich seit frühester Kindheit anwendet«[40] und die zeitlebens als Möglichkeit erhalten bleibt. Dieses Vermögen, unter innerem und äußerem Druck nach Projektion und Verschiebung zu greifen, ist das Kernstück individuell und kollektiv paranoider Reaktionen.[41]

Die andere Seite des Hasses ist Liebe. Da Aggression und Haß geleugnet und nach außen projiziert werden, sind sie mit einem heftigen Verlangen nach Liebe als Gegengewicht zum Haß verbunden. Deshalb reagiert der Paranoiker so sensibel auf die Zurückweisung und den Verlust von Liebe.

Neben den aggressiven und destruktiven Impulsen werden auch schmerzhafte Kritik und Scham geleugnet. Das Kleinkind vermeidet Selbstvorwürfe, indem es diese nach außen projiziert. Die Unterdrückung von Selbstvorwürfen und ihre Projektion nach außen läßt

Kritik von anderen erwarten und ihnen mißtrauen. Tatsächlich wird hier die peinigende Kritik der Eltern, das Gewissen, projiziert. Die Entdeckung, daß gute und böse Objekte Aspekte ein und desselben Objekts sind, ist für das Kind, das dasselbe Objekt gleichzeitig liebt und haßt, sehr bedrückend. Aufgrund seiner Unfähigkeit, zwischen Phantasie und Wahrnehmung zu unterscheiden, empfindet das Kleinkind eine unbeherrschbare, haßerfüllte Aggression gegenüber dem Objekt, das es zur gleichen Zeit liebt. Diese Entdeckung ist Ursache für das, was Klein die »depressive Haltung« nennt. Die paranoid-schizoide Haltung befindet sich am einen Ende des von Klein beschriebenen Kontinuums von Denkstilen. Wenn irgend etwas nicht wie gewünscht läuft, so sucht das betreffende Individuum nach einer Ursache oder einer Person, der es die Schuld geben kann. Es leugnet die negativen Gefühle und projiziert sie auf Außenobjekte. Im Gegensatz dazu reagieren Individuen mit depressiver Haltung, also am anderen Ende des Kontinuums, mit Schuldgefühlen und Selbstvorwürfen. Diese Dispositionen werden zu festen Bestandteilen der Persönlichkeit und begleiten sie zeitlebens. Es sind keine bloßen Entwicklungsstadien, sondern Haltungen, die jederzeit wieder aufleben können.[42]
Einige Individuen bleiben auf die paranoide Haltung fixiert. Sie verlassen sich vor allem auf die primitiven Abwehrmechanismen Verleugnung, Verzerrung der Realität und wahnhafte Projektion, wodurch sie in Drucksituationen für psychotische Dekompensation besonders anfällig sind.[43] Wieder andere bleiben in der depressiven Haltung gefangen, sie sehen sich ihrem inneren Peiniger ausgeliefert, werden von Schuldgefühlen geplagt und verfallen leicht in Depression.
Die Menschen überwinden im Prozeß des Erwachsenwerdens diese frühen psychischen Entwicklungsstadien, obwohl sie ihnen nie völlig entwachsen. Sie entwickeln zunehmend feinere Techniken zur Stärkung des Ichs, lernen ihre Umwelt realistischer einzuschätzen und zwischen Innen- und Außenwelt zu unterscheiden. Indem sie diese reiferen Techniken zur Realitätsbewältigung herausbilden, überwinden die meisten Menschen die polarisierte Welt aus

idealisierter Liebe einerseits und hassenswertem, peinigendem Bösen andererseits, in der das gute Objekt und das innere peinigende Objekt weitgehend getrennt sind. Ihr Selbstbild integriert alle verschiedenen Aspekte und muß unangenehme Gefühle weder leugnen noch idealisieren. Sie verbinden das aufgespaltene Objekt der guten und der bösen Mutter zu einem Objekt. Um es mit dem so glücklich gewählten Ausdruck Donald Winnicotts zu sagen, sie integrieren die unterschiedlichen Aspekte zu »einer hinreichend guten Mutter«.[44] Kommt dieser Prozeß zu einem gelungenen Ende, bilden die Individuen ein integriertes, ganzheitliches Objektbewußtsein aus, das weder idealisiert noch verteufelt.

Doch da die Entwicklung hin zu einem integrierten Selbstbild von Fort- und Rückschritten begleitet wird, bleiben stets Reste der früheren Positionen erhalten. Restbestände der schizoid-paranoiden Haltung zeigen sich in der Tendenz, »gute« oder »böse« Züge derjenigen zu übertreiben, mit denen man zu tun hat. Reste der depressiven Haltung offenbaren sich in den Schuldgefühlen, die das Individuum bei Gewissenskonflikten empfindet. Aus dieser Perspektive kann man sagen, moralisches Verhalten wird aus Schuldgefühlen geboren. Es gründet sowohl auf der Furcht vor Strafe durch den inneren Peiniger als auch auf der Furcht davor, den inneren Wohltäter zu verletzen oder zu enttäuschen.

Die Qual, vom inneren Peiniger angeprangert zu werden, kann gar nicht überschätzt werden. Ein Ausweg aus dieser Lage ist Selbstmord. »Die hassende innere Instanz verlangt die Beseitigung des bösen Ichs. Aus dem Leben, einer Einöde der Einsamkeit und des Ausgeliefertseins, flüchtet der Mensch vor seinem inneren Peiniger in den Tod.«[45] Der Psychologe William James schrieb, der Mensch habe ein »zerrissenes Ich«. Er sei »ein Schlachtfeld zweier Egos, die als Todfeinde erlebt werden«. Daraus entspringt »Abscheu vor sich selbst, Verzweiflung ... eine unerträgliche Bürde, für die der Selbstmord der natürliche, vom logischen Intellekt gebotene Ausweg zu sein scheint«.[46]

Eine andere Möglichkeit, sich dieser »unerträglichen Bürde« zu entledigen, ist, den inneren Peiniger zu verleugnen. Genauso ver-

fährt der Paranoiker. Er projiziert den inneren Peiniger auf eine äußere Instanz, gegen die er sich verteidigen muß. Es kommt nicht oft vor, daß ein Paranoiker Selbstmord verübt. Sehr viel häufiger greift er seine eingebildeten Feinde an. Sollte er dennoch Selbstmord begehen, dann geschieht dies, um seinem projizierten inneren Verfolger, seinem verborgenen Henker zu entkommen.[47]
In den meisten Fällen gelingt es dem Paranoiker, sich gegen tödliche Verzweiflung und Leere zu verteidigen. Die Paranoia ist ein Schutz vor Depression und Verlust. Erinnern wir uns an den Medizinstudenten, der von seiner Freundin ausgenutzt wurde. Seine Wahnvorstellung, daß sie ihn immer noch liebe, aber von ihm ferngehalten würde, war ein Schutz gegen die demütigende Erkenntnis, daß sie ihn nie geliebt, sondern ausgenutzt hatte und ihn fallenließ, sobald sie ihn nicht mehr brauchte. Als seine paranoide Verteidigung zusammenbrach, geriet er in depressive Selbstmordgefahr.
Das psychisch gesunde Individuum verfügt über eine flexible Reihe von Verteidigungstechniken, um, meist erfolgreich, mit innerem und äußerem Druck zurechtzukommen. Doch hinter der Fassade der Zivilisiertheit, der reifen psychischen Verfassung lauert immer der psychisch primitive Wilde, der das Opfer seiner destruktiven Gefühle, seiner Furcht vor Feinden und seiner aggressiven Abwehr ist.
Eine Person, die nicht über eine gesunde Auswahl von Techniken zur Verteidigung des Ichs verfügt und statt dessen auf die primitiven Strategien Verleugnung, Realitätsverzerrung und wahnhafte Projektion beschränkt bleibt, wird besonders für paranoide Dekompensation anfällig sein, wenn ihre Kontrolle bedroht ist.[48] Die Kontrolle zu verlieren, nicht dem eigenen Willen folgen und autonom handeln zu können, sind für das verletzbare Ich des Paranoikers ständige Probleme. Die Wahnvorstellung, von anderen Machthabern manipuliert zu werden, die einem Gefühl von Machtlosigkeit entspricht, ist in der paranoiden Psychose weit verbreitet. Man denke etwa an den Mann mit der Tafel, der glaubte, seine Gedanken würden von der Regierung elektronisch ferngesteuert.

Der Zusammenbruch der Abwehr führt zur Psychose. Die schrecklichste Erfahrung ist der Verlust der Selbstkontrolle, das Gefühl, von starken Emotionen überwältigt zu werden, die Furcht vor der Selbstzerstörung, vor unbeherrschbarer Aggression. James Grotstein hat diesen inneren Aufruhr mit den Schwarzen Löchern im Universum verglichen.[49] Die Schwarzen Löcher – so genannt, weil sie unsichtbar sind – sind von einer derart großen Dichte und Schwerkraft, daß alle Materie, die in ihren Einflußbereich gerät, in ihrem Inneren verschwindet und nichts, auch kein Licht, freigegeben wird. Grotstein, der den Menschen als ein »sinnbesessenes« Lebewesen charakterisiert, versteht den Terror des psychologischen Schwarzen Loches als Ergebnis unbekannter Kräfte, die der furchtbaren Auflösung der Persönlichkeit entspringen, dem Abgleiten in den Zustand des Nichts. Der Schrecken ergebe sich aus der Situation der Sinnlosigkeit. So entsetzlich sei die Drohung der Sinnlosigkeit, daß, komme, was wolle, Sinn geschaffen werden müsse, um der inneren Leere und Verzweiflung zu entkommen.[50] Sinn zu stiften, um vor der Sinnlosigkeit zu fliehen, sei das oberste Gebot der paranoiden Dynamik.
Im akuten psychotischen Zustand erlebt das Individuum seine psychische Auflösung, seine persönliche Apokalypse.[51] Die meisten psychiatrischen Patienten, bei denen eine Psychose ausbricht, erleben apokalyptische Phantasien und Träume vom Weltuntergang. In seiner klassischen Schilderung der paranoiden Erkrankung des Juristen Daniel Paul Schreber schreibt Freud, Schreber habe »unter dem Einfluß von Visionen von ›zum Teil grausiger Natur, zum Teil aber auch unbeschreiblicher Großartigkeit‹ (so Schrebers eigene Worte)« gestanden.[52] Auf dem Höhepunkt seiner Krankheit war Schreber überzeugt, daß »eine große Katastrophe« eingetreten sei, die er allein überlebt hatte. Er projizierte so die Erfahrung seiner eigenen psychischen Auflösung auf die Welt.
Schreber suchte den Schrecken zu bewältigen, indem er sich einbildete, Gott habe ihm die Mission erteilt, die Welt vor der Vernichtung zu retten und die ewige Seligkeit zurückzugewinnen.[53] Er glaubte, auf den Tod folge die Wiedergeburt, auf die Vernichtung

der große Erlösungsauftrag. Schrebers Wahnideen stellten die Ordnung wieder her. Aus dem Nichts flüchtete er in die Großartigkeit, aus der Sinnlosigkeit schuf er sich ein auserwähltes Schicksal, eine übersteigerte, selbst über Gott hinauswachsende Position.
In seiner extremen Großartigkeit enthüllt Schrebers Wahn die Verbindung von Paranoia und Macht, wodurch er trefflich illustriert, warum sich die Paranoia in der politischen Welt so heimisch fühlt. Er sah sich als den letzten Menschen, in den die Seelen aller anderen eingegangen waren und der so zum Erlöser der Welt wurde. Doch Schreber entwickelte auch einen (eng mit der Großartigkeit seiner Mission verbundenen) Verschwörungswahn. Dunkle Mächte wollten ihn daran hindern, diese höchste Macht zu erlangen. Die Verschwörung sollte ihn zu einem Schwachsinnigen machen, ihn seiner brillanten Talente berauben und davon abhalten, die höchste Herrschaft auszuüben. Auf dem Höhepunkt seines Größenwahns waren jedoch alle Feinde vernichtet, und die ganze Macht und Vitalität der Menschheit war in ihn eingegangen. Für ein Individuum, dessen psychische Welt zerfällt, ist es sehr viel attraktiver, einen paranoiden Sinn zu konstruieren, als in das psychische Nichts abzugleiten. Wer aus dem Abgrund der psychischen Auflösung zurückkehrt, fühlt sich wie gereinigt, so als würde er in einer wunderbar neuen Welt leben. In einem Zustand der Euphorie hat der Patient sich selbst zurückgewonnen, indem er sich zum Mittelpunkt eines großartigen Planes gemacht hat. Man denke etwa an den Mann, der in das Weiße Haus eindringen wollte. Nachdem er selbst seine Arbeit als Tellerwäscher verloren hatte, setzte er dem vernichtenden Verlust an Selbstachtung die größenwahnsinnige Vorstellung entgegen, er sei der König der Welt. Aus völliger Bedeutungslosigkeit rettete er sich in glanzvolle Größe. Hatte er zuvor jede Kontrolle eingebüßt, so hatte er nun alles in der Hand. Das Wahnsystem ist dadurch gekennzeichnet, daß es den Paranoiker zusammenhält, ihn vor dem psychischen Verfall bewahrt.
Das sinnstiftende Wahnsystem verschmilzt typischerweise Größe mit Verfolgung. Die inneren Feinde, die mächtigen, überwältigenden Kräfte werden psychisch in die äußeren Feinde umgewandelt.

Der Kranke befindet sich in einem Belagerungsring, er muß die (jetzt) äußere Gefahr abwehren, das verderbte, zerstörerische Böse in der Welt.
Das Bewußtsein, ein unschuldiges Opfer zu sein, geht einher mit Gefühlen von Rechtschaffenheit – ein Zusammenspiel, das ein gehöriges Gewaltpotential in sich birgt. Durch die Angriffe seines äußeren Verfolgers fühlt sich das unschuldige Opfer seiner Rechte beraubt und wird zunehmend zornig. Eskaliert der Prozeß, kann es sich in das Gefühl hineinsteigern, nur rechtmäßige Vergeltung zu üben. Daraus mögen Ausfälle gegen seine (gefürchteten und eingebildeten) Angreifer resultieren, deren üble Machenschaften vereitelt werden sollen. Auf diese Weise entledigt sich das Opfer jeder Verantwortung. Anstatt Schuldgefühle über seine eigene innere Wut zu empfinden, ist der Paranoiker nun, angesichts der ungerechten Verfolgung durch seine Feinde, von Empörung erfüllt und muß sich dagegen verteidigen. Er kann gar nichts anders, als zum Angriff überzugehen. Sein Angriff ist ganz buchstäblich genommen bloße Selbstverteidigung. Wieviel besser ist es doch, allmächtig zu sein, statt ohnmächtig, im Mittelpunkt einer weltweiten Verschwörung zu stehen, statt unbedeutend und unbeachtet zu sein. Der in seiner Beziehungsfähigkeit gestörte Paranoiker schafft in seinem Wahn ein weitreichendes Beziehungsnetz, dessen Zentrum er ist und das zu einer wahnhaften Pseudogemeinschaft wird. Die Pseudogemeinschaft ist für den Paranoiker psychologisch von großem Wert. Sie unterstreicht seine Bedeutung, denn schließlich ist er ihr Mittelpunkt. Aber auf sie konzentrieren sich auch seine Ängste und seine Strategie, ihre Pläne zu durchkreuzen. Das ist dem Chaos, dem früheren unbestimmt dumpfen Gefühl, daß Gefahr drohe, weitaus vorzuziehen. Ein Paranoiker wird *keine* Erleichterung verspüren, wenn man ihm versichert, daß es gar keine Feinde gibt, die auf seine Vernichtung sinnen. Im Gegenteil, eine solche Bemerkung wird eher Wut in ihm hervorrufen, da sie wichtigen psychologischen Stützen den Boden zu entziehen droht. Der Betroffene klammert sich krampfhaft an seine tröstliche, sinnstiftende Wahnidee, daß er von Feinden umgeben sei.

Der Paranoiker findet aber nicht nur Trost darin, eine Pseudogemeinschaft von Feinden zu schaffen, auch die Zugehörigkeit zu einer im Kampf gegen einen gemeinsamen Feind vereinten Gruppe vermag ihm Halt zu geben. Dieser Übergang von der individuellen zur Gruppenparanoia ist entscheidend, wenn man verstehen will, wie es zu Massenbewegungen kommen kann, wie Nationen gegen den Feind mobil machen und in Kriege ziehen.

Vom individuellen Wahn zur Gruppenparanoia

Die Gruppe ist das Fundament menschlicher Existenz[54], und die psychologische Dynamik von Gruppensituationen ist besonders dazu angetan, paranoide Gefühle zu wecken. Viele von uns haben schon einmal in Ausschüssen gesessen, in denen aufgrund der heftigen Rivalitäten keine sinnvolle Förderung der erklärten Ziele möglich war. Das gleiche gilt oft für Arbeitsausschüsse der US-Regierung, die sich aus den verschiedenen Ministerien zusammensetzen.

Nehmen wir an, das Außen- und Verteidigungsministerium seien aufgefordert, zu einer gemeinsamen Einschätzung darüber zu kommen, wie groß die Gefahr ist, daß der Iran einen bewaffneten Konflikt im Persischen Golf provoziert. Doch wenn der gemeinsame Ausschuß daraufhin zusammentritt, hat es mitunter den Anschein, als sei nicht der Iran der entscheidende Gegner, sondern das Ministerium auf dem anderen Ufer des Potomac. Ein Armeeoffizier berichtete einmal, daß ein hochrangiger Offizier, dem er nach seiner Beförderung als Adjutant zugeordnet wurde, ihn fragte: »Wer ist der Feind, Herr Major?« Der naive Major antwortete: »Die Russen, Sir.« »Blödsinn«, schnarrte der General, von seinem Schreibtisch aufspringend, »die Russen sind unsere Gegner, der Feind ist die Marine. Denken Sie immer daran!«

Der englische Psychiater Wilfred Bion, der während des Zweiten Weltkrieges in der psychiatrischen Abteilung eines Militärkrankenhauses gearbeitet hatte, machte die Erfahrung, daß solche kontraproduktiven Gruppenprozesse selbst in den gesündesten Gruppen und Organisationen anzutreffen seien.[55] Sich auf die Arbeit Melanie Kleins stützend, war Bion besonders darüber frappiert, wie leicht die Gruppensituation zu Projektionen Anlaß gab. Er beobachtete, daß die Gruppe sich oft so verhielt, als würde sie nach bestimmten, stillschweigend vorausgesetzten psychologischen Grundannahmen agieren, die ihr Verhalten steuerten und ihre Arbeit behinderten.[56] Bion wies nach, daß diese unbewußten Annahmen, manchmal gedämpft und manchmal sehr stark, Gruppen, Organisationen und Gesellschaften dazu veranlassen, nicht nur paranoid zu handeln, sondern sich auch der Führung, der Kontrolle und Manipulation durch paranoide Individuen zu öffnen.

Bion unterschied drei verschiedene emotionale Zustände von Gruppen, aus denen sich die Grundannahmen ableiten lassen.[57] Diese gruppenpsychologischen Zustände nennt er *basic assumption groups.*

Die Mitglieder der *fight-flight group* verhalten sich so, als hätten sie sich zusammengeschlossen, um einen äußeren Feind zu bekämpfen oder vor ihm zu fliehen. Befinden sie sich in Kampfhaltung, benehmen sie sich wie ein rasender Mob, der den erklärten Feind vernichten will. In der Fluchthaltung hingegen verbindet sie die Flucht vor einem gemeinsamen Feind. Der Anführer einer solchen Gruppe weiß geschickt geeignete Objekte für die Aggression zu finden – das heißt äußere Feinde. Er facht den Haß der Gruppe an, treibt sie entweder in den Kampf oder veranlaßt sie zur Flucht und erfüllt sie entweder mit Mut oder mit Opfergeist.[58] Solche Aktionen werden als notwendig für den Bestand der Gruppe betrachtet, und alle Mitglieder schöpfen aus ihnen Sicherheit und Halt. An erster Stelle steht der Erhalt der Gruppe angesichts des vermeintlichen Feindes. Das Individuum ist nur zweitrangig, was so weit gehen kann, daß Leben und Interessen des einzelnen durchaus um der Fortdauer der Gruppe willen geopfert werden.

In der *dependency group* verhalten sich die Mitglieder so, als hielten sie ihren Anführer für allwissend und allmächtig. Ohne ihn

sind sie hilflos. Sie machen den Eindruck, als sei es ihr höchstes Ziel, Sicherheit und Schutz von ihrem Anführer zu erhalten, dem sie uneingeschränktes Wissen und grenzenlose Macht zuschreiben – eine idealisierte, gottgleiche Gestalt. Auch wenn diese Phantasie im Prinzip unerfüllbar ist, scheinen die Mitglieder durch ihr Verhalten gegenüber dem Anführer eine Situation zu schaffen, welche die Erfüllung ihrer Wünsche möglich machen könnte. In der *dependency group* benehmen sich die Mitglieder, als seien sie unfähig, selbständig zu einem Urteil zu kommen, und räumen deshalb ihrem Anführer uneingeschränkte Autorität ein, ganz gleichgültig wie erfahren und kenntnisreich sie tatsächlich sind.
Die *pairing group* agiert so, als würde sie den Messias hervorbringen oder das Tausendjährige Reich errichten wollen. Es wird, wenn auch auf eine unbestimmte Weise, immer über die Zukunft geredet. Die Hoffnung richtet sich darauf, daß das Hinwirken auf Zukünftiges die Gruppe vor heftigen Emotionen in der Gegenwart bewahrt. Politische Revolutionen wie die französische oder die russische kannten solche Gruppen.
An die Theorie Bions anschließend, behauptet Earl Hopper, die grundlegenden psychologischen Bedürfnisse des Individuums und der Gruppe seien die nach Zusammenhalt, Integration und Verbundenheit. Am meisten Angst verbreitet demgemäß die Auflösung oder das psychische Auseinanderbrechen – die psychische Apokalypse. Dies hat Hopper den *incohesion basic assumption state* genannt. Die *incohesion group* fürchtet die Auflösung. Wenn sie Spaltung und Zerfall erfährt, mag sie defensiv nach einem Zustand der Verschmelzung streben, in dem Grenzen verwischt werden und Vagheit entsteht. Sie wird geradezu von einer Begierde nach Verschmelzung beherrscht, um nur ja einem Auseinanderfallen oder einer Entfremdung zu entgehen.[59]
Alle von Bion und Hopper aufgestellten *basic assumption groups* – »incohesion«, »fight-flight«, »dependency« und »pairing« – sind für die politische Tätigkeit von Bedeutung, aber auch für die individuelle und die Gruppenparanoia. Bion sieht in der Gruppenparanoia eine Manifestation der Pathologie ihres Anführers. Sie stellt

den Sieg des psychopathischen Anführers über andere, gesündere Formen der Gruppenentwicklung dar.[60] Diese Erklärung unterschätzt jedoch den Einfluß der Gruppe. Denn es existiert eine tiefsitzende menschliche Neigung, innere Schwächen nach außen zu verlegen, sich Feinde aufzubauen. Die Rolle des Anführers ist zwar wichtig, doch letztlich kanalisiert er nur ein vorhandenes Gruppengefühl. Er stimuliert die Neigung der Mitglieder, Außenseiter für ihre Probleme verantwortlich zu machen, rechtfertigt ihre Angriffe auf den Feind und liefert eine sinnstiftende Diagnose, eine Diagnose, welche die Gruppe nur allzugern hören möchte.
So gesehen mag man den Anführer für ein Geschöpf der Gruppe halten.[61] Vor allem wenn sie ein Trauma erlebt hat, ist sie für einen Anführer mit paranoiden Neigungen empfänglich und wird geradezu nach einem solchen suchen. Was Individuen jedoch in erster Linie an institutionalisierte Organisationsformen bindet, ist die Abwehr psychotischer (paranoider und depressiver) Ängste.[62] Folglich werden Gruppen regelmäßig Feindseligkeit, Argwohn und andere unangepaßte Verhaltensformen, die auch Individuen zeigen, an den Tag legen. Doch häufiger werden sie, was das Ausmaß der Realitätsstörung betrifft, die Individuen noch in den Schatten stellen.[63] Die soziale Vereinigung ist das Reservoir oder der konservierende Mechanismus für primitive Realitätsverzerrungen, die, träten sie bei Individuen auf, psychotisch erscheinen würden.
Das gilt insbesondere für terroristische Gruppen. Da sie sich verhalten, als wären sie von Feinden umgeben, schaffen Terroristen sich in der Tat Feinde. Sie karikieren geradezu das Flucht-oder-Kampf-Verhalten. Aufgrund ihres Auftretens gegenüber der Gesellschaft sorgen Terroristen dafür, daß ihr psychischer Zustand sich in die Realität übersetzt. Auf der Flucht vor der Nichtigkeit ihres Lebens demonstrieren sie handgreiflich die Dynamik des gefürchteten Zerfalls. Die Dynamik der Abhängigkeit manifestiert sich in der unkritischen Ausführung aller vom Gruppenführer erlassenen Befehle, während die Dynamik der »pairing« der Existenzgrund der Terroristengruppe ist; ihr Ideal besteht in der Ver-

wirklichung einer Utopie. Wenn das korrupte, menschenverachtende gegenwärtige System erst zerstört sein würde, entstünde gewiß eine utopische Gesellschaft, und dabei ist es gleichgültig, ob diese nun einem sozialistischen, anarchistischen, ethnischen oder rassistischen Ideal entspricht. Für terroristische Gruppen läßt sich daher behaupten, daß in ihnen alles miteinander verschmilzt, das Arbeitsziel und die vier Gruppentypen (»Incohesion«, »Fight-Flight«, »Dependency« und »Pairing«-Gruppe).[64] Alle vier Grundeinstellungen kommen in großen Gruppen und Massenbewegungen zum Tragen, ja sie können eine ganze Gesellschaft charakterisieren, vor allem Nationen, die ein Trauma erlitten haben. Politikern bietet sich dann die Möglichkeit, aus dem Schmerz der Unzufriedenen Kapital zu schlagen. Werden diese Kräfte zu schöpferischen Zwecken und von Persönlichkeiten wie Mahatma Gandhi, Martin Luther King und Franklin Delano Roosevelt mobilisiert, »besteht nicht die Gefahr, daß der Schlamm frustrierter Seelen als Mörtel für den Aufbau einer neuen Welt verwendet wird«,[65] wie es bei Hitler und Stalin der Fall war.

Als der Vietnam-Krieg zu Ende ging, stand das kambodschanische Volk vor der Aufgabe, wieder zu einer Gemeinschaft zusammenzuwachsen. Doch unter der Führung der Roten Khmer und Pol Pots wurde ein pathologischer Weg eingeschlagen, der das Land nicht nur physisch, sondern auch geistig vom Rest der Welt abschnitt. Die Kambodschaner verhielten sich, als würden sie von Ausländern verfolgt (vgl. Kap. 10). Auf nationaler Ebene ist dies ein bemerkenswertes Beispiel für die »Fight-Flight«-Dynamik. Zwar war Flucht das vorherrschende Verhalten, doch gab es auch kämpferische Züge. 15 Prozent der kambodschanischen Bevölkerung wurden von den Roten Khmer ermordet, um das Land von fremden Einflüssen zu »säubern«. Sie taten so, als würden westlich orientierte Kambodschaner – deren Verwestlichung manchmal in nichts anderem als dem Tragen einer Brille oder dem Besitz eines Führerscheins bestand – das ausgeprägt nationalistische und isolationistische Regime angreifen. Auch die »Dependency«-Dynamik war zu beobachten. Sie manifestierte sich in der schrankenlosen

Macht der »Angka«, einer anonymen Organisation, die vage für die Roten Khmer stand und »ohne Erklärung tötete«. Die Kambodschaner schienen in der »Angka« eine Gottheit zu sehen. Ebenso war die »Pairing«-Dynamik vorhanden: Die Vernichtung aller fremden Einflüsse sollte die Rückkehr zu einer idealisierten reinen Khmerkultur herbeiführen. Und schließlich schienen die Kambodschaner ein Tausendjähriges Reich erschaffen zu wollen. Obwohl alle vier Grundeinstellungen vorlagen, war doch das paranoide Fluchtverhalten in Kambodscha am stärksten ausgeprägt.
Der Angriff als eine der häufigsten Reaktionen auf Probleme ist uns aus der Geschichte nur allzu bekannt. Mussolinis Italien beispielsweise begann seinen Aufstieg zu nationaler Größe, wirtschaftlicher Entwicklung und internationalem Ansehen mit einer unverhohlenen Aggression, dem Abessinienfeldzug, und suchte aggressive Verbündete in diesem Kampf.
Dependency. Die vollständige Unterwerfung des ganzen Volkswillens unter einen einzigen Führer war das Kennzeichen des Volksrepublik China zu Zeiten Mao Tse-tungs und Nordkoreas unter der Führung von Kim Il Sung. Wenn wir die allgemeine Haltung des Volkes gegenüber charismatischen, den Personenkult zu gottgleichen Ehren steigernden Führerpersönlichkeiten beschreiben, wollen wir nicht behaupten, daß alle, die ihre sklavische Ergebenheit für Kim Il Sung demonstrierten, dies taten, weil allgemein Abhängigkeitsgefühle mobilisiert wurden. In totalitären Regimes kann man eine solche Haltung auch aus ängstlichem Opportunismus einnehmen. Mitte der neunziger Jahre wurde in Nordkorea auch die »Fight-Flight«-Dynamik kräftig gefördert.
Pairing. Der Glaube, die Gruppe oder die Nation sei auserkoren, einen Erlöser hervorzubringen oder das Tausendjährige Reich anbrechen zu lassen, ist in den Frühphasen der meisten Revolutionen verbreitet. In den ersten Tagen der iranischen Revolution, in den ersten zehn Jahren der Herrschaft Maos und zu Beginn der kubanischen Revolution erklärten die Revolutionsführer, nun würde eine neue, bessere Welt anbrechen.
Incohesion. Das war das Gefühl, das all diese Nationen und Bewe-

gungen beherrschte. Weil Nationen, Organisationen und Gruppen unbedingt den gefürchteten Zustand des Auseinanderfallens verhindern wollen, überlassen sie sich der Attraktivität der »Fight-Flight«-, »Dependency«- und »Pairing«-Haltung.

Der Eifer, der eine Nation in Zeiten einer sozialen oder religiösen Revolution beseelt, ergreift nahezu jeden, auch diejenigen, die unter ihr zu leiden haben oder sie zuvor bekämpften. Man beachte, daß große Revolutionen alle vier Grundhaltungen beinhalten. Wenn Gesellschaften ihre Integrationskraft verlieren, ist es häufig der Fall, daß chiliastische Bewegungen andere bekämpfen oder vor ihnen fliehen. An der Spitze solcher Bewegungen stehen oft Persönlichkeiten, die sich rühmen, ihr Volk zu schützen, »der Vater ihres Landes« zu sein, und die eine ruhmreiche Zukunft prophezeien. Ähnliche Verbindungen finden sich in gleichermaßen leidenschaftlichen, aber historisch weniger bedeutenden Organisationen. Die Tragödie der Anhänger des Jim Jones und der Davidianer des David Koresh, die im 8. Kapitel näher erörtert wird, zeichnete sich durch alle vier Grundhaltungen aus.

Es gewährt eine gewisse Befriedigung, einer Vereinigung gleichgesinnter Menschen anzugehören, die mit den Mächten des Guten gegen die Verschwörungen des Bösen kämpfen, ob es sich dabei nun um eine Gewerkschaft handelt, die die kapitalistischen Bonzen in die Knie zwingen möchte oder um eine kriegführende Nation. Die vor allem in Krisenzeiten akut werdende menschliche Neigung, sich als Glied einer sozialen Organisation paranoid zu gebärden, wird noch verstärkt, wenn an der Spitze der Vereinigung eine paranoide Persönlichkeit steht, die in der Organisation eine Möglichkeit sieht, ihre eigene paranoide Disposition auszuleben.

Die Angst vor Feinden mag biologische Wurzeln haben, doch wer zum Freund oder Feind erklärt wird, ist gesellschaftlich bedingt. Eine der wesentlichen Aufgaben der Sozialisation besteht darin, dem schutzlosen Kind beizubringen, was sicher und was gefährlich ist. Daraus entwickelt sich die emotionale Bindung an die eigene Gruppe und die Furcht vor Außenstehenden, was wiederum zum Fundament von Ethnozentrismus und Nationalismus wird.

Kapitel 4
Das Bedürfnis, Feinde zu haben: Nationalismus, Terrorismus und paranoide Massenbewegungen

Wieviel lichtlose Nacht herrscht doch in den Herzen der Menschen!

Ovid, *Metamorphosen*

Die menschliche Psyche neigt dazu, das Fremde zu fürchten und Trost und Zuflucht im Vertrauten zu finden. Die Fremdheit einiger Dinge und die beruhigende Vertrautheit anderer erhält, wenn das Kind erwachsen wird, eine politische Bedeutung. Die politische Paranoia bleibt nicht auf Individuen und Gruppen beschränkt, die im Stadium der paranoiden Haltung steckengeblieben sind. Niemand darf sich rühmen, von der paranoiden Dynamik ganz und gar frei zu sein. Es handelt sich um eine angeborene menschliche Neigung, und in Krisensituationen sind auch psychisch gesunde Individuen, Gruppen und Gesellschaften für den Reiz der Paranoia empfänglich. Wenn die paranoide Fähigkeit, den Haß zu projizieren, angefacht wird, wächst die »Fremdenfurcht« und die Angst vor dem anderen.

Die Furcht vor dem Fremden bildet neben der Projektion von Haß auf andere das psychologische Fundament für den Begriff des Feindes.[1] Die Kristallisation des gemeinsamen Aufgehobenseins im Vertrauten bildet das psychologische Fundament des Nationalismus. Die wichtigsten Bezugspersonen – Eltern, Lehrer, Gleichaltrige – sorgen dafür, daß das heranwachsende Kind »passende Objekte für die Projektion nach außen« findet. Sie lehren es, wen und was es zu fürchten hat. Eine solche auf ein Objekt gerichtete

Angst wird nicht nur durch unbekannte Menschen, sondern auch durch unbekannte Orte, Speisen und Laute ausgelöst. Die von den Kindern identifizierten gruppenspezifischen Projektionen schaffen ein Band zwischen ihnen.[2]
Vamik Volkan hat sowohl auf seine psychoanalytische Ausbildung als auch auf seine Lebensgeschichte zurückgegriffen, um zu veranschaulichen, wie dieser Prozeß abläuft, der eine Brücke von der Familie zur Nation und zur Ausbildung einer nationalen Identität schlägt.

> Obwohl Griechen und Türken jahrhundertelang, das heißt bis zur Teilung Zyperns [Volkans Geburtsort] im Jahr 1974, in enger Nachbarschaft lebten, beäugten und beäugen sie sich immer noch mit wechselseitigem Mißtrauen. Ein griechisches Kind lernt aus dem, was seine Mutter sagt und tut, daß die griechisch-orthodoxe Kirche ein guter Ort ist. Unbewußt versieht es sie mit allen seinen frei flottierenden positiven Aspekten und fühlt sich dort wohl. Aufgrund desselben, durch den Einfluß seiner Mutter angestoßenen Mechanismus meidet es die türkische Moschee und das Minarett, die es mit allen frei flottierenden negativen Aspekten versieht, seien es seine eigenen oder die wichtiger Bezugspersonen. Es fühlt sich in seiner Haut wohler, wenn es in der Nähe der Kirche spielt und sich von der Moschee fernhält. Zwar wird das Kind eine ganz persönliche, individuelle psychische Verfassung entwickeln, aber dennoch wird es sich den anderen Kindern in seiner Gruppe besonders verbunden fühlen, haben sie doch ein gemeinsames Objekt für ihre Projektionen, das sie in ihrer ethnischen, kulturellen und nationalen Identität bestärkt.[3]

Wenn die persönliche Identität festere Konturen annimmt, gehen Elemente der nationalen Identität in sie ein. Das Gefühl des Aufgehobenseins und der Zugehörigkeit erstreckt sich auch auf die Staatsfahne. Wer die Nation angreift oder ihre Fahne schmäht, be-

droht damit das Selbstverständnis einer Person. Das erklärt nicht zuletzt, warum das Verbrennen der Fahne beispielsweise in den Vereinigten Staaten den Volkszorn zum Kochen bringt. Vor allem wenn wir unter Druck stehen, klammern wir uns an die Symbole unserer nationalen, rassischen, ethnischen oder religiösen Identität, die Teil unseres Selbstverständnisses geworden sind. So tragen die im Gazastreifen lebenden Palästinenser einen Talisman, das kann ein Ring oder ein anderes Schmuckstück sein, der ihre ethnische Identität symbolisiert: »Wie auch die oft unter den Arabern gesungenen Lieder wird er nur von den Bezugsgruppe geteilt und hilft ihr durch das so geknüpfte magische (psychologische) Netz, den Gruppennarzißmus auch unter ungünstigen Bedingungen aufrechtzuerhalten und die Selbstachtung der einzelnen Araber zu stärken. Für einen Palästinenser im Gazastreifen reicht es nicht, sich seiner arabischen Identität bewußt zu sein, er muß um seiner Selbstachtung willen auch ihre sichtbaren Symbole tragen.«[4]
Wir erfahren Vertrautheit und den Umgang mit unseresgleichen als etwas Tröstliches. Doch um uns des Zusammenhalts der Gruppe – und unseres Selbst – zu vergewissern, müssen wir uns von Fremden unterscheiden. Fremde sind daher für den Prozeß der Selbstdefinition unerläßlich. Wer sagt: »Diese Dinge sind besonders gut und Teil meiner selbst«, sagt damit implizit: »Jene anderen Dinge sind besonders schlecht und nicht Teil meiner selbst, sondern Teil der anderen«. Weil es ohne Feinde keine Selbstdefinition gibt, ist der Feind in unserer Mitte unverzichtbar. Dieses Phänomen nennen wir den »vertrauten Feind«. Griechen und Türken haben, wie Volkan bemerkte, Jahrhunderte nebeneinander gelebt. Und dasselbe gilt für die Sikhs und Hindus in Indien, für Serben, Kroaten und Moslems in Bosnien, für Katholiken und Protestanten in Nordirland, für Araber und Juden in Israel (für letzere allerdings noch nicht so lange). Diese Gruppen sind füreinander gefürchtete, aber auch vertraute Fremde. Das Ziehen und Verteidigen von Demarkationslinien ist die Grundlage eines psychologisch, sozial und wirtschaftlich integrierten Systems, das Fremde ausschließt und die Kontinuität der Gruppe gewährleistet. Wir

projizieren auf Fremde, was wir in uns verleugnen. Wir hören dort auf, wo sie anfangen.[5]
Aus diesem Grund sind Ehen zwischen vertrauten Feinden immer verboten; das Verbot ist für die Aufrechterhaltung der psychologischen Grenzen wesentlich. Obwohl die Mitglieder der verschiedenen Gruppen oft miteinander Handel treiben, werden die Angehörigen der eigenen Gemeinschaft bevorzugt. Geht es gar um besonders sensible Geschäfte, um Partnerschaften und Kredite, die das größte Vertrauen erfordern, so wird man sie meistens innerhalb der eigenen Gemeinschaft abschließen. Die wichtigsten Ereignisse des Lebens, Riten, die das Ende oder den Anfang eines neuen Lebensabschnittes begleiten wie Taufe, Konfirmation, Ehe und Begräbnis, sind mit Gruppensymbolen befrachtet, und anderen Gruppen wird die Teilnahme meistens verweigert.
Festtage bieten besondere Gelegenheiten, die Solidarität der Gruppe herauszustreichen, und manchmal nehmen andere feindliche Gruppen sie zum Anlaß für eine rituelle Provokation. In Indien geschieht es häufig, daß Moslems eine Kuh vor einem Hindutempel schlachten, in dem eine besondere Zeremonie stattfindet, während Hindus an islamischen Feiertagen vor den Moscheen lärmende Musik machen und Schmährufe ausstoßen.
Die Situation spitzt sich zu, wenn es zwischen benachbarten Gruppen zu einem krassen sozioökonomischen Gefälle kommt. Die feindseligen Bekundungen an den Grenzen sind am heftigsten, wenn die eine Gruppe wohlhabend und die andere verelendet ist, so daß die eine Volksgruppe auf die andere mit Verachtung oder bitterem Neid herabblickt.
Je mehr sich der Fremde in unserer Mitte von uns unterscheidet, desto leichter lassen sich unsere Projektionen auf ihn abladen. Ein wichtiges Element in der Entwicklung der Gruppenidentität sind Symbole, welche das kollektive Anderssein der anderen zum Ausdruck bringen, Symbole, auf die sich der Haß projizieren läßt. Doch da das Projizierte eine Vorstellung des Selbst ist, muß es eine unbewußt anerkannte Verwandtschaft geben. Wir sind mit jenen verbunden, die wir hassen. Dennoch muß eine erkennbare Differenz

existieren, eine deutliche Kluft, die es uns problemlos erlaubt, zwischen »uns« und »denen da« zu unterscheiden. Ein »hinreichend guter Feind«[6] ist jemand, der uns als Reservoir für alle geleugneten Aspekte des Selbst zur Verfügung steht. Indem er die Projektionen der Gruppe auf sich zieht, erfüllt der Feind die wertvolle Funktion, die Gruppe nach innen zu stabilisieren. So wie das paranoide Wahnsystem Sinn zu schaffen vermag und Kitt für das individuelle, vom Zerfall bedrohte Ich sein kann, sorgt der Feind, vor allem in Krisenzeiten (vgl. Kap. 5), für den Zusammenhalt der sozialen Gruppe. Ironischerweise sind gerade jene Gruppen, von denen wir uns so vehement abgrenzen, auch diejenigen, mit denen wir am stärksten verbunden sind. Der Feind, den wir, ohne je daran zu zweifeln, für einen verachtenswerten »anderen« halten, ist mit unserem Seelenschutt übersät, den wir von uns geworfen haben.[7]

Feinde müssen gehegt, gepflegt und erhalten werden, denn wenn sie uns abhanden kommen, ist unsere Selbstdefinition in Gefahr. Aber dieser für die Identitätsfindung psychologisch notwendige Prozeß bringt die Welt hervor, die mit Gruppen unterschiedlich ausgeprägter Feindseligkeit, übertriebener Selbstwertschätzung und Furcht vor anderen bevölkert ist. Eine reife, integrierte Persönlichkeit lernt, daß das Objekt »Feind« höchstens ein Gegner oder ein abstoßendes Wesen ist, aber kein Objekt, das man hassen und vernichten muß. Doch für einige Menschen werden, besonders wenn sie unter Druck geraten, die bösen Objekte zu echten Feinden.

Sich böse andere zu erschaffen, ist ein unverzichtbarer Akt, um in der Kindheit eine klare Identität zu erwerben. Doch in dem Maße, wie die nationale Identität in die persönliche Identität eingeht, verfestigen sich tiefsitzende, die Kindheit transzendierende Gefühle in der sozialen Persönlichkeit. Sich Freunde und Feinde zu machen ist daher für das sozialpsychologische Wesen des Menschen unabdingbar.

Insbesondere in Krisenzeiten werden das Selbst und alle Objekte, mit denen es sich identifiziert, wie etwa die eigene Volksgruppe oder eine politische Partei, idealisiert, während andere Objekte, etwa historische Gegner der eigenen Volksgruppe oder andere politische Parteien, als gefährliche Verfolger betrachtet und verteufelt werden. Die Internalisierung der guten Kultursymbole könnte sich dann so äußern: »Ich muß gut sein, denn die Geschichte meines Volkes, die ein Teil von mir ist, ist gut, unsere Speisen sind köstlich, unsere Kirchen beeindruckend, unsere Architektur wunderschön.« Und umgekehrt kann man hören: »All die, die ich um mich herum sehe, vor allem jene, mit denen meine Gruppe gelebt hat, sind böse. Durch ihre Geschichte zieht sich wie ein roter Faden Betrug und Gewalt, ihre Küche ist ungenießbar, ihre Architektur häßlich« usw. Alles Schlechte sammelt sich draußen, alles Gute im Innern. Aus einer solchen rassischen, ethnischen oder religiösen Identifikation ist mitunter große Dichtung und Musik hervorgegangen. Auch hat sie Akte der Selbstaufopferung im Interesse der Gruppenmitglieder stimuliert. Doch bot die Identifikation mit der Gruppe stets auch einen fruchtbaren Boden für Krieg und Massaker. Der Stolz auf die Herkunft äußert sich oft in wutschnaubendem Narzißmus und politischem Wahn. Die Welt zerfällt in Freund und Feind, Gut und Böse, Ich und Nicht-Ich.

Für die meisten Menschen ist diese Aufspaltung nur ein kleiner Teil einer umfassenderen gesunden Persönlichkeit. Die Mutter, die gut genug ist, oder auch das Selbst, das gut genug ist, werden als Ganzes mit allen Fehlern akzeptiert. Den anderen zurückzuweisen heißt, unsere fehlerhaften Seiten zu verdrängen: »Der Antisemitismus der Christen und die antichristlichen Einstellungen der Juden stellen eine Abwehrhaltung dar, die beide daran hindern, ihr menschliches Potential voll zu entwickeln. Sie sind Symptome unserer Unvollkommenheit und unseres Ringens mit jener Hälfte, die wir zu einem so schrecklich hohen Preis zurückgewiesen haben. Nur wer ein Ganzes ist, kann die Ganzheit, ja, die Andersartigkeit der anderen zulassen ... Für Juden und Christen lautet die schicksalhafte Frage, ob wir weiterhin an unseren ehrwürdigen Pseudoidentitäten festhalten wollen, indem wir parasitär von den projizierten und verkörperten Identitäten anderer leben.«[8]

Diese angeborene Neigung, die eigene Gruppe zu idealisieren und die andere Gruppe zu verteufeln, wird man nie ganz ausrotten können. Die Keime dieser eher primitiven Psychologie sind in jeder Persönlichkeit angelegt und in Krisenzeiten leicht zu aktivieren. Ansonsten psychisch gesunde Menschen lassen sich durch paranoides Denken anstecken, wenn die Gruppe, mit der sie sich identifizieren, angegriffen wird, wenn sie wirtschaftliche Rückschläge einstecken muß oder wenn sie von Epidemien oder Naturkatastrophen wie Erdbeben heimgesucht wird.

Denken wir daran, daß das vom Paranoiker geschaffene Bild des Feindes oft eine Projektion seiner eigenen Gefühle ist, ein Spiegelbild seiner selbst. Der Paranoiker sieht in seinen Handlungen lediglich Reaktionen, die von seinem Feind provoziert wurden. Wenn er glaubt, der Feind streue durch seine Schriften Sand in die Augen, wird er sich einer detaillierten und ausgefeilten Pseudogelehrsamkeit bedienen. Verschwörung wird mit Verschwörung, Organisation mit Organisation bekämpft werden. Die Motive, Ängste, Befürchtungen und Wünsche des Paranoikers werden einem phantasierten Gegner zugeschrieben werden. Die Beziehung zum Feind beginnt daher in Phantasien und Projektionen, doch sobald der Gegner sich genötigt sieht, darauf zu reagieren, wird aus der Phantasie Wirklichkeit. Dieser Mechanismus trägt zur Psychologie kriegführender Nationen bei: Jede Nation projiziert ihre bösen Objekte und ihre aggressiven Triebe auf den Feind.[9] Jede Nation idealisiert die eigene Seite und hält ihre Aggression für eine Reaktion auf den bösen Feind.

Die Suche nach Gruppenidentität führt häufig zum Ausbruch der paranoiden »Fight-Flight«-Dynamik. Beispielsweise kann eine Institution, die es sich zur Aufgabe gemacht hat, die kulturellen Traditionen der Gruppe zu wahren, paranoid werden. Das war auch der Fall bei den deutsch-amerikanischen Bundisten in der Zeit kurz vor dem Zweiten Weltkrieg. Mitglieder des Bundes, einer Organisation, deren Hauptziel es war, die kulturellen Bande zwischen Deutschen und Amerikanern enger zu knüpfen, fühlten sich immer mehr isoliert und von der Gesellschaft in die Defensive gedrängt. Schließlich wurden die Bundisten tatsächlich zum Einfallstor für Nazipropaganda in Amerika. Spielten sie von Anfang an den Nationalsozialisten in die Hände, wie die übrige Gesellschaft fürchtete, oder war es nicht so, daß die Furcht vor dem anderen in dieser Zeit innerer Konflikte aufgerüttelt, eine nationalistische Haltung geschürt, die paranoide »Fight-Flight«-Dynamik in Gang gesetzt und so eine sich selbst erfüllende Prophezeiung geschaffen wurde?

Der paradoxe Trost, einer paranoiden Gruppe anzugehören

Als Menschen brauchen wir eine Privatsphäre und fühlen uns unwohl, wenn Fremde uns zu nahe treten. Das gilt vor allem für den Paranoiker, der vom Argwohn geplagt wird. Der Paranoiker neigt zum Einzelgängerdasein, neigt dazu, sich von allen Vereinigungen fernzuhalten. Doch Paranoiker finden Trost darin, sich gegen den Feind zusammenzuschließen. Arm in Arm mit Menschen, die ihnen zuvor fremd waren, sind sie nun Teil eines Kollektivs.
In einem solchen Kollektiv und ohne das wachsame Auge einer äußeren Autorität geben Individuen dem Wunsch, zuzuschlagen, um ihren Frustrationen Luft zu machen, leichter nach. Die Verantwortung des einzelnen wird durch das Kollektiv aufgehoben. Eine wichtige Aufgabe für den paranoiden Anführer besteht darin, eine geeignete Zielscheibe für die Frustration und die Wut zu liefern.
Schwillt die Gruppe zu einer Massenbewegung an, wischt ihr kollektiver Glaube den Widerstand des einzelnen kurzerhand beiseite. Die Realitätsüberprüfung ihrer Mitglieder wird nicht nur fehlerhaft, auch die normale Hemmschwelle für die Äußerung individueller Haßgefühle und Aggression ist herabgesetzt, denn Masse und Anonymität bieten Sicherheit. Wir verschmelzen zu einem Mob, und jeder einzelne verzichtet auf sein persönliches Urteil. In der Gruppe sind alle gleich. Es hat den Anschein, als hätte die Gruppe einen eigenen Verstand. Der einzelne wird von ihrer Gewalt mitgerissen, unfähig dieser gewaltigen Welle zu widerstehen.[10] Elias Canetti vergleicht die Dynamik der Masse mit einer Flut oder einem

immer heftiger werdenden Feuer, das alles auf seinem Weg zerstört. Das ist die Kraft urzeitlicher Gewalt.[11]

Die absolute Gewißheit, mit der ein paranoider Anführer seinen projizierten Haß ausstrahlt, ist für seine Anhänger, die ihren Halt verloren haben, mitreißend. Der feste Glaube an die eigene Aufrichtigkeit ist für die Aufrechterhaltung der Selbstachtung und der psychischen Integrität notwendig.[12] Einen Irrtum einzuräumen hieße, einen persönlichen Makel anzuerkennen, was der ohnehin schon angeschlagenen Selbstachtung des Paranoikers einen neuen Schlag versetzen würde. Die Gewißheit des paranoiden Anführers zu erschüttern würde die Verbindung zwischen ihm und seiner Gefolgschaft zerreißen. Denn gerade weil er im Besitz der Wahrheit zu sein scheint, vermag der paranoide Führer eine Versammlung frustrierter und wütender Individuen durch seine Rhetorik zu entflammen, sie in Erregung zu versetzen und ihre aggressive Energie auf den Feind da draußen zu konzentrieren. So wird aus einer Schar unabhängiger Individuen eine machtvolle soziale Bewegung. Das Gefühl, eins mit der Masse zu sein, ist überwältigend, doch ebenso mächtig ist das Gefühl von Argwohn und Verfolgung gegenüber jenen, die nicht dazugehören, von denen man glaubt, sie seien darauf aus, die Masse zu vernichten. Wer das Glaubensbekenntnis nicht unterschreibt, rüttelt an den Fundamenten der Masse. Mitglieder, die den verbindenden Glauben der Bewegung in Frage stellen, sind eine noch größere Bedrohung. Skepsis ist Verrat, und das Mitglied, das nicht aufhört, Zweifel anzumelden, wird schon bald ein Außenseiter sein. Die Verfolgungswut richtet sich dann sowohl auf den »Angriff« von außen wie gegen die »Verschwörung« im Innern. Wie eine belagerte Stadt muß die Bewegung ihre Mauern gegen den äußeren Feind verstärken und nach den inneren Feinden suchen.[13] Der wahre Glaube duldet weder Fragen noch Zweifel.

Wie erregend es sein kann, Teil der protestierenden Masse zu werden, kommt in den autobiographischen Erinnerungen des ägyptischen Revolutionsführers Gamal Abdel Nasser sehr schön zum Ausdruck. Nasser erinnert sich daran, als Jugendlicher miterlebt zu haben, wie sich Demonstranten durch die Straße vor seinem Elternhaus vorwärtsschoben. Er schloß sich ihnen an und wurde von der Menschenmenge mitgerissen. Später schreibt er: »Ich wußte nicht, wogegen sie protestierten, aber ich wußte, daß dies das Leben war, das ich mir wünschte.«[14]

Gesellschaftlich isolierte, ihrer Umwelt entfremdete Individuen fühlen sich besonders schnell zu Massenbewegungen hingezogen. Auf der Flucht vor der Vereinsamung erfahren solche Menschen »einen Hunger nach Verschmelzung«. Sich ganz und gar dem Führer zu unterwerfen, sein Selbst im Dienst für die Bewegung zu opfern, darum geht es ihnen. Die Tatsache, einer Massenbewegung anzugehören, ist wichtiger als das Ethos der Bewegung. Der Grund ist *nicht* die Sache. Die erklärte Sache der Bewegung ist die logische Grundlage für den Beitritt, doch das eigentliche Motiv ist das Bedürfnis dazuzugehören.

Das frustrierte, entfremdete Individuum, das sich einer Massenbewegung anschließt, steht nicht mehr allein da, es hat sein Selbstbild bereichert, seine Ziellosigkeit durch die Sendung ersetzt. Auf diese Weise ordnet das Individuum seine Individualität der Massenbewegung unter. In seiner Auflehnung gegen die Autorität unterwirft es sich der Autorität der Bewegung und ihres Führers. Scheinbar auf der Suche nach Freiheit, begibt sich das Individuum, um es mit Erich Fromms Worten zu sagen, auf die »Flucht vor der Freiheit«.[15] Eric Hoffer zitiert einen jungen Nazi, der in sein Loyalitätsbekenntnis zu Hitler einfließen läßt, er habe sich der Bewegung angeschlossen, um »der Freiheit ledig zu sein«.[16]

Die Bewegung ermöglicht eine Flucht vor der Verantwortung, die es dem anonym in der Masse aufgegangenen Individuum erlaubt, seiner Wut und Frustration freien Lauf zu lassen. Daß die Nationalsozialisten in den Nürnberger Prozessen jede Verantwortung für ihre Taten von sich wiesen, zeigt – sieht man einmal vom Aspekt des Selbstschutzes ab –, daß sie sich der NSDAP angeschlossen hatten, um ihrer Verantwortung zu entfliehen, und daß sie ihre Individualität gegen das kollektive Selbst der Hitleranhänger ausgetauscht haben. Gesellschaften unterscheiden sich hinsichtlich ihrer Bereitschaft, ihre Autonomie aufzugeben und sich der Autorität zu beugen. In stark individualistischen Gesellschaften wird der autoritäre, absoluten Gehorsam fordernde Führer nicht so leichtes Spiel haben. Andere Gesellschaften haben jedoch eine lange Geschichte passiver Unterwerfung unter die Autorität. Ein prominentes Beispiel ist Rußland. Obwohl die Russen sich gegen die Despotie der Zaren auflehnten, nahmen sie die autoritäre Führungsposition der Bolschewiki ohne großen Widerstand hin.

Indem er die Bewegung mit einem Schutzschild versorgt, ermöglicht der Führer es den Mitgliedern, ihre Frustration und Wut, durch keinerlei Gewissensbisse gehemmt, auszutoben. »Wenn der Führer sagt, genau das müsse man tun, und andere tun es, dann muß es doch richtig sein«, räsonieren seine Gefolgsleute. Normalerweise repräsentiert das Gewissen des Individuums die internalisierten Regeln und Verbote der Eltern und anderer wichtiger Bezugspersonen. In einer Massenbewegung hingegen bildet sich in dem Maße, wie die Prinzipien des Führers und der Bewegung diejenigen des Individuums ersetzen, ein Gruppengeist aus. Wenn die Gefolgschaft des Führers gemeinsam aufmarschiert, Denkmäler errichtet und Sündenböcke schafft, stärkt diese gemeinsame Aktion die Bande zwischen den Mitgliedern.

Der Führer kann keine unangefochtene Autorität über seine Gruppe ausüben, wenn seine Anhänger noch andere Verbindungen pflegen. Familienbande stellen für die Macht der Gruppe eine Bedrohung dar. Abgeschottete religiöse Sekten versuchen daher, die Bande zwischen den neuen Proselyten und ihren Familien und Freunden durchzutrennen.[17] Jim Jones und David Koresh waren systematisch bestrebt, die Gefühlsbande zwischen Ehemännern und Ehefrauen, Eltern und Kindern zu zerstören, um sich der uneingeschränkten Treue ihrer Anhänger sicher sein zu können (vgl. Kap. 5). In der frühen Sowjetunion und während Chinas Kulturrevolution wurden Jugendliche belohnt und belobigt, wenn sie ihre Familien verrieten, denn die Loyalität zur Familie erschwerte das Unterfangen, den neuen kommunistischen Menschen zu formen.

Selbst Jesus war sich schon dieses revolutionären Prinzips bewußt: »Denn ich bin gekommen, einen Menschen zu entzweien mit seinem Vater, die Tochter mit ihrer Mutter und die Schwiegertochter mit ihrer Schwiegermutter, und des Menschen Feinde werden seine Hausgenossen sein. Wer Vater und Mutter mehr liebt als mich, ist meiner nicht wert, und wer Sohn oder Tochter mehr liebt als mich, ist meiner nicht wert.« (Matthäus 10, 35–37)
Das mit seinem Leben und der Gesellschaft zufriedene Individuum denkt nicht daran, sich von der Familie und den Institutionen seines Staates loszusagen, um einem Führer zu folgen, der der Gesellschaft den Krieg erklärt. Zwar werden selbst in funktionierenden Gesellschaften einige entfremdete Individuen Zuflucht bei paranoiden Gruppen suchen, paranoide Massenbewegungen entstehen allerdings nur in zerfallenden Gesellschaften. In solchen Gesellschaften werden normalerweise selbständige und psychisch gesunde Individuen die Ränge der Entfremdeten und psychisch Unzufriedenen füllen. Den Kern der Massenbewegung bilden jedoch die vielen, die nicht mit sich in Frieden leben. Unter der Oberfläche des Unmuts über die Gesellschaft liegt die Unzufriedenheit mit dem eigenen Ungenügen. Und der paranoide Führer singt diesen mit sich Unzufriedenen eine verlockende Weise vor: »Nicht ihr, sondern die anderen sind das Problem. Füllt unsere Reihen und bekämpft sie.« Sollte es noch irgendwelche Zweifel geben, wird die schiere Masse der Bewegung sie bald beseitigen.
Der Führer, der seiner bedrängten Gruppe einen Feind bieten kann, erfüllt eine sinnstiftende Funktion.[18] Indem er den anderen eine machtvolle Verschwörung unterstellt, tröstet er seine Anhänger über ihr Ohnmachtsbewußtsein hinweg, wenn auch um den Preis des Realitätsverlustes. Während der Gruppentherapeut seinen Patienten hilft, die Verantwortung für ihr Leben zu akzeptieren und sich der Realität zu stellen, schlüpft der paranoide Führer, indem er den Ängsten der Gruppe vor einem Feind Gestalt gibt, in die Rolle eines dämonischen Gruppentherapeuten. Es ist, als sagte der Therapeut zu seinem paranoid-schizoiden Patienten: »Sie werden wirklich verfolgt. Ich werde Ihnen helfen, indem ich Ihnen ihre

Verfolger nenne und Ihnen sage, wer Ihre wirklichen Freunde sind, Menschen, die von denselben Verfolgern gepeinigt werden. Zusammen können Sie und Ihre echten Freunde die Verfolger bekämpfen, und Sie können sich gegenseitig versichern, daß Sie alle rechtschaffene Leute sind. Dadurch werden Sie gewahr werden, daß die Quelle der Aggression und des Bösen tatsächlich in der Außenwelt zu suchen ist. Und Sie glaubten gewiß, es sei alles nur in Ihrem Kopf!«[19]

Zudem verstärkt die Gruppe, wenn sie das Realitätskonstrukt des Führers für wahr hält, dessen Einfluß, was den Realitätssinn des Individuums weiter schwächt und seine Zweifel durch die Bereitstellung eines »objektiven« äußeren Gegenstands für seine Befürchtungen wegwischt.

Zwar mag der einzelne noch nicht so recht an die Verschwörungstheorie glauben, doch wenn die Gruppe auf die Existenz des Feindes schwört, lösen sich seine Zweifel auf. Die Projektion von Selbstvorwürfen ist eine zentrale Dynamik der Paranoia, eine Dynamik, die der geschickt projizierende Führer leicht in Gang zu setzen weiß. Nichts schmiedet eine bunt zusammengewürfelte Gruppe besser zusammen als Haß. Man kann die Projektion der Schuld nicht anstoßen, ohne ein klares Feindbild zu haben, und der begabte Demagoge versteht sich deshalb darauf, einen Feind zu schaffen. In seinem *Katechismus eines Revolutionärs* erkennt Sergej Netschajew, wie nützlich ein Feind ist, um Haß zu schüren.[20] Er stellt eine Rangliste besonders hassenswerter Gegner auf, warnt aber die Revolutionäre davor, die größten Scheusale zu früh zu vernichten, denn der Haß, den sie auf sich ziehen, kann sich bei der Organisation eines Volksaufstandes als nützlich erweisen.

Hitlers konzentrierter Haß auf seine Feinde war keineswegs ungezügelt, er spiegelte eine durchdachte Strategie. Für Hitler zeigte sich das Genie eines großen Führers darin, in seinen Anhängern Haß auf eine solche Weise zu mobilisieren, daß offenbar ganz verschiedene Gegner »in dieselbe Klasse zu fallen scheinen«. Das alles in sich vereinende Übel war in seiner wahnhaften Weltsicht natürlich der Jude: »Hinter England steht Israel und auch hinter

Frankreich und hinter den Vereinigten Staaten ... Man kann die großartige Eignung des Juden als Feind gar nicht überschätzen.«[21] In den Anfängen der Bewegung gefragt, wie sich die Nationalsozialisten zur Vernichtung der Juden verhielten, antwortete Hitler, gleichsam als Schüler Netschajews: »Nein ... wir müßten ihn dann erfinden. Man braucht einen handgreiflichen Feind, nicht nur einen abstrakten.« Ein Mitglied einer japanischen Delegation, die sich über Hitlers Bewegung unterrichten wollte, fand sie »großartig« und setzte hinzu: »Ich wollte, wir könnten etwas Ähnliches in Japan auf die Beine stellen. Aber das können wir nicht, wir haben keine Juden.«[22]

So manifestiert sich die paranoide Dynamik in der Massenbewegung. Der innere Peiniger des verwundeten Selbst wird auf den äußeren Feind verlagert, der zu vernichten ist. Die innere Schreckensinstanz ist grenzenlos, während der äußere Feind endlich ist.[23] So wie sich das bedrohte Individuum zum Herrn seiner Ängste macht und nun seinerseits zu einem Bedroher wird, vereinigt sich die bedrohte Gruppe gegen die (angeblichen) äußeren Feinde und greift sie an. Man muß jedoch betonen, daß die paranoide Dynamik zwar in der Mobilisation einer Massenbewegung zum Ausdruck kommen kann, daß es aber für eine kriegführende Nation kein Zeichen von Paranoia ist, den Feind zu fürchten. Der Feind ist ebenso real wie die von ihm ausgehende Gefahr.

Der paranoide Reiz, zunächst nur eine Phantasie, kann mithin real werden. Wie der einzelne Paranoiker sich echte Feinde schafft, so schaffen sich Gruppen und sogar Nationen die ihrigen im Krieg. Wenn die paranoide Gruppe erkennt, daß sie sich mit der übrigen Gesellschaft im Krieg befindet, wie es bei religiösen Sekten oder terroristischen Organisationen der Fall ist, wird der Wahn Wirklichkeit. Sie *sind* da draußen, es *ist* wahr, es ist ein Kampf *wir gegen sie*, und es stimmt, daß sie uns vernichten werden, wenn wir sie nicht erfolgreich angreifen. Sind kollektive Gefühle der Vereinzelung und Vereinsamung der Anreiz für den Anschluß an eine Massenbewegung, so sorgt das Ausbrechen des Krieges dafür, daß das entfremdete Selbst in ein zusammenhängendes Ganzes eingebunden wird. Für alle kriegführenden Parteien steht fest, daß das Recht auf ihrer Seite ist, daß sie sich nur defensiv verhalten, ja, daß der äußere Feind sie zum Krieg zwingt.

Täuschung, Verschmelzung und Opferbereitschaft

Ohne Selbsttäuschung wird es dem Selbst nicht gelingen, vor sich zu fliehen und sich einer transzendierenden Bewegung anzuschließen. Der Führer dieser Bewegung ködert es, indem er die Gegenwart in den schwärzesten Farben malt und eine glänzende Zukunft verspricht. Er verleiht der Bewegung eine quasireligiöse Bedeutung, so daß es zu einer heiligen Sache wird, ihr beizutreten und mit ihr zu kämpfen. Die Teilnehmer ergreift ein religiöses Fieber, das Selbstaufopferung leicht macht. Die Wertlosigkeit der Gegenwart und die Belohnungen der Zukunft sind machtvolle Motive für unzufriedene Seelen, der Bewegung beizutreten. Der Preis dafür mag allerdings Anonymität sein, die Verwandlung in ein namenloses, selbstloses Teilchen in der Masse. Für viele ist das kein hoher Preis, sondern eher eine Wohltat. Das Individuum, das psychologisch reif dafür ist, dem paranoiden Führer in den Schoß zu fallen, fühlt sich verstümmelt und sehnt sich danach, mit einem Größeren zu verschmelzen.

Doch ganz so leicht wird niemand sein Leben aufgeben, gleichgültig wie elend das alltägliche Dasein ist. Wie läßt sich dann die charakteristische Bereitschaft der Anhänger, ja ihr Eifer erklären, sich für die Sache zu opfern? Sie haben ihre Individualität an das Wohl des Kollektivs abgetreten, von dem sie nun ein organischer Teil sind. Was also dem Ganzen dient, dient auch ihnen, und wenn sie dem Ganzen nutzen, indem sie sich aufopfern, so geschieht dies um ihres kollektiven Wohls willen.

Die wichtigsten Kennzeichen des Anhängers sind seine Verachtung der Gegenwart und sein blessiertes Selbst, das bereit ist, zu hassen, nachzuahmen, unkritisch zu glauben und das Unmögliche zu versuchen.[24] Es besteht demnach eine enge Verbindung zwischen der Bereitwilligkeit, sich selbst zu opfern, und der Neigung, an Massenaktionen teilzunehmen. Der Rolle und dem Genie des Führers ist es vorbehalten, die Unzufriedenen mit dem Geist der Aufopferung für das allgemeine Wohl zu erfüllen. Welche Tat könnte selbstloser sein als die, sein Leben für die Sache zu geben. Gibt es eine größere Selbstverleugnung?

Die Ideologie, sei sie religiös oder politisch ausgerichtet, ist für die Anhänger von großer Bedeutung. Doch sind es weder die Worte noch die Ideen, die überzeugen. Sie liefern lediglich einen Grund für die Anhänger, die sich nach einer Berufung sehnen, nach der Zugehörigkeit zu einer Gruppe oder nach einem Führer, dem sie folgen können, um sich selbst zu entfliehen. Das in einem Kollektiv und einer Sache aufgehende Individuum ist ungleich eher bereit, ein Risiko einzugehen, als das verzweifelte und isolierte Individuum. Hoffer kolportiert als Beleg dafür das Erstaunen der britischen Militärverwaltung in Palästina über den Widerstand der Juden: »Da es Hitler gelungen war, sechs Millionen Juden zu vernichten, ohne auf ernsthaften Widerstand zu stoßen, glaubten wir, es könne nicht schwer sein, mit 600 000 Juden in Palästina fertig zu werden. Aber es stellte sich heraus, daß die Juden in Palästina starke Gegner waren: Sie waren verwegen, entschlossen und einfallsreich. Der Jude in Europa stand seinen Feinden allein gegenüber, als isoliertes Individuum, als winziges Pünktchen in einem unendlichen Nichts. Der jüdische Siedler in Palästina fühlte sich hingegen nicht wie ein menschliches Atom, sondern begriff sich als Mitglied einer ewigen Rasse, mit einer unsterblichen Vergangenheit und einer herrlichen Zukunft.«[25]

Die abstoßende Gegenwart wird zum Sprungbrett für eine wunderbare Zukunft, in der einige Gruppen die Rückkehr zu einer idealisierten Vergangenheit sehen. Dies ist nicht nur die Botschaft aller fundamentalistischen Religionen, sondern auch ein wesentlicher Teil der Anziehungskraft säkularer, nationalsozialistischer Ideologien. Wie der Führer verkündet, ist an der gegenwärtigen elenden Situation nur der Abfall vom wahren Glauben, von der Tradition schuld. Nur durch die Rückkehr zu den wahren Prinzipien läßt sich die glorreiche Vergangenheit zu neuem Leben erwecken und den Anhängern des wahren Glaubens eine Zukunft geben.

Der wahre Gläubige hat keine Zweifel

Weil das Bekenntnis zum wahren Glauben, sei es der Islam oder der Marxismus, für jeden in der Bewegung obligatorisch ist, hat der wahre Gläubige alle Zweifel auszumerzen und alle Hinweise zu leugnen, die seinem Glauben widersprechen. Der wahre Gläubige als Mitglied einer Gruppe muß psychologisch ähnlich ausgestattet sein wie das paranoide Individuum. Da er die religiösen oder politischen Glaubenssätze verinnerlicht hat, sucht er nur nach ihrer Bestätigung und bestreitet alles, was sie zu widerlegen droht. Wenn Argwohn die wichtigste Voraussetzung des Paranoikers ist, dann ist Mißtrauen gegenüber allen Außenstehenden das zentrale Merkmal jeder fanatischen Bewegung. Zweifel und Zweifler bedrohen die Hingabe an die Sache, die eine unkritische Loyalität gegenüber der Bewegung und ihrem Führer verlangt. Innerhalb der Gruppe muß das Denken gleichgeschaltet sein. Denn wenn Zweifel nicht ausgeräumt werden und wachsen, ist es um die Einheit der Bewegung geschehen. Zu zweifeln heißt, einen Standpunkt außerhalb der Gruppe einzunehmen und sie von dort zu beurteilen; die Fähigkeit zu zweifeln setzt Selbstbewußtsein voraus. Für Fragen stellende, selbstsichere Individuen ist kein Platz in einer fanatischen Bewegung, denn der Zweifel ist der Feind der bedingungslosen Hingabe. Wenn die Gruppe über eine Stärke verfügt, dann ist es ihre Starrheit, die keine Fragen und keine Herausforderung zuläßt – nur so erklärt sich, warum die Grenzen zwischen der Gruppe und der Außenwelt so mißtrauisch bewacht werden. Zweifel dagegen nagen am Band zwischen Individuum und Kollektiv. Sie sind wie ein Krebsgeschwür, das, wenn nötig mit Gewalt, herausgeschnitten werden muß. Blinder Glauben beruht auf Unsicherheit, und je größer der Selbstzweifel ist, um so mächtiger ist die Leidenschaft des wahren Gläubigen.

Wenn es keine Zweideutigkeiten im Bewußtsein des wahren Gläubigen geben darf, so darf auch die Lehre, der er sich verschworen hat, keine Risse aufweisen. Die Gewißheit der Lehre macht ihren Reiz aus. Ihre Dogmen sind wie ein äußeres Korsett, das der Gruppe Festigkeit gibt, und deshalb gerät sie in Wut, wenn sie in Frage gestellt werden. Als Salman Rushdie seinen Roman *Die satanischen Verse* veröffentlichte, griff er vom Standpunkt der fundamentalistischen islamischen Kleriker das einigende Glaubensbekenntnis der wahren Gläubigen an. Als Anwort darauf erließ Irans Ayatollah Khomeini eine *Fatwah,* die Salman Rushdie zum Tode verurteilte. Freie Meinungsäußerung, die immer die Möglichkeit in sich birgt, Zweifel in den wahren Gläubigen zu erwecken, ist für eine Führung, die die Gesellschaft ideologisch umkrempeln möchte, das reinste Gift.

Intellektuelle Argumente sind belanglos. Der wahre Glaube ist keine Sache der Vernunft. Blaise Pascal sagt: »Es ist das Herz, nicht die Vernunft, die von Gott weiß« – ein Grundsatz, den auch Rudolf Hess vertrat, als er 1934 die ganze NSDAP darauf einschwor. Er ermahnte das Publikum: »Sucht Hitler nicht mit eurem Hirn, ihr werdet ihn nur mit der Kraft eurer Herzen finden.«[26]

Traumatisierte Gruppen und die Dynamik des Terrorismus

Wie geschickt der Führer auch sein mag, er wird nie eine glühende, einheitliche Bewegung um sich sammeln können, wenn nicht bereits eine spürbare Unzufriedenheit herrscht. Die Zeit muß reif sein, die Gefühle müssen kochen. Natürlich gehört es zu den entscheidenden Fähigkeiten des Führers, eine Streitfrage »reif werden zu lassen«.[27] Wenn sich ein Bodensatz von Unzufriedenheit bereits bemerkbar macht, kann eine traumatisierte Gruppe einen starken »Saugeffekt« ausüben, das heißt, sie kann einen Führer dazu verleiten, sich paranoid oder als sorgende Vaterfigur zu gebärden. Die beiden Haltungen, Paranoia und Fürsorge, bilden keinen Gegensatz, denn man kann für eine Gruppe sorgen, indem man sie gegen einen Feind beschützt. Die mitreißende Gewalt paranoider Ängste, irrationaler Abhängigkeit, selbstgerechter Aggression und unrealistischer Hoffnungen auf ein goldenes Zeitalter manifestiert sich in extremer Form bei terroristischen Gruppen.

Entkleidet man sie ihrer nationalen Besonderheiten, zeigt sich, daß die terroristische Rhetorik erstaunlich einförmig ist. Immer geht es darum, daß »wir gegen die da« sind: »Wir«, die Terroristen, kämpfen gegen »die da«, das korrupte Establishment, für die von uns erklärte gerechte Sache. Terroristen werden stets behaupten, eine bessere Gesellschaft entstehe erst, wenn das korrupte Establishment vernichtet sei.[28]

Innerhalb des Spektrums terroristischer Gruppen setzte sich diese Dynamik besonders heftig in sozialrevolutionären, von leninistisch-marxistischer Ideologie geleiteten Gruppen durch, wie die Rote-Armee-Fraktion in der Bundesrepublik, die Roten Brigaden in Italien und die Weathermen in den Vereinigten Staaten während der turbulenten siebziger Jahre so schön veranschaulichten. Obwohl es keine einheitliche terroristische Geistesverfassung gibt, fällt ein großer Teil der sozialrevolutionären Terroristen, vor allem in der Führung, unter die Kategorie »zornige Paranoiker«. Das Ethos der terroristischen Vereinigung ist für Individuen mit paranoider Persönlichkeit besonders anziehend.[29]

In ihren Köpfen liegen die Terroristen mit dem Establishment im Krieg, in einem »Phantasiekrieg«, der dann Wirklichkeit wird.[30] Die Terroristen, die sich selbst zur Avantgarde der Revolution ernannt haben, sehen im Establishment den Grund für alle gesellschaftlichen Probleme. Die terroristische Gruppe wird idealisiert und die Gesellschaft verteufelt. »Sie«, die herrschende Klasse, ist verantwortlich für »unsere« Probleme, so daß es zum moralischen Imperativ wird, sie zu vernichten. Das ist die verdrehte Psycho-Logik des sozialrevolutionären Terrorismus. In den Augen des Terroristen will die herrschende Klasse die revolutionäre, ihren

Bestand bedrohende Gruppe vernichten, und soziale Gerechtigkeit kann es erst geben, wenn die Herrschenden gestützt worden sind. Projektion und Größenwahn sind in der terroristischen Rhetorik und Aktion eng miteinander verwoben. Paranoides Fluchtverhalten – sie warten nur darauf, uns in die Hände zu bekommen – und paranoide Aggression – wir müssen sie beseitigen – dominieren. Es ist nicht irrational, daß die Gruppe glaubt, »die Gesellschaft will uns in die Hände bekommen«. Diese sich selbst erfüllende Prophezeiung ist für die paranoide Dynamik charakteristisch. Wenn die Gruppe ihren Kampf gegen das Establishment aufnimmt – Richter tötet, Bomben in Regierungsgebäude legt –, dann wird die Gesellschaft zurückschlagen, und der Krieg, der vorher nur in der Phantasie bestand, wird wirklich werden. Dies bestärkt wiederum die »Wir gegen die da«-Mentalität, bringt mögliche Meinungsverschiedenheiten in der Gruppe zum Schweigen und führt zu größerer Solidarität. Ein Mitglied der Roten-Armee-Fraktion sagte: »Die Gruppe wurde durch den Druck der Polizeihetze zusammengeschweißt, die Illegalität zwang uns in der gemeinsamen Bedrohung zur Solidarität.«[31] Ein anderer ging gar so weit, im äußeren Druck »das einzige die Gruppe aneinanderfesselnde Band« zu sehen.[32] Obwohl es, wie schon gesagt, nicht die terroristische Geistesverfassung gibt, haben viele, die sich zum Terrorismus und seiner projizierenden Rhetorik hingezogen fühlen, eine paranoide Veranlagung. Gibt ein zorniger paranoider Führer, der diese Rhetorik gut beherrscht, die Direktiven aus, kann die Gruppe eine paranoide Färbung annehmen. Schließlich ist es ein Trost, ein äußeres Ziel für seine Frustrationen zu haben. Eine umfassende Studie zu westdeutschen Terroristen enthüllte, daß ein Viertel von ihnen im Alter von 14 Jahren beide Eltern oder einen Elternteil verloren hatte, ein beträchtlicher Prozentsatz Jugendstrafen verbüßt hatte und viele erhebliche Schwierigkeiten in der Schule oder am Arbeitsplatz hatten.[33] Für einen Arbeitslosen, einen von seiner Familie getrennten Einzelgänger oder einen Schulabbrecher ist es tröstlich zu hören: »Es liegt nicht an dir. Es ist nicht dein Fehler. Du bist nicht dafür verantwortlich, daß die Din-

ge für dich so schlecht stehen. Es liegt an ihnen, an der herrschenden Klasse. Sie sind für dein Elend verantwortlich.«
Mit dieser Psycho-Logik wird es moralisch erlaubt, ja geboten, jene zu vernichten, die als Repräsentanten des Establishments gelten, denn sie sind die Ursache für alle gesellschaftlichen und persönlichen Nöte.[34] Der terroristische Anführer hat mit seiner verabsolutierten paranoiden Weltsicht einen äußeren Grund für die Probleme seiner Anhänger angeboten. Mit seinem Sirenengesang »Nicht wir, sondern sie sind es, denn sie sind für unsere Schwierigkeiten verantwortlich« hat er eine Erklärung für deren sinnentleertes, verpfuschtes Leben gegeben.

Der Feind als legitimiertes Aggressionsobjekt

Eine bedrohte soziale Identität erzeugt Frustration und eine schwebende Bereitschaft zur Aggression. In der iranischen Revolution beispielsweise lenkte Ayatollah Khomeini die Frustration und Aggression einer unter sozialem und kulturellem Identitätsverlust leidenden Bevölkerung geschickt auf einen spezifischen Feind: zunächst auf den Schah von Persien und dann auf den »Großen Satan« Vereinigte Staaten.
Doch die Konsolidierung der Identität, indem die Aggression auf »die da« gerichtet wird, ist nur zu einem tödlichen Preis zu haben. Eine Folge der Definition der eigenen Gruppe als »nicht die da« ist es, jeden Verantwortungssinn für »die da« zu unterdrücken. Indem wir uns, anders gesagt, darüber definieren, wer wir nicht sind, sagen wir uns psychologisch von jeder mitfühlenden Verbindung mit dem Feind los. Sie sind nicht wir. Unseresgleichen gegenüber können wir barmherzig und mitleidig sein, während wir zu den anderen grausam und aggressiv sind. Der Sinn für Verantwortung und menschliches Verhalten ist für unseresgleichen reserviert. Im Extremfall gipfelt diese Neigung in der Entmenschlichung des Feindes, in der Propaganda, daß der Feind ein Untermensch sei, einer anderen Spezies angehöre. Erik Erikson nennt dieses Vorgehen das Postulieren einer »Pseudospezies«.[35] Es erklärt den scheinbaren Widerspruch in der Gruppe, die einerseits Mitgefühl

und Liebe für die Menschheit auf ihre Fahnen geschrieben hat und andererseits ohne moralische Skrupel anderen Gruppen gewalttätig gegenübertritt. Ihre Zuneigung gehört nur denen, die unter ihre eigene Pseudospezies fallen. Diejenigen, die außerhalb der Grenzen bleiben, sind »die anderen«, eine andere Spezies, die wie Ungeziefer zu zertreten ist.

Daß zwei Völker lange nebeneinander gelebt haben, heißt nicht, daß sie befreundet sind. Sie können sich durchaus in allen wichtigen Dingen fremd geblieben sein. Darüber hinaus ist es möglich, daß die Furcht, die jede Gruppe gegenüber der anderen hegt, nicht allein den von uns beschriebenen sozialen oder religiösen Unterschieden entspringt. Viele dieser Völker waren seit Generationen in periodisch aufflackernde Gewaltausbrüche verstrickt.

Sogar einige wahrlich nicht leichtgläubige Beobachter der Politik auf dem Balkan meinten, die Jahrzehnte der friedlichen kommunistischen Herrschaft hätten mit den Feindseligkeiten zwischen Kroaten, Serben und Moslems ein Ende gemacht. Doch der Ausbruch der grausamen Kriege zwischen den Volksgruppen in den neunziger Jahren belehrte sie eines Besseren. Die historischen Wunden waren nicht verheilt und die tiefsitzenden Feindschaften nicht ausgestorben, sie waren lediglich von den mächtigen Politikern des sozialistischen Staates unterdrückt worden. Der Niedergang des Kommunismus stürzte das Land ins wirtschaftliche und soziale Chaos. Die Menschen waren daran gewöhnt, den Kommunisten die Schuld für alle ihre Probleme zu geben, doch wen konnten sie nun, da die Kommunisten von der Bühne abgetreten waren, zum Sündenbock machen? Das Bedürfnis nach einem Feindbild führte zum blutigen Wiederaufleben alter Haßgefühle. Dieses Wiedererwachen jahrhundertealter Spannungen in Osteuropa nach dem Auseinanderbrechen des Sowjetstaates ist jedoch nur ein Sonderfall der aus dem Wegfall des Feindbildes resultierenden Destabilisation.

Neue Feinde suchen, den alten Haß pflegen

Zwei Generationen zuvor hielt Lenin es für die dringlichste Aufgabe, den Bürgern Loyalität zur Sowjetunion einzuimpfen, denn nur so lasse sich die Revolution festigen. Eine Identität als »neuer Sowjetmensch« konnte jedoch nur entwickeln, wer andere Loyalitäten und Identitäten, nationale wie religiöse, unterdrückte, ja ausradierte. Selbst die Loyalität zur Familie galt als reaktionäres Überbleibsel, ein Prinzip, das auf grauenhafte Weise auf die Spitze getrieben wurde, als Pawel Morozow zum Held der Sowjetunion ernannt wurde, weil er seine Familie denunziert hatte. Dieses rücksichtslose Ausmerzen der nationalen Identität nach dem heuchlerischen Motto »nationalistisch der Form, sozialistisch dem Inhalt nach« wurde auch von den sozialistischen Ländern Osteuropas nach dem Zweiten Weltkrieg praktiziert. In dem Bestreben, den neuen sozialistischen Menschen zu formen, war den Völkern Mittel- und Osteuropas, den auf ihre Nationalität so stolzen Polen, Ungarn, Bulgaren, Rumänen, Tschechen, Slowaken, Serben und Kroaten 40 Jahre lang verboten, sich zu ihrer nationalen Identität öffentlich zu bekennen.

Bei dieser übertriebenen Betonung der einen Identität und dem Versuch, andere Identitäten gewaltsam auszulöschen, wird die entscheidende Qualität der Identität – Differenz – ausgelöscht. Solche Bestrebungen, die Identität aufzuheben, sind fast immer zum Scheitern verurteilt, und das erwies sich wieder einmal in Osteuropa. In totalitären Regimen hatte dies eine doppelte Identität zur Folge: die öffentlich verordnete – der neue sozialistische Mensch – und die private. Der immense, vom Regime ausgeübte Druck auf das private Leben löste eine weitläufige Zersetzung der privaten Identität aus – ein Prozeß, der sich auf drei verschiedene Weisen vollziehen kann:

- durch die Unterdrückung aller Teile der Identität, die als nicht wünschenswert gelten
- durch die Verwandlung nicht erwünschter Teile der Identität in »negative Überbleibsel der Identität« (Beispiel für einen so er-

zwungenen Wandel ist die »Selbstkritik« im kommunistischen China)

- durch die Marginalisierung der privaten Identität, »indem bestimmte Teile der Identität an den Rand der Wahrnehmung gedrängt und so scheinbar unbedeutend werden«.[36]

Doch diese Teile der privaten Identität widerstanden den Angriffen durch das kommunistische Regime. Vielmehr wurde die soziale Basis der privaten Identität in den Untergrund gedrängt. Anspielungen wurden »zur Muttersprache der kollektiven Erfahrung«. Durch das Leben im Untergrund wurde das soziale Fundament der privaten Identität zwar geschwächt, nicht aber ausgelöscht.[37]
Dennoch wurden die »Wir-die-da-Spannungen« zwischen den ethnischen Gruppen gemildert, denn nun gab es ein anderes Objekt. »Die da« waren jetzt die kommunistischen Führer. »Sie« waren die Freiheitsräuber, die Ursache ihrer Probleme. Und »sie« waren die Zielscheibe des wenn auch selten offen erklärten Hasses.
Im Herbst 1989, in jener wunderbaren Hochzeit der Freiheit, brach das kommunistische Imperium mit verblüffender Schnelligkeit zusammen, und eine sozialistische Regierung nach der anderen wurde hinweggefegt, als sich die lang unterdrückten Völker in demokratischem Protest erhoben. Es war ein erregender Augenblick. Endlich frei! Doch innerhalb weniger Jahre wurde die Freiheitsbegeisterung vom Wiederaufleben eines jahrhundertealten Hasses abgelöst, in dessen Auswüchsen Serben Kroaten und Moslems abschlachteten und Slowaken ihre Unabhängigkeit gegen die Tschechen durchsetzten. Die Redefreiheit diente dazu, dem Haß gegen Minderheiten freien Lauf zu lassen, und wurde zu einem aktiven Wahlkampfmittel. Diese Ereignisse waren nicht überraschend, denn nachdem man ihre nationale Identität 40 Jahre lang gewaltsam unterdrückt hatte, winkte diesen glühend nationalistischen Völkern endlich die Freiheit, in radikaler Form den Kern ihrer Identität auszudrücken: ihre Differenz zu und ihren Haß auf die »anderen«. Oder wie ein Spottgedicht es ausdrückte:

Endlich frei.
Wir dürfen wählen,
bei McDonald's zu prassen
und die Juden zu hassen.[38]

Es war nicht nur die Differenz, die sich Luft machte, denn die Heftigkeit, mit der die gehaßten Gruppen für alle Probleme der eigenen Gruppe verantwortlich gemacht wurden, war erstaunlich. Polen ist dafür ein besonders eindrucksvolles Beispiel. Vor dem Zweiten Weltkrieg war Polen mit mehr als drei Millionen jüdischen Bürgern das Zentrum des Judentums. Etwa 2,9 Millionen kamen im Holocaust ums Leben. Heute sind von den geschätzten 38 Millionen Polen nicht einmal mehr 10 000 Juden, und diese sind im Durchschnitt 70 Jahre alt. Ungefähr 30 Prozent der Einwohner Warschaus waren vor dem Einmarsch der Nazis Juden, heute, nach dem Holocaust, gibt es noch 300 oder 400 jüdische Einwohner.

Im heutigen Polen leben nicht nur bedeutend weniger Juden als 1939, man trifft dort überhaupt wenig Minderheiten an. Hitlers Ermordung der Juden, die Vertreibung der Deutschen aus Ostpreußen und Schlesien und die Verschiebung der Grenze zur Ukraine nach Westen hatten zur Folge, daß Polen vermutlich eines der ethnisch und religiös homogensten Länder in Osteuropa ist. Obgleich in der historischen Erinnerung der Polen noch immer »feindliche« Minderheiten fortleben, gibt es innerhalb der Staatsgrenzen fast keine mehr. Wenn es nun keine kommunistischen Funktionäre, keine traditionellen Feinde mehr gibt und die Dinge nicht zum besten stehen – und zunächst standen sie ganz und gar nicht zum besten –, wen konnte man dann anklagen?

Berichte über Antisemitismus tauchten fast unmittelbar nach 1989 auf. Polens neuer Präsident Lech Walesa erklärte, antisemitische Haltungen »würden nicht geduldet«.[39] Dennoch wurden Denkmäler und Friedhöfe geschändet, Grabsteine mit Hakenkreuzen beschmiert.[40] Das Mahnmal für die Kämpfer des Warschauer Ghettos wurde mit der Aufschrift verunstaltet: »Nur ein toter Jude ist ein guter Jude.«[41] Die weitgehend gar nicht vorhandene jüdische Bevölkerung, namentlich die internationale zionistische Verschwörung, wurde für Polens wirtschaftliche Notlage verantwortlich gemacht. Eine in den frühen neunziger Jahren durchgeführte Umfrage ergab, daß ein Viertel der Polen glaubte, die Juden würden, obwohl ihr Bevölkerungsanteil verschwindend gering ist, einen viel zu großen Einfluß ausüben. Nur drei Prozent der Befragten hatten nichts gegen jüdische Nachbarn einzuwenden.[42] Der Meinungsforscher Slawomir Nowotny bemerkte zu der Heftigkeit des Antisemitismus bei einer praktisch nicht existierenden jüdischen Bevölkerung, dies sei »ein platonischer Antisemitismus«. Er erklärte dazu, wenn Liebe ohne Sexualität platonische Liebe genannt wird, dann ist Antisemitismus ohne Juden ein platonischer Antisemitismus. Nowotny sah in der Macht, die den Juden nachgesagt wurde, eine Spiegelung der Machtlosigkeit der Bevölkerung und ihres Bedürfnisses, einen Sündenbock zu haben.[43]

Die politische Führung war kräftig daran beteiligt, die Flammen des Antisemitismus zu entfachen. Im August 1990 sagte Lech Walesa, seine frühere Anschuldigung, eine Gruppe von Juden »habe sich des Landes bemächtigt und sei dabei, es in den Ruin zu stürzen«, betreffe nicht »das jüdische Volk überhaupt«, sondern diejenigen, »die sich nur um sich selbst sorgen und sich keinen Pfifferling um andere kümmern«.[44] Und im Wahlkampf des Jahres 1990 versicherte Walesa, er sei »sauber«, er sei zu »100 Prozent Pole«, denn in seinen Adern fließe kein Tropfen jüdischen Blutes.[45]

Lech Walesas Hauptherausforderer war Tadeusz Mazowiecki, der Vorsitzende der Bürgerbewegung »Demokratische Union«. Auf einer Pressekonferenz während des Wahlkampfes wurde Mazowiecki »beschuldigt«, Jude zu sein. Auf die Frage, ob er die Demokratische Union für eine jüdische Partei hielte, antwortete Walesa: »Wer jüdischer Herkunft sei, sollte das nicht verbergen. ... Wenn Juden ihre Identität verhehlen, provozieren sie damit antisemitische Einstellungen. Warum sind Juden nicht stolz darauf, Juden zu sein? Ich bin stolz, Pole zu sein, und wäre ich Jude, wäre ich ebenso stolz auf meine jüdische Herkunft.«[46] Man sollte dabei nicht vergessen, daß für Walesa Pole zu sein gleichbedeutend damit ist, ein polnischer Katholik zu sein, und ein Jude kann daher kein Pole sein.

In Wahrheit ist Mazowiecki kein Jude, obwohl er von Adam Michnik, dem jüdischen Herausgeber der Gazeta Wyborcza, unterstützt wurde. Ohne sich der antisemitischen Untertöne in ihrer Stellungnahme bewußt zu sein, »verteidigte« die katholische Kirche Mazowiecki, indem sie erklärte, sie habe die Kirchenbücher der letzten 200 Jahre durchforscht und sei auf »keinen einzigen Tropfen jüdischen Blutes« in Mazowieckis Familie gestoßen. Im Wahlkampf fühlten sich nahezu alle Kandidaten zu der Erklärung gedrängt, Polen sei eine christliche Nation.

Auch in Rumänien existiert ein Antisemitismus ohne Juden. Vor dem Zweiten Weltkrieg lebten schätzungsweise mehr als eine Million Juden in Rumänien. Heute sind es 17 000, von denen die meisten schon hochbetagt sind. Mehr als 400 000 rumänische Juden waren im Zweiten Weltkrieg von den Deutschen und von rumänischen Sicherheitskräften getötet worden. Das Klima unter Präsident Nicolae Ceaușescu trieb viele überlebende Juden in die Emigration nach Israel.

In den Jahren zwischen den Weltkriegen war die rumänische Politik entschieden antikommunistisch. Den stärksten Rückhalt erhielt die Kommunistische Partei von den unzufriedenen Minderheiten, einschließlich der Juden, Ungarn und Bulgaren. Dementsprechend wurde 1990 der Haß auf die gestürzten kommunistischen Führer von Anschuldigungen begleitet, daß die Juden und Ungarn Kommunisten seien. Diese Rationalisierung des Antisemitismus, die Juden mit Kommunisten gleichsetzte, wurde im Manifest der Nationalen Verteidigungsliga gedruckt und bei einer gewalttätigen Demonstration im April 1990 unter das Volk gebracht. Das Flugblatt begann mit der Erklärung, daß die »Kommunisten nur Blut und Elend über uns gebracht haben« und daß »das Blut nach Blut schreit«. Danach griff es die Nationale Rettungsfront mit der Behauptung an, »sie sei von den Bolschewiki und der jüdischen Weltverschwörung gekauft worden«. Und weiter hieß es, die Juden verfolgten unter der Leitung ihres Oberrabbiners Moses Rosen »in der neuen Regierung die geheime Mission, ... zum Nutzen des Judentums eine neue Form des Kommunismus und Sozialismus zu errichten«.[47]

In den Zeitungen des Landes erschienen antisemitische Artikel, die zu einer Neugründung der antisemitischen Organisation »Legion des Erzengels Michael«, später in »Eiserne Garde« umbenannt, führten.[48] In einem Artikel, der von der antikommunistischen Eisernen Garde stammen soll, hieß es, ihr Ziel sei, wieder für die »Reinheit der rumänischen Seele, die so schändlich vergiftet wurde«, zu sorgen. Das Pamphlet endete mit den Worten: »Unsere Zeit ist gekommen. Heil Hitler. Der Sieg wird unser sein.« Alle vier Ecken waren mit Hakenkreuzen versehen.[49] In einem Artikel des früheren U-Boot-Kommandanten Kapitän Nicolae Radu war zu lesen, Israel plane, Rumänien zu einer jüdischen Kolonie zu machen, die Juden hätten sich verschworen, die Rumänen mit Hilfe des Internationalen Währungsfonds zu »Straßenkehrern zu degradieren«, sie kontrollierten die rumänische Regierung und hätten den Kommunismus nach Rumänien gebracht.[50]

1991 wurde Elie Wiesel, Nobelpreisträger und Chronist des Holocaust, bei einer Ansprache zur Erinnerung an die 8000 von der rumänischen Armee und Polizei in Jasi getöteten Juden angepöbelt. Vor dem Krieg waren von den 90 000 Einwohnern Jasis 40 000 Juden. Heute leben nur noch 900 Juden dort. Eine Frau unterbrach die Versammlung mit dem Zwischenruf: »Das ist eine Lüge. Die Juden sind nicht gestorben. Wir werden nicht zulassen, daß die Rumänen in ihrem eigenen Land von Ausländern beschimpft werden.«[51]

Im April 1991 erhob sich die rumänische Abgeordnetenkammer zu einer Gedenkminute für Ion Antonescu, dem als Kriegsverbrecher hingerichteten Diktator, der sich mit den Deutschen verbündet hatte und für die Deportation und den Tod Tausender von Juden verantwortlich war. Im Frühjahr und Herbst 1991 widerfuhr einem anderen Architekten des Holocaust, Pater Jozef Tiso, eine ähnliche Ehrung. Tiso, ein katholischer Priester, war in der kurzen

Zeit ihrer Eigenständigkeit von 1939–1945 Präsident der Slowakei, die unter seiner Führung ein Verbündeter Deutschlands wurde. Tiso ließ sich von den Deutschen für die Deportation in die Todeslager bezahlen. 500 Kronen erhielt er für jeden jüdischen Mann, jede jüdische Frau und jedes jüdische Kind. Später wurde er als Kriegsverbrecher angeklagt und hingerichtet. Im März 1991, zum 52. Jahrestag der slowakischen Republik, errichtete eine neue, glühend nationalistische Partei, die Nationale Einheitspartei der Slowakei, deren erklärtes Ziel die Gründung einer unabhängigen slowakischen Republik war, ein geweihtes Kreuz auf dem Grab Tisos. Der Festredner sagte: »Es war nicht das erste Mal in der Geschichte, daß die Macht Recht und Gerechtigkeit beugte und ein Unschuldiger sterben mußte.« Während der Versammlung wurde die Lobrede oft von Rufen wie »Ehre und Ruhm für Tiso«, »Nieder mit Havel« und »Lang lebe die Slowakei« unterbrochen.[52]

Als Israels Präsident Chaim Herzog die Tschechoslowakei besuchte, schmückte die faschistische Partei der Slowakei Tisos Geburtshaus mit einer Gedenktafel. Präsident Havel, der die Kontroverse nicht noch weiter anheizen wollte, unterließ es, diese Tat öffentlich anzuprangern. Bei einem früheren Besuch in Bratislawa war Havel von der Menge als König der Juden beschimpft worden. Das Wiedererstarken des slowakischen Nationalismus war mit einem heftigen Wiederaufflackern jener Gefühle verbunden, die für die kurze Periode der nationalen Unabhängigkeit kennzeichnend waren: Faschismus und Antisemitismus.

In seinen Überlegungen zu der Unterdrückung der Identität meinte Peter Hunčik, ein Psychiater, der als Sonderberater von Präsident Havel in der Tschechischen und Slowakischen Republik fungierte, daß mehr als nur die Identität unterdrückt worden sei. Er schrieb über die »Deformation der Persönlichkeit« nach 40 Jahren Sozialismus, in denen die sozialistischen Herren systematisch jede Initiative erstickt und durch ihr Pochen auf die Autorität des Staates ein Klima geschaffen hätten, in dem ein passives, abhängiges Volk heranwuchs, das vom Staat erwartete, rundum versorgt zu

werden. Bei einem deutlichen Schwund individueller Verantwortung gab die Bevölkerung der allgegenwärtigen Autorität die Schuld an allen gesellschaftlichen Mängeln. Als sich jene Autorität auflöste, geriet die Bevölkerung ins Straucheln. Die langersehnte Freiheit flößte Furcht ein, denn sie verlangte dem einzelnen Identität und Verantwortung ab. Die aufgebrachte, unmündige Bevölkerung mußte sich nach einer neuen Gruppe für ihre Schuldzuweisungen umsehen.[53]
Die Bereitschaft, anderen die Schuld zu geben, ist ein weiteres sozialpsychologisches Erbe nach 40 Jahren kommunistischer Herrschaft, denn zu den Hinterlassenschaften des Kommunismus gehörte gesellschaftliche Paranoia.[54] Die aufgeblähten Sicherheitsorgane im gesamten Ostblock sorgten für allgegenwärtige Furcht und Mißtrauen wie auch für eine Auflösung des Gemeinschaftssinnes. Die Tatsache, daß Freunden oder sogar der Familie nicht zu trauen war, hinterließ tiefe Narben und einen Schwund an Gegenseitigkeit und Kooperation.
Was geschieht, wenn sich die übermächtige Autorität auflöst, wenn der Feind, der für alles sorgt, verschwunden ist? Nach dem Sturz der kommunistischen Regierungen, die ein soziales und wirtschaftliches Chaos hinterließen, konnte man ohne Gefahr seiner lang aufgestauten Wut über die kommunistischen Funktionäre Luft machen. Für viele wurde die Gleichsetzung »von Kommunist und Jude« zum Bestandteil der kollektiven Psychologie.[55] Ärger und Schuldvorwürfe trafen den abtretenden Feind. Aber man brauchte neue Feinde, und so wurden alte Feindbilder aus der Mottenkiste gezogen. Ein tschechischer Journalist erklärte: »Die slowakische Politik ist auf der Suche nach einem Feind, nach allen, die anders sind.«[56]
In den tschechischen Ländern Böhmen und Mähren gab es zwar Spuren von Antisemitismus, doch die heftigsten Abneigungen konzentrierten sich auf die Zigeuner. Es wurde sogar behauptet, das Ressentiment gegen die große Bevölkerungsgruppe der Zigeuner habe Empfindungen abgelenkt, die andernfalls die Juden hätten treffen können. Die Zigeuner waren Gegenstand brutaler

Übergriffe seitens jugendlicher Schläger, doch die ethnozentrischen Ressentiments finden sich auch in der tschechischen Intelligenz. Ein tschechischer Diplomat meinte mit einem ärgerlichen Kopfschütteln: »Sie begehen die meisten Verbrechen. Sie sind faul, träge und unfähig, einer geregelten Arbeit nachzugehen. Und dann haben sie einen Haufen Kinder. Es macht mich wütend, wenn ich sehe, daß sie die Empfänger bestimmter Fürsorgeprogramme sind, wo das Geld besser den hart arbeitenden Menschen dieses Landes zukommen sollte.«[57] Diese Haltung weist eine bemerkenswerte Ähnlichkeit zu den schwarzenfeindlichen Klischees auf, aus denen David Duke im wirtschaftlich rückständigen Louisiana Kapital schlägt.

Gleiche Töne waren in Ungarn zu vernehmen. Als die stärkste Oppositionspartei in Ungarn auf die elende Lage der Zigeuner aufmerksam machte, wurde sie in den führenden Zeitungen als Partei der Zigeuner und Juden beschimpft, was ihr bei den Wahlen prompt Stimmenverluste einbrachte.

Die Heftigkeit der nationalistischen Leidenschaft und der damit verbundenen Gewalt hat verschiedene Wurzeln. Nach Jahrzehnten der Unterdrückung durch die sozialistische Herrschaft kommt in den nationalistischen Ausbrüchen ein gesteigertes Verlangen nach Identität zum Ausdruck, das sich nur befriedigen läßt, wenn Unterschiede festgeschrieben werden. Gleichzeitig brachten 40 Jahre Sozialismus tatsächlich eine »Deformation der Persönlichkeit« mit sich, einschließlich einer gesellschaftlichen Paranoia, einem Schwund an persönlicher Verantwortlichkeit und Initiative. Dazu gehörte auch die Erwartung, die autokratische Führung würde schon, wie schlecht auch immer, für alles Sorge tragen. Als die Führung abtreten mußte, breitete sich Unsicherheit in der Bevölkerung aus. Die lang erstrebte Freiheit flößte auch Angst ein, erforderte sie doch Eigenschaften, die sich nicht oder nur schwer entwickeln konnten: persönliche Identität und Verantwortlichkeit.

Es überrascht nicht, daß zwischen Gruppen, deren Geschichte seit je von Konflikten bestimmt war, erneut Feindseligkeiten aus-

brechen. Auch wäre es nicht erstaunlich, daß angesichts der langen Geschichte des Antisemitismus in den genannten Ländern dieser nun in den nachkommunistischen Staaten Osteuropas wieder aufleben würde, *wenn es dort Juden gäbe.* Die Tatsache, daß der Antisemitismus sogar wieder aufflackert, obwohl praktisch keine Juden mehr in den betreffenden Ländern leben, beweist die Stärke der paranoiden Dynamik und des mit ihr verbundenen Bedürfnisses nach Feinden. Wenn der wirkliche Feind verschwindet, wird das Bedürfnis nach Feinden um so heftiger, und in Ermangelung echter Feinde wird man sich einen Ersatz schaffen.
Wenn die alten Machthaber von der Bühne abtreten, muß jemand gefunden werden, der für die Wirren verantwortlich ist, die jene hinterlassen haben. Die Gewohnheit, alles auf die Autoritäten zu projizieren, legt es in diesem Klima nahe, äußere Feinde anzuklagen: So beschuldigen die Slowaken die arrogante Führung in Prag, während die Polen eine jüdische Bevölkerung anklagen, die es gar nicht gibt.[58] Die politische und wirtschaftlich unsichere Lage in Ost- und Mitteleuropa nach dem Sturz des kommunistischen Feindes ist ein fruchtbarer Boden für die paranoide Dynamik. Hier wie auch an anderen Orten haben Demagogen einer notleidenden Bevölkerung Sinnmuster angeboten, indem sie neue Feinde ausmachten und alte Feindschaften zu neuem Leben erweckten.

Kapitel 5
Von der individuellen zur kollektiven Apokalypse

Wenn seine Welt auseinanderfällt, erlebt das Individuum eine persönliche psychische Apokalypse. In diesem Zustand äußerster Ohnmacht und Sinnlosigkeit erschaffen sich einige eine neue, sinnvolle Welt in ihrem Kopf, eine Welt, in der sie Macht und Bedeutung besitzen. Dank dieser Vision haben sie ihre persönliche Erlösung gefunden.

Auch Gruppen können in schier unerträgliche Drucksituationen geraten und eine kollektive apokalyptische Vorstellung ausbilden, ein Ereignis, das die psychische Disposition für eine Gruppenparanoia legt. Kollektive apokalyptische Vorstellungen werden von zwei historischen Umständen begleitet: von der Unterdrückung eines Volkes durch ein anderes, so daß die apokalyptische Vision die Hoffnung der Unterdrückten ist, sowie von Zeiten gesellschaftlichen Verfalls, in denen die apokalyptische Vorstellung zum Gegenmittel gegen unmoralisches und gottloses Verhalten wird.[1] Beide Umstände können eine kompensatorische Vision hervorbringen, denn Hoffnung wächst auf der Verzweiflung. Wie Wahnvorstellungen ein Individuum am Rande des psychischen Zerfalls mit neuem Sinn versorgen und seine psychische Wiederherstellung beschleunigen können, so vermögen auch kollektive apokalyptische Visionen und Erlösungsphantasien sozialen, vom Auseinanderbrechen bedrohten Gruppen wieder Sinn und Zusammenhalt zu geben.

Obwohl apokalyptische Vorstellungen in Zeiten sozialen Zusammenbruchs mitunter eine trügerische Entspannung bewirken, besteht auch die Möglichkeit, daß sie ihrerseits den sozialen Zerfall fördern. Anhänger apokalyptischer Bewegungen erwarten oft mit neuer Hoffnung den Tag der Erlösung. Häufig werden sie von charismatischen Führern zu Taten angestachelt, um die schrecklichen Mängel der Gesellschaft zu bekämpfen. Doch diese mächtigen Kräfte aufzurütteln birgt stets die Gefahr, die Gesellschaft in ein noch größeres Chaos zu stürzen.[2]

Die Verbindung zwischen den verschwisterten Wahnideen der Apokalypse und des Millenarismus, also der Erwartung eines Tausendjähriges Reiches mit ewigem und vollkommenem Frieden, ist sehr eng. Der Apokalyptiker schildert, was am Ende der Geschichte geschehen wird: Hungerkatastrophen, Krieg, Überschwemmungen. Diese Zeit des Kampfes und des Elends mündet ins Millennium, eine Zeit, in der nichts zu wünschen bleibt. Dem Anbruch dieses Zeitalters aber geht eine apokalyptische Zeit voran, in der es zu kämpfen heißt und möglicherweise auch, Dinge zu tun, die unter anderen Bedingungen verboten wären. Massenmorde und lebenslängliche Inhaftierungen schienen etwa den Bolschewiki notwendig zu sein, bevor die kommunistische Gesellschaft errichtet werden könne, und ähnliche Taten begingen die Nazis bei ihrem Bestreben, das nationalsozialistische Tausendjährige Reich zu errichten (vgl. Kapitel 10 und 11). In solchen Zeiten ist es auch möglich, daß sich die notleidende Bevölkerung charismatischen Religionsführern zuwendet. Für einige Menschen, die kurz vor einem psychischen Zusammenbruch stehen, ist ein rigides System religiöser Dogmen tröstlich und stabilisierend. Für ein Individuum, das in den Abgrund der Sinnlosigkeit starrt, vermag der Glaube, daß Gott es liebt, ungeheure Erleichterung zu bereiten und neuen Sinn zu geben.

In sozialen und politischen Krisenzeiten ist es für ein bedrängtes Individuum, das seinem Leben unbedingt einen Sinn geben möchte, möglich, Anhänger um sich zu scharen, um seine Erlösungsvision zu verwirklichen und auf ein apokalyptisches Gesellschaftssystem und eine goldene Zukunft hinzuarbeiten. Ist ein solches Individuum ein Paranoiker mit messianischen Wahnvorstellungen, verfügt es über die nötigen Führungsqualitäten und kann sich mit einer leidenden Bevölkerung identifizieren, sind alle Bedingungen für einen charismatischen religiösen Kult mit apokalyptischer

Färbung gegeben. Sein Wahn stiftet nicht nur allein für dieses Individuum Sinn, sondern auch für andere Menschen, deren Welt auseinanderzubrechen droht. Der Paranoiker wird gewissermaßen zum kollektiven Diagnostiker. Der religiöse Paranoiker, der anfänglich allein gegen eine Pseudogemeinschaft kämpfte, hat nun eine Schar Anhänger hinter sich, die zudem die Wahrheit seiner religiösen Überzeugungen bekräftigen. In den Augen seiner Anhänger hat ein vom religiösen Eifer erfaßter Mensch die Übel in der Welt richtig diagnostiziert und ihnen eine besondere Aufgabe zugewiesen. Er hat ihnen die sie umgebenden Wirren sinnvoll gedeutet und ihnen bestätigt, daß sie tatsächlich von Gefahren umgeben sind. Und nun stehen sie dem Feind nicht mehr allein gegenüber. Sie sind vielmehr unter dem Banner eines auserwählten Führers mit ihren Brüdern im wahren Glauben vereinigt. In einem solchen exklusiven Kult leben der Anführer und seine Gefolgschaft in einem geschlossenen System, in dem man wechselseitig die Überzeugungen der anderen beglaubigt. So war es auch bei Jim Jones, der gemeinsam mit seinen mehr als 900 Anhängern 1978 in dem Tempel der Sekte in Guyana Selbstmord beging.

Der Massenselbstmord in Jonestown

Am 18. November 1978 tranken 912 Menschen auf Geheiß ihres Anführers Jim Jones freiwillig eine mit Blausäure versetzte Limonade. Die willigen Opfer hatten sich bereits in den Urwald der Karibikstaates Guyana an der Nordküste Südamerikas zurückgezogen. Jones, der sich mit ihnen tötete, hatte ihnen erklärt, nur durch ihren Selbstmord und die Tötung ihrer Kinder könnten sie den grausamen Verfolgungen der Außenwelt entfliehen. Die Selbstmörder waren keineswegs geistig gestörte Menschen. Die meisten Überlebenden der Sekte zeigten keine Anzeichen psychopathologischer Störungen, wie H. R. S. Sukhdeo, Leiter der psychiatrischen Abteilung der New Jersey Medical School, bestätigte, der sie nach ihrer Rückkehr in die Vereinigten Staaten behandelte.[3]

Wie vermochte Jones einen derart starken Einfluß auf seine Anhänger auszuüben, daß er psychisch gesunde oder kaum gestörte Menschen zur Selbsttötung überreden konnte? Was veranlaßte sie, freiwillig ihr Leben in die Hände ihres Anführers zu legen? Wie war das soziale System beschaffen, das sie sich im Urwald von Guyana schufen?

Die politische Persönlichkeit von Jim Jones zeichnete sich durch drei wesentliche Eigenschaften aus: durch Narzißmus, die Fähigkeit, sich in einem konventionellen politischen Rahmen zu bewegen, und durch einen paranoiden Führungsstil. Jones war geradezu prädestiniert dafür, eine charismatische, narzißtische Führungspersönlichkeit auszubilden. Seine Mutter berichtete, sie habe nur aus einem einzigen Grund geheiratet: Sie wollte einen Erlöser gebären.[4] Sie war fest davon überzeugt, daß Jones dieser Erlöser sei.

Im Gegensatz zur übermächtigen Mutter war der Vater eine schwache, passive Figur, der nach einem Senfgasangriff als Invalide aus dem Ersten Weltkrieg heimkehrte. Jims Mutter fiel es zu, die Familie durchzubringen. In einer seiner Abendpredigten schilderte Jones in einer flammenden Rede voller Selbstmitleid die Einsamkeit seiner Kinderjahre und die ihn verzehrende Wut. Man beachte, daß Jones' Thema, sein Ton und seine Sprache darauf abgestellt waren, an die Erfahrungen und Gefühle seiner weitgehend verachteten und armen Anhänger zu appellieren: »Am Ende des dritten Schuljahres war ich soweit, daß ich hätte töten können. Ich will damit sagen, ich war so verdammt aggressiv und haßerfüllt. Ich hätte töten können. Niemand liebte mich, niemand verstand mich. Damals erwartete man in Indiana, daß die Eltern zu Schulveranstaltungen kommen ... Einmal gab es eine Schulaufführung, und alle beschissenen Eltern waren da, nur meine nicht. Ich stand ganz allein. Allein, so wie ich immer allein war!«[5] Daß Jones sich an eine andere Vaterfigur, den erfolgreichen und mitreißenden schwarzen Prediger Father Divine, anschloß, erstaunt nicht.[6] Als Father Divine 1965 starb, verkündete Jones, er sei »wie Jesus

Christus und Lenin in meine Seele eingegangen«.[7] Der junge Jim hatte in seiner Kindheit manch eine psychische Blessur erhalten, aber er teilte auch die messianischen Erwartungen seiner Mutter. Trotz seiner streng religiösen Erziehung fiel Jones als junger Mann vom Glauben ab. Erst als der frisch verheiratete, einundzwanzigjährige Jones 1952 zufällig am Schwarzen Brett einer methodistischen Kirche las, die Methodisten »setzen sich für die Rechte der verschiedenen Rassen« ein, fühlte er sich wieder zur Religion hingezogen.[8] Wenige Monate später ist er Hilfsprediger in der Somerset Methodist Church in Indianapolis. Obwohl seine Gemeinde aus armen Weißen bestand, verbrachte Jones mehr und mehr Zeit in den nahe gelegenen Kirchen der Schwarzen. Zum Verdruß seiner Gemeindemitglieder lud er Schwarze zu sich nach Hause und in seine Gottesdienste ein.

Jones erlag zunehmend der Faszination der Pfingstler. Ihr gefühlsbetonter Stil und das charismatische Auftreten ihrer Prediger sagten ihm mehr zu als der Methodismus. Schon bald ergriff er das Wort auf Pfingstlerversammlungen und vollbrachte »Wunderheilungen«, was für einen Methodisten sehr ungewöhnlich ist. Bis 1956 hatte er sein eigenes soziales Glaubensbekenntnis entwickelt, in dem sich die Selbstdisziplin der Methodisten mit der emotionalen und charismatischen Anziehungskraft der Pflingstler und einer starken Rassenintegration verband.

Jones sprach vor allem die Benachteiligten, die Bedürftigen, die psychisch leicht Gestörten, die Verwirrten und Ausgestoßenen an. Diese anfälligen Menschen hatten für gewöhnlich wenig persönliche Beziehungen, so daß sie ohne nennenswerten Widerstand der Verführung des faszinierenden Jones und seiner quasireligiösen Einrichtungen erlagen. Sie waren arm, häufig ehemalige Drogenabhängige, und fast immer standen sie allein da. Sie fühlten sich aus rassistischen Motiven als Opfer der Gesellschaft oder klagten über Benachteiligungen, weil sie Kinder armer Eltern waren. Manche litten auch, weil sie einfach Pech gehabt hatten, eine schlechte Ehe eingegangen waren oder eine Persönlichkeit hatten, die es ihnen schwer machte, mit anderen zu verkehren. Jones war für diese Menschen die Verheißung von Kraft und Erlösung. Für Jones war der Weg aus abgrundtiefer Einsamkeit und Verlassenheit zum Oberhaupt einer Gruppe ihn liebender und verehrender Anhänger höchst befriedigend.

Liberale Politiker und Institutionen fanden sich bereit, für Jones' recht ungewöhnliche Hilfsprogramme ausreichende, wenn auch nicht allzu üppige Gelder zur Verfügung zu stellen. Bald stand er im Ruf, ein erfolgreicher und rühriger christlicher Prediger zu sein, und erhielt die damit verbundenen Ehrungen und Ämter. 1960 begann er seine öffentliche Laufbahn als Vorsitzender der Human Rights Commission in Indianapolis. Jahre später wurde er auf den einflußreicheren Posten des Vorsitzenden der San Francisco Housing Authority berufen. Eine überkonfessionelle Organisation, Religion in American Life, setzte ihn auf die Liste der 100 berühmtesten Geistlichen, der *Los Angeles Herald* kürte ihn zum Humanisten des Jahres, und er erhielt sogar den Humanitätspreis der Martin-Luther-King-Stiftung.[9]

Zweifellos war Jim Jones ein tatkräftiger Politiker, der sich in der liberalen Politik zu bewegen wußte. Er trieb Spenden auf, erwarb sich einen guten Ruf und eine erhebliche Anhängerschaft. Während dieser Zeit wurde er zunehmend von privaten Ängsten und Phantasien gequält. Er begegnete seinen Mitarbeitern mit außergewöhnlichem Mißtrauen und engagierte, da er überall Verrat und Gefahren witterte, Leibwächter. Zudem war er vom Gedanken an einen Atomkrieg besessen. 1960 oder 1961 hatte er die Vision einer nuklearen Katastrophe. Im Januar 1962 las er in der Zeitschrift *Esquire* einen Artikel über die sichersten Orte im Falle eines Atomkrieges.[10] Er zog eine Zeitlang nach Brasilien und geriet oft in Panik, wenn das Gespräch auf einen möglichen Atomkrieg kam. Manchmal brach er beim Geräusch eines Flugzeugs in Tränen aus. Diese psychischen Probleme wurden durch seine zunehmende Drogensucht noch verstärkt.

Es kam alles zusammen: private Neurosen, politisches Geschick, eine gesellschaftlich schlecht gestellte und daher empfängliche Zuhörerschaft und eine geographische »Heimat«. Jones verkündete, er werde eine therapeutische Selbsthilfekommune an einem abgelegenen Ort, weit entfernt von den Gefahren des Atomkrieges, gründen. Seine Herde würde die Atomkatastrophe überstehen, und nach dem Atomkrieg »würden die Ideale des Tempels des Volkes an die Stelle der korrupten, rassistischen und repressiven Gesellschaften treten, die dazu verurteilt seien, sich selbst auszulöschen«.[11] Zu dieser Zeit griff er in seinen Verlautbarungen immer stärker auf marxistische Rhetorik zurück. Die Regierung des Karibikstaates Guyana erlaubte Jones und seiner Gruppe, sich in einem abgelegenen Gebiet niederzulassen.

Mit etwa 100 Anhängern baute Jones im Urwald von Guyana eine Kommune auf. Ehen und Familienbande waren nicht gern gesehen, statt dessen wurde sexuelle Promiskuität gefördert. Jones demütigte mit Vorliebe männliche Gemeindemitglieder, indem er ihre Frauen schamlos verführte, während er von den Frauen mehr oder weniger offen verlangte, sich ihm sexuell hinzugeben. Wie in allen totalitären Gesellschaften waren Familienbande auch hier eine Bedrohung, die Jones durch die erzwungene Demütigung und Unterwerfung zu beseitigen versuchte. Durch ein engmaschiges Spionagenetz verschaffte er sich detaillierte Informationen über die anderen Mitglieder. Während seine Anhänger sich zum Gottesdienst versammelten, drangen Angehörige des inneren Kreises in deren Häuser ein, lasen ihre Post, durchsuchten den Abfall und stöberten selbst in ihren Arzneischränken.[12] Am schwersten wog, daß jeder Kontakt zur Außenwelt streng überprüft wurde, ja weitgehend verboten war. Jones sprach oft davon, welch große Gefahr bewaffnete Söldner für die Kommune darstellten. Ob er wirklich daran glaubte oder nur seine Anhänger damit einschüchtern wollte, läßt sich nicht klar entscheiden.

In dieser geschlossenen, von der Außenwelt abgeschnittenen Gesellschaft[13] zelebrierte Jones jeden Abend einen eigentümlichen Gottesdienst, in dem er seine Größe feierte und seine Jünger demütigte.[14] Seine Predigten, die eher den Namen »Tiraden« verdienten, wurden aufgezeichnet und zeigen, wieviel Macht er über seine Anhänger hatte: »Ihr seid nichts als beschissene Ameisen und Reptilien, selbst Affen stehen höher als ihr. Wenn euch danach ist, macht ihr ein großes Geschrei, aber euer Geschrei macht mich kotzen. ... Frieden, Frieden ... Ihr brüllt herum, während ich mich mit viel Wichtigerem beschäftige, denn ich weiß, was geschehen wird. Ich habe schon große Pläne gemacht ... Ihr Ärsche, was für eine Freude, euch anzuschauen, denn ihr wißt nicht, wie schlau ich bin. Ich habe schon lange Pläne für den Fall eures Verrats gemacht, denn ich weiß, daß ich niemandem und nichts trauen kann, nur dem Kommunismus und dem Prinzip, das ich, ja ich, verkörpere!«[15] Bei diesen abendlichen Predigten beschwor Jones oft die Gefahr, die von bewaffneten Söldnern und den »CIA-Faschisten« ausging. Damit schüchterte er seine Anhänger ein und band sie enger an sich. Möglicherweise spiegelten die Reden Jones' Wahnvorstellung, überall von Gefahren umringt zu sein.

Die politischen Probleme der Urwaldkommune waren allerdings durchaus real. Wie schon andere Führer militanter Sekten vor ihm war Jones mit der Schwierigkeit konfrontiert, daß es kaum noch Konvertiten gab, daß der Widerwille gegen die Unterdrückung der Individualität sowie die Gefahr zunahm, daß Ideen aus der Außenwelt in die Kommune eindringen könnten. Andere Anführer hätten möglicherweise versucht, diese Zersetzung durch ein aggressives Auftreten gegenüber der Außenwelt aufzuhalten. Sie hätten die Welt provozieren und ihre Gefolgschaft in neuen Kämpfen auffüllen können. Doch Jones hatte bereits entschieden, daß er in der Außenwelt doch nur auf taube Ohren stoßen würde.[16] In dieser Zeit griff er immer häufiger zu Drogen, auch zu Barbituraten und Amphetaminen.[17] Jones' Ärzte hatten bei ihm eine Pilzinfektion diagnostiziert, die möglicherweise eine Meningitis zur Folge hatte, was sein verwirrtes und irrationales Verhalten erklären würde.[18] Welche Gründe es auch immer dafür gegeben haben mag, jedenfalls wurde Jones zunehmend psychotisch.

Einigen Mitgliedern gelang die Flucht, so daß Nachrichten über das Geschehen in Jonestown nach außen drangen. Es mag sein, daß die Anschuldigungen der früheren Mitglieder übertrieben waren oder daß andere sie in den schwärzesten Farben wiedergaben.

Jedenfalls fürchteten die Familien einiger Mitglieder der Kommune in Jonestown, daß ihre Angehörigen gefangengehalten würden. Leo Ryan, ein Abgeordneter des amerikanischen Kongresses aus San Francisco, beschloß daraufhin, die Kommune zu besuchen. Er war keineswegs feindselig eingestellt, doch einige Kommunemitglieder unterstellten es ihm. Als Ryan und sechs abtrünnige Gemeindemitglieder Guyana verlassen wollten, wurden sie am Flughafen von Jones' treuen Gefolgsleuten angegriffen.
Die sich selbst erfüllende Dynamik der Paranoia war nun in Gang gesetzt, dank ihrer paranoiden Wahnideen hatten sie sich nun echte Feinde gemacht. Jetzt sollte es zu massiven und gegen die Kommune gerichteten Untersuchungen kommen. Schon vor Ryans Ermordung hatte Jones mehrere »Loyalitätsübungen« veranstaltet. Er hatte die ganze Gemeinde, auch die Kinder, um sich versammelt und sagte ihr, weil sie angegriffen würden, bliebe ihnen nur der Ausweg, sich mit einer vergifteten Limonade zu töten. Bald nach der Ermordung des Kongreßabgeordneten Ryan wurde die Kommune wieder zu einer solchen Versammlung zusammengerufen. Doch dieses Mal war das Getränk tatsächlich mit Blausäure versetzt. Fast die gesamte Kommune, 912 Mitglieder, Jones eingeschlossen, starb. Einige von ihnen mögen gezwungen worden sein, doch der größte Teil nahm »die Prüfung« offenbar freiwillig auf sich. Jones Beziehung zu seinen Anhängern war sehr vielschichtig.[19] Von besonderem Interesse ist für uns, wie Jones die Ängste anderer, die ihrer Unfähigkeit, einen Platz in der Gesellschaft zu finden, entsprangen, so manipulieren konnte, daß sie sich ihm unterwarfen, seine herabwürdigenden Anordnungen ausführten und ihm sogar in den Tod folgten. Jones vollbrachte dieses grauenvolle Kunststück, indem er sich in einer Umgebung, die ihm eine uneingeschränkte Kontrolle sicherte, verschiedener Techniken bediente:

- *Kontrolle über Eigentum und Einkommen.* Sobald sie sich dem Tempel des Volkes anschlossen, mußten die Ankömmlinge ihr persönliches Eigentum und ihren Wohlfahrtsscheck an Jones übergeben, der dann zwar für ihren Lebensunterhalt sorgte, aber sie auch in völliger Abhängigkeit hielt.

- *Auflösung der Familienbande.* Jones sorgte systematisch für die Lockerung ehelicher Bindungen. Er förderte außereheliche Affären und verlangte von allen, in »Dad« zu nennen, denn er sollte das wichtigste Liebesobjekt sein.
- *Ein sozialpolitisches Kastensystem.* In Jonestown gab es eine Machthierarchie, an deren Spitze Jones stand, danach kam der »Planungsausschuß«, die Wächter und dann das Fußvolk. Die ganze Macht lag in den Händen ihm unbedingt ergebener Anhänger.
- *Einschränkung der Bewegungsfreiheit.* Es war nicht nur aus geographischen Gründen schwierig, Jonestown zu verlassen. Jones erklärte zudem jeden Versuch, der Kolonie den Rücken zu kehren, zum Verrat, der schwer bestraft wurde.
- *Kontrolle über die Redefreiheit.* Offene Kritik zog harte Strafen nach sich. Spione und Denunzianten hinterbrachten Jones alle kritischen Äußerungen.
- *Gedankenkontrolle.* Nachrichten aus der Außenwelt wurden unterdrückt. Die Anhänger wurden ständig indoktriniert, was einer Gehirnwäsche gleichkam.
- *Kontrolle der Gefühle.* Versammlungen in Jonestown lieferten ein erschreckendes Beispiel für die Macht emotionaler Beeinflussung in der Masse. Die Stimmung wurde zusätzlich durch die öffentliche Bestrafung von Dissidenten angeheizt. Die Versammelten wurden dazu angehalten, die Opfer auszupfeifen, zu beschimpfen und sich mit dem Ankläger zu identifizieren. Diese öffentlichen Erniedrigungen – sie glichen den »Haßorgien« in der chinesischen Kulturrevolution – verdeutlichten die Gruppenreggression, die verantwortlich für die freiwillige Übernahme von Jones' Wahnsystem war. Jones' politische Kontrolltechniken waren sowohl Ausdruck seiner paranoiden Persönlichkeit als auch seines Größenwahns.[20]

Ein Grund, warum ansonsten vernünftige Menschen einem paranoiden Anführer folgen, ist dessen Fähigkeit, seine persönlichen Wahnobjekte mit denen seiner Anhänger zu verbinden. Ein Führer, der eine krankhafte Angst vor äußerer Kontrolle hat, wird vermutlich schwache und verwundbare Anhänger finden, die tatsächlich unter anderen Menschen gelitten haben und ähnlich tiefsitzenden psychologischen Ängsten ausgeliefert sind. Das war der Fall bei Jim Jones. Jonestown war deshalb bemerkenswert, weil es so viele Aspekte der paranoiden Dynamik miteinander verzahnte. Das Fundament war jedoch eine obsessive und krankhafte Furcht vor Fremden. Letzten Endes gelang es Jones, seine 912 Anhänger eher zum Massenselbstmord zu bewegen, als sich der bedrohlichen Welt um sie herum zu stellen.
Die Verbindung von paranoider Dynamik und passivem, wenngleich militantem Rückzug aus der Welt war auch für David Koresh, den messianischen Führer der religiösen Sekte der Davidianer kennzeichnend. Der Sturm auf die Sektenhochburg durch das FBI am 19. April 1993 verursachte den Tod von 75 Davidianern, darunter auch David Koresh und 25 Kinder, und erfüllte Koreshs apokalyptische Prophezeiung. Die amtliche Untersuchung kam zu dem Ergebnis, daß einige der Opfer durch Kopfschuß getötet worden waren und daß das Feuer, welches die Leichen verbrannte, von den Davidianern selbst gelegt worden war.

David Koresh und die Davidianer

Koreshs Kindheit war von Instabilität und Gewalt überschattet.[21] Er verließ bereits nach der neunten Klasse die Schule und begann sein bürgerliches Leben als Vernon Howell. Seine Mutter Bonnie Clark, wie er eine Schulabbrecherin, war bei seiner unehelichen Geburt erst 14 Jahre alt. Kurz darauf heiratete sie einen rücksichtslosen »Macho«, der gerade aus dem Gefängnis kam und sowohl sie als auch ihren Sohn zu verprügeln pflegte. Nach 18 Monaten verließ Bonnie ihren Ehemann und flüchtete sich zu ihrer Mutter, die sich bereit erklärte, für ihren Enkel zu sorgen. Wenig später gebar diese noch zwei weitere Kinder. Vernon und seine beiden jüngeren Onkel wuchsen praktisch wie Geschwister auf, und wie sie nannte Vernon seine Großmutter »Mami«.

Schließlich ließ Bonnie sich von ihrem gewalttätigen Ehemann scheiden, heiratete erneut und holte ihren Sohn wieder zu sich. Sie brachte ihn aus dem Haus ihrer Mutter in Houston nach Dallas, wo sie mit ihrem Ehemann lebte. Vernons neuer Stiefvater war vom erzieherischen Wert körperlicher Strafen überzeugt. Als Erwachsener erinnerte sich Vernon: »Wenn ich einen Tadel von der Schule mit nach Hause brachte, setzte es Prügel.« Später erzählte er von den körperlichen Strafen, die er hatte erdulden müssen, und zeigte Brandnarben vor, die, wie er sagte, daher stammten, daß er gezwungen wurde, auf einer Heizplatte niederzuknien.

In der Schule hatte Vernon ziemliche Schwierigkeiten, und bald fand man heraus, daß er an Dyslexie litt, einer schweren Lernbehinderung. Nachdem er die erste Klasse hatte wiederholen müssen, wurde er in der dritten Klasse in eine Sonderschule für lernbehinderte Kinder geschickt. Mit vierzehn brachte man ihn erneut zu seiner Großmutter, wo er sich eine kleine Laube im Hinterhof zu einem privaten Refugium ausbaute. Dort brachte er sich selbst bei, auf der Gitarre zu spielen, und träumte davon, einmal ein Rockstar zu werden.

Seine Großeltern waren praktizierende Adventisten des Siebten Tages, so daß diese Jahre mit frommen Übungen und strikter Befolgung des biblischen Verbots hingingen, nicht zu rauchen, nicht zu trinken und keine Unzucht zu treiben. Die Schule war nach wie vor eine Tortur für Vernon, doch fühlte er sich in diesen Jahren immer stärker zum Bibelstudium und zu Radiopredigern hingezogen. Howell verließ die öffentliche Schule und besuchte kurze Zeit eine kirchliche Ausbildungsstätte, aus der er angeblich nach dem Streit mit einem Lehrer wieder ausschied. Wegen Auseinandersetzungen mit seinen Großeltern wurde er zu seiner Mutter zurückgeschickt. Dort erging es ihm nicht besser, so daß er schließlich wieder bei seinen Großeltern landete.

Koreshs entscheidende Entwicklungsjahre waren durch die Ablehnung seiner Eltern, seiner Großeltern und seiner Lehrer überschattet. Er litt nicht nur unter diesen unsicheren Verhältnissen, es fehlte ihm auch ein positives Vorbild männlicher Autorität. Weder Vater noch Stiefvater, Großvater oder Lehrer brachten ihm Wohlwollen entgegen. Howells Selbstbild muß tiefe Wunden aufgewiesen haben.

Mit 18 Jahren arbeitete Vernon auf dem Bau, während er seine Fähigkeiten auf der elektrischen Gitarre zu vervollkommnen suchte. Ein Geschäftsmann am Ort, der Besitzer der Lone Star Music and Sound Company, beschrieb ihn als eine seltsame Mischung aus religiösem Eiferer und Möchtegern-Rockstar: »Er war ein frustrierter Musiker, der ein Rockstar werden wollte, und als er sich von seinem Traum verabschiedete, wollte er Jesus Christus sein.« Schon jetzt trat seine später so verblüffend starke charismatische Anziehungskraft zu Tage. Die Jugend des Ortes betete ihn an. Er gründete eine Band und schrieb selbst seine Texte, von denen viele einen satanischen Unterton hatten, etwa »Mad Man from Waco«.

Dort unten in Waco lebt ein Verrückter,
Betet zum Fürsten der Hölle.
Warum wollt ihr denn nicht hören?
Glaubt nicht dem Schein.
Wir wollten niemandem weh tun,
Wir wollten nur unser Volk befreien.[22]

Howell war sexuell sehr aktiv. Nachdem er ein junges Mädchen geschwängert hatte, ihr Vater aber nicht in eine Ehe einwilligte, begann Howell, eine Kirche der Adventisten zu besuchen. Er suchte Vergebung für seine unablässigen Gedanken an Sexualität, er betete viel und magerte stark ab.

Howells starkes Engagement in der Kirche wurde zum entscheidenden Wendepunkt seines Lebens. Er, der unter mangelnder Stabilität und Sinnlosigkeit gelitten hatte, fand nun Sicherheit und Sinn in der Kirche. Sie schenkte ihm das Zuhause, das er nie gehabt hatte, und seine offenbare Ernsthaftigkeit verschaffte ihm Respekt. In einem Leben, das bislang nur von Niederlagen gekennzeichnet war, stieß er endlich auf Erfolg. Er befolgte strikt die rigiden Verbote der Adventisten und wurde zum strengen Moralrichter über das Verhalten anderer, vor allem in sexuellen Fragen. So warf er einem Vater vor, seine Tochter würde sich unzüchtig kleiden.

Diese unbedingte Befolgung einer Religion und ihres starren Wertesystems begann eine positive und tragende Funktion in Howells Leben zu spielen. Dann begegnete er dem fanatischen Evangelisten Jim Gilley. Gilley hielt Seminare über die Offenbarung ab, prophezeite ein schreckliches Armageddon und fesselte seine Zuhörer mit einem Videofilm über die Apokalypse nach dem Buch der Offenbarung, das schreckliche Erdbeben, Seuchen und religiöse Verfolgungen zeigte.[23]

Howell besuchte jeden Abend die Seminare und war wie gebannt. Seiner Schwester erzählte er, man müsse nur noch auf den nächsten großen Propheten, auf den Propheten des Siebten Siegels, warten. Im Buch der Offenbarung hält Gott nämlich eine Schriftrolle mit sieben Siegeln in der Hand, in der alle Heimsuchungen vorausgesagt sind, die vor der Apokalypse über die Erde hereinbrechen werden. Das Siebte Siegel kann nur durch einen neuen Propheten geöffnet werden. Howell erklärte seiner »Schwester«, also seiner jüngeren Tante Sharon, er sei wahrscheinlich dazu ausersehen, das Geheimnis des Siebten Siegels zu lösen. Dieser Glaube, er sei der ersehnte »neue Prophet und das neue Licht« in der Adventisten-Kirche, verfestigte sich immer mehr.[24]

Howell schickte sich an, sein eigenes apokalyptisches Drama auf der Weltbühne aufzuführen. Ähnlich wie Daniel Paul Schreber, der sich aus der völligen psychischen Auflösung in die Göttlichkeit rettete, wurde Howell in seiner Phantasie zum Boten Gottes: Sein Ich, das bisher keinen Mittelpunkt hatte, drehte sich jetzt nur noch um Gott und seinen göttlichen Auftrag. Howell scheiterte jedoch daran, die Kirchenoberen von seiner göttlichen Mission zu überzeugen. Sein bevormundender Dogmatismus hatte bereits viele vor den Kopf gestoßen, sein anmaßendes Auftreten als Prophet brachte das Faß zum Überlaufen. Im April 1983 wurde er von der Gemeindeversammlung in Tyler, Texas, aus der Kirche ausgeschlossen.

Nachdem Howell von dieser eher konventionellen Gemeinde ausgestoßen worden war, fand er Aufnahme bei den Davidianern. Sie waren eine Abspaltung der Adventisten und 60 Jahre zuvor von Victor Houteff gegründet worden. Houteff nannte seine neue Kirche den davidianischen Zweig der Adventisten des Siebten Tages. Im Mittelpunkt der davidianischen Lehre steht der Glaube an das Erscheinen von Propheten, was dem göttlich inspirierten Howell sehr entgegenkam.

Houteff hatte mit seinen prophetischen Predigten eine große Anhängerschaft um sich versammelt. Die Leute verließen ihr Heim, um sich ihm auf einer Farm in Waco, Texas, anzuschließen, die er »Berg Karmel« taufte. Nach Houteffs Tod wurde seine Witwe zum Oberhaupt der Gemeinde. Sie sagte voraus, daß am Ostertag 1959 das Ende der Welt kommen würde. Davidianische Adventisten im ganzen Land verkauften ihr Eigentum und pilgerten nach Waco, um dort das Weltende zu erwarten. Als Ostern kam und verstrich und die Welt immer noch bestand, zerstreuten sich die enttäuschten Gläubigen. Dieses Ereignis, das als die Große Enttäuschung in die Sektenchronik einging, hätte fast zur völligen Auflösung der zuvor blühenden Bewegung geführt. Nur 50 wahre Gläubige blieben der Lehre treu. Selbst dieses kleine Fähnlein der Aufrechten litt jedoch unter mangelnder Organisation, bis ein Mitglied namens Ben Roden die Leitung einer neuen Gemeinde an sich riß, die er dann den »Davidianischen Zweig« nannte.

Rodens Witwe Lois trat nach dessen Tod seine Nachfolge an. Sie war jedoch eine Sektiererin unter Sektierern und brüskierte viele Mitglieder, indem sie erklärte, der Heilige Geist sei weiblich. Ihre feministische Theorie und ihr fortgeschrittenes Alter, sie war immerhin 67, hinderten sie daran, die Zügel fest in der Hand zu halten. Die Ankunft des 23jährigen Howell schien daher ein göttliches Zeichen zu sein. Howell umgarnte Lois Roden buchstäblich.

Er wurde ihr Liebhaber, und die beiden versuchten sogar, ein Kind zu zeugen.[25]

Howell nahm an den Erweckungsversammlungen der Davidianer teil, verärgerte aber mit seinen flammenden Predigten die Lois feindlich gesinnte Fraktion der Organisatoren, die schließlich die Polizei riefen, um ihn von den Versammlungen fernzuhalten. In seinen leidenschaftlichen Reden plädierte er beredt für die Religionsfreiheit, das Recht, Waffen zu tragen, und das Recht, von staatlicher Einmischung frei zu sein.

Im November 1987 festigte ein bizarres Ereignis Howells Führungsanspruch bei den Davidianern. Lois Rodens Sohn George, ein emotional haltloser junger Mann, hatte sich Hoffnung gemacht, ihre Nachfolge bei den Davidianern anzutreten. Doch Lois hatte Howell zu ihrem Nachfolger bestimmt. Als sie 1986 starb, brach ein Streit um die Führungsposition aus. Der zornige George Roden kündigte an, er wolle prüfen, wer wahrhaft vom göttlichen Geiste erfüllt sei und damit ein Recht auf das höchste Amt habe. Roden grub die Leiche einer früheren Sektenangehörigen, einer 85jährigen Frau, aus und erklärte, wer sie wieder zum Leben erwecken könne, solle der neue Sektenführer sein.

Howell wandte sich an die örtliche Staatsanwaltschaft und forderte Rodens Festnahme wegen Leichenschändung. Zusammen mit sieben bewaffneten Anhängern drang er ins Hauptquartier der Sekte, die Farm Berg Karmel, ein, um die Leiche zu photographieren. Roden trat ihnen mit einem halbautomatischen Gewehr entgegen und wurde bei der anschließenden Schießerei leicht verwundet. Howell wurde des versuchten Mordes angeklagt. Beim Prozeß bewies er seine Überlegenheit in solchem Maße, daß sein Führungsanspruch fortan unangefochten blieb. Als die Zeugen sich weigerten, der Aufforderung des Richters, sich zu erheben, nachzukommen, soll Howell mit der Sanftmut eines Heiligen zu ihnen gesagt haben: »Es ist schon in Ordnung. Ihr habt nichts Schlechtes getan. Steht ruhig auf.« Alle erhoben sich. Howells Mitangeklagte wurden freigesprochen, während die Geschworenen in seinem Fall nicht zu einem einheitlichen Schuldspruch kamen.[26]

Nach dem Prozeß war zu beobachten, wie der Wagen des Sheriffs mit den Waffen beladen wurde, die auf der Farm beschlagnahmt worden waren, und diese den Davidianern wieder zurückgegeben wurden. Dieser Augenblick des symbolischen Triumphes sicherte Howells Führungsposition. Ein früheres Sektenmitglied erinnerte sich an die kollektive Interpretation dieses dramatischen Augenblicks: »Man braucht nicht sehr viel Phantasie, um sich vorzustellen, was seine Anhänger gesehen hatten. Er hatte den Prozeß gewonnen, die Waffen und die Farm. In seinen Augen, wie in denen seiner Leute, muß es so ausgesehen haben, als hätte ihn Gottes Hand geleitet.«[27]

Howell hatte einen weiten Weg zurückgelegt. Aus dem verschüchterten Jugendlichen war ein unangefochtener Führer geworden, aus dem lernbehinderten Kind, das mit den Worten rang, ein Mann, der das Wort großartig beherrschte. Howell, der nun 28 Jahre alt war, übernahm den Vorsitz in der Waco-Sektion der Davidianer. Er verwandelte das Grundstück systematisch in eine schwerbewaffnete Festung und drillte seine Anhänger in Erwartung der kommenden Apokalypse in militärischer Taktik. 1990 änderte Howell seinen Namen offiziell in David Koresh (*Koresh* ist das hebräische Wort für Kyros, den persischen König, der den Juden gestattete, nach Palästina zurückzukehren).

Koresh zweifelte nun nicht mehr daran, daß er eine göttliche Sendung zu erfüllen hatte, und wußte auch seine Anhänger davon zu überzeugen. Seine Sprachgewalt war geradezu hypnotisierend, und seinen früheren Anhängern zufolge bekehrte er viele zum Glauben der Davidianer. Er unternahm weite Reisen und war besonders in Australien, Israel, Großbritannien und Jamaika erfolgreich. Seine Botschaft war für viele anziehend, die jeden Halt verloren hatten und verzweifelt nach einem Sinn suchten, kurz: für Menschen, deren Welt zerbrochen war. David Koresh hatte seine persönliche Apokalypse in eine einzigartige religiöse Lehre verwandelt.

Menschen, deren Welt wie die seine in Stücke zerfallen war, bot er eine gemeinsame Vision: »Eure Gefühle, von denen ihr glaubt, sie seien eure persönliche Schwäche, spiegeln eine transzendente

Wirklichkeit. Ihr seid also nicht allein. Ich, der ich vom Geiste Gottes beseelt bin, kenne diese schreckliche Wirklichkeit, und ich besitze die Schlüssel zum Paradies.« Ihrer Einsamkeit entrissen, hörten die Schwachen und Entrechteten aus den prophetischen Worten Koreshs eine Botschaft begeisternder Hoffnung und Erlösung heraus und folgten ihm auf die Ranch Berg Karmel.

Nach seiner Vision war er der siebte und letzte Engel, auserkoren, der Gesandte Gottes zu sein, um das Ende der Welt herbeizuführen. In seinen Predigten verkündigte er, der Auftakt zur Erlösung würde in Texas, auf der Ranch Berg Karmel, stattfinden, und beschwor seine Jünger, sich für diesen letzten Kampf der Mächte des Guten gegen die Mächte der Finsternis zu rüsten. Nach der Schlacht, in der die Welt zerstört und in den Flammen gereinigt werden würde, um Christus den Messias zu empfangen, würde er, David Koresh, als Christus zurückkehren und alle, die an ihn glaubten, würden im Neuen Jerusalem das Paradies finden.

Zunächst hatte Koresh gepredigt, das Ende würde nah sein, wenn er nach Israel ginge, um die Juden zu bekehren. Die Bekehrung würde weltweite Unruhen auslösen, einen Krieg provozieren und Amerika veranlassen, das Heilige Land zu besetzen. Damit wäre das Signal für den Beginn von Armageddon gegeben. Er würde dann in einen Engel des Krieges verwandelt und die Erde für das Neue Jerusalem reinigen.[28] In den späten achtziger Jahren ging er tatsächlich nach Israel, da seine Prophezeiung aber nicht in Erfüllung ging, kehrte er nach Berg Karmel zurück und verkündete, das Ende der Welt würde nicht in Israel, sondern in Texas heraufziehen. Die amerikanische Armee würde die Sekte angreifen, eine heftige Konfrontation herbeiführen und den Untergang der Welt beschleunigen.

Nachdem er mit seiner ausgefallenen Bibelinterpretation seinen Führungsanspruch und seine Handlungen gerechtfertigt hatte, ging Koresh dazu über, systematisch ein geschlossenes und gut überwachtes Sozialsystem aufzubauen, das auf der bedingungslosen Verehrung seiner Göttlichkeit und seiner Stellung als »Erwählter« beruhte, während es seine Anhänger all seinen Launen

auslieferte. Exzessive Bibelstudien – sie konnten bis zu 15 Stunden dauern – wirkten sich auf seine Jünger hypnotisch aus. 1987 lebte Koresh, wie Polizeibeamte es ausdrückten, in einem Harem junger Mädchen, von denen einige erst zwölf waren. Sie glaubten, er sei Jesus Christus, und er hatte ihnen eingeredet, es sei ihre Pflicht, ihm sexuell willfährig zu sein, denn es sei sein göttliches Recht, »seinen Samen zu pflanzen«, um »das Haus Davids zu füllen«.[29] Später hat er den Männern der Gruppe befohlen, ein sexuell enthaltsames Leben zu führen und ihre Ehefrauen und Töchter zu ihm zu schicken. Eltern und Ehemänner kamen diesem Wunsch bereitwillig nach, fühlten sie sich doch geehrt, daß ihre Frauen und Töchter zu den Erwählten gehörten. Ein Dutzend Frauen erklärten voller Stolz, daß sie Koresh angehört hätten. Die jungen Frauen und Mädchen trugen Halsketten mit einem Davidstern als Zeichen ihrer Aufnahme in Koreshs Haus. Nach Schätzungen hatte er mehr als 17 Kinder. Die meisten kamen mit ihm zusammen ums Leben. Seine sexuellen Ansprüche rechtfertigte er mit dem 54. Psalm, in dem es heißt, der König sei mit dem »Öl der Freude« gesalbt. Koresh deutete das »Öl der Freude« als vaginale Sekrete, mit denen sein Penis gesalbt werden sollte.
In seiner Jugend war Koresh von schweren Schuldgefühlen wegen seiner sexuellen Wünsche geplagt worden, doch nun, da er vom Geiste Gottes erfüllt war, rechtfertigte er nicht nur seine sexuellen Neigungen mit der Bibel, er verlieh ihnen auch den Schein der heiligen Handlung. Hierin folgte er dem Oberhaupt der Mormonen, Joseph Smith, der seinen sexuellen Begierden und denen seiner engsten Mitarbeiter Gottes Segen erteilte und die Polygamie zum religiösen Gebot erhob. Die Art und Weise, in der Koresh sich zum sexuellen Mittelpunkt der Davidianer aufschwang, erinnert an Jim Jones' Forderung, Ehemänner sollten zuschauen, wie er mit ihren Frauen schlief, und die Frauen sollten dabei sein, wenn er mit ihren Ehemännern sexuell verkehrte. Wie in allen totalitären Systemen waren Familienbande unerwünscht. Durch die gewaltsame Erniedrigung und Schmähung seiner Anhänger festigten Koresh wie auch Jones ihre Stellung.

Es ist erstaunlich, wie es Koresh gelang, seine Anhänger zur Billigung seiner sexuellen Ausschweifungen zu bewegen, indem er seine Exzesse zum Bestandteil einer neuen Moral erhob – einer Moral, der er offenbar intensiv huldigte. Wie sah die psychologische Dynamik aus, die seine Anhänger bereitwillig ihre eigene Erniedrigung akzeptieren ließ?

Zuerst wird ein erhabener Grundsatz postuliert, um die traditionelle Moral umzustoßen. Zeichen für die Bejahung dieses Grundsatzes ist die Bereitschaft, Dinge zu tun, die man unter anderen Umständen abscheulich fände. Jones' Gefolgschaft glaubte an dessen göttliche Sendung, daran, daß seine Worte Gottes Worte waren, und deshalb erfüllten sie in ihren Augen nur ein göttliches Gebot, das sie als solches nicht erniedrigte. Koresh verkündete, Gott habe ihm aufgetragen, ein neues Haus Davids zu errichten, indem er sich viele Frauen nahm und wie König David eine zahlreiche Nachkommenschaft zeugte.

Ferner neigen Individuen dazu, ihre Wünsche zu rationalisieren und damit zu entschuldigen, daß sie nur einem Prinzip Folge leisten. Zumindest rationalisierten einige Anhänger Koreshs ihre Begierden damit, daß ihre Ausschweifungen nur die gehorsame Erfüllung des Wortes Gottes seien.

Und schließlich erheben sich narzißtische Führer wie Koresh über die gewöhnliche Moral und rechtfertigen dies mit theologischen Argumenten.

Während er seine Schäfchen um sich sammelte, predigte Koresh unaufhaltsam, daß das Ende der Welt nahe sei und sie sich für den kommenden Kampf rüsten müßten.[30] Als staatliche Behörden die Niederlassung angriffen, schien sich seine Prophezeiung zu erfüllen. Während der 51 Tage dauernden Belagerung täuschten sich FBI und andere staatliche Behörden über die soziale Natur der Sektenniederlassung und die Persönlichkeit Koreshs. Sie waren der Ansicht, hier handle es sich um Geiselnahme, und nach ihrer Theorie der Geiselbefreiung schrieb die Taktik Verhandlungen bei gleichzeitiger Erhöhung des Drucks vor. Sie übten durch sogenannte »psychologische Maßnahmen« Druck aus, was unter

anderem ein anhaltendes Geräuschbombardement einschloß. Sie hielten Koresh irrtümlicherweise für einen Psychopathen, einen Irren.
Koreshs Anhänger waren jedoch alles andere als Geiseln. Sie waren ergebene Gefolgsleute eines charismatischen Sektenführers, der einem apokalyptischen Kult vorstand. Koresh war nicht nur ein Soziopath, der seine Leute geschickt manipulierte, er war zudem paranoid, von Größenwahn und Selbsttäuschung besessen, ein Mensch, der leicht seinen Realitätssinn verlor. Dies sind Charakterzüge, die ein Psychiater als »Borderlinesyndrom« diagnostizieren würde. Menschen, die unter diese Diagnose fallen, können ganz unauffällig sein, doch in Drucksituationen in eine Psychose abgleiten. Einer Person mit diesem Krankheitsbild, die über dem Abgrund des Wahnsinns hängt, wird man nicht erbarmungslos auf die Hände schlagen. Genau das aber tat das FBI mit seinem Druck auf Koresh und dessen Anhänger. Mehr noch: Die Berichterstattung in Regierungsblättern und in den Medien konzentrierte sich auf Koresh, den gescheiterten Rockstar, den es nach Ruhm verlangte, was seinem größenwahnsinnigen Narzißmus geschmeichelt haben muß. Ganz Amerika blickte auf ihn.
Durch diesen Druck wurde Koresh in den Abgrund gedrängt, in die grandiose Wahnwelt, die er sich mit seinen treuen Anhängern geschaffen hatte. Er verfiel in eine Psychose, in der er zu biblischen Kyros wurde, zum Botschafter der Sieben Siegel der Offenbarung. Erfüllt von seiner apokalyptischen Prophezeiung, glaubte Koresh und mit ihm seine Gefolgschaft, daß ein heftiger Kampf zwischen den Kräften des Guten und den Mächten des Teufels bevorstehe und daß alle, die in diesem Kampf den Tod fänden, ins Paradies gelangten.
Während der harte Kern seiner Gefolgschaft Koresh die Treue hielt, hegten viele Zweifel an seiner Auserwähltheit und sprangen ab. Doch wenn einzelne begannen, seiner »Wahrheit« zu mißtrauen, so war das Schauspiel der Panzerfahrzeuge und das Erlebnis des Geräuschbombardements, das ihnen das FBI mit seiner psychologischen Kriegsführung bot, nicht dazu angetan, ihre Zweifel

zu vergrößern. Im Gegenteil, es schien Koreshs apokalyptische Visionen zu bestätigen. Er sprach von der letzten Schlacht und zitierte das Buch der Offenbarung, in dem von Drachen und dem Gebrüll der Posaunen die Rede ist. Als die gepanzerten Fahrzeuge die Umzäunung des Anwesens durchbrachen und Tränengasbomben geworfen wurden, mußte man kein paranoider Psychotiker sein, um die über Lautsprecher abgegebene Erklärung der Regierung, es handle sich *nicht* um einen Angriff, für puren Hohn zu halten. Das Vorgehen des Staates bewies den Davidianern, daß die prophezeite letzte Schlacht wirklich angebrochen war. Zusammen mit Koresh starben 75 Menschen in den Flammen, die die Ranch Apocalpyse zerstörten. Wie bei vielen paranoiden Bewegungen führte auch hier die Wechselwirkung eines vom messianischen Wahn ergriffenen Sektenführers und seiner Anhänger mit der sie umgebenden Umwelt zu einer tragischen, sich selbst erfüllenden Prophezeiung. Sie provozierten die von ihnen gefürchteten und erwarteten Reaktionen.

Die Jonesianer und Davidianer fanden ein schreckliches Ende, doch im Grunde genommen waren beide Gruppen passive Bewegungen, die sich aus Verzweiflung aus der Welt zurückgezogen hatten. Als sie mit der Außenwelt in Konflikt gerieten, veranlaßte Jones seine Sekte zum kollektiven Selbstmord, und Koresh bereitete sich auf die letzte Schlacht vor. Die Ironie aller apokalyptischen Verheißungen und der Versprechungen eines Tausendjährigen Reiches durch charismatische Führer ist, daß sich letztlich nur eine Verheißung erfüllt: die Apokalypse – ohne das Paradies einer neuen Welt oder eines Tausendjährigen Reichs.

Aber nicht alle Anhänger neuer Religionen sind passiv und auf der Flucht vor der Welt. Die vom Guru Shoko Asahara geleitete Aumsekte wollte die Apokalypse beschleunigen. Der Giftgasangriff auf die U-Bahn in Tokio am 20. März 1995, bei dem zwölf Menschen umkamen und 5500 verletzt wurden, war der Auftakt zu einer breitangelegten Kampagne, die den Dritten Weltkrieg provozieren sollte.

Shoko Asahara und die Aumsekte

Lange vor dem Nervengasangriff im Jahre 1995 hatte Asahara einen Weltkrieg prophezeit, in dem die Vereinigten Staaten Japan besetzen würden. In einer 1988 gehaltenen Rede unter dem Titel »Prophetie und Heil« hatte Asahara einen Atomkrieg zur Jahrtausendwende vorhergesagt, einen Krieg, der nur zu verhindern sei, wenn die Menschen sich der in verschiedenen Ländern gegründeten Sekte Asaharas anschlössen.[31] Als Quelle seines Wissens gab er »meine Astralvision, meine intuitive Weisheit und meine durch Jnana Yoga erworbene Erkenntnis« an.[32]

1994 behauptete Asahara völlig haltlos, US-Flugzeuge verübten Gasangriffe auf seine Anhänger, eine Projektion seiner eigenen paranoiden Psychologie. Asahara wurde zunehmend von der Idee besessen, nicht nur für das Überleben im kommenden Krieg zu sorgen, sondern diesen auszulösen. Zwölf Tage vor dem Angriff auf die U-Bahn in Tokio erhielten alle Mitglieder der Aumsekte ein »letztes Warnschreiben«, in dem es hieß, ihnen stünde der Tod durch biologische Waffen bevor. Gleichzeitig wurde eine dringende Zusammenkunft auf dem Ausbildungsgelände der Sekte angekündigt.[33]

Bei einer anderen Gelegenheit hatte Asahara seinen Anhängern widersprüchlicherweise versichert, daß selbst ein Atomkrieg für die wahren Gläubigen kein Problem sei, denn ein emanzipierter Mensch könne in dieser Welt mit einem neuen Körper wiedergeboren werden. Allerdings müsse man die Welt schützen, um einen Ort für die Wiedergeburt zu haben.[34]

Der Gasangriff sollte das Signal für einen ausgefeilten Plan sein, den Dritten Weltkrieg auszulösen. Am 5. Mai 1995 wurden brennende Behälter mit Chemikalien in der Tokioter U-Bahn-Station Shinjuku gefunden. Laut Polizeibericht hätten die Chemikalien, wären sie richtig entzündet worden, 20 000 Menschen töten können. Der entscheidende Schlag sollte nach Plänen der Sekte im November gegen Regierungsgebäude, das Parlament und den kaiserlichen Palast erfolgen.[35] Nach dem Gasangriff enthüllten Durchsuchungen des Sektenhauptquartiers die Ungeheuerlichkeit des geplanten Vernichtungszuges. Man entdeckte riesige Waffenlager, »Wagenladungen von Chemikalien zur Herstellung und zum Einsatz von Sarin«, einen russischen Hubschrauber und Millionen von Dollar in bar und in Gold.[36] Die Sekte hatte eine Reihe von Munitionsfabriken errichtet. Von Asahara angeheuerte Mikrobiologen waren damit beschäftigt, biologische Waffen herzustellen, darunter auch das Ebola-Virus. Hinter einer Scheinwand im Aum-Hauptquartier befand sich ein 700 000 Dollar teures Forschungslabor, in dem genügend Giftgas der Sorte Sarin hergestellt werden konnte, um monatlich sechs bis acht Millionen Menschen zu töten. Der Eingang zum Labor war hinter einem riesenhaften Relief des von der Sekte verehrten Schiwa verborgen, des hinduistischen Gottes der Schöpfung und Vernichtung. Einer der detailliert niedergelegten Pläne sah vor, Sarin aus ferngesteuerten Hubschraubern über Tokio abzuwerfen. Zum Labor gehörte auch ein industriell nutzbarer Mikrowellenofen, der nach Berichten dazu gedacht war, die Leichen der Opfer einzuäschern.[37]

Asaharas Ziel war es, die japanischen Selbstverteidigungskräfte, das japanische Militär, zu schlagen und die Macht im Lande an sich zu reißen. In seinen Reden aus dem Jahre 1988 hatte Asahara vor der wachsenden Polizeimacht gewarnt. Er sagte die verheerende Niederlage der liberaldemokratischen Partei in den nächsten Wahlen voraus, gefolgt von einer Konzentration der Massenmedien auf drei weltliche Freuden: Eßlust, Sexualität und Sport. Das Ergebnis wäre ein gesellschaftlicher Verfall und wachsende Polizeipräsenz, durch die das »japanische Volk zum uniformen Denken erzogen werden kann«.[38]

Um sich gegen die gefürchtete Polizeiüberwachung zu schützen, hatte Asahara systematisch die Verteidigungskräfte infiltriert. Auf der Mitgliederliste der Aumsekte standen die Namen von mehr als 20 gegenwärtigen oder früheren Mitgliedern der Verteidigungskräfte. Polizeibeamte schlossen daraus, daß sie Teil eines Sonderkommandos waren, das für den Einsatz von Panzern, Hubschraubern und chemischen Waffen, darunter auch Sarin, ausgebildet war. Weitere Untersuchungen ergaben, daß Asahara für die Zeit nach der Machtübernahme bereits ein »Schattenkabinett« gebildet und alle Ministerposten an Sektenmitglieder vergeben hatte.[39] Zwar wurde behauptet, die Schattenregierung folge dem Vorbild der japanischen Regierung und schließe Ministerien wie das Finanz-, Bildungs- und Bauministerium ein, doch einige Ministerien und ihre Leiter schienen mehr einem paramilitärischen Kommando zu gleichen. Offenbar waren sie der militärische Arm der Aumsekte. Das von einem Gentechnologen geleitete Gesundheits- und Sozialministerium war anscheinend für die bakterielle Kriegsführung zuständig, während das Wissenschafts- und Technologieministerium mit einem Astrophysiker an der Spitze die chemischen Kampfeinheiten überwachte und für die Entwicklung chemischer Waffen verantwortlich war.[40] Der Leiter der chemischen Kampftruppe gestand, daß die Herstellung des Nervengases Sarin in seine Zuständigkeit fiel. Durch Untergrundaktivitäten, die von der Nummer zwei der Sekte koordiniert wurden, beschaffte und produzierte man Waffen und sonstige militärische Ausrüstungen. Das Exekutivkomitee, eine nicht unbedeutende Teilorganisation innerhalb dieser Einheit, war der Terrorarm der Sekte und angeblich für die Entführung und Ermordung abtrünniger Mitglieder und Gegner verantwortlich. Sein Leiter, Kiyohide Nakada, war ein ehemaliges Mitglied der Jakuza, der japanischen Mafia.[41] Es wurde behauptet, diese Einheit hätte den Gasangriff vom 20. März 1995 organisiert und versucht, den Polizeichef zu ermorden, der die Durchsuchungen des Sektenhauptquartiers und die Verhaftung Asaharas koordinierte.

Zur Verwunderung der japanischen Gesellschaft hatte ein hoher Prozentsatz der Sektenmitglieder die angesehensten Universitäten des Landes besucht und Diplome in den naturwissenschaftlichen Fächern Physik, Chemie, Mikrobiologie und Kerntechnologie erworben. Es ist jedoch nicht selten, daß sich Wissenschaftler, vor allem wenn sie zur ersten Familiengeneration mit einer Universitätsausbildung gehören, zu extremistischen religiös-politischen

Bewegungen hingezogen fühlen. Die Sekte zählte ferner eine Reihe von Mitgliedern aus dem japanischen Establishment.
Der »verehrungswürdige Meister« Shoko Asahara hatte die Aum-Shinriko-Bewegung 1987 gegründet. Nach dem Mythos der Sekte hatte Asahara zuvor im Himalaja den Zustand des Nirwanas erlangt. Er behauptete, sechs magische Kräfte zu besitzen, die er in Tibet nach langen asketischen Übungen erworben habe. Eine dieser Kräfte befähigte ihn angeblich dazu, sich in eine beliebige Gestalt zu verwandeln oder Gegenstände ohne Berührung zu bewegen und zu verändern. Asaharas übernatürliche Fähigkeiten wurden oft in den Werbebroschüren der Aum angepriesen, und ein Film zeigte einen gutaussehenden, schlanken Asahara, ein idealisiertes Bild des Sektenoberhauptes, das in Wahrheit unattraktiv und untersetzt ist, wie er durch Wände geht und heiter-erhaben über Städte fliegt.[42]
Die Sekte verhieß Selbsterleuchtung durch eine Verbindung von tibetanischem Buddhismus und Hinduismus.[43] In ihrer Blütezeit zählte sie 10 000 Mitglieder in Japan, 30 000 in Rußland und kleinere Gruppen in anderen Ländern.[44]
Die Lebensläufe von Asahara und Koresh weisen verblüffende Ähnlichkeiten auf. Bei beiden führte eine psychische und wirtschaftliche Verelendung zu kompensatorischem Größenwahn. Asahara, dessen Anhänger den verehrungswürdigen Meister durch einen Kuß auf den großen Zeh begrüßten, stammt aus äußerst ärmlichen Verhältnissen.[45] Er wurde am 2. März 1955 als vierter Sohn eines verarmten Mattenflechters geboren. Damals noch Chizuo Matsumoto genannt, litt der zukünftige verehrungswürdige Seher als Kind unter einem Glaukom, das ihn auf einem Auge erblinden ließ. Das andere Auge behielt nur ein Drittel seines Sehkraft. Da seine Behinderung es unmöglich machte, das Handwerk seines Vaters zu erlernen, wurde der Sechsjährige in ein staatliches Schulheim für Blinde geschickt. Er kehrte nie wieder zu seiner Familie zurück.
Im Reich der Blinden ist der Einäugige König, und als eingeschränkt Sehfähiger in einer Blindenschule wurde der junge

Chizuo schnell zum Anführer – und zu einem recht tyrannischen. Begleitete er seine Mitschüler zum Imbiß, bestand er darauf, daß sie für ihn bezahlten. Als Junge träumte er davon, ein Reich intelligenter Roboter zu regieren – Träume, in denen er innere Ohnmachtsgefühle durch grenzenlose Machtphantasien kompensierte. Er erzählte vielen seiner Mitschüler, er wolle später in die Politik gehen und Premierminister werden. Traditionell wurden stark sehbehinderte Kinder in Japan zu Akupunkteuren oder Masseuren ausgebildet, doch 1973, Matsumoto war nun 18 Jahre, schrieb er sich in einen Vorbereitungskurs für die angesehene Tokioter Universität ein, um eine politische Karriere einzuschlagen. Es muß ein schwerer Schlag für ihn gewesen sein, daß er keine Zulassung zur Universität erhielt.

Er gab seinen Traum von Ruhm und Ehre auf, wandte sich der Akupunktur zu und eröffnete in einem Vorort von Tokio, in dem es von Wahrsagern, Mystikern, Akupunkteuren und fliegenden Kräuterhändlern wimmelte, einen Laden für traditionelle chinesische Medizin. Zu dieser Zeit änderte er sein Aussehen und seinen Namen. Mit Bart und langem wehendem Haar nannte er sich fortan Shoko, ein Homonym für das Wort »Weihrauchopfer«, und Asahara, ein ziemlich hochtrabender Name, verglichen mit dem plebejischen Matsumoto.

Die nächsten neun Jahre verbrachte er in diesem Viertel von Scharlatanen. Während dieser Zeit machte er eine Yogaschule auf und beschäftigte sich zunehmend mit Mystik. 1982 verlor Asahara seine Lizenz für den Verkauf von Heilkräutern, da er wegen Quacksalberei eine Gefängnisstrafe absitzen mußte. Das war sein erster Zusammenstoß mit dem Gesetz. Etwa zur selben Zeit heiratete er eine Frau, die bei seiner religiösen Unternehmung mitwirkte. Tomoko Asahara bekleidete später einen hohen Posten in der Aumsekte. Nach dem Bankrott seines Kräuterhandels versuchten Asahara und seine Frau sich im Sektengeschäft. Ihre erste, »Vereinigung des göttlichen Segens« genannte Sekte war ein Fehlschlag. 1984 pilgerte Asahara nach Tibet, wo ihm, nach seinem eigenen Bericht, die Erleuchtung zuteil wurde. Nach seiner Rückkehr rief er eine kleine Yoga- und Meditationsgruppe ins Leben. Das halbe Dutzend seiner neu gewonnenen Anhänger versammelte sich in einem gemieteten Raum. Daneben gründete er einen kleinen Verlag. Dann folgte die »Aumvereinigung des göttlichen Magiers«. Nach seiner ausgefallenen Interpretation buddhistischer Lehren war er davon überzeugt, mit ihrer Hilfe die Schwerkraft überwinden und fliegen zu können, eine Technik, die er auch seinen Jüngern zu lehren versuchte. Die Broschüren der Aum präsentierten immer wieder Bilder des levitierenden Meisters. 1985 erschien in einer okkulten japanischen Zeitschrift ein Bild von Asahara, wie er im Lotussitz meditierend scheinbar über der Erde schwebt. Obwohl ihm dieses Bild eine gewisse Berühmtheit in okkulten Kreisen verschaffte, ging seine Sekte kläglich ein.

1987 versuchte er es ein drittes Mal. Diesmal nannte er seine neue Sekte die Neue Gesellschaft des Aum, die er später in Aum Shinriko (Aum der höchsten Wahrheit) umtaufte. Was das Wort *Aum* eigentlich bedeutet, ist umstritten. Einige meinen, es sei Sanskrit und bezeichne einen Teil der Lehre, andere meinen, es sei der heilige Laut, den buddhistische Mönche ausstoßen, wenn sie in den segensreichen Zustand des Satori gelangen wollen. In seinem Buch *Die höchste Kraft* brüstet sich Asahara, »als einziger Mensch in Japan die höchste Stufe des Satori erreicht zu haben«.[46] 1989 erkannte die Stadtbehörde von Tokio die Aum Shinriko als religiöse Vereinigung an und befreite sie von Steuerzahlungen.

Asaharas Persönlichkeit war beeindruckend, die Vermarktung seiner neuen Religion genial. Seine Zielgruppe waren junge Japaner, die sich von Japans materialistischer Kultur abgestoßen fühlten, intelligente und gebildete junge Männer und Frauen, die nach einem höheren Sinn in ihrem Leben suchten. Seine neue Sekte gedieh und akkumulierte beträchtlichen Reichtum, denn Asahara überzeugte die Mitglieder davon, ihm ihr ganzes Eigentum zu übertragen, damit sie Mönche oder Nonnen werden und in den Zustand der Erleuchtung gelangen können. Als die Sekte ihren Status als religiöse Vereinigung verlor und die Behörden ihr Vermögen beschlagnahmten, belief sich der Besitz der Aum auf 300 Millionen bis eine Milliarde Dollar, einschließlich beträchtlicher Immobilien, Computerläden, Nudelrestaurants, eines Verlages, eines Reisebüros und sogar einer Heiratsvermittlung.[47]

Wie auch bei anderen Sekten war es für Neulinge, die sich ihr erst einmal angeschlossen hatten, äußerst schwierig, ihr wieder den Rücken zu kehren. Wer es versuchte, bekam zu hören, er würde in der buddhistischen Hölle braten. Austrittswillige »zu retten« war ein euphemistischer Ausdruck dafür, daß man sie entführte. Einige der gewaltsam Zurückgeschleppten wurden sogar getötet.

Neue Jünger trugen mit einem elektronischen Gerät versehene Helme, die je nach Zahlungsfähigkeit für die horrende Summe von bis zu 10 000 Dollar gemietet wurden. Die Helme sollten angeblich die Gehirnwellen des Neulings mit denen Asaharas verbinden. Mitglieder tranken auch Wasser aus einem »Teich des Wunders«, der das »Badewasser Asaharas« enthielt. Novizen bekamen Drogen wie LSD, Morphium und andere stimulierende Mittel, die ihr Denken beeinflussen sollten, verabreicht.[48] Als die 130 Gebäude der Aum durchsucht wurden – von der nördlichen Insel Hokkaido bis zum südlichen Okinawa – fand man im Kinderhaus 80 Kinder zwischen drei und 14 Jahren. 53 von ihnen waren krank und unterernährt. Ein Kind erklärte, es könne nicht nach draußen gehen, denn die Luft sei voller Giftgas. Viele Kinder trugen eine besondere Haube. Sie war mit Elektronen verkabelt, die man ihnen in die Kopfhaut gepflanzt hatte.[49]

Das Regiment war streng und brutal, die Ergebenheit dem verehrungswürdigen Meister gegenüber sollte bedingungslos sein. Ein früheres Sektenmitglied schilderte, wie sie ständig Asaharas Predigten auf Video betrachten und unaufhörlich singen mußten. Gegen eine »Liebesgabe« von etwa 1000 Dollar sollte ein Mitglied 36 Billionen DNA-Einheiten aus Asaharas Genmaterial erhalten. Ein anderes Mitglied, eine Frau, erinnert sich, daß sie in eine kleine, fensterlose Zelle eingesperrt wurde, bloß eine Mahlzeit am Tag bekam und brutal daran gehindert wurde zu schlafen. Wächter schlugen die Mitglieder manchmal mit Ruten, und die Ausbildung der Novizen war die schiere Tortur. Gegessen wurde um 2.30 Uhr in der Früh, um 3.00 Uhr war Bettzeit, doch um 6.00 Uhr wurde man wieder geweckt. Danach hieß es putzen und sich in die Wahrheit Asaharas versenken. Als es dieser Frau nach drei Monaten gelang, für sich und ihre Tochter den Austritt zu erwirken, wurde ihr das Geld, das sie bei ihrem Eintritt der Sekte überlassen hatte, nicht zurückgegeben. Die Kinder auf dem Anwesen bekamen keinen Unterricht, sieht man einmal davon ab, daß auch sie die Schriften Asaharas studieren mußten. Ein anderes früheres Sektenmitglied erzählt von einem Besuch bei Aum im Jahre 1990. Er hatte nicht die Absicht zu bleiben, doch nachdem er und seine Familie das Gebäude betreten hatten, wurden sie eingesperrt. Zwar gelang ihm die Flucht, doch seine Frau und seine Kinder blieben zurück. Als es ihm gelang, drei seiner Kinder zu befreien, entführte die Sekte sie wieder und sicherte sich die Vormundschaft über sie.[50]

Ein extremer Glaube duldet keine Zweifel, und eine Möglichkeit, Zweifel auszuschalten, besteht darin, die Zweifler zu beseitigen, eine Aufgabe, die dem Exekutivkomitee zufiel. Ein Rechtsanwalt, der Familien vertrat, die ihre Kinder aus den Fängen der Sekte befreien wollten, wurde zum Feind Nummer eins erklärt. Auf Befehl Asaharas drangen sechs seiner Anhänger im November 1989 um 3.00 Uhr morgens in die Wohnung des Anwalts ein, töteten ihn samt Frau und Kind, indem sie ihnen Drogen spritzten, mit einem Hammer auf sie einschlugen und sie würgten. Im September 1995 wurden ihre Leichen in den Bergen Zentraljapans gefunden.[51] In einem Fall vom Februar 1995 ging es um eine ältere Frau, die der Sekte 100 000 Dollar gespendet hatte, doch mit der Sekte brach und sich verbarg, als Asahara ein bestimmtes Stück Land von ihr verlangte. Aum entführte ihren Bruder, damit er ihnen ihr Versteck verriete. Sie injizierten ihm Pentothal, und er starb beim Verhör. Danach äscherten sie die Leiche in ihrem Mikrowellenofen ein und verstreuten die Asche.

1989 erwarb die Sekte nach heftigen Disputen mit den betroffenen Gemeinden Land in der Nähe des Dorfes Kamikuishiki, am Fuße des heiligen Berges Fuji. Die Einrichtungen waren für eine neue

Religion ziemlich außergewöhnlich. Asahara, ein Bewunderer Hitlers, befahl den Bau einer hochtechnologisierten, computerüberwachten Chemiefabrik, in der Blausäuregas, Senfgas und Sarin, ein von den Nationalsozialisten kurz vor dem Zweiten Weltkrieg entwickeltes Nervengas, produziert werden sollten. Als einmal ein scheußlicher Geruch aus dem Gebäude der Sekte ausströmte, erklärte ein Sprecher, die Gruppe sei ein Opfer des amerikanischen und japanischen Militärs, das sie mit Giftgas einneble. Aum forschte auch auf dem Gebiet der biologischen Kriegsführung: Auf dem Gelände wurden neben großen Mengen von Botulismus auslösenden Bakterien auch 160 Fässer mit Pepton gefunden, einem Stoff, der beim Anlegen von Bakterienkulturen benötigt wird.

Durch die Verehrung seiner Jünger dazu bewegt, entschloß sich Asahara, mit einer eigenen Partei an den nächsten allgemeinen Wahlen im Jahre 1990 teilzunehmen: der Partei der Wahrheit. Sie hatte weder ein Programm noch spezifische Anliegen. Der Wahlkampf wurde hauptsächlich von feuchtäugigen, weißgewandeten Jüngern mit dem Gesang »Sho-ko, Sho-ko, A-sa-ha-ra« bestritten. Der bekannteste Wahlkampfsprecher war ein freundlicher junger Mann, Fumihiro Joyu, der Fernsehzuschauer, vor allem Frauen, bezauberte und erklärte, Asahara habe ihm die Kraft gegeben, mit dem Masturbieren Schluß zu machen.

Asahara mußte bei den Wahlen eine klare Niederlage einstecken. Vor dem Wahldesaster glaubte er noch, erst Japan und dann die ganze Welt würde ihm als neuem Buddha und Retter der Menschheit huldigen. Nach seiner Niederlage zog er sich mit 1000 Anhängern auf eine einsame Insel in der Okinawaregion zurück, gleichsam als Generalprobe für den Fall, daß amerikanische Bomber einen Atomangriff auf das japanische Kernland flögen. Diese wahnhafte Flucht teilte er, wie wir gesehen haben, mit Jim Jones und David Koresh. Die Medien folgten Asahara, weil sie wissen wollten, ob er nun mit seinen Jüngern einen Massenselbstmord plane. Daraufhin blies Asahara seinen Rückzug ab.

Nun, da er vergeblich nach den Sternen gegriffen hatte, wurde Asahara von einer wachsenden, rachsüchtigen Wut ergriffen. Der sanftmütige Buddhismus, der einen großen Teil seiner Anziehungskraft ausgemacht hatte, mußte einer heftigeren Rhetorik weichen. Im Gefolge seiner Wahlniederlage identifizierte er sich immer mehr mit Jesus Christus. 1992 veröffentlichte er ein Manifest unter dem Titel *Ich sage: Ich bin Christus*. Darin verkündete Asahara, er sei nicht nur der erleuchtete Meister, sondern auch das Lamm Gottes, das gesandt wurde, die Sünden der Welt hinwegzunehmen. Er zitierte Matthäus 24,9: »Alsdann werden sie euch der Drangsal überliefern und euch töten, und ihr werdet verhaßt sein bei allen Völkern ob meines Namens.« Die apokalyptischen Prophezeiungen der Offenbarung, die schon für Koreshs Theologie so entscheidend waren, gehen auch in Asaharas Vision ein. Darüber hinaus berief er sich auf Nostradamus' Vorhersage, im Juli 1999 breche ein Krieg aus.[52] In russischsprachigen Pamphleten wird Asahara »als nackter, gegeißelter Christus mit Dornenkrone dargestellt, der am Kreuz hängt und zudem eine verblüffende Ähnlichkeit mit dem prophetischen Mönch Rasputin hat«.[53]

Die erste russische Sektenniederlassung gründete Aum 1991. 1992 besuchte Asahara erneut Rußland und traf dort den Nobelpreisträger und Physiker Nikolai Basow, von dem er offenbar Informationen erlangen wollte, die sich für ein hochtechnologisches Waffensystem zur Massenvernichtung nutzen ließen. Später in diesem Jahr baute er in der Provinz Ishikawa eine Waffenfabrik, in der das sowjetische Sturmgewehr AK-47 produziert wurde. Aum kaufte ebenfalls eine 20 000 Hektar große Schaffarm in Australien und erwarb Schürflizenzen – in Australien gibt es beträchtliche Uranvorkommen. Die Schürfungen wären technisch sehr schwierig geworden, aber es scheint, als hätte Asahara jede Möglichkeit ausgeschöpft, in den Besitz von Massenvernichtungswaffen zu gelangen, ob konventionelle oder atomare. Offenbar testete Aum das Nervengas Sarin auf ihrer australischen Farm an Tieren, denn man fand 24 Schafskadaver mit Spuren des Gases, das sich auch in Bodenproben nachweisen ließ.

Die Wissenschaftler der Aum schlugen alle möglichen Wege ein. Asahara war von Nikola Tesla fasziniert, dem kroatischen Elektroingenieur, der in der ersten Hälfte des 20. Jahrhunderts den Wechselstrom entdeckte. Im Tesla-Museum in Belgrad kann man einige seiner Science-fiktion-Ideen im Detail bewundern, so auch einen Todesstrahl, der 10 000 Flugzeuge zugleich vernichten sollte, und Schockwellen, um die Erde zu spalten. Asaharas Mitarbeiter besuchten das Museum und studierten eingehend Teslas Hinterlassenschaft, offenbar in der Absicht, ein schweres Erdbeben in Japan auszulösen. Angeblich um bei der Eindämmung der Ebolaseuche zu helfen, reiste 1992 eine Gruppe von Mikrobiologen der Sekte nach Zaire. Doch laut einer Erklärung des US-Senats war ihre wahre Mission, einen Stamm des Virus für die bakterielle Kriegsführung zu sichern. Ein Wissenschaftler der Sekte hatte sogar eine Formel für die Synthetisierung des tödlichen Giftes der grünen Mamba entwickelt.

Da er sich als Lamm Gottes ausgab, erklärte Asahara seine schlechte Gesundheit damit, daß er all seine Kraft an seine Jünger weitergegeben habe. Er sprach davon, ernsthaft krank zu sein, unter anderem litte er an Leberkrebs, und deutete an, nicht mehr lange zu leben. Asahara sagte regelmäßig einen Weltkrieg für das Jahr 1997 voraus, verursacht durch dunkle Verschwörungen, die wahlweise von der japanischen Regierung, den Vereinigten Staaten, den Juden, Freimaurern oder rivalisierenden japanischen Religionen angezettelt wurden. Der wahrscheinlichste Kandidat waren die Vereinigten Staaten, die als das Tier (also der Teufel) aus dem Buch der Offenbarung identifiziert wurden. Asaharas Verknüpfung seiner apokalyptischen Prophezeiungen mit seinem eigenen schlechten Gesundheitszustand deutet darauf hin, daß er seine persönliche Apokalypse auf die Welt projizierte.

In dem veränderten Vorwort zur Neuauflage seiner Schrift *Jenseits von Leben und Tod* von 1992 (Erstveröffentlichung 1986) verglich Asahara die sechs Jahre seit der Ersterscheinung mit »einem Schiff, das in einen Sturm geraten ist«. Doch der Sturm sei für ihn ein Segen gewesen, denn »ohne diese harte und grausame Behandlung der Aum wäre uns niemals soviel Wachstum und Entwicklung zuteil geworden«. Weiterhin behauptete er: »Wir werden alle sterben.« Er forderte die Menschen auf, einen Kurs der Sekte über Tod und Wiedergeburt zu besuchen. »Das moderne Japan ist zu Unrecht um seine Idee eines Lebens nach dem Tod gebracht worden.« Er bot an, beides zu lehren. Offenbar war der Gasangriff von 1995 eine praktische Lektion.[54] Kurz vor dem Sturm der Polizei auf das Sektengelände in Kamikuishiki rief eine Tonbandbotschaft die Sektenmitglieder auf, seinen Heilsplan zu verwirklichen und »dem Tod ohne Bedauern zu begegnen«.

In seinem letzten Buch *Das Land der aufgehenden Sonne geht einem bitteren Schicksal entgegen* prophezeite Asahara zwischen 1996 und 1998 einen Atomangriff der Vereinigten Staaten auf Japan. Viele der Voraussagen drehten sich um einen amerikanischen Gasangriff auf das Hauptquartier der Sekte, die sich dementsprechend mit Atropin, einem Gegenmittel für Nervengase, eindeckte. Asahara betonte, daß die Mitglieder der Aum überleben würden. Die plausibelste Erklärung für den Landerwerb in Australien ist wohl, daß die Sekte hoffte, dort ein Atomkatastrophe überleben zu können. Danach sollten Asaharas Jünger die Erde neu bevölkern und eine Gesellschaft formen, die den Grundsätzen der aus der Asche entstiegenen Aum der höchsten Wahrheit anhängt.

Die Aum der höchsten Wahrheit stellt einen Übergang von Jüngern des passiven Millenarismus, der sich aus der Welt zurückzieht, um das Tausendjährige Reich zu erwarten – Beispiele dafür sind die Jonesianer und die Davidianer –, zu religiösen Kriegern dar, die nicht aus Verzweiflung der Welt entsagen, sondern gegen die Ungläubigen für ihre Version des Gottesreiches streiten. Die Paranoia Shoko Asaharas und seiner Anhänger führte zu einer defensiven Aggression. Da sie von einem Angriff auf sich überzeugt waren, schlugen sie zuerst zu.[55]

Diese drei Sektenführer – Jones, Koresh und Asahara – zeigen alle klassischen Symptome der Paranoia: wahnhaftes Mißtrauen, Ichbezogenheit, Größenwahn, Feindseligkeit, Angst vor dem Verlust ihrer Autonomie und Projektion. Alle drei vermochten ihre Anhänger psychisch völlig zu beherrschen. Sie manipulierten ihre Gefolgschaft nicht nur so, daß diese ihre Wahnvorstellungen teilte, sie brachten sie auch dazu, entsprechend zu handeln. Diese Beispiele sind Beweis dafür, daß eine politisch gefärbte Paranoia, die von einer aktiven Organisation Besitz ergriffen hat, unweigerlich zu Gewalttätigkeit führt.

Diese Dynamik ist nicht allein bei extremistischen neuen Religionen zu beobachten. Sie tritt auch an den Rändern etablierter Religionen auf und ist dort am erfolgreichsten, wo sie die Frommen aufruft, das äußerste Paradox zu vollziehen – im Namen Gottes zu töten.

Kapitel 6
Töten im Namen Gottes

[Gott befiehlt Josua, die Stadt Jericho zu zerstören:] Siehe, ich habe Jericho und seinen König in deine Hand gegeben ... Und sie vollstreckten den Bann an allem, was in der Stadt war, an Mann und Frau, an Alt und Jung, an Rind, Schaf und Esel, mit der Schärfe des Schwertes ... Und der Herr war mit Josua, und die Kunde von ihm verbreitete sich durch das ganze Land. *Josua 6,2–27*

Tötet die Götzendiener, wo ihr sie trefft, und ergreift sie, und belagert sie, und lauert ihnen auf in jedem Hinterhalt. *Koran 9,5*

Der Blutzoll, der für diesen Widerstand zu entrichten sein wird, ist eure Schuld, weder die Ihrer Hoheiten [von Kastilien und Aragón] noch die unsrige, noch die dieser Kavaliere in unserer Begleitung.

Das *Requerimiento*
(Es wurde auf lateinisch oder spanisch den Eingeborenen Amerikas von den spanischen Konquistadoren vorgelesen und verhieß denen, die nicht das Christentum und die spanische Herrschaft annehmen würden, Tod oder Versklavung.)

Ein Mensch, der psychologisch nicht mehr aus noch ein weiß, kann sich aus der peinigenden Welt in sich selbst zurückziehen, sei es in nackte Depression, sei es in eine Phantasiewelt seiner eigenen Kreation. Genauso kann sich eine gedemütigte oder ausgegrenzte soziale Gruppe aus der Mehrheitsgesellschaft zurückziehen. David Koresh ließ die verderbte Welt hinter sich und führte seine Jünger in das Asyl des abgezäunten Anwesens der Davidianer. Jim Jones führte seine Gruppe in den Tempel des Volkes im Dschungel Guyanas. Wenn man von angsteinflößenden Mächten bedrängt wird, welch ein Trost ist es da, zu einer Gruppe zu gehören, die eine Antwort hat, deren Führer den einstürmenden Schwierigkeiten einen Sinn abzugewinnen vermag und deren Mitglieder die verwirrenden Geschehnisse kollektiv verstehen und einzuordnen wissen.

Manche Gruppen ziehen sich in Erwartung des Weltendes und der anschließenden Erlösung still und ruhig zurück. Andere bekämpfen, um der Welt ihre Nächstenliebe zu beweisen, nach Kräften die unmoralischen Mächte in der Welt. Diese Fanatiker verhalten sich auf der Grundlage ihrer jeweiligen religiösen Lehre individuell und kollektiv der Gesellschaft gegenüber aggressiv.[1] Sie leben in einer subjektiven, polarisierten Realität, einer Wir-gegen-die-da-Welt. Ihre Einstellung ist paranoid, ihre Sicht der Welt manichäisch.

Bisweilen versteckt sich die paranoide Aggression hinter einem scheinbar resignierten Äußeren. Die Sekte vom Toten Meer, eine fundamentalistische, asketische Gruppen, die um 70 n. Chr. in der Wüste von Judaä lebte, bezeichnete sich selber als Söhne des Lichts, im Gegensatz zu den Söhnen der Finsternis.[2] Dem Anschein nach waren sie ganz harmlos, aber ihre Weltanschauung war nicht die Friedfertigkeit, sondern vielmehr unterdrückte und nur aufgeschobene Aggression. Nach ihrer Ordensregel hatten sie der Vergeltung zu entsagen, sich demütig zu betragen und ihren Feinden zu vergeben. Doch hinter dieser Attitüde verbarg sich eine fanatische Vernichtungslust gegen die, die ihre Überzeugungen nicht teilten, erlegte die Ordensregel ihnen doch Zurückhaltung auf nur »bis zum Tage des Jüngsten Gerichts«. Dann werde es im Namen Gottes ans Töten gehen. »Am Tag der Rache« werde der Zorn der Mitglieder »nicht ablassen von den Menschen der Falschheit«, sondern sie zerschmettern, »bis das Urteil vollstreckt ist«.[3]

Religiöse Fanatiker sind nicht notwendig Sektierer, sie sind auch in den Reihen der großen Religionen zu finden. Die Schwarzweißsicht der Welt in der Heiligen Schrift ist der Nährboden für den Fanatiker, die Rechtfertigung für seine Aggression. Die scharfe Aufteilung des moralischen Universums zwischen Gut und Böse ist eines der Hauptmerkmale der drei größten monotheistischen Religionen, die im Vorderen Orient ihren Ursprung haben: Judentum, Christentum und Islam. Die Polarisierung zwischen Gut und Böse hat diesen Religionen die für sie charakteristische Lebenskraft verliehen, eine Eigenschaft, von der viele meinen, daß sie den toleranteren Weltreligionen Hinduismus und Buddhismus fehle. Diese Trennung wird sogar noch verstärkt durch ein anderes definierendes Merkmal dieser Religionen: durch die Versicherung, daß es nur einen Gott gibt – einen eifersüchtigen, wachsamen, persönlichen Gott, mit dem es keine Kompromisse gibt. Diese Welt ist gemischt aus Licht und Finsternis, beständig liegt sie mit dem Bösen im Kampf. Für die Menschen gibt es da nur eines: an Gottes Seite zu kämpfen.

Wer einer dieser drei Offenbarungsreligionen glühend anhängt und auf den Buchstaben von Gottes Wort schwört, der findet jede nur denkbare Rechtfertigung in seiner jeweiligen Heiligen Schrift für eine militante Verteidigung seiner Glaubenssätze. Man sehe sich nur die bluttriefende, gewalttätige Vorstellungswelt des Christentums an, »dessen Zentralsymbol eine Exekutionsvorrichtung ist, ein Kreuz, an dem, zumindest in der römischen Tradition, immer noch der Körper hängt«. Weitere Belege für Militanz und Blutvergießen liefert christliches Liedgut. In der englischen Sprache finden sich martialische Titel wie »Onward, Christian Soldiers«, »The Old Rugged Cross«, »Washed in the Blood of the Lamb« und »There Is a Fountain Flowing with Blood«.[4]

Die aus dem Alten Testament hervorgegangenen Weltreligionen sind, wie wir alle, gespalten zwischen dem Lebens- und dem Todestrieb, zwischen Liebe und Haß. Die heiligen Texte inspirieren durch Worte der Liebe und Gerechtigkeit, sie waren Ursache für einige der größten Errungenschaften des menschlichen Geistes. Allerdings haben sie Gläubige ebenso zu gewalttätiger Aggression im Dienst ihres Glaubens inspiriert.

Es ist nicht schwer, geschichtliche Beispiele zu finden, die das belegen. Das diesem Kapitel vorangestellte Josuazitat illustriert die wilde Zerstörungslust der alten Hebräer. Die von Christen in den Kreuzzügen begangenen Massaker zeigen, daß das Töten im Namen Christi von Christen praktiziert worden ist. Ebenso ehrt die islamische Tradition diejenigen, die, wenn der Islam in Gefahr ist, an einem Krieg zu seiner Verteidigung teilnehmen.

Die Psychologie religiöser Gewalt

Das Töten im Namen Gottes durchzieht als roter Faden die Hauptereignisse der letzten Jahre. Als islamische fundamentalistische Terroristen für schuldig befunden wurden, 1993 den Bombenanschlag auf das World Trade Center verübt zu haben, riefen die Angeklagten »Allah akbar« (Gott ist groß). Als Dr. Baruch Goldstein 1994 in Hebron nach einer Maschinenpistole griff, das Feuer auf die betenden Moslems am Grab der Patriarchen eröffnete und 30 von ihnen tötete, glaubte er, einen göttlichen Auftrag zu erfüllen, und wurde von hartgesottenen jüdischen Siedlern auch prompt als Heiliger bejubelt. Dasselbe widerfuhr Yigal Amir, dem fünfundzwanzigjährigen religiösen Extremisten, der den Mord an Israels Premierminister Yitzhak Rabin auf dem Gewissen hat. Auch Michael Griffin, der Pro-Life-Aktivist, den man 1993 wegen der Ermordung David Gunns, des diensttuenden Arztes an einer Frauenklinik in Pensacola, Florida, verurteilt hat, glaubte fest, im Dienste seines Glaubens gehandelt zu haben. Das gleiche gilt für Rachelle Shannon, die den Arzt George Tiller in seiner Abtreibungsklinik in Wichita, Kansas, 1993 beinahe ermordet hätte. Shannon und Griffin plädierten beide auf »nicht schuldig«, da sie es rechtfertigen konnten, Menschen zu töten, die sie als Mörder betrachteten.

In all diesen Fällen richteten sich die Gewalttäter gegen etwas, das für ihr Glaubenssystem bedrohlich ist. Ihre Handlungen waren Akte der Notwehr gegen den Feind da draußen. Starke religiöse Überzeugungen mögen sich als Schutz gegen psychische Belastungen empfehlen, besonders dem Fanatiker, dessen Selbstwertgefühl vollständig auf der Integrität seines Glaubensgebäudes beruht.[5] Menschen, in denen er, ob durch Worte oder Taten, eine Gefahr für dieses Glaubensgebäude sieht, bedrohen gravierend die psychische Integrität des fanatisch Gläubigen. Es sind jedoch nicht seine Überzeugungen, welche in ihm Wut erzeugen. Im Gegenteil, die starren Überzeugungen liefern nur das sinnstiftende Korsett für die heftigen Gefühle. Weil Angriffe auf seine Überzeugungen die Selbstkontrolle des Fanatikers bedrohen und die Gefahr heraufbeschwören, daß er von seinen Gefühlen überwältigt wird, ist die Reaktion auf sie eine wütende und häufig gewalttätige.

Im Mittelpunkt dieses psychischen Systems steht ein Glaube, der sich gegen alle irdischen Gegenargumente immunisiert. In seinem Glaubenskorsett ist der Fanatiker für Vernunft nicht zugänglich. Der Glaube in seiner passiven Gestalt verlangt, daß Gegenargumente verdrängt werden. Der Glaube in seiner aktiven Gestalt verlangt, daß diejenigen, die die Gegenargumente vortragen, bekämpft oder gar vernichtet werden. Die Vernichtung des Herausforderers wird kein Schuldbewußtsein erzeugen, sie verschafft Befriedigung. Schon Blaise Pascal bemerkt: »Die Menschen begehen Böses nie so offen und guten Gewissens, als wenn sie es aus religiöser Überzeugung begehen.«[6] Die Gemeinschaft muß den Ketzer bestrafen, der das Glaubenssystem bedroht. Das gilt in gesteigertem Maße für eine revolutionäre religiöse Massenbewegung, für die der Glaube die Triebkraft ist (siehe Kapitel 4). Als der iranische Religionsführer Ajatollah Khomeini die *Fatwah,* das Todesurteil, über den Schriftsteller Salman Rushdie wegen Gotteslästerung in dem Roman *Die satanischen Verse* verhängte, verteidigte er daher nur den wahren Glauben. Als in Bangladesch in den neunziger Jahren die Feministin Taslima Nasrin schrieb, die traditionellen Auslegungen des Koran seien dazu benutzt worden, die weibliche Emanzipation zu verhindern, mußte sie sich vor aufgebrachten Moslems verstecken, da diese ihr Blasphemie vorwarfen und ihren Tod verlangten.[7] Es ist die Demarkationslinie zwischen der religiösen Gemeinschaft und den jeweiligen Ungläubigen, die es möglich macht, daß man ohne Schuldbewußtsein das fundamentale religiöse Tötungsverbot verletzt. Wörtlich übersetzt lautet das biblische Gebot auch nicht »Du sollst nicht töten«, sondern »Du sollst nicht morden«.[8] Wenn sich eine Gruppe mit einem religiösen Glaubenssystem von Feinden umringt sieht, kann sie das Töten des bedrohlichen anderen durchaus rechtfertigen. Unter solchen Umständen ist das Töten kein Mord, sondern ein religiöses Sakrament, denn es erfolgt in Verteidigung der Dogmen, die die Gruppe zusammenhalten. Solche fanatisch vertretenen Ideologien haben mannigfache Quellen, aber ein von allen geteiltes Merkmal ist die Bereitschaft, Gewalt gegen Ungläubige anzuwenden, die ihre Dogmen anzweifeln. Die menschliche Fähigkeit, unerträgliche innere Gefühle auf ein äußeres Objekt zu projizieren, und eben das ist das definierende Merkmal paranoider Reaktionen, ist ein von Kindesbeinen an wirksamer Abwehrmechanismus des Selbst. Dieser Abwehrmechanismus, der unter psychischem Druck einsetzt, leitet die Aggression auf ein äußeres Objekt. Er ist die Grundlage für Vorurteile, für die Suche nach Sündenböcken und, in seiner katastrophalsten Form, für Völkermord.

Der destruktive charismatische Führer beutet diesen Mechanismus aus, indem er ein symbolisch geeignetes Objekt für die Gruppenaggression ausmacht. Er nimmt für sich in Anspruch, eine Heilslehre für ein bedrängtes Volk zu besitzen. Wenn diese »Wahrheit« von einem autoritären religiösen Führer wie Khomeini verbreitet wird, gibt es für seine fanatisierten Anhänger keine Skrupel mehr. Sie rechtfertigt Aggression und sogar das Töten. Indem er den bigotten Zorn auf die Gegner des Glaubens lenkt, setzt der charismatische Führer diesen paranoiden Mechanismus seiner Anhänger in Gang und erhält so das psychische Gleichgewicht der Gruppe.

Denn der paranoide Anhänger greift nur seine eigenen verdrängten Gefühle an, die er auf den Feind projiziert hat. Weil die Gefühle verdrängt werden müssen, um das psychische Gleichgewicht wiederherzustellen, kann den Fanatiker mit seinem Haßobjekt weder Mitleid noch psychisch überhaupt irgend etwas verbinden. In dem Eifer, mit dem der Folterer zur Sache schreitet, in der Begeisterung des Mörders manifestiert sich die Lust, mit der man das zerstört, was man an sich selber verachtet und verdrängt. Der andere ist kein Opfer, auch nicht im religiösen Sinn, sondern »einer, der es nicht anders verdient«.[9] Nach dem Mord an Gunn und seinen Mitarbeitern in der Abtreibungsklinik war es deshalb bezeichnend, wie sehr es die Vertreter der Pro-Life-Bewegung an Mitgefühl für die Opfer fehlen ließen. So ist auch zu erklären, daß 57 Prozent der palästinensischen Bevölkerung ein Selbstmordattentat der islamischen Dschihad billigten, bei dem 20 Israelis umgekommen und 60 verwundet worden waren. Der palästinensische Mob jubelte nur über »den Tod von 20 Affen und die Wunden von 60 Schweinen«.[10]

Es kann auch der paranoide Führer in eigener Person sein, der mit dem Finger auf einen zeigt, »der es nicht anders verdient«. Das erleichtert es zusätzlich, den bigotten Zorn auf den Glaubensfeind zu lenken. Wahrhaft Gläubigen genügt die Identifikation aus dem Mund des Führers zur Gewissensberuhigung. Bei einer schon etablierten paranoiden Gruppe erübrigt sich auch diese Legitimationsfunktion des Führers. Das ist zum Beispiel bei vielen militanten christlichen Gruppen von Abtreibungsgegnern oder bei bewaffneten Bürgerwehren der Fall. Der einzelne verschmilzt hier so sehr mit der Gruppe, daß er keinen Raum für eine eigene Gewissensentscheidung oder auch nur das Bedürfnis danach hätte. Besonders ausgeprägt ist dieses Schema dort, wo sich die Gruppe selbst bedroht glaubt.

Die religiöse Sprache lebt in der Regel von der Spannung zwischen friedlicher Ordnung und schlimmer Unordnung, und die Verheißung ist, auf dem Weg des rechten Glaubens werde die Ordnung siegen und die Unordnung in Ketten gelegt werden.[11] Folglich bildet die Gewalt, als Begleitumstand der Unordnung, häufig einen integralen Bestandteil des religiösen Denkens. Sowohl im Judentum als auch im Christentum gibt es Gläubige, die die Heilige Schrift wörtlich nehmen, sei es das Alte Testament, sei es das Neue Testament. Und alle Mohammedaner glauben an den heiligen Buchstaben des Koran. Innerhalb jedes fundamentalistischen Glaubens existieren zwei Einstellungen, die quietistische und die aktivistische. Die Mehrheit wartet quietistisch auf das Kommen des Messias. Die Aktivisten glauben hingegen, sie könnten das Kommen des Messias durch fromme Werke beschleunigen. Diese apokalyptische »Pflicht« ist eine gewaltige Rechtfertigung für den fanatischen Terrorismus. Gottes Wille soll hier und jetzt verwirklicht werden. Folglich sind die Ungläubigen eine Bedrohung, die ausgeschaltet werden muß, entweder durch erzwungene Kapitulation oder durch Vernichtung. Besonders der Islam hat von Anfang an ein sehr affirmatives Verhältnis zur Gewalt gehabt.

Töten im Namen Allahs

> Bekämpfet die Führer des Unglaubens … Wollt ihr nicht kämpfen wider ein Volk, das seine Eide gebrochen hat und das den Gesandten zu vertreiben plante – und sie waren es, die zuerst (den Streit) wider euch begannen? Fürchtet ihr sie etwa? Allah ist würdiger, daß ihr Ihn fürchtet, wenn ihr Gläubige seid. Bekämpft sie; Allah wird sie strafen durch eure Hand. *Koran 9,12–14*

> Ich möchte den Regierungen der islamischen Länder dringend raten, nicht die Fehler der Vergangenheit zu wiederholen, sondern die Hand der Brüderschaft auszustrecken. Gottesfürchtig und im Vertrauen auf die Kraft des Islam sollte es ihnen gelingen, die Krallen der Unterdrücker und weltverschlingenden Plünderer, besonders die der USA, von der Gegend fernzuhalten.
> *Ajatollah Khomeini, Radioansprache vom 5. Juni 1983*

Dem Islam verdankt der menschliche Geist einige seiner vorzüglichsten Leistungen auf den Gebieten der Kunst, der Literatur und der Philosophie.[12] Ein strenger Monotheismus, der Wille, jeden Aspekt des Lebens religiös aufzufassen, und klare, allgemeingültige Regeln, wie Gott die Ehre zu erweisen sei, bilden das Wesen seiner Anziehungskraft. Der Islam ist jedoch eine menschliche Einrichtung und daher den gleichen ansteckenden Krankheiten ausgesetzt wie andere auch, Krankheiten, die oft genug vom Atem der Geschichte transportiert werden. Die paranoide Struktur ist weder spezifisch noch charakteristisch für den Islam, aber es gibt sie. Darin liegt eine große Ironie, da doch gerade der Islam die nicht paranoiden Tugenden der Barmherzigkeit und Vergebung übt und einen guten Teil seines Erfolgs seiner Duldsamkeit verdankt. Ja, die allerersten Worte des Koran empfehlen Barmherzigkeit und Vergebung: »Bismillah al-rahman, al-rahim« (»Im Namen Allahs, des Grundgütigen, Allerbarmenden«).

Aber keine Institution ist gegen den Bazillus der Paranoia immun. Der Islam kennt eine ausgeprägte Tradition sowohl der Gewalt als auch der Toleranz. Natürlich gaben die Mißgeschicke dieser Religion und der Bevölkerung, in deren Siedlungsgebiet sie ihre Wiege hatte, der Paranoia Nahrung.

Der Islam entstand bereits als kämpferische Religion. Seit 610, als Gott zuerst zu Mohammed sprach, hat der im Namen Gottes ergehende Ruf zu den Waffen ein mächtiges Echo bei den Moslems gefunden. Im ersten Jahrhundert der Existenz dieser Religion kämpften die Charidschiten, eine Gruppe gewalttätiger Dissidenten, die der Vorstellung vom heiligen Krieg (Dschihad) huldigte, gegen die Feinde ihrer Sekte und ermordeten den vierten Kalifen, Imam Ali.[13] Sie waren der Überzeugung, eine heilige Mission im Kampf gegen die Gefolgsleute Satans zu erfüllen, eine Pflicht, welche die Anwendung von Gewalt erlaubte, ja erforderte.[14] Viele heute würden die Charidschiten als die ersten Terroristen des Islam bezeichnen.

Der Islam beherrscht alle Aspekte des Lebens, die politischen, sozialen und kulturellen. Jede Facette des Lebens ist von der Scharia, dem islamischen Gesetz, geregelt, einschließlich der Umstände, unter denen ein Moslem in den Krieg zu ziehen hat. Wie der Vers, der das Motto zu diesem Abschnitt bildet, so sprechen sich noch viele weitere Koranverse für die Anwendung von Gewalt gegen Ungläubige und Abtrünnige aus. Viele Moslems glauben, daß der Dschihad für jeden von ihnen Pflicht sei. Der Koran schreibt vor, daß Moslems ausschließlich im Namen Gottes in den Krieg ziehen dürfen.[15] Beim Jüngsten Gericht werde der Krieger, der sein Leben um des Glaubens willen hingegeben hat,

... Gott nahe sein ...
In den Gärten der Wonne ...
Ihnen aufwarten werden Jünglinge, die nicht altern,
Mit Bechern und Krügen und Trinkschalen (gefüllt)
aus einem fließenden Born –
Keinen Kopfschmerz werden sie davon haben,

noch werden sie berauscht sein –
Und (mit den) Früchten, die sie vorziehen,
Und Fleisch vom Geflügel, das sie begehren mögen,
Und holdselige Mädchen mit großen, herrlichen Augen,
Gleich verborgenen Perlen …
Wir haben sie als eine wunderbare Schöpfung erschaffen
Und sie zu Jungfrauen gemacht …[16]

Das sind die Freuden, welche aller frommen Moslemkrieger harren.

Die ersten 1000 Jahre des Islam waren Jahrhunderte der Eroberung und Expansion – und großartiger Kulturleistungen. Seine militärische Überlegenheit und die Ruhmestaten des Islam sind daher in seiner Geschichte und im kollektiven Gedächtnis der Moslems aufs engste miteinander verflochten. An der Wende zum 17. Jahrhundert verfaßte Akbar, der Großmogul des Moslemreichs in Nordindien, eine Weltgeschichte, oder es entstand eine solche in seinem Auftrag, in der es im wesentlichen um sein eigenes Volk, die Indoperser, und seine Religion, den Islam, ging. Besonders knapp bemessen war der Platz, den er den christlichen Völkern Europas einräumte. Er bezeichnete sie herablassend als hoffnungslose Barbaren, deren kulturelle Spitzenleistungen, Medizin und Philosophie zum Beispiel, mehr schlecht als recht vom Islam übernommen seien. Akbar notierte den gescheiterten Versuch der Christen durchaus, ihre Rückständigkeit zu überwinden und in die blühenden Länder des Islam zu kommen – so seine Darstellung der Kreuzzüge –, aber natürlich seien sie zurückgeschlagen worden.

Akbar hatte guten Grund, die Dinge in dieser Weise darzustellen, denn bis an die Schwelle seiner eigenen Zeit hatte die islamische Welt den Okzident in den Schatten gestellt. Während Akbar schrieb, waren jedoch englische, französische, portugiesische und holländische Soldaten und Kaufleute schon dabei, in verschiedenen Teilen des indischen Subkontinents bescheidene Handelsstützpunkte zu gründen. Binnen weniger Jahrzehnte würden sie eine

Macht geworden sein. Binnen eines Jahrhunderts würden sie die Vorherrschaft innehaben. Binnen zweier Jahrhunderte würde ein europäisches Volk, die Engländer, über das gesamte Herrschaftsgebiet des Großmoguls gebieten und über noch viel mehr.

Am Ende des Ersten Weltkriegs herrschten die Europäer über praktisch jeden Moslem auf Erden. Von Marokko bis Indonesien, von den Steppen Zentralasiens bis zum Stammesgebiet der Hausa in Nigeria waren die Herrscher Europäer – und Christen. Die wenigen scheinbaren Ausnahmen, Persien, fast die ganze arabische Halbinsel und Afghanistan, waren Gegenden von vergleichsweise geringem wirtschaftlichem oder militärischem Wert, und selbst dort gab es kaum etwas, was die Europäer davon hätte abhalten können, ihren Willen durchzusetzen. Das letzte Moslemimperium, das osmanische, brach am Ende des Ersten Weltkriegs auseinander. Wie die Moslems militärisch und politisch in die Abhängigkeit gerieten, so wurde auch ihre Kultur unter westlichem Einfluß ins Abseits gedrängt. Ökonomisch gesehen waren sie die Rohstofflieferanten für die kapitalistische Maschinerie des Westens: Die imperialistischen Mächte Europas führten bewußt eine merkantilistische Politik weiter, für die es selbstverständlich war, daß Baumwolle aus Ägypten, Gewürze aus Indonesien und zunehmend Öl vom Persischen Golf nach Europa verschifft, verarbeitet und dann mit großem Profit wieder ausgeführt wurden.

Auch wenn die Moslemkultur nicht zerstört war, so befand sie sich doch im Belagerungszustand. Westliche Sprachen, soziale Organisationsformen und ästhetische und politische Ideen herrschten vor. Bis zum dritten Viertel des 20. Jahrhunderts hatte dieser Innovationsdruck, den man vielleicht besser »modern« denn »westlich« nennt, so stark zugenommen, daß die islamische Gesellschaft eine fortschreitende Schwächung erfuhr. Das von Zeit zu Zeit konzertierte Vorgehen der westlichen Mächte machte Verschwörungshypothesen plausibel. Zeitweilig konspirierten westliche Regierungen auch in der Tat, um ihren Einfluß im Nahen Osten zu erweitern. Es gab auf seiten der westlichen Nationen eine feindselige Einstellung dem Islam gegenüber, sie waren häufig arrogant und überheblich im Verkehr mit der islamischen Welt. Argwohn und das Gefühl der Ohnmacht gegenüber dem imperialistischen Westen waren als Reaktion nur natürlich, zumal viele Moslemgesellschaften ohnehin zu Verschwörungshypothesen neigen. Den Westen mit auf die Liste der geheimen Drahtzieher zu setzen lag da nur nahe.

Die Gesellschaft setzt der Artikulation von Wut enge Schranken, und die Religion dient häufig als sozial sanktionierter Freiraum zum Dampfablassen. Das galt besonders für konservative Moslems, weil bei ihnen die Trennung des geistlichen und des weltlichen Sektors religiös unzulässig ist. Verschiedentlich unternahm der Islam einen Versuch, die Initiative zurückzugewinnen. Der jüngste endete 1967 mit dem Verlust von Ostjerusalem, dem dritt-heiligsten Wallfahrtsort des Islam, an Israel. In den Augen vieler frommer Moslems war die demütigende Niederlage, die binnen sechs Tagen den Armeen von Jordanien, Syrien und Ägypten von jüdischer Hand beigebracht wurde, Gottes Strafe für die Korruption des Islam und das Abweichen von den Lehren des Koran. Nur wenn man sich auf die Ursprünge zurückbesann, die grundlegenden Lehren des Islam, durfte man hoffen, die Ehre und die Ruhmestitel des Islam wiederherzustellen.

Die Prinzipien aller fundamentalistischen Moslems, sowohl derer, die auf friedlichem Weg diese Ziele verfolgen, als auch derer, die zur Gewalt greifen, sind im wesentlichen die folgenden:

- Der Islam ist eine umfassende, alles bestimmende Lebensweise, nicht bloß eine Religion. Es gibt keine getrennten Bereiche, wie Politik, Recht, Gesellschaft, es gibt nur den Islam.
- Die islamischen Länder schneiden so schlecht ab, weil sie vom rechten Pfad des Islam abgewichen sind und sich statt dessen dem westlichen Entwicklungsmodell verschrieben haben, auch seinen weltlichen, materialistischen Ideologien und Werten.
- Die Erneuerung der Gesellschaft erheischt die Rückkehr zum Islam, eine islamische religiöse, politische und soziale Revolution, die vom Koran und von der ersten großen islamistischen

Bewegung unter der Führung des Propheten Mohammeds beflügelt wird.

- Um die Theokratie wiederherzustellen und eine wirklich dem Islam gemäße Sozialordnung zu begründen, sind die westlich geprägten Rechtsordnungen durch das islamische Recht zu ersetzen, das für eine Moslemgesellschaft den einzig akzeptablen Entwurf darstellt.
- Die Verwestlichung der Gesellschaft ist zwar verdammenswürdig, die Modernisierung als solche jedoch nicht. Wissenschaft und Technik sind etwas Gutes, doch müssen sie sich den islamischen Glaubenssätzen und Werten unterordnen, um die Moslemgesellschaft vor Verwestlichung und Säkularisierung zu bewahren.
- Der Islamisierungsprozeß oder, um genauer zu sein, die Reislamisierung erfordert Organisationen ergebener und disziplinierter Moslems, die durch ihr Beispiel und ihre Aktivitäten andere auf den Pfad der Tugend bringen und die willens sind, gegen Korruption und soziale Ungerechtigkeit einen heiligen Krieg zu führen.[17]

In der glorreichen Vergangenheit, auf die diese Protagonisten einer islamischen Renaissance zurückblicken, waren die Ruhmestitel des Islam mit Militanz und Aggression verbunden. Es ist daher von vornherein zu erwarten, daß manche von denen, die diese Renaissance einleiten wollen, der Ansicht sind, ihre Religion und die politischen Verhältnisse machten eine gewaltsame Revolution nötig, die extreme Situation verlange eine extreme Lösung. Indem sie behaupten, Opfer einer Aggression zu sein, glauben diese radikalen Islamisten, die Kreuzzugsmentalität existiere im Westen (einschließlich der nichtislamischen Nachfolgestaaten der ehemaligen Sowjetunion und Israels) bis auf den heutigen Tag. Der internationale Zionismus, meinen sie, sei der Verbündete dieser westlichen Offensivkraft.

Einen islamischen Staat nach dem Gebot Gottes zu schaffen ist für diese radikalen Moslems nicht eine Möglichkeit, sondern ein

Muß. Einzig islamische Staaten seien legitim, und einzig solche Staaten, die auf das islamische Recht, die Scharia, gegründet sind, seien islamisch. Ihrer Überzeugung nach verletzen sowohl Staaten als auch Individuen, die die Scharia nicht strikt beachten, die religiösen Gesetze und sind nicht besser als Atheisten, mögen sie sich auch selber noch so lautstark zum Islam bekennen. Ihr Unglaube macht den heiligen Krieg erforderlich. Der offizielle Klerus und die staatlich finanzierten Moscheen bleiben von dieser rigorosen Kritik nicht verschont. Geistliche, die nicht diesem strikten Kurs folgen, seien von der Regierung protegiert oder bestochen und auch sie seien auszuschalten. Gerade diese modernisierungsbereiten gemäßigten Regime, die sich selbst »islamisch« nennen, sind, noch vor dem Westen, die Zielscheibe der radikalen Islamisten, und zwar deshalb, weil ihr abweichender Kurs für die Orthodoxie so bedrohlich ist. Da der Dschihad eine religiöse Pflicht ist, seien alle wirklichen Gläubigen verpflichtet, solche Regime und diejenigen, die loyal zu ihnen stehen, zu bekämpfen. Wie die Charidschiten in der Frühzeit des Islam verlangen diese Radikalen uneingeschränkten Einsatz und absoluten Gehorsam. Entweder ist man ein wahrhaft Gläubiger oder ein Ungläubiger, entweder erlöst oder verdammt, ein Freund oder ein Feind Gottes.

Nach Ansicht dieser radikalen Moslems muß Schluß sein mit der gegenüber dem »Volk des Buches« (*dschimmi*, also Christen und Juden) so lange praktizierten Toleranz, denn durch die Verbindung mit dem westlichen (christlichen) Kolonialismus bzw. Zionismus ist das Recht auf Schutz verwirkt. Dieses Volk ist in einem jüdisch-christlichen Komplott gegen den Islam und die islamische Welt verschworen. Aus diesem Grund sind alle nichtislamischen Minderheiten so oft der Verfolgung ausgesetzt.

Eine wichtige Inspirationsquelle des militanten Islam ist der Führer der Moslembruderschaft, Sayid Qutb, der vor seiner Hinrichtung durch das Nasser-Regime 1965 erklärte, es sei notwendig, einen »Krieg im Namen des Islam zu führen«.[18] Diese radikale Äußerung fand ein Echo bei dem islamischen Gelehrten Ajatollah Fazlallah Mahallati: Ein Moslem, der den Islam beleidigt sieht und nichts tut, werde »im siebten Kreis der Hölle landen«. Vergieße er aber das Blut des Beleidigers, werde sein Platz »garantiert im Himmel« sein. Ein wahrhaft islamischer Staat bestehe aus Gläubigen, die mit der Welt so lange im Kriegszustand leben, bis die Welt den Islam annimmt.[19] Muhammad Nawab Safawi, ein anderer Moslemfundamentalist, behauptet, daß, was immer gut ist für den Islam, eben dadurch gerechtfertigt sei – Lügen im Namen Gottes, Stehlen im Namen Gottes, Töten im Namen Gottes. Safawi empfahl das Töten im Namen Gottes mit den Worten, daß ein solcher Akt »in einer Situation, in der Feinde des Glaubens beseitigt werden müssen, dem Sprechen eines Gebets gleichkommt«.[20]

Radikale Islamisten halten sich unmittelbar an die Worte Mohammeds, der behauptete, diejenigen, die Krieg führen im Dienste Gottes, nähmen an einem religiös-politischen Akt teil, und Gott werde ihnen beistehen. Durch Kampf soll der Ungläubige bekehrt, unterjocht oder ausgeschaltet werden. Der Koran schlägt schärfere Töne zugunsten einer gewalttätigen Verteidigung des Glaubens an als das Alte und das Neue Testament. Radikale Islamisten berufen sich denn auch zur Unterstützung ihrer Überzeugungen auf Koranstellen.

»Und tötet sie, wo immer ihr auf sie stoßt, und vertreibt sie von dort, von wo sie euch vertrieben ... Das ist die Vergeltung für die Ungläubigen«[21], »Tötet die Götzendiener, wo immer ihr sie findet ... Bereuen sie aber und verrichten das Gebet ..., dann gebt ihnen den Weg frei. Wahrlich, Allah ist allverzeihend ...«[22]

Wer an diese Islamauffassung glaubt, der hat nicht mehr die Wahl, ob er den Kampf aufnimmt oder nicht. Den Moslems ist von Gott befohlen, »für die Sache Allahs unter Einsatz ihres Besitzes und ihrer Person zu streiten und zu kämpfen«. Der Kampf ist auch ein von Gott veranstalteter Test, um den Moslems Gelegenheit zu geben, ihre Frömmigkeit unter Beweis zu stellen, und denjenigen, die für die heilige Sache sterben, ist im Himmel ein Logenplatz sicher.[23]

Ajatollah Khomeini und der radikale Islam der Schiiten

Ihren Anstoß empfing die Renaissance des Islam durch die schmachvolle Niederlage der Araber im Sechstagekrieg gegen Israel 1967. Nach dem Sturz des Schahs 1979 sah sich plötzlich die ganze Welt mit ihr konfrontiert. Das Verhängnis des Schahs war der schiitische Geistliche Ajatollah Ruhollah Khomeini. Als die Vereinigten Staaten dem Schah Asyl gewährten, der schwer an Krebs erkrankt war, besetzten militante Gefolgsleute Khomeinis die US-Botschaft in Teheran und hielten 52 amerikanische Geiseln über 444 Tage gefangen. Der Iran sollte der erste moderne islamische Staat und die Basis für Khomeinis Vision eines islamischen Staats werden. Dieser sollte sich über die Golfregion und die ganze Welt erstrecken.

Khomeini hatte, ausgehend von der historischen Erfahrung der schiitischen Richtung des Islam, ein kohärentes ideologisches Gerüst entwickelt, das es rechtfertigte, Gewalt anzuwenden und den politischen Umsturz anzustreben, um so die Islamische Revolution herbeizuführen.[24] Nach der schiitischen Lehre sind die Schwachen rechtschaffen und die Starken böse. Daher, so schloß Khomeini, seien die stärksten Nationen, die Supermächte, die allerschlimmsten, illegitim und »weltweit verantwortlich für die Dekadenz«.[25]

Khomeini rechtfertigte es nicht nur, die Feinde des wahren Glaubens zu bekämpfen, sondern erklärte dies zur Pflicht. Seine Ideologie war für jeden Moslem psychologisch sehr verführerisch, denn letztlich brachte er seinen Glaubensbrüdern bei, ihr persönliches Trauma werde seine Heilung in der Gewalttätigkeit finden, die zudem noch belohnt werden würde; die Gläubigen könnten ihre privaten Krisen überwinden, indem sie sich der politisch-militärischen Aktion gegen »illegitime« Regime widmen. Selbst wenn sie von Moslems regiert wurden, stellten die moderat modernisierungsbereiten islamischen Regime eine Bedrohung für Khomeinis Expansionsträume dar, und deshalb wurden sie zum Ziel einer von ihm systematisch betriebenen Destabilisierung. Er sah in ihnen verkommene Gebilde, die sich dem Westen in die Arme geworfen hatten.

Für den Ajatollah gab es nur Gut oder Böse, echte Gläubige oder Satansanhänger. Korruption, in seinem Rigorismus, läßt sich nicht reformieren, nur ausmerzen. Regelmäßig findet sich bei ihm das Bild von der reinen Quelle und dem stehenden Sumpf: Wieviel gutes Wasser die Quelle dem Sumpf auch zuleitet, der Sumpf fault trotzdem vor sich hin. Um die Reinheit des Wassers zu erhalten, muß der Sumpf trockengelegt werden. Vom Krieg gegen den Irak sagte Khomeini einmal: »Warum nicht die Sure vom Töten rezitieren? Warum nur immer die Sure von der Barmherzigkeit? Man vergesse nicht, das Töten ist auch eine Form der Barmherzigkeit.«[26] Er und sein geistlicher Anhang pflegten die Rechtfertigung für ihr Treiben in jenen Suren des Koran zu finden, die zum Blutvergießen auffordern. Diese Suren waren ein Lieblingsstoff für seine öffentlichen Gebete und wurden immer wieder von den fundamentalistischen schiitischen Geistlichen im Iran und Libanon öffentlich rezitiert. Auf dem Friedhof außerhalb Teherans, wo das Regime viele der Toten des Iran-Irak-Krieges begraben hat, errichtete man einen Brunnen mit gewaltiger Fontäne. Anstatt Wasser, so hieß es, zirkuliert darin Blut: ein wahrhaft vielsagendes Symbol für die Ära des Ajatollah.

Hizbollah

Mit Unterstützung des Iran bildete 1982 ein Gruppe libanesischer schiitischer Moslems eine revolutionäre Partei, die sich der Errichtung eines islamischen Staats im Libanon verschrieben hat. Sie nennt sich selbst Hizbollah, die Partei Gottes, nach der Koranprophezeiung: »Und wahrhaftig, die Partei Gottes wird unfehlbar siegen.« Die Hizbollahführer Ajatollah Sayyid Muhammad Hussein Fadlallah und Hussein al-Musawi sorgten für die »moralische Logik«, die Entführung, Ermordung und andere terroristische Handlungen für erforderlich hält.[27] Ihnen zufolge rechtfertigen die außerordentlichen Umstände der ungeheuerlichen Erniedrigung des Islam die Anwendung außerordentlicher Mittel. Der Wert des

Märtyrertums wurde in Fadlallahs Ansprachen und Schriften in den Himmel gehoben. In seinen Predigten betonte er, daß »es etwas Schlechtes in allem Guten gibt und etwas Gutes in allem Schlechten«.

Die Hizbollah und andere vom Iran gedeckte islamische Extremisten, die ihre Basis im Libanon haben, waren 1982 verantwortlich für die Geiselnahme der 37 US-Amerikaner und anderer Bürger westlicher Staaten. Der letzte Amerikaner kam erst 1991 frei. Geiselnahme ist eine grobe Verletzung des Koran, der die Gastfreundschaft Fremden gegenüber großschreibt; allein Fadlallahs geistliche Jünger rechtfertigten die Gewalttat, indem sie erklärten: »Man fordert Freiheit für diese Handvoll Europäer. Doch was ist mit den Millionen gefangenen Moslems?«[28]

Vom Iran gedeckte, radikale schiitische Moslems waren 1983 auch verantwortlich für das Selbstmordattentat auf die Kaserne der US-Marine in Beirut, bei dem ein einzelner Schiite einen mit Sprengstoff beladenen Lastkraftwagen mitten in die Kaserne lenkte und 241 Marinesoldaten in den Tod riß. Das war der Auftakt zu einer ganzen Serie von Selbstmordattentaten schiitischer Moslems zwischen Frühjahr 1983 und Sommer 1985. Fadlallah gab eine wirklich bemerkenswerte Rechtfertigung für den Selbstmord, der vom Koran streng verboten ist. Mit dem raffinierten Argument, es sei nur eine Differenz im *timing,* behauptete Fadlallah, daß sich selbst zu töten, um den Feind zu töten, »kaum anders ist als bei dem Soldaten, der kämpft und weiß, daß er am Ende fallen wird«.[29]

Die Hetzpredigten Khomeinis und Fadlallahs liegen ganz auf der Linie der schiitischen Lehre. Seit langem gelten die Schiiten als die eher gewalttätige, fanatische, demagogische und weniger kompromißbereite Linie der zwei Hauptrichtungen im Islam. Andererseits muß man auch immer wieder betonen, wie komplex und unendlich variantenreich der Islam ist. Die von Khomeini und Fadlallah zitierte Gewaltverherrlichung des Koran ist eine einseitige, zur Rechtfertigung ihrer Zwecke getroffene Auswahl aus diesem buntgemusterten Teppich. Die Zwecke und die Rechtfertigungen sprachen ihre Anhänger an, wurden aber keineswegs von allen Moslems gebilligt. Ein ähnlicher Aufruf zur Gewaltanwendung ist außerdem auch in der Rhetorik der Mehrheitsrichtung des Islam zu finden, bei den Sunniten.

Die Lehre der Sunniten und das Töten im Namen Gottes

Abd Al-Salam Faraj, der Führer von Al-Dschihad, jener Sunnitengruppe, auf deren Konto die Ermordung des ägyptischen Präsidenten Anwar as-Sadat 1981 geht, rechtfertigte das Attentat als die Erfüllung einer heiligen Pflicht.[30] Ihm zufolge sei die religiöse Pflicht zu kämpfen, wenn der Islam in Gefahr ist, bisher »eine vernachlässigte Pflicht« gewesen – so der Titel seines Buches. Der gottesfürchtige Moslem könne nicht ruhen, ehe die Scharia alle menschlichen Belange regelt, und dieser Zweck könne es auch erforderlich machen, im Einklang mit den Geboten des Koran Ungläubige zu töten.

Doch wie rechtfertigt es Faraj nun, Sadat zu töten, der immerhin ein gottesfürchtiger, praktizierender Moslem war? Der springende Punkt ist, daß Sadat ein moderater und für die Modernisierung aufgeschlossener Moslem war, der bereit war, die ägyptische Gesellschaft in Teilbereichen zu säkularisieren. Dadurch wurde er zum Feind der Orthodoxen. Durch die Säkularisierung entfallen eine Menge von Einschränkungen, die der Islam für erforderlich hält: Einschränkungen im Sexualverhalten, in den Beziehungen zwischen den Geschlechtern, im Speiseplan, selbst im Tagesablauf. Kenner der islamischen Gesellschaft sind der Ansicht, der Preis, den die für die Moderne aufgeschlossenen Moslems für diese Emanzipation zahlen, seien Vereinsamung und Depression. Indem er weltliche Einflüsse zuließ und die Scharia nicht anwandte, habe Sadat es unterlassen, sein Volk vor diesen verderblichen Einflüssen zu bewahren, und habe im Gegenteil diese unislamischen Praktiken gefördert. Daher habe er zu sterben verdient. Überdies habe seine Unterschrift unter den Friedensvertrag von Camp David mit Israel seinen Verrat bewiesen. Seine Bereitschaft, mit »dem zioni-

stischen Feind« in Verhandlungen zu treten, stelle das höchste Vergehen dar.
Der sunnitische Terrorismus hat auch auf die USA übergegriffen. Am 26. Februar 1993 zündeten Anhänger Scheich Omar Abdel-Rahmans, eines fanatischen Sunnitengeistlichen, eine Autobombe im Parkhaus unter dem World Trade Center in New York, wobei sie sechs Menschen töteten, mehr als 1000 andere verletzten und einen Sachschaden von über 500 Millionen Dollar anrichteten. Bei seinen Gebetsstunden führte Abdel-Rahman regelmäßig den Koran zur Rechtfertigung von Gewaltakten an. Und als das Urteil erging, beriefen sich die vier Delinquenten auf Gott, um ihre Tat zu rechtfertigen.
In der Anklageerhebung gegen Abdel-Rahman und die anderen Terroristen am 30. Januar 1995 bezeichnete die Staatsanwaltschaft das Bombenattentat gegen das World Trade Center als einen Kriegsakt. Staatsanwalt Robert Khuzami stellte die Terroristen als Soldaten in einem Krieg gegen die USA dar, mit Abdel-Rahman als General an ihrer Spitze.[31] Ein Gefolgsmann Abdel-Rahmans bezeugte im Mai 1995, daß er ihm den Befehl gegeben habe, Ägyptens Präsidenten Hosni Mubarak bei seinem für 1993 geplanten Besuch in New York zu ermorden. Diese Ereignisse bewiesen, daß es auch außerhalb der Schiitengemeinschaft paranoide Tendenzen gibt, die auch in einer nichtislamischen Gesellschaft hervortreten können.

Hamas

Khomeinis Überzeugungskraft bestand darin, daß er eine auf eine partikularistische Interpretation des Koran gestützte radikale Ideologie erdacht hat, die die Anwendung von Gewalt vorsah, um den Iran zu einem wahrhaft islamischen Staat zu machen. Hamas, die islamische Widerstandsbewegung Palästinas, rechtfertigt ihre Ideologie des radikalen Islam mit dem palästinensischen Nationalismus und entschuldigt Gewaltanwendung auf der Grundlage einer fanatischen und paranoiden Weltanschauung. Hamas, die in dieser Form während der Intifada entstand (dem Palästinenseraufstand gegen die israelische Besatzung, der im Dezember 1987 losbrach), geht auf die 1928 gegründete Moslembruderschaft in Palästina zurück.[32] Die Bruderschaft trachtete danach, den Islam neu zu beleben und einen islamischen Staat zu errichten, also einen Staat ohne die Trennung zwischen geistlicher und weltlicher Gewalt. Für ihre Mitglieder war Palästina von Gott auf Dauer und ausschließlich zu einem mohammedanischen Land bestimmt. Es sei die Pflicht der Moslems, das Heilige Land in seiner Gesamtheit von jeder nichtmohammedanischen Obrigkeit zu befreien: »Israel wird bestehen und bestehen bleiben, bis der Islam es auslöscht – genauso wie es ausgelöscht hat, was vor ihm da war«, erklärte der zum Märtyrer gewordene Imam Hassan al-Banna, Gründer und »Oberhaupt« der Moslembruderschaft.[33] Scheich Hassan al-Banna bemerkte auch: »Es gehört zum Wesen des Islam zu herrschen, anstatt beherrscht zu werden, sein Gesetz allen Nationen aufzuerlegen und seine Macht über den ganzen Erdkreis auszudehnen.«[34]

Als 1987 die Intifada ausbrach, rief Scheich Achmed Yasin den Führungszirkel der Moslembruderschaft zu sich. Man entschloß sich, eine dem Namen nach selbständige Organisation zu gründen, um an der Intifada teilzunehmen. Auf diese Weise könnte man sich bei einem Fehlschlag der Revolte distanzieren und andererseits den möglichen Erfolg für sich verbuchen. Die neue Organisation wurde Hamas getauft, das heißt auf arabisch soviel wie »Eifer«, »Kraft«, »Tapferkeit«. Der Name ist auch die Abkürzung für Harakat al-Muqawama al-Islamiyya (islamische Widerstandsbewegung).

Das Hamas-Programm, das den Islam mit dem palästinensischen Nationalismus und der Zerstörung Israels identifiziert, ist mit paranoider Rhetorik durchsetzt.[35] Der Artikel 13 unterstreicht die Überzeugung der Bruderschaft, daß »auch nur einen Teil der Heimat aufzugeben so ist, als gäbe man einen Teil des Glaubens selbst auf«. Die Verschwörungstheorie hinter dieser »heiligen Sache« wird in Artikel 22 deutlich:

> Die Feinde haben ihren langgehegten Plan verwirklicht, so daß sie heute durchsetzen können, was immer sie wollen … Sie raffen gewaltige Geldmittel zusammen, um ihr Ziel zu erreichen. Durch ihr Kapital kontrollieren sie die internationalen Nachrichtenagenturen, Zeitungen, Verlage, Fernsehsender usw. … Mit ihrem Geld schüren sie weltweit den Umsturz, um ihren Profit dabei zu finden und die Früchte zu ernten. Sie stecken hinter der Französischen Revolution, der bolschewistischen Revolution wie überhaupt hinter den meisten Revolutionen … Mit ihrem Kapital bilden sie überall auf der Welt Geheimorganisationen, wie etwa die Freimaurer, den Rotary und Lions Club, um die Gesellschaft zu untergraben und die zionistische Sache zu fördern … Mit ihrem Kapital beherrschten sie die imperialistischen Nationen und trieben diese dazu, viele Länder zu kolonialisieren, um deren Rohstoffressourcen auszubeuten und Feindschaft zu säen. … Sie sind für den Ersten Weltkrieg verantwortlich, in dem sie das islamische Kalifat zerstörten und Profite scheffelten, Rohstoffbasen monopolisierten und die Balfour-Erklärung erlangten [die Grundlage für die Entstehung des Staates Israel]. Sie gründeten den Völkerbund, um auf diese Weise die ganze Welt unter ihre Kontrolle zu bringen. Sie haben auch den Zweiten Weltkrieg ausgelöst … und sicherten ihrer eigenen Nation eine Machtbasis, indem sie den Völkerbund durch die UNO und den Sicherheitsrat ersetzten, um so noch besser die Welt zu beherrschen. – Kurz, es gibt keine militärische Auseinandersetzung, bei der sie nicht ihre Finger im Spiel hätten.

Der Artikel 32 beruft sich zum Beleg für diese internationale jüdische Verschwörung auf das antisemitische Machwerk *Die Protokolle der Weisen von Zion*: »Heute ist es Palästina, und morgen wird es ein anderes Land sein und dann wieder ein anderes. Der zionistische Plan kennt keine Schranken, und nach Palästina ist das nächste Etappenziel die Expansion vom Nil bis zum Euphrat.

Ist das geschafft, werden sie ihren begehrlichen Blick auf das nächste richten. So ist ihr Plan, nachzulesen in den *Protokollen der Weisen von Zion.*«

Gerade so wie Khomeini in den modernisierungswilligen arabischen Staatsmännern eine Bedrohung für seine Lieblingsidee einer Islamischen Republik sah, sieht auch die fanatische Hamas in der gemäßigteren PLO und in dem Friedensprozeß eine Bedrohung für ihre eigene Mission, das Heilige Land von der Herrschaft der Ungläubigen zu befreien.[36]

Gewaltanwendung zur Verteidigung und Ausweitung des Islam wird demnach von einem beträchtlichen Teil der Moslembevölkerung nicht nur akzeptiert, sondern gefordert. Es gibt viele Gründe für diese Bereitwilligkeit, Gewalt anzuwenden, und eine paranoide Weltsicht ist sicherlich einer davon.

Töten im Namen Jehovahs

Wie die radikalen Moslems, die sich zur Verteidigung ihres Glaubens zu Gewalttaten hinreißen lassen, sind auch manche messianische zionistische Siedler zur Verteidigung des Gelobten Landes und ihres Glaubens militante Krieger geworden. Auch viele orthodoxe Juden fühlen sich durch die freizügige Moderne zutiefst bedroht und haben sich daher in kleine, abgeschottete Gemeinden zurückgezogen, ob nun in Israel oder außerhalb. Sie lehnen alles an der Moderne ab, auch den Staat Israel. Andere hingegen sehen in Israel das verheißene Königreich Gottes, *Erez Jisroel.*

Avraham Yitzhak Hacohen Kook war 1948, zur Zeit der britischen Mandatsherrschaft, der Oberrabbiner von Palästina. Während viele orthodoxe Juden sich von dem säkularen politischen Zionismus abgewandt hatten und die Idee eines jüdischen Staates ablehnten, schwebte Kook eine Verbindung von Religion und Nationalismus vor. Es sind seine Anhänger, aus denen sich die fanatischen Krieger zur Herbeiführung des Königreichs Israel rekrutieren.

Die Radikalen von Gush Emunim

Der Sechstagekrieg von 1967 war eine Sternstunde in Israels Geschichte.[37] Der grandiose Sieg führte zur Wiedervereinigung Jerusalems und setzte Israel in den Stand, die Altstadt, die Klagemauer (eine der heiligsten Stätten des Judentums), das biblische Judäa und Samaria (die Westbank des Jordan), die Golanhöhen und die Halbinsel Sinai zurückzugewinnen. Die mehrheitlich nichtreligiösen zionistischen Nationalisten erlebten ein Aufwallen von Stolz und neuer religiös-jüdischer Identität. Nahm man die zurückgewonnenen Landesteile hinzu, also Judäa und Samaria, deckten sich jetzt Israels Grenzen im wesentlichen mit denen des biblischen Israel. So erstaunlich war der Sieg, daß er vielen religiösen Juden als ein Zeichen Gottes erschien.

Rabbi Kooks Sohn und Nachfolger, Rabbi Zwi Yehuda Kook, sah bei dem Triumph von 1967 unmittelbar die Hand Gottes am Werk. Die Rückeroberung von *Erez Jisroel* bedeutete, daß die Ankunft des Messias kurz bevorstand. Drei Wochen vor dem Krieg hatte Rabbi Kook über das Thema »Sie teilten Mein Land auf« gepredigt und dabei prophetisch erklärt: »Sie teilten Mein Land auf. Ja, das ist wahr. Wo ist unser Hebron? Sollen wir es endgültig aufgeben? Und wo sind unser Shechem [Nablus] und unser Jericho?[38] Wo sind sie geblieben? Könnten wir je auf sie verzichten? Das ganze Transjordanien – es gehört uns. Jeder Zoll, jeder Quadratmeter gehören zum Land Israel. Hätten wir denn das Recht, auch nur einen Millimeter aufzugeben?«[39] Der Sieg drei Wochen später, der das Land in israelische Hand zurückbrachte, verlieh dieser Predigt in den Augen der Anhänger Rabbi Kooks ein geradezu mystisches Gewicht. In der Überzeugung, daß die weltliche Armee Israels unbewußt das Werkzeug von Gottes Willen sei, erklärten Rabbi Kook und seine Gefolgschaft 1967 zum Jahr 1 der Zeit der Erlösung.

Sechs Jahre später jedoch, im Oktober 1973, erschütterte der Yom-Kippur-Krieg die Illusion jüdischer Unverwundbarkeit. Israel war nicht geschlagen, gleichwohl war das Land nur knapp einer Niederlage entronnen. Die damals an der Macht befindliche

Regierung der Arbeiterpartei stand sowohl unter einheimischem als auch amerikanischem Druck, besetztes Gebiet aufzugeben, um zu einer Entspannung der gefährlichen Situation und zu einem Frieden mit den arabischen Nachbarn zu kommen. Für Rabbi Kook und seine Anhänger hätte das geheißen, gegen Gottes Willen zu freveln. Im Februar 1974 gründeten sie deshalb Gush Emunim (Bewegung der Gläubigen), die sich die Erfüllung der biblischen Prophezeiung vom Gelobten Land auf ihre Fahnen schreibt und sich dazu bekennt, auch nicht »einen Millimeter« von dem Land zu weichen, das ihrer Ansicht nach kraft des Vertrags zwischen Gott und seinem auserwählten Volk allein den Juden gehört. Zu diesem Zweck begann Gush, in den besetzten Gebieten Siedlungen zu errichten und Fakten zu schaffen. Auf diese Weise soll gewährleistet werden, daß kein Fußbreit des gottgegebenen Landes als Teil irgendwelcher Friedensabmachungen abgetreten wird. Die Absicht ist, die besetzten Gebiete zu annektieren.

Ein Vorspiel zu Gushs Siedlungspolitik war ein besonders provokanter Akt, der 1967 in Hebron stattfand. Rabbi Mosche Levinger und eine kleine Gruppe von Anhängern besetzten ein Hotel in dieser palästinensischen Stadt der Westbank, um sie für Israel zu reklamieren. Hebron hat für Israel historische Bedeutung, und 1970 gründeten fanatische Zionisten, Levingers Beispiel folgend, die Siedlung Kiryat Arba nahe Hebron.

Die Regierung der Arbeiterpartei setzte der Errichtung dieser Siedlungen Widerstand entgegen. Aber der Wind drehte sich, als Menachem Begins konservativ und religiös orientierte Likudpartei 1977 die Wahlen gewann. Gush fand jetzt aktive Unterstützung in dem Ministerpräsidenten, einem streng religiösen Zionisten mit einem tiefen Geschichtsbewußtsein, der für das gesamte besetzte Territorium eine Siedlungspolitik unterstützte, die sich völlig mit Gushs Ziel einer Rejudaisierung von oben deckte.

Die von der Likudregierung 1977 aufgenommenen Land-für-Frieden-Verhandlungen mit Ägypten waren für Gush indessen Verrat. So wie diese Bewegung die Sache sah, drohten die Verhandlungen die Ankunft des Messias zu verzögern, eine Ankunft, die sich

durch den Wiedergewinn des Gelobten Landes im Krieg von 1967 doch schon angekündigt hatte. Die Vereinbarungen von Camp David und der Friedensvertrag von 1979, der die Rückgabe des Sinai einschloß, machten den Verrat perfekt.
1980 reagierten die Radikalen innerhalb von Gush auf Palästinenserattacken gegen die Siedlungen, indem sie einen Feldzug des Gegenterrors anfingen. Im Mai 1980 wurde eine Gruppe von Siedlern der Gush niedergeschossen, als sie gerade aus einer Synagoge in Hebron kam. Die Regierung deportierte drei arabische Drahtzieher in den Libanon. Da sie die Antwort der Regierung als zu schwach empfanden, überfielen die Radikalen von Gush aus dem Hinterhalt die Autos dreier palästinensischer Westbank-Bürgermeister und verwundeten diese schwer. Die israelische Regierung ließ die Sache im Sande verlaufen, niemand wurde bestraft. Die Gewalt eskalierte dann wieder 1983, nachdem ein Yeshiwa-Student in Hebron getötet worden war. Die Radikalen übten abermals Vergeltung und töteten drei Palästinenser der Islamischen Universität in derselben Stadt. Als 1984 israelische Busse angegriffen wurden, waren die Radikalen der Gush bereits drauf und dran, in fünf arabischen Bussen Bomben zu legen, als der israelische Geheimdienst die Verschwörer festnahm.
Die Verhaftung und die anschließenden Verhöre enthüllten ein Vorhaben von erschreckenden Ausmaßen. Die Untergrundkämpfer der Gush beabsichtigten, eine der heiligsten Stätten des Islam in die Luft zu sprengen, den Felsendom in Jerusalem, der auf der Spitze des Tempelbergs steht, der wiederum seinerseits eine der heiligsten Stätten für die Juden darstellt. Der Tempelberg ist nämlich das Gelände, auf dem der erste und der zweite Tempel standen, und wird, so glaubt man, wenn der Messias kommt, der Platz des dritten Tempels sein.
Innerhalb der Gush hatte eine Gruppe fanatischer, von der nahen Ankunft des Messias überzeugter Juden eine Untergrundorganisation gebildet. Sie argumentierten, der streng religiöse Zionist Menachem Begin könne in den Zugeständnissen von Camp David unmöglich freiwillig einen Teil von *Erez Jisroel* abgetreten haben.

Folglich müsse das ein Akt Gottes sein, der das jüdische Volk züchtigen will. Aber weswegen? Die Beleidigung müsse in dem fortgesetzten »Frevel« liegen, dem Felsendom auf dem Tempelberg. Die Beseitigung dieses Schandflecks sei daher nötig, um die Ankunft des Messias auf Erden nicht weiter zu verzögern.[40] Die Zerstörung der Al-Aksa-Moschee und des Felsendoms, des drittheiligsten Wallfahrtsorts im Islam, hätte zum Ziel, den weltlichen Staat Israel in das Königreich Israel zu überführen, das »kein gewöhnlicher Staat mehr sein wird«.[41]

Wäre der Anschlag ausgeführt worden, hätte das Bombenattentat auf diese heilige Stätte des Islam mit Sicherheit die heftigste arabische Reaktion ausgelöst, vielleicht sogar einen großen Krieg. Die Gush Emunim begrüßte diese Möglichkeit. Ihre Untergrundführer schätzten, die Zerstörung des Felsendoms werde »Hunderte Millionen von Moslems zum Aufstand bringen und die gesamte Menschheit in einen Endkampf reißen ... Wenn Israel siegreich aus dieser ersehnten Feuerprobe hervorgeht, wird das den Weg bereiten für das Kommen des Messias«.[42] Was auch immer geschehen wäre, dieser Plan hatte das Ziel, ein Zeugnis für den wahren Glauben abzulegen, die Wiedererrichtung des Tempels vorzubereiten, indem der Tempelberg von dem »Schandfleck gereinigt« wird, und auf diese Weise apokalyptisch das Ende herbeizuzwingen.

Als Israels Bevölkerung sich 1979 der Räumung des Sinai nicht groß widersetzte, kamen die Drahtzieher der Tempelbergverschwörung zu der Ansicht, ihr gewalttätiger Plan werde innerhalb Israels keine Unterstützung finden. Rabbi Kook, politisch gewitzter als seine fanatischen Gefolgsleute, weigerte sich, den Anschlag abzusegnen, und der Plan wurde auf Eis gelegt. Auch wenn er nicht in die Tat umgesetzt wurde, stellt dieser Plan das Äußerste an jüdischer Rechtfertigung von Gewalt gegen die arabischen Widersacher dar.

Das Massaker am Grab der Patriarchen

Als am 25. Februar 1994 der radikale Siedler Dr. Baruch Goldstein in die Moschee oberhalb des Grabs der Patriarchen in Hebron eindrang und mit der Maschinenpistole in die Menge der betenden

Moslems feuerte, wobei er mindestens 130 von ihnen tötete oder verwundete, wiegelte Israels Premierminister Yitzhak Rabin ab und nannte das die Tat eines Geistesgestörten. Am Abend zuvor hatte Goldstein die Wunden von Freunden verbunden, die bei der Intifada auf der Westbank verletzt worden waren. Der Haß hatte ihn überwältigt. In seiner Tat entluden sich Gefühle, die sich über lange Zeit aufgestaut hatten, Gefühle, die er mit jenen 500 gleichgesinnten Siedlern in der radikalen jüdischen Siedlung Kiryat Arba teilte, die das Massaker feierten und ihn als Helden umjubelten.

An demselben Vorabend des Massakers hatte Goldstein seinen beiden kleinen Töchtern aus dem Buch Ester vorgelesen, in dem die Geschichte des jüdischen Purimfests erzählt wird, das am nächsten Tag begangen werden sollte. Nachbarn und Freunden zufolge hatte Goldstein erlebt, wie mehrere seiner Nachbarn von Terroristen umgebracht wurden. Er war der Überzeugung, daß die Aggression für die Siedler der einzige Ausweg sei. Purim, erklärte sein Freund, »ist das Fest, an dem man die Feinde tötet, die versuchen, die Juden zu töten«.[43]

Das Purimfest hält die Erinnerung daran wach, wie die Juden im alten Persien einem von Haman, dem Minister des Königs Ahasver, an ihnen geplanten Massaker entgangen sind. Haman hatte sich durch die Weigerung des Juden Mordechai, sich vor ihm zu verneigen, beleidigt gefühlt und daraufhin den König Ahasver überredet, die Juden im Reich töten zu lassen – vielleicht das erste Mal überhaupt, daß der Antisemitismus politisch instrumentalisiert wurde. Das Einschreiten der Königin Ester, Mordechais Nichte, machte Hamans Anschlag zunichte: Er selber starb an dem für Mordechai errichteten Galgen, und die Juden töteten diejenigen, die ihnen nach dem Leben getrachtet hatten. Für die meisten Juden ist Purim einfach ein Freudenfest anläßlich der Rettung. Doch für einige ist es ein Fest der Gewalttätigkeit, das an den Aufstand der Juden gegen ihre Feinde erinnert, ein Tag gerechten Zorns: »Die Juden schlugen alle ihre Feinde mit dem blanken Schwert, mit Mord und Vernichtung. Sie taten an ihren Hassern nach ihrem Gutdünken.«[44]

Es war zu Purim, als Baruch Goldstein die Araber niederschoß, die am Grab der Patriarchen beteten. Seinen Überzeugungen hat er in einem ausführlichen Interview im Frühjahr 1988 Ausdruck gegeben:

> Ich meine nicht, daß Israel die Hilfe Amerikas oder irgendeines anderen Landes braucht. Wir benötigen nur die Hilfe Gottes ... Jeder, der sich für das jüdische Volk einsetzt, wird am Ende belohnt werden, jeder, der gegen das jüdische Volk handelt, wird am Ende seine Strafe erhalten. Das hat Gott Abraham versprochen, und dieses Versprechen gilt bis auf den heutigen Tag: »Ich will denen Gutes tun, die dir Gutes tun, und die verfluchen, die dich verfluchen.«
>
> Die Medien stellen ihn [den arabisch-israelischen Konflikt] als einen Streit nur um Judäa und Samaria hin, sie versuchen herunterzuspielen, was heute selbst innerhalb der Grenzen von 1967 los ist. Die Menschen sagen, man kann nicht mit den Arabern zusammenleben, und man kann hier auch nicht ständig so viele Soldaten postieren. Die Lösung ist: getrennt leben. Ich sage, das Land gehört uns, und die Araber, die gehören nicht zu uns. Daher müssen wir das Land behalten und die Araber ziehen lassen ...
>
> Die Araber sind doch Menschen, die Blut vergießen wollen. Hätten sie nur die Gelegenheit dazu, sie würden in Israel den Holocaust fortsetzen.
>
> Wir müssen als Juden handeln, und das heißt, die Gebote zu halten, also auch am Land Israel festzuhalten. Dann wird Gott uns beschützen. Wenn nicht, werden wir bestraft. Es klingt sehr schlicht, aber so ist es nun einmal. [Gott] schafft von Moment zu Moment die Welt aufs neue, und wer seine Gebote hält, der wird belohnt, wer nicht, der wird bestraft.
>
> Wann immer man das jüdische Volk für schwach hält, hält man auch den Gott Israels für schwach. Als die Nazis imstande waren, in ihren Stiefeln auf den Juden herumzutrampeln, war ihre Frage offensichtlich: Na, wo ist euer

> Gott? Jüdische Schwäche ist in den Augen der Welt ein Symbol für Gottes Schwäche, und deswegen sage ich, es ist eine Herabwürdigung des Namens Gottes.
> Ich bin nicht darauf aus, die Araber zu strafen. Ich bin darauf aus, uns dieser Gefahr zu entledigen, und zwar auf jede nur mögliche Weise ... Ich sage nicht, wir sollten böse zu anderen sein, aber wenn einer versucht, einem Juden was zuleide zu tun, dann sollte er kräftig Prügel beziehen.
> Die Araber sind die Nazis von [heute]. Dasselbe, was Hitler in Deutschland vorhatte, haben sie hier in Israel vor, und das ganze Gerede über Land dient doch bloß zur Verschleierung der Hauptsache ...
> Wird die Welt es hinnehmen, daß wir sie vertreiben? Schließlich werden wir sie doch vertreiben müssen, oder wir werden vertrieben werden. Entweder – oder.[45]

Das sind die Worte eines überzeugten Zionisten, keines Geistesgestörten, aber bestimmt eines Mannes mit Belagerungsmentalität. Die Jahre zwischen dem Interview 1988 und dem Massaker, Jahre, in denen die von palästinensischen Intifada-Aktivisten gegen jüdische Siedler geübte Gewalt eskalierte, werden kaum geeignet gewesen sein, diesen Ansichten etwas von ihrer Heftigkeit zu nehmen. Das Massaker im Februar 1994 wurde von vielen jüdischen Siedlern auf der Westbank frenetisch bejubelt, obwohl sie doch sahen, daß Goldsteins Tat sie in Gefahr bringen und Racheakte provozieren würde. Trotzdem applaudierten sie dem Massaker und feierten den »Märtyrer« Goldstein, denn er hatte ihre kollektive Wunschphantasie ausgelebt, Ausdruck einer ideologisch motivierten Notwehraggression.

Meir Kahane

Goldstein war ein ergebener Anhänger des jüdisch-amerikanischen Rabbi Meir Kahane, dessen Pamphlet *Never Again!* eine Deutung des »kämpfenden Juden« ist, die sich auf das Alte Testament und den Talmud gründet. Kahane begann mit dem wenig radikalen talmudischen Grundsatz: »Wenn einer kommt, um dich zu erschlagen, komm ihm zuvor, und erschlag du ihn«.[46] Das ist schlicht das Gebot der Selbstverteidigung. Ein zweiter Grundsatz Kahanes ist auch nicht gerade sensationell: »Ahavat Yisroel« (Liebe zu Israel).[47] Kahane zitiert dazu den alttestamentarischen Vers »Du sollst nicht gegen das Blut deines Nächsten auftreten«[48] und den Kommentar des Talmud, wonach es jedem, wenn »er sieht, daß einer seinem Nächsten nach dem Leben trachtet, freisteht, durch das Töten des Verfolgers ein Leben zu retten«.[49]

Paranoid an diesen Bibel- und Talmudzitaten ist eigentlich nichts. Sie liefern eine moralische Rechtfertigung, um einen Freund oder Verwandten, der angegriffen wird, zu verteidigen. Gefährlich wird es nur, wenn solche Gebote auf paranoide Weise ausgelegt werden. Wenn jemand überzeugt ist, daß die Welt aus Feinden besteht, die nur darauf warten, die eigene Gruppe abzuschlachten, dann liefern diese religiösen Gebote eine Tötungslizenz, die auf nahezu jeden Außenstehenden angewandt werden kann.

Kahane und seine Gefolgsleute beriefen sich noch auf viele andere Kommentare, etwa auf Maimonides' Ermahnung, den »gerechten Krieg« gegen die Feinde der Juden auch zu führen,[50] auf die Pflicht, die Juden hätten, ihr eigenes Leben für einen anderen Juden in die Schanze zu schlagen,[51] und auf die Pflicht für Juden, eine militärische Ausbildung zu absolvieren.

Die Ermordung von Premierminister Yitzhak Rabin

Bei einer Friedenskundgebung, an der auf dem Platz der Könige von Israel in Tel Aviv mehr als 100 000 Menschen teilnahmen, wurde am 4. November 1995 Israels Premierminister Yitzhak Rabin ermordet, der Friedensnobelpreisträger von 1994. Der Attentäter war kein palästinensischer Terrorist, sondern ein siebenundzwanzigjähriger orthodoxer Jude, der an der Bar-Ilan-Universität Jura studierte und zu Israels extrem religiöser Rechten gehörte. Bei seiner Festnahme gab Yigal Amir der Polizei gegenüber an: »Ich habe nur auf Gottes Befehl gehandelt. Ich bereue nichts.«[52] Kurz nach der Verhaftung erklärte Avishai Raviv, der Führer jener im Untergrund operierenden, von Kahane gegründeten Gruppe Eyal, zu welcher Amir gehörte, in einem Fernsehinterview, seine Gruppe bewundere »den Burschen für seine aufrechte Haltung, dafür, wie er hinter seinen Worten steht ... Dieser Rabin ist doch verantwortlich für den Mord an Hunderten von Juden.«[53] Damit bezog er sich auf die Ideologie der extremen Rechten, der zufolge die Einwilligung der Regierung in den Verzicht auf die Kontrolle über Teile der Westbank Verrat an dem biblischen Erbe der Juden sei und eine tödliche Bedrohung für die Juden darstelle, indem so ein Rückzugsgebiet für palästinensische Terroristen geschaffen werde. In der Folge nahm man Raviv und andere Eyalaktivisten fest, und die Behörden gelangten zu der Überzeugung, hinter dem Attentat habe doch eine Verschwörung gestanden.

Mit den Fortschritten des Friedensprozesses hatte die aggressive Rhetorik bei Israels extremer religiöser Rechten die Grenze zur Volksverhetzung überschritten. Die Land-gegen-Frieden-Abmachungen des Osloer Abkommens bedeuteten, daß Israel die Kontrolle über das von der religiösen Rechten Judäa und Samaria genannte Westufer des Jordan aufgab. Die militanten orthodoxen Gegner der Regierung Rabin lebten in dem Glauben, dieses Land sei dem jüdischen Volk von Gott gegeben worden. Wenn die weltliche Regierung das verheißene Land preisgebe, verstoße dies gegen Gottes Gebot. Die Extremisten hatten Rabin als Verräter und Mörder beschimpft, und auf rechten Kundgebungen waren Bilder von ihm in Naziuniform zu sehen. Diese Art der Volksverhetzung beschränkte sich jedoch nicht auf die extreme Rechte. Der Fraktionsvorsitzende der oppositionellen Likud-Partei, Benjamin Netanjahu, hatte in einer kurz vor dem Attentat gehaltenen Rede die Gefahr eines Palästinenserstaats an Israels Grenze beschworen: »Sie, Herr Premierminister, sind dabei, in die Geschichte einzugehen als der Premierminister, der eine Armee von Terroristen aufgestellt hat.«[54]

Bei einem Verhör erklärte Amir, er habe den Premierminister getötet, um der Landübergabe an die Palästinenser zuvorzukommen, und er habe damit dem jüdischen Religionsgesetz Folge geleistet. Er nannte Rabin einen »Verfolger« und zitierte den so häufig von Kahane herangezogenen Talmudkommentar: Man sei frei, ja verpflichtet, einen Angreifer zu töten, der eine tödliche Bedrohung darstellt, damit »durch das Töten des Verfolgers ein Leben gerettet« werde. »Dem jüdischen Gesetz zufolge«, behauptete Amir bei seiner Vernehmung, »muß ein Jude, der sein Volk und Land an den Feind verrät, im selben Augenblick getötet werden ... Ich habe mein Leben lang den Talmud studiert, und ich habe alle Belegstellen parat.«[55] Der Innenminister Mosche Shabal meinte zu den Vernehmungsprotokollen, der Attentäter habe unter dem Einfluß militanter Rabbiner gestanden, die immer wieder erklärt hatten, Rabins Politik stelle eine tödliche Gefahr für Israel und das jüdische Volk dar. Amirs Motive entsprächen den halachischen Entscheidungen dieser Rabbiner, wonach »die Vorschrift über den Verfolger ihre Anwendung auf Rabin findet«.[56] Studenten der Bar-Ilan-Universität erinnerten sich an eine sich über mehrere Tage hinziehende talmudische Disputation zwischen Amir und seinen Yeshiva-Kommilitonen einige Monate vorher, bei der sich Amir auf das Gesetz der Könige aus dem 12. Jahrhundert berufen hatte. Amir habe argumentiert, Rabin erfülle alle Voraussetzungen, um unter das *din rodef* zu fallen, unter das »Gesetz über den Verfolger«, welches ihn vogelfrei mache, denn Rabin sei zur Last zu legen, daß er, indem er die Kontrolle über die Westbank aufgebe, das Blut anderer Juden vergieße.

Bei einem Treffen religiös-nationalistischer Führer nach dem Attentat enthüllte Rabbi Yoel Ben Nun, ein prominenter Rabbi des Westjordanlands, daß manche Rabbiner das »Gesetz über den Verfolger« gegen Rabin und Shimon Peres bemüht hatten, den Außenminister, der die Osloer Friedensvereinbarungen ausgehandelt und jetzt nach Rabins Ermordung die Ministerpräsidentschaft übernommen hatte. »Es gibt unter uns immer noch welche, die sagen, Rabin habe den Tod aufgrund des Gebotes verdient, das sich auf denjenigen bezieht, der einem andern nach dem Leben trachtet.«[57]

Amir hatte sein Leben dem Studium des Alten Testaments und des Talmud gewidmet. Er war ein wahrhaft Gläubiger, für den der religiöse Fanatismus im Mittelpunkt seiner Existenz stand. Die Aufgabe von Judäa und Samaria durch die weltliche Regierung Rabin war für seine psychische Integrität und die der anderen fanatischen Juden auf der extremen Rechten eine Bedrohung. Er schlug zu und fand die Rechtfertigung für sein Tun in den religiösen Schriften, die er sein Leben lang studiert hatte.

Sätze aus dem Alten Testament und dem Talmud, diesen beiden sittlichen Säulen, haben zu einer religiösen Rechtfertigung für die Aggression gegen die Feinde des eigenen Glaubens herhalten müssen. Manche Juden haben demnach genau wie manche Moslems ihre Heilige Schrift bemüht, um das Töten im Namen Gottes zu rechtfertigen. Und dasselbe gilt auch für Christen.

Töten im Namen Jesu

»Wir befinden uns mitten in einer Schlacht zwischen Gut und Böse.«

John Burt, fundamentalistischer christlicher Prediger und Regionalleiter der Antiabtreibungsorganisation *Rescue America*

Obwohl zuerst als eine Religion der Liebe angekündigt, wurde das Christentum bald auch eine Religion der Gewalt. In West- und Südeuropa verbreitete es sich hauptsächlich, indem sich Könige und andere Machthaber und deren Völker bekehrten, doch in Osteuropa zogen religiös-militärische Orden wie die Deutschordensritter andere Saiten auf und erzwangen gewaltsam die Bekehrung. Der Geist der Deutschordensritter schwebte über Karl Martells Sieg über die Sarazenen in der Nähe von Poitiers im Jahr 732, auf den, wenngleich aus der Defensive heraus, 700 Jahre Aggression auf der iberischen Halbinsel folgten.

Christliche Gewalttätigkeit richtete sich in der Hauptsache gegen andere Christen, sogar als sich die Nachfolger Christi auf den Weg machten, um das Heilige Grab vom Islam zu befreien. Der undisziplinierte Mob, aus dem der Volkskreuzzug zusammengewürfelt war, brachte seine christlichen Glaubensbrüder in Ungarn so sehr gegen sich auf, daß die Ungarn ihn kurzerhand vernichteten. Für diesen Mißerfolg hielt sich der Volkskreuzzug allerdings an den Juden des Rheinlands schadlos, von denen sich glücklich schätzen durfte, wer in die Weiten des Ostens entkam. Ein Volkskreuzzug erreichte Konstantinopel. Er brandschatzte und mordete in einem Maß, daß Kaiser Alexios Komnenos die Kreuzfahrer von den mohammedanischen Seldschuken abschlachten ließ.

Auf dieses chaotische Unternehmen folgte der erste organisierte Versuch zur Rückeroberung des Heiligen Landes. Der erste Kreuzzug, der 1097 begann, sprang auch mit christlichen Glaubensbrüdern nicht zimperlich um, und so verwundert es nicht, daß die Kreuzfahrer auch vor der Tötung von Moslems nicht zurückschreckten. Wie so viele mörderische Unternehmungen war auch dieser Kreuzzug von Idealismus getrieben. Ihm folgten noch sechs weitere Kreuzzüge, die erst 1250 ein Ende nahmen, als Ludwig IX. von Frankreich gefangengenommen und freigekauft wurde.

Allerdings fand das religiöse Töten meist gar nicht auf den Kreuzzügen, sondern auf heimischer Erde statt. Im frühen 13. Jahrhundert begeisterten sich viele Albigenser in Südfrankreich für die uralte Lehre des Persers Mani, wonach alle Existenz ein Kampf zwischen Licht und Finsternis, dem vollkommen Guten und dem absolut Bösen sei. Die Albigenser hielten sich selbst für gute Christen, und ihr Lebenswandel war von mustergültiger Tugend, allerdings unterwarfen sie sich nicht dem Papst und sahen in Jesus nicht Jehovahs milden, gehorsamen Sohn, sondern den Rebellen gegen den despotischen Gott des Alten Testaments. Grund genug für die Kirche, sie grausam zu verfolgen, und das in einem Umfang, den man getrost Völkermord nennen darf.

In das 13. Jahrhundert fiel auch der Beginn der Inquisition in Spanien. Ihr übler Ruf scheint etwas übertrieben. Viel von dem, was sie beschäftigte, war nicht mehr, als was der Name besagt: Ermittlungsverfahren, ohne Gewaltanwendung. Doch diese Institution, deren Tätigkeit sich bis in das 19. Jahrhundert erstreckte, hatte das Ziel, Rechtgläubigkeit zu befördern, und nicht selten fand zu diesem Zweck die Folter Anwendung. Ungefähr 30 000 Juden starben während der Herrschaft der Inquisition für ihren Glauben. Bei einem besonders blutrünstigen Pogrom, das Spanien 1391 erlebte, ließ der Ausruf »Bekehrt euch zum heiligen Glauben oder sterbt!« den Juden nur zwei Möglichkeiten. Manchmal immerhin gesellte sich dem die Vertreibung als dritte hinzu. Die Religion war ebensosehr eine Frage politischer Loyalität wie konfessioneller Einheit. Hier sieht man, wie eine angespannte Situation – die Christen befanden sich in einem Krieg auf Leben und Tod mit den Moslems – und eine berechtigte politische Forderung – nach Einheit hinter den eigenen Linien – eine paranoide Dynamik entfalten kann. Menschen, die nicht genau dasselbe glauben wie wir, stellen für unsere politische Einheit und unser Dogmensystem eine Bedrohung dar, und entweder muß man sie zur Kapitulation zwingen oder sie vernichten. Um die Mitte des 15. Jahrhunderts sah man jedoch in den *conversos,* Spaniens neuen Christen, ebenfalls den Feind, Rasse und Religion hatten sich vermengt. Der Holocaust warf seinen Schatten voraus, indem man Statuten zur rassischen Reinheit aufstellte und hochgestellte Konvertiten wegen ihres »unreinen Bluts« aus dem Amt jagte.[58]

Während des Dreißigjährigen Kriegs erreichte das gegenseitige Töten von Christen im Namen des Christentums seinen Höhepunkt. Die Zerstörung der einheitlichen christlichen Gesellschaft infolge der Reformation endete für eine ganze Generation mit Plündern, Brandschatzen und Morden. Vielerorts übertraf dies noch das Elend der Völkerwanderungszeit.

Obwohl das Töten im Namen von Jesus nach dem Kriegsende 1648 weiterging, avancierten in der Folgezeit Nationalismus und Imperialismus zu den großen Gewaltpotentialen christlicher Länder. Beide wurden zu den neuen Religionen Europas – zu Errungenschaften, für die man nicht allein zu töten bereit war, sondern auch den Kopf hinhielt.

Auch wenn das Christentum der Moderne sich als Institution von dem des 17. Jahrhunderts unterscheidet und sicherlich weniger blutrünstig ist, kann es dennoch manchmal an diese düsteren Zeiten erinnern. Zwar traut man den christlichen Kirchen, besonders der anglikanischen Kirche, dem Presbyterianismus und dem Methodismus, kaum eine paranoide Dimension zu, und sie wirken auch besonders resistent gegen dieses psychopathische Virus, aber auch hier kann es einen aufnahmefähigen Wirt finden und die paranoide Infektion übertragen.

C. S. Lewis war um die Mitte des 20. Jahrhunderts einer der volkstümlichsten Traktätchenverfasser. Als bescheidener und auf Ausgleich bedachter Mann hielt er während des Zweiten Weltkriegs für die BBC kurze Radiovorträge über das Christentum. Später schrieb er die amüsanten *Screwtape Letters,* in denen ein niederer Dämon erfolglos gegen das Christentum zu disputieren versucht. Lewis selbst gehörte der anglikanischen Kirche an, die nun wirklich eine denkbar wenig radikale und gemäßigte Lehre vertritt. Derselbe Lewis beschreibt jedoch in *Mere Christianity,* einer erweiterten Fassung seiner BBC-Vorträge, einen paranoiden Aspekt des Christentums, an den er wirklich glaubte:

> Als ich das Neue Testament ernsthaft las, war für mich überraschend, daß darin so viel die Rede von einer finsteren Macht im Universum ist – von einem mächtigen bösen Geist, der hinter Tod, Krankheit und Sünde stecken soll. Dabei ist von großer Bedeutung, daß das Christentum von dieser finsteren Macht annimmt, daß auch sie zu Gottes Schöpfung gehört und bei ihrer Erschaffung gut war und sich erst in der Folge in etwas Böses verkehrte. Das Christentum glaubt, diese Welt befinde sich im Krieg, es glaubt aber nicht, daß dies ein Krieg zwischen unabhängigen Mächten ist, sondern ein Bürgerkrieg, eine Meuterei, und daß wir in einem Teil der Welt leben, der von dem Meuterer besetzt gehalten wird … Wenn Sie in die Kirche gehen, gehen Sie auf Empfang, um die Funksprüche unserer Freunde aufzufangen … Die Christen sind mithin der Überzeugung,

daß eine böse Macht sich selber zum Fürsten dieser Welt gemacht hat.[59]

Lewis bemerkt weiter, daß der Teufel unter mannigfachen Masken sein Wesen treibe, besonders unter der der Rationalisten, scheinbar wohlmeinenden und freundlichen Menschen, die aber die Religion verspotten und anschwärzen. Wir befinden uns nicht nur mitten im Feindesland, wir wissen auch nicht, wem wir trauen können.

Dieser paranoide Aspekt des modernen Christentums wurde seit Mitte der siebziger Jahre in einer ganzen Reihe amerikanischer politisch-religiöser Bewegungen lautstark kultiviert. Bei ihrem Bestreben, die Vereinigten Staaten zu rechristianisieren, leisteten sie entscheidend Wahlhilfe für Ronald Reagan. Jerry Falwells *moral majority* war seinerzeit besonders prominent. In seinem Aktionsprogramm erklärte er, es gebe »fünf große Probleme, die politische Konsequenzen haben und zu welchen moralische Amerikaner Stellung nehmen müssen: Abtreibung, Homosexualität, Pornographie, Humanismus und die Zerrüttung der Familie«.[60] Falwell gab der Abtreibung oberste Priorität. Seitdem 1973 das Urteil des Obersten Gerichts in der Streitsache Roe gegen Wade die Abtreibung auf Verlangen weitgehend legalisiert hatte, ist sie das politische Thema, das die fundamentalistischen Christen der USA elektrisiert. Bis zu jener Zeit waren Abtreibungen nach fast jeder amerikanischen Gerichtsentscheidung illegal gewesen, und das Verbot erfreute sich generell religiöser Unterstützung. Der massive Wertewandel zugunsten liberaler Positionen, wie er in der westlichen Welt in den sechziger Jahren zu verzeichnen war, führte zur Abschaffung vieler Einschränkungen, vor allem im Sexualbereich, und er führte dazu, daß viele Institutionen, besonders religiöse, an Einfluß verloren. Die fundamentalistischen Protestanten hatten darunter mehr als jede andere Gruppe zu leiden. Die Abtreibungsdebatte brachte eine mächtige emotionale Saite in dieser Gruppe zum Erklingen und führte zum Schulterschluß mit ihrem früheren Gegner, der katholischen Kirche. Darüber hinaus beunruhigte die

Legalisierung der Abtreibung auch viele Nichtfundamentalisten und Nichtkatholiken.

Sexualbeziehungen, Kriminalität, Kinder und Religion sind die vier Themenbereiche, die Politiker am meisten fürchten, da sie emotional so stark besetzt sind. In der Abtreibungsfrage kommen alle vier zusammen.[61] Es ist nicht ohne Ironie, daß das Thema, über das manche religiöse Extremisten zu Mördern geworden sind, ausgerechnet der Schutz des Lebens ist. Die Frage, ab wann einem Fötus der Status eines menschlichen Wesens zuzusprechen ist, steht im Mittelpunkt der Diskussion über das Recht auf Abtreibung. Die Mitglieder der Pro-Life-Antiabtreibungsbewegung glauben, menschliches Leben beginne bereits mit der Empfängnis, so daß es moralisch keinen Unterschied zwischen dem Töten eines Fötus und dem Töten eines Säuglings gibt. Für den, der so denkt, sind Zeitgenossen, die Abtreibungen vornehmen, nicht nur Mörder, sondern Kindesmörder und überdies in den meisten Fällen auch Massenmörder. Frauen, die abtreiben, töten ihre eigenen Kinder. Manche, besonders liberale Katholiken, kämpfen gegen die Abtreibung aus demselben Grund, aus dem sie auch gegen Krieg oder gegen die Todesstrafe sind: Nur Gott darf einem Menschen das Leben wieder nehmen.

Die Vorstellung, Abtreibung sei Mord, hat die Extremisten dieser Bewegung dazu gebracht, die Legalisierung der Abtreibung mit dem Genozid gleichzusetzen, mit einer »Wiederkehr des Nazigeists«. Abtreibungsgegner bedienen sich mit Vorliebe der Holocaust-Rhetorik. Eine programmatische Erklärung des *Fundamentalist Bible Tabernacle* stellt fest: »Die Reaktion der bibelfesten Christen ähnelt stark derjenigen in Hitlerdeutschland. Die vorgeblich gläubigen Bibelleser reagieren auf den Abtreibungsholocaust in Amerika nahezu untätig.«[62]

Im Einklang mit der Logik ihrer Überzeugungen haben die Abtreibungsgegner Mediziner, die Abtreibungen vornehmen, umgebracht. David Gunn, Leiter der Frauenklinik in Pensacola, Florida, wurde im März 1993 von dem Abtreibungsgegner Michael Griffin ermordet. Griffin, ein Mitglied von *Rescue America* (einer radika-

len Antiabtreibungsorganisation), erklärte gegenüber der Polizei, er habe für Gott gehandelt.[63]
Bald nach den drei Brandanschlägen auf Abtreibungskliniken in Pensacola zu Weihnachten 1984 erklärten die beiden jungen Angeklagten des christlich-fundamentalistischen Lagers, James Simmons und Matthew Goldsby, Gott habe ihnen den Anschlag auf die Kliniken befohlen. Die jugendlichen Delinquenten nannten ihre Bomben ein »Geburtstagsgeschenk für Jesus«.[64] Ihre erste Bombe hatten sie im Juni 1984 in einer Klinik gelegt, wobei sie unentdeckt entkommen waren. Für sie war dieser Umstand ein Zeichen von Gott, daß sie recht getan hatten. Der für sie positive Ausgang der Sache habe sie zur Planung des Weihnachtsattentats ermutigt.[65]
Dieser gewalttätige Widerstand hatte sich über mehr als ein Jahrzehnt hin aufgebaut. Der Anfang der Bewegung war 1973 noch von vergleichsweise harmlosen Protestformen geprägt gewesen: Es wurden Stinkbomben geworfen, Zement wurde in Klinikschlösser gegossen, und die Abtreibungsgegner blockierten Klinikeinfahrten. Von 1982 bis 1992 gingen bereits folgende Handlungen auf das Konto der Antiabtreibungskampagne in den USA: 32 Sprengstoffattentate, 54 Brandanschläge, 76 Fälle von Körperverletzung, 129 Todesdrohungen und 296 Akte des Vandalismus gegen Abtreibungsstellen. Zwischen 1987 und 1993 kam es in den USA im Zusammenhang mit der Antiabtreibungsbewegung denn auch zu 33 000 Verhaftungen.
Zwar haben nur wenige der offiziellen Pro-Life-Organisationen offen die Anwendung von Gewalt gerechtfertigt, doch immerhin eine Gruppe, die *Army of God,* predigt sie geradezu. Sie hat ein Handbuch veröffentlicht, welches genaue Anweisungen enthält, wie man Terrorakte verübt, ohne geschnappt zu werden, und dabei den größten Schaden stiftet.[66] Eine andere solche Gruppe ist *Defensive Action,* eine »kleine Gruppe von etwa 30 Pastoren und Kirchenführern landesweit, die eine Erklärung des Inhalts unterzeichnet haben, jede zum Schutz des ungeborenen Lebens erforderliche Maßnahme sei göttlich gerechtfertigt«. Paul Hill, der

Vorsitzende der Vereinigung, erklärte: »Die Polizei wendet Gewalt an, um die Abtreiber zu schützen. Abtreibung ist Mord, und Mörder verdienen exekutiert zu werden.« Hill, ein früherer Prediger, der inzwischen aus der Presbyterianischen Kirche ausgeschlossen worden ist, betonte, die Exekution von Personen, die Abtreibungen vornehmen, sei »ein moralisches Gebot«.[67]
Protestantische Fundamentalisten berufen sich in dieser Sache nur selten auf eine noch hinter die Reformation zurückreichende Kirchenlehre. Doch ein römisch-katholischer Priester, David C. Trosch aus Mobile, Alabama, hat das Töten von Abtreibungsärzten als »entschuldbaren Totschlag« verteidigt, indem er Schriften von Augustinus und Thomas von Aquin als Beleg anführte: »Nach dem christlichen Glauben ist im Mutterschoß mit der Empfängnis menschliches Leben entstanden. Es handelt sich schon dort um Personen, die ebenso schutzwürdig sind wie bereits geborene Menschen, und sie müssen mit jedem Mittel, das zu ihrem Schutz erforderlich ist, verteidigt werden. Das schließt auch den Tod der Angreifer ein, in diesem Fall den der Abtreibungsärzte und ihrer Komplizen.«[68] Der katholische Erzbischof Oscar H. Lipscomb tadelte Trosch in einem Hirtenbrief und argumentierte mit dem biblischen Tötungsverbot. Er betonte nachdrücklich, daß Staatsbürger sich nicht die Funktion der Strafverfolgungsbehörden anmaßen dürfen. Trosch wies die Argumente des Erzbischofs zurück und behauptete, Gottes Gesetz stehe über dem staatlichen Gesetz. Er wandte sich mit der Warnung vor »künftigen Katastrophen«, die ein Fünftel der Weltbevölkerung auslöschen würden, an den Vatikan. Kongreßabgeordneten drohte er mit einem möglichen Bürgerkrieg, in dem die Abtreibungsärzte »reihenweise« getötet werden würden. Auf die Frage, ob er sich nicht schuldig fühlen würde, sollten seine Predigten und Reden jemanden zum Mord an einem Abtreibungsarzt verleiten, versetzte Trosch: »Unschuldiges menschliches Leben zu verteidigen ist kein Mord. Sie messen das Leben moralisch schuldiger Personen mit dem gleichen Maßstab wie das Leben offenkundig unschuldiger Personen. Das ist, wie wenn man das Leben der Juden in den Vernichtungsanlagen in

Nazideutschland oder Polen oder sonstwo mit dem gleichen Maßstab messen wollte wie das Leben der Gestapo.« Er zog ferner einen Vergleich mit der französischen Resistance während des Zweiten Weltkriegs: »Als sie die feindlichen Soldaten töteten, wäre da irgend jemand auf den Gedanken gekommen, ihnen Moral zu predigen? Ganz im Gegenteil, als Helden hat man sie betrachtet.«[69]

Aus der Sicht dieser religiösen Krieger sind die Frauenbewegung, der Feminismus, das Recht auf Abtreibung und der schwindende Einfluß der Religion zusammenhängende Erscheinungen. Die Art und Weise, wie sie diese sozialen Bewegungen einer finsteren Triebkraft zuschreiben, das hat schon deutlich paranoide Züge. Dazu paßt, daß diese Bewegungen Teil des Trends zu mehr Wahlfreiheit und Liberalität gewesen sind, der in der Hauptsache in jenen sechziger Jahren entstand, vor denen sich die fundamentalistischen Christen mit Grausen abwendeten. Um es frei nach C. S. Lewis zu sagen: Die extremsten und gewalttätigsten Abtreibungsgegner sehen sich selbst in »Feindesland«, unter der Herrschaft einer finsteren Macht, die sich »zum Fürsten dieser Welt gemacht hat«.

Die gewalttätige protestantische Antiabtreibungsbewegung gewinnt noch an Kontur, wenn man die Stellungnahme der katholischen Kirche zur Gewalttätigkeit in dieser Sache hinzunimmt. Denn sie ist genauso kompromißlos gegen die Abtreibung wie die protestantischen Fundamentalisten, und sie bedient sich derselben Argumente. Doch den Katholiken, die zur friedlichen Demonstration vor Abtreibungskliniken aufgerufen werden, ist Gewaltanwendung untersagt. Gott habe das Töten nur im äußersten Notfall erlaubt, stellt die Kirche fest, und sie sieht in der Abtreibung diesen Notfall nicht für gegeben an. Die Kirche stellt mithin eine Güterabwägung an und sieht Spielraum für alternative Handlungsmöglichkeiten.

Die fixe Idee ist das Kennzeichen der paranoiden Geistesverfassung. Paranoide Charaktere sind beherrscht von einem einzigen Gedanken. Eine solche Idee mag in einem bestimmten Kontext durchaus ihre Verdienste haben, nur übertreibt der Paranoiker ihre verhältnismäßige Bedeutung maßlos, indem er ihr jeden anderen Wert unterordnet und sogar bereit ist, jede mögliche Handlung zu begehen, um sie durchzusetzen. Die ausschließliche Herrschaft dieser Idee bedeutet, daß der paranoide Fanatiker in einer geschlossenen Vorstellungswelt lebt, einer verschlossenen Burg *Ignorantia invincibilis* (einem nicht mehr schuldhaft zurechenbaren Nichtwissen), und sich gegen Einwände immunisiert hat.[70] Es ist dieses Bekenntnis zur Logik ohne Vernunft, das manche fundamentalistische Protestanten dazu verführt hat, zur Gewalt, einschließlich Mord, zu greifen, um »Leben zu schützen«.

Man kann aus religiösen Gründen ein strikter Gegner der Abtreibung sein, ohne deswegen anderen Menschen das Leben zu nehmen, genauso wie man dem Zionismus oder dem palästinensischen Nationalismus huldigen kann, ohne unschuldige Menschen deswegen umzubringen. Doch in allen drei Fällen beanspruchen diejenigen, die um ihrer Sache willen den Tod anderer in Kauf nehmen, eine religiöse Rechtfertigung dafür.

Judentum, Christentum und Islam sind allerdings nicht die einzigen Religionen, die das Töten im Namen Gottes befürworten. Ein weiteres Beispiel stellt die Sikhreligion dar, eine Religion, die sich weitgehend außerhalb der genannten Traditionen entwickelt hat.

Die Religion der Krieger und Heiligen

Die Sikh-Gemeinschaft ist im frühen 16. Jahrhundert im Pandschab entstanden, einer Landschaft, die heutzutage zwischen Indien und Pakistan geteilt ist.[71] Aktuell zählen die Sikhs etwa 18 Millionen Menschen – zwei Prozent der indischen Bevölkerung. Abgesehen von ihrer strategischen Prominenz im Pandschab, der Kornkammer Indiens, haben sie auch in sicherheitsrelevanten Bereichen wie dem Militär und der Polizei eine herausragende Stellung. Die Sikhs stellen etwa zwölf Prozent der Armeeangehörigen und 20 Prozent des indischen Offizierskorps. Die Männer sind

bekannt für ihr stolzes Auftreten und ihr männliches Erscheinungsbild. Sie tragen stets Turbane – denn ihre Religion verbietet ihnen das Haareschneiden –, was zu ihrem hohen Wuchs noch einiges beiträgt, und sie tragen Waffen, denn ihre Religion verlangt von den Männern, daß sie stets bewaffnet sind. Sikhs, die Polizisten, Wachleute oder Soldaten sind, dürfen auch ihre berufsspezifischen Waffen tragen. Die Sikh-Gemeinschaft ist vergleichsweise wohlhabend und verfügt über ein doppelt so hohes Durchschnittseinkommen wie die übrigen Inder.
Die Sikh-Religion, obwohl aus dem Hinduismus hervorgegangen, ist eine eigene Religion. Sie bestreitet die Heiligkeit der Hindu-Veden, weist jede Form von Idolatrie von sich und lehnt das ganze Kastenwesen, einschließlich des Vorrangs der Brahmanen, ab. Daß sie andererseits im Hinduismus ihren Ursprung hat, zeigt sich an der von ihr beibehaltenen Idee des Karma – der Wiedergeburt und der daraus abgeleiteten Vorstellung einer sich durchhaltenden Schuldfähigkeit. Die Eigenständigkeit dieser Religion wird von den Hindus häufig nicht zugegeben, die vielmehr dazu neigen, sie einfach für eine Richtung des Hinduismus zu halten. Diese Einstellung samt der bisweilen herablassenden Art, die man damit assoziiert, reizt und beunruhigt viele Sikhs.
Die Sikh-Gemeinschaft entwickelte sich zum Teil auch durch den im 16. und 17. Jahrhundert vom Islam ausgehenden Druck. In dieser Zeit wurden die Sikhs, die man damals noch recht eigentlich für eine Hindusekte hätte halten können, zu den Schutzherren der Hindus gegen die islamische Aggression im Pandschab. Nach und nach erlangten sie die Herrschaft über das Gebiet, indem sie die Moslems sowie die von Süden eindringenden Hindumaharadschas zurückschlugen. Sie selbst unterlagen erst den Briten, mit denen sie sich schließlich verbündeten. Auf diese Weise entstand aus einer Sekte eine Religion, aus einem Stamm eine Nation. Wie der Islam, historisch der große Gegenspieler, bleibt die Sikh-Gemeinschaft bei Aufrechterhaltung eines strengen Sittenkodex stark geprägt von ihren kriegerischen Ursprüngen. Obwohl sie sich selber *khalsa* (die Reinen oder Auserwählten) nennen, liebäugeln die Sikhs mit

dem in dem Namen *Singh,* Löwe, liegenden Hinweis auf ihre Tapferkeit. Gleich zwei religiöse Symbole, das Kurzschwert, das jeder Sikh immer bei sich führen muß, und die kurzen Unterhosen, die er immer tragen muß, kennzeichnen jeden männlichen Sikh als kampfbereiten Krieger. Innerhalb der *khalsa* existiert sogar eine noch militantere Fraktion, die *akali,* die religiösen Sonderkommandos aus bereitwilligen Märtyrern. Seit jeher kreisen die folkloristischen Traditionen der Sikh-Gemeinschaft um Gewalt.

Als 1947 Großbritanniens indisches Kaiserreich aufgeteilt wurde, vertrieb die neue mohammedanische Nation Pakistan die Sikhs aus dem westlichen Pandschab. Sie konzentrierten sich daraufhin unter indischer Herrschaft im östlichen Pandschab. Der Friede, ihre harte Arbeit und die Früchte der Grünen Revolution in der Landwirtschaft machten sie wohlhabend. Gerade infolge ihrer wirtschaftlichen Prosperität und ihres allgemein höheren Bildungsgrads entstand für die Sikhs die Situation, daß aus dem übrigen Indien Zuwanderer in den östlichen Pandschab strömten, der bis dahin völlig in ihrer Hand war. Zur Auflösung der Sikh-Gemeinschaft trug auch die zunehmende Verweltlichung ihrer proletarischen Schicht bei.

In dieser Zeit kam es zusätzlich zu einem Sprachenstreit: Die Moslems im Pandschab sprachen immer häufiger Urdu, die Hindus, die nicht aus dem Pandschab stammten, ihr Hindi, die Sikhs und die Hindus im Pandschab indessen Pandschab. Die Sprachen sind nahe verwandt, und alle in der Region beherrschen das Pandschab und praktizieren es auch, doch den Sikhs fiel es ein, das Pandschab als ihre eigene Sprache zu reklamieren. Sie forderten ferner, daß die Schrift, in der ihre heiligen Texte abgefaßt sind, das Gurumakhi, zur offiziellen Schrift wird. Pandschab als Sprache, Gurumakhi als Schrift: Tatsächlich legten es die traditionalistischen Sikhs auf einen eigenen Sikh-Staat an. Der Zank ging dabei nicht nur um die sprachliche Vorherrschaft. Der ungewisse Status der Sikhs führte auch zum Konflikt nicht nur mit Nicht-Sikhs, sondern auch mit solchen Sikhs, die weniger strenggläubig waren und Sympathien für den Hinduismus hatten.[72] Die Gründung der indischen

Staaten Pandschab und Haryana 1966 stellte die Sikhs eine Zeitlang zufrieden, doch in den achtziger und neunziger Jahren begann die Rebellion erneut.

Mitte 1984 war der Pandschab vom Bürgerkrieg zerrissen. Sezessionistische Sikhs kämpften gegen andere Sikhs und gegen die indische Zentralregierung. Weithin war man der Auffassung, daß sie dabei insgeheim von ihren angestammten Feinden, den pakistanischen Moslems, unterstützt würden, die Indiens Regierung noch weniger mochten als die Sikhs. Indem sie die radikalen Sikhs in ihrer Ansicht bestärkten, ihre Religionsausübung erfordere ein eigenes Land, Khalistan, hofften die Moslems, Indien überhaupt zerschlagen zu können. Wir sehen hier wieder die Dynamik, die freigesetzt wird, wenn eine Gruppe ihren politischen Status mit ihrer religiösen Sendung verquickt und für sich ein göttliches Recht in Anspruch nimmt, das Recht nämlich, in Durchführung ihrer Mission andere Menschen zu töten.[73]

Der militante Sikh-Charismatiker Jarmail Singh Bhindranwale, der, wie David Koresh in den Vereinigten Staaten, mit Scharen seiner Jünger im Kugelhagel einer Polizeibelagerung endete, proklamierte die separate Identität der Sikhs als einer Religionsgemeinschaft mit nationalen Merkmalen. In seinen flammenden Reden verteufelte Bhindranwale die Gegner der Sikhreligion und verlangte von seinen Jüngern, die Lästerer zu töten. »Wenn ihr nicht zu sterben und euer Leben einzusetzen bereit seid, werdet ihr nie ein freies Volk sein ... Euer erster Gedanke muß das Selbstopfer für die Gemeinschaft sein, dann seid ihr auf dem rechten Weg und werdet euch unbedenklich opfern. Der Glaube der Sikhs ist: zu Gott zu beten, vor dem Guru Granth Sahib die Gelübde abzulegen und dann in bezug auf sich selbst rücksichtslos zu handeln ... Sucht Vergeltung an denen, die unsere Schwestern entehrt haben, die das Blut unschuldiger Menschen getrunken haben und Satguru Granth Sahib gelästert haben.«[74] Die Verhetzung führte im Pandschab zu einem Blutrausch, zu dem blutigen Sturm auf den Goldenen Tempel, der ein Heiligtum der Sikhs darstellt, aber als Terrorbasis mißbraucht wurde. Sie hatte darüber hinaus die Ermordung

von Premierministerin Indira Gandhi, Straßenkrawalle gegen die Sikhs und viele weitere blutige Unruhen zur Folge.
Die Ideologie der radikalen Sikhs folgt einem uns inzwischen vertrauten Schema:

1. *Der kosmische Kampf kommt in der Menschheitsgeschichte zur Austragung.* Um gewalttätig aufzutreten, muß der Fromme überzeugt sein, daß der kosmische Kampf sich ins Menschliche übersetzen läßt. Der Kampf zwischen Gut und Böse, wie er in den großen Hindu-Epen beschrieben ist, hat in historischer Zeit seine Fortsetzung gefunden. Der aktuelle Feind verschmilzt mit dem legendären dämonischen Widersacher.
2. *Die Gläubigen engagieren sich persönlich in dem Kampf.* Unter der Leitung ihrer geistlichen Führer fühlen die Frommen sich persönlich verantwortlich dafür, daß das Übel in der Welt um sich greift. In der Seele findet der Kampf zwischen Gut und Böse statt, doch bei vereinter Kraft gelingt es den wahrhaft Gläubigen, das Schlachtfeld nach außen zu projizieren.
3. *Der kosmische Kampf hält bis in die Gegenwart hinein an.* Mag es auf der Oberfläche noch so ruhig und friedlich zugehen, unter ihr tobt nach wie vor der Kampf zwischen den Kräften des Guten und des Bösen.
4. *Der Kampf ist an einem kritischen Punkt angelangt.* Durch den Einsatz apokalyptischer Rhetorik wird das Gefühl vermittelt, daß der einzelne sich selber in dem gegenwärtigen Kampf engagieren muß.
5. *Gewaltakte haben eine kosmische Bedeutung.* Im Dienst seines Glaubens zu handeln heißt, große Tapferkeit und Frömmigkeit zu beweisen. Es ist eine Sünde, nicht so zu handeln. Als er die Sikhs aufrief, sich für die Verteidigung ihres Glaubens zu erheben, sagte Bhindranwale: »Es gibt für einen Sikh keine größere Sünde, als Waffen zu tragen und sie nicht zur Verteidigung des Glaubens zu benutzen.«[75]

Erst 1996 ist es gelungen, die militanten Sikhs zu bezwingen. Wie in anderen religiös motivierten Kämpfen gingen die Gewalt und die Provokation nicht nur von einer Seite aus. Man hat die religiösen Sikhs zeitweilig schlecht behandelt, getäuscht und verfolgt. Im Pandschab ist man allgemein der Ansicht, daß den indischen Sicherheitskräften, die an der Unterdrückung der Revolte beteiligt waren, erhebliche Prämien für die Leichen von militanten Sikhs gezahlt wurden. Die Sikhs werden das nicht vergessen, und das Töten im Namen Gottes wird nicht so leicht zu beenden sein. Wir sehen also, das religiös motivierte Töten beschränkt sich keineswegs auf eine Religion oder auf eine bestimmte Gruppe von Religionen. Jedes Beispiel für die Gewalt im Namen Gottes ist auf seine Weise der Ausdruck eines paranoiden Gesellschaftssystems, das sich unter der Herrschaft einer übermächtigen Idee befindet. Die jeweiligen Gewalttäter fühlen sich von einer Welt von Feinden ihres Glaubens umlagert. Ihr Glaubenssystem, an dem ihr seelisches Gleichgewicht nun einmal hängt, ist akut bedroht. Wenn die Welt draußen buchstäblich angreift, wofür die Belagerung der Davidianer und der Angriff auf den Goldenen Tempel der Sikhs dramatische Beispiele sind, stärkt das ihren Glauben nur noch. Es bedarf der Aggression, um sich gegen eine Welt des Unglaubens zur Wehr zu setzen. Diese Notwehraggression soll die wahrhaft Gläubigen davor beschützen, zu Opfern zu werden. Die Verfolgungsängste sind dabei durchaus nicht nur reiner Wahn: Palästinenser sterben ja von der Hand israelischer Soldaten, Israelis werden von palästinensischen Terroristen getötet, und Hamas ruft zur Vernichtung Israels auf.

Wo eine Gemeinschaft sich von der Außenwelt bedrängt fühlt und darüber verzweifelt, ist es möglich, daß sie sich zurückzieht. Ist jedoch die Lage verzweifelt, ohne daß die Gemeinschaft sich der Verzweiflung überläßt, kann ein militanter Fundamentalismus der Ausweg sein.[76] Der religiöse Fanatiker hat in einer dekadenten Welt das Bedürfnis, alles, was sein Deutungssystem bedroht, anzugreifen. Durch die Sittenverderbnis der sich modernisierenden Welt können seine Dogmen womöglich in ihren Grundfesten bedroht sein, folglich muß diese Welt, um den Glauben zu verteidigen, angegriffen werden. Eine mit gutem Gewissen ausgelebte Wut, wie sie von einem destruktiven Charismatiker vielleicht auf ein bestimmtes Objekt gelenkt und durch einen weithin geteilten und seitens der Gruppenangehörigen besonders fanatisch vertretenen Glauben sanktioniert wird, stellt so das psychische Gleichgewicht sowohl der Gruppe als auch des Individuums wieder her.[77] Für diese Dynamik hält die Politik viele Beispiele bereit. Bei der jeweils betroffenen Ideologie kann es sich, statt um Islam, Judentum oder Christentum, genausogut um Marxismus oder serbischen Nationalismus handeln. Die Quelle des politischen Extremismus ist regelmäßig ein fanatischer Glaube, sei er nun religiös oder säkular. Damit aus einer Gruppe eine Massenbewegung wird, damit eine Nation reif für den Kriegseintritt wird, sind die elementaren Gefühle der Unzufriedenheit und Frustration unzureichend. Der paranoide Führer benötigt, um diese machtvollen, aber noch ungebündelten Gefühle auf ein Objekt zu lenken, ein ideologisches Gerüst.

Kapitel 7
Theoretiker des politischen Wahns

Eine neue Krankheit? Ob neu, ob alt, das weiß ich nicht,
doch mag sie wohl des armen Sterblichen Pest heißen,
denn wie ein Pesthauch fällt und bricht sie
in des Verstandes Hause ein …
Bis kein Gedanke mehr, kein geistig Bild
vom schwarzen Gift des Argwohns frei.

Ben Jonson, *Every Man in His Humor*

Massenbewegungen können entstehen und wachsen, ohne daß die Mitglieder an einen Gott glauben, doch an einen Teufel müssen sie glauben.

Eric Hoffer, *The True Believer*

Eine vielgestaltige, unzufriedene Masse zu einer einheitlichen Bewegung zu verschmelzen bedarf einer mächtigen Idee. Politiker, die nicht über ein sinnstiftendes Ideengebäude verfügen, um ihre Anhänger zu organisieren und zu inspirieren, werden erfolglos bleiben. Der Theoretiker, der Mann des Geistes, schafft dieses Ideengebäude. Der Aktivist, der Mann der Tat, bringt es unters Volk. Beide Rollen sind notwendig. Marx, der Theoretiker, mußte auf Lenin warten, der seiner Lehre Fleisch und Blut gab. Lenin brauchte Marxens Theoriegebilde, um die Unzufriedenen zu mobilisieren.

Der paranoide Theoretiker liefert »Tatsachen« und »Gründe«, die die Verschwörung und ihre Ziele aufdecken. Der Aktivist schafft eine Organisation und verbreitet sie, manchmal mit der oft unbewußten Hilfe von Moderatoren und Entertainern, die von der Popularität und der Anziehungskraft der Botschaft durch die Medien profitieren.

Im Bereich der Politik überschneiden sich die Rollen. Der Theoretiker paßt seine Ideen den Anforderungen des politischen Marktes an; der Organisator entwickelt oft seine eigenen theoretischen Varianten über die feindlichen Verschwörer, während der nutznießende Entertainer nicht nur kleinere theoretische Korrekturen anbringen, sondern auch Teil der paranoiden Propaganda werden kann. Nicht selten übernimmt ein und dieselbe Person verschiedene Rollen. Als Hitler beispielsweise *Mein Kampf* schrieb, war er Theoretiker, als eines der ersten Mitglieder der Nationalsozialistischen Deutschen Arbeiterpartei betätigte er sich als Agitator, und auf dem Nürnberger Parteitag war er der große Regisseur.

Menschen des Wortes und der Ideen sind vor allem in den Anfängen dieses Prozesses ein entscheidendes Kapital. Schließlich liegt der Wahnvorstellung ein von »Tatsachen« getragenes Argument zugrunde. Ohne ein Argument, das fähig ist, ansonsten normale und vernünftige Menschen zu überzeugen, wird der politische Paranoiker bloß ein ohnmächtiger Irrer bleiben. Ein paranoider Theoretiker, der an die Macht kommen will, braucht mehr als seine wahnhafte Verschwörungstheorie. Er braucht eine Kampfideologie. Anders als Philosophen ist der Ideologe nicht auf Wahrheit aus. Sein Ziel ist der Umsturz der Gesellschaft. Folglich kommt der Aufgabe, die Unzufriedenheit mit der Gegenwart zu schüren, oberste Priorität zu, denn sie ist der Motor des Umsturzes. Der Theoretiker liefert eine Erklärung für die Unzufriedenheit und zeigt den Weg in eine bessere Zukunft.

Tatsachen und Gründe dienen dem Ideologen nur dazu, das, was er schon weiß, zu untermauern, nicht, es zu widerlegen. Eine leidenschaftslose Interpretation würde seinen Weltverbesserungsplänen nur im Wege stehen. Der Ideologe glaubt sich im Besitze einer Wahrheit, die andere aus egoistischen Interessen vernachlässigt oder aus unerfindlichen Gründen übersehen haben, während sie ihm doch klar vor Augen steht. Ja, er sieht nur sie. Widersprüchliche Tatsachen und Argumente lösen sich in Wohlgefallen auf oder werden, sollten sie ihm trotz allem einmal in den Blick geraten, beiseite geschoben. Gründe und Fakten ordnet der Ideologe allein seinem Programm unter. Argumente und Belege, die sein Programm unterstützen, werden aufgegriffen, andere werden ignoriert oder geleugnet. Der Ideologe kennt bereits die Schlußfolgerung, die er zu beweisen sucht, seine Persönlichkeit hat einen paranoiden Kern.

Viele Ideologien des 20. Jahrhunderts haben militante Bewegungen inspiriert: den Marxismus mit seinem Argument, eine gesellschaftliche Reform setze eine tiefgreifende Veränderung der ökonomischen Beziehungen voraus; den Faschismus mit seiner These, eine Gesellschaftsreform setze einen radikalen Wandel zugunsten von Ordnung und Solidarität voraus, die auf der Kultur oder der Rasse beruhen sollte, verbunden mit einem Appell an die Emotionen; den Feminismus mit seinem Befund, eine Gesellschaftsreform werde es nur geben, wenn die Beziehungen zwischen den Geschlechtern auf eine ganz neue Basis gestellt werden; den Zionismus mit seiner Theorie, daß nur ein jüdischer Staat den Juden Sicherheit und die Möglichkeit verschaffe, ihre jüdische Kultur ungehindert zu leben; die Theorie Gandhis, daß nur ein Verzicht auf Gewalt die Politik reformieren könne; die verschiedenen Spielarten des religiösen Extremismus, die eine Gesellschaftsreform davon abhängig machen, daß die Dogmen ihrer Religion strikt befolgt werden. Nicht allen diesen Ideologien war jedoch eine spürbar paranoide Komponente zu eigen, und nicht alle ihre Anhänger waren Fanatiker. Es ist selten der Fall, daß eine Ideologie ganz und gar ohne Vorzüge ist. Im allgemeinen steckt in ihren Lehren ein Quentchen Wahrheit und oft auch mehr als das. Man wird den Kampfideologien weniger vorwerfen können, daß sie rundweg falsch seien, als vielmehr, daß sie grob vereinfachen und reduzieren. Doch gerade ihre Einfachheit und Klarheit macht sie so anziehend und als Organisationsrahmen für politische Aktionen so vorzüglich geeignet. Ideologien haben wie die Paranoia den Vorzug, daß sie Anleitung, Verständnis und moralische Autorität bieten. Kampfideologien sind wie Paranoiker taub für widersprechende Argumente und intolerant gegenüber neutralen Instanzen; sie verhöhnen widerstreitende Fakten und sehen in ihren Opponenten

Feinde. Paranoia und Kampfideologien sind nicht identisch, doch wird man sie als natürliche Verbündete bezeichnen können. Wenn der Paranoiker seinen Text vorlegt, wird es sich um das revidierte Manuskript eines Ideologen handeln.

Der paranoide Theoretiker muß sich einer Täuschung hingeben (»Sie wollen uns an den Kragen«, obwohl es in Wirklichkeit niemand vorhat) und andere Menschen daran glauben machen. Obwohl es dem Paranoiker an Urteilsvermögen fehlt, versteht er sich großartig aufs Räsonnieren und Sammeln positiver Beweise. Selten, wenn überhaupt, wird er seine Zuflucht zu Lügen nehmen. Phantasien mit einem guten Schuß Selbsttäuschung werden die Regel sein. Meistens aber wird er echte Fakten vorweisen, die auf der Folie seiner wahnhaften Begründung herausgegriffen und interpretiert werden.

Der erfolgreiche paranoide Theoretiker bietet eine glaubwürdige Formulierung, eine sinnstiftende Interpretation der Wirklichkeit an. Da sie auf einem gesteigerten Mißtrauen beruht, mag die Deutung die Wirklichkeit knapp verfehlen, oder schlimmer noch eine psychotische Verzerrung der Wirklichkeit spiegeln und tief im Land des Wahnsinns beheimatet sein. In jedem Fall aber wird sie sich auf »Tatsachen« berufen und mit einer dogmatischen, unwiderlegbaren »Logik« präsentiert werden. Für viele wird es schwierig sein, den Ort der Täuschung genau zu identifizieren, denn er wird durch die Schatten einer irrwitzigen Vernunft und handverlesener Beweise verdunkelt sein.

Die paranoide Täuschung tritt zunächst als Dienerin einer Kampfideologie auf, bis schließlich, wie im Falle des Stalinismus und des deutschen Faschismus, die Dienerin zur Herrin wird. Beispielsweise besitzt der Neofaschismus eine ideologische Grundlage für seine rassistischen und antisemitischen Überzeugungen: die Bewegung der Christian Identity.

Die Bewegung der Christian Identity

Wenn es rassistischen Gruppen wie der Aryan Nation und dem Ku Klux Klan gelingt, sowohl eine religiöse als auch eine rassistische Begründung für ihr Programm anzubieten, stehen sie in moralischer Hinsicht besser dar, und ihre Anziehungskraft wächst.[1] Wer sich zu diesen Gruppen hingezogen fühlt, ist weiß und stammt in der Regel aus religiösen Familien, vor allem aus streng protestantischen Sekten. Die Christian Identity hängt einem pseudochristlichen Glaubenssystem an, in dem traditionelle Elemente des orthodoxen Protestantismus eine unheilvolle Verbindung mit paranoiden Erklärungen und einer paranoiden Politik eingehen. In dieser Mischung sind die traditionellen protestantischen Elemente derart entstellt worden, daß ihre Beziehung zum Protestantismus nahezu unkenntlich geworden ist. Eine Religion der Liebe ist zu einer Religion des Hasses mutiert. Gleichwohl beruht ihre Anziehungskraft weitgehend auf ihrer religiösen Autorität, und eine lineare Verbindung zwischen ihr und der christlichen Lehre ist unleugbar.

In den Kirchen der Christian Identity wird gepredigt, aus der Bibel folge die Überlegenheit der Arier – das heißt vor allem der nordischen und mitteleuropäischen Völker aus den skandinavischen und deutschsprachigen Ländern sowie den britischen Inseln, aber auch anderer Menschen, sofern sie nur weiß und christlich sind. Die Anhänger der Christian Identity beschimpfen Juden und Schwarze, die sie auf eine geistige Stufe mit den Tieren stellen. Sie behaupten ferner, die Arier seien Gottes auserwähltes Volk und Jesus sei kein Jude gewesen. Juden werden buchstäblich als Nachkommen des Satans begriffen. Für Jarah Crawford, einen Vertreter der Christian Identity Bible, sind Juden »ein Halbblut, eine Rassenmischung, ein nicht von Gott geschaffenes unreines Volk. Sie sind die Kinder Satans, entsprungen dem Samen der Schlange.«[2] Andere Vertreter der Christian Identity befleißigen sich einer apokalyptischen Rhetorik und fordern ihre Brüder auf, sich »in diesen letzten Tagen« zum Streit zu rüsten. Zu ihren Glaubenssätzen gehören die folgenden:

- Arier sind die Nachkommen der verlorenen Stämme Israels und das wahrhaft auserwählte Volk. Sie haben eine besondere Mission und sind auf die Erde gesandt worden, um Gottes Werk zu tun.
- Juden sind nicht die Nachfahren der biblischen Israeliten, sondern die Saat Satans, gezeugt im Garten Eden, als Eva den Verführungen des Teufels erlag.
- Die Apokalypse ist nah. Die letzte Schlacht wird zwischen den Ariern, den Kräften des Guten, und den Juden, den Mächten der Finsternis, geschlagen werden. Gott hat den Ariern die Aufgabe übertragen, vor den Gefahren zu warnen, die von den Juden und Schwarzen ausgehen, und sie zu vernichten.[3]

Die Christian Identity führt ihren Ursprung auf das sogenannte Anglo-Israelitentum zurück, eine Bewegung aus dem späten 19. und frühen 20. Jahrhundert, die ihre Blütezeit in den zwanziger Jahren in Großbritannien hatte und von großen Teilen der englischen Oberschicht unterstützt wurde. Heute existiert nur noch eine klägliche Restgruppe, die nahezu einflußlos ist und ihren bescheidenen Hauptsitz in Putney, im Süden Londons, hat.

In seinen *Lectures on Our Israelite Origin* (1876) behauptet John Wilson, die verlorenen Stämme seien nach Nordeuropa ausgewandert. Er unterscheidet zwischen dem südlichen Königreich Juda, dem die Juden entstammen, und dem nördlichen Königreich Israel, dem Ursprungsland der Nordeuropäer. Über das nördliche Königreich und seine Kinder habe sich vor allem der Segen Gottes ergossen. Sie seien die wahrhaft Auserwählten des auserwählten Volkes und das bedeutendere Werkzeug in den Händen Gottes, auf dem ein größerer Segen ruhe als auf den Hebräern des südlichen Königreiches. Der Niedergang der südlichen Juden sei noch dadurch beschleunigt worden, daß sie sich mit anderen Völkern, »dem Abschaum der Heiden«, mischten.

Wilson findet »Zeugnisse« des nördlichen Königreiches »nicht nur unter Deutschen und ihrem angelsächsischen Sproß«, sondern auch in Frankreich, Italien, der Schweiz und Skandinavien. Er sieht vor allem in England und Deutschland, aufgrund ihres gemeinsamen teutonischen Ursprungs, enge Verwandte. Die Dänen, die Schotten, die Deutschen und andere Völker Nordeuropas seien die »wahrhaften« Juden, die sich eine nahezu unvermischte genetische Verbindung zu ihren biblischen Vorfahren bewahrt hätten. Die bedeutendsten Nachkommen der alten Hebräer lebten jetzt auf den britischen Inseln. Sie erfüllten Gottes Wille, ein weltweites Imperium für ihn zu schaffen.

Schon nach dem Ersten Weltkrieg begann der Abstieg von Wilsons Anglo-Israelitentums, und heute ist die Lehre nur noch ein seltsames Relikt des Empires, das kaum ernst genommen wird und das keine antisemitischen Gefühle in England zu schüren vermag. Erst nach ihrer Überquerung des Atlantiks wurde Wilsons Lehre zu einer Quelle des Antisemitismus in Amerika.

Zwei weitere Schriftsteller aus der Mitte des 19. Jahrhunderts verdienen hier erwähnt zu werden, denn beide liefern den Begriffsrahmen und die Begründung für die Überlegenheit der weißen Rasse. 1864 erschien Dominick M' Causlands Buch *Adam and the Adamites,* das die Existenz verschiedener alter Kulturen vor Adam postuliert. Die Nachkommen Adams nannte er die »adamitische Rasse«, ein Begriff, der von der Christian Identity aufgegriffen wurde. Für Alexander Winchell jedoch, einen methodistischen Pfarrer und Wissenschaftler, ist die Annahme, er würde mit den Schwarzen einen gemeinsamen Vorfahren teilen, schlichtweg empörend. Für ihn gibt es zwei getrennte Stämme der Menschheit: die schwarze Rasse der »Präadamiten«, die vor Adam lebten, und die Nachkommen Adams, die »eine deutliche und sprunghaft vollzogene Vervollkommnung der organischen Entwicklung darstellen, ... eine edlere und höhere Spezies«.[4] Diese Unterscheidung war Wasser auf die Mühlen der Christian Identity, die fortan alle Schwarzen als »Schmutzvolk« bezeichnete.[5]

Obwohl die Juden ihre Rolle als auserwähltes Volk einbüßten und Schwarze als minderwertig begriffen wurden, galten sie den Anglo-Israeliten immer noch als Menschen. Gewiß, das Anglo-Israelitentum schlug immer schärfere antisemitische Töne an, vor allem nach 1945, doch es verteufelte die Juden nicht. Erst nachdem es zur Ideologie der Christian Identity geworden war, wurden Juden und Schwarze als Teufelssaat verdammt.

Das Anglo-Israelitentum erreichte die Vereinigten Staaten in der zweiten Hälfte des 19. Jahrhunderts. 1890 begründete Charles Totten, Professor des Militärwesens an der Yale-Universität, eine Zeitschrift mit dem Titel *Our Race: Its Origin and Destiny*. Ihm zufolge sind die Engländer die Nachkommen der zehn Stämme, während die Deutschen von den Assyrern, den verhaßten Feinden der Israeliten, abstammten. Frank Sandford, ein christlicher Prediger aus Maine, rief 1893 eine Bewegung namens *Kingdom* ins Leben, um Tottens Schriften zu verbreiten. Seiner Ansicht nach waren Tottens Ideen »für die Bibelkunde das, was Galilei für die Astronomie war«.[6]

Sandfords Schüler an der Shiloh-Bibelschule verkündeten die Lehre in ihren Gemeinden. Ein besonders einflußreicher Anhänger Sandfords, Charles Parham, gründete seine eigene Bibelschule in Topeka, Kansas, die maßgeblichen Anteil an der Entstehung der Pfingstlerbewegung hatte. Unter Parhams Vorsitz fanden an der Westküste größere christliche Erweckungsversammlungen statt. 1936 lebten etwas mehr als elf Prozent aller Pfingstler an der Westküste, die später zum fruchtbaren Nährboden für den Aufstieg der Christian Identity in den dreißiger und vierziger Jahren wurden.

Eine wichtige Gestalt war Reuben Sawyer. Er verschmolz diese ausgefallene theologische Lehre mit der Psychopolitik des Hasses. In den zwanziger Jahren hatte er tatkräftig geholfen, die British-Israel World Federation, einen Ableger des Anglo-Israelitentums, zu organisieren, und hatte Land auf, Land ab Vorträge zur Unterstützung und Förderung des Ku Klux Klan gehalten. Dieser zweite Klan – der erste hat sich nach der Niederlage des Südens als Widerstandsbewegung gegen die Rekonstruktionspolitik des Nordens gebildet – predigte Moral und die wahren amerikanischen Werte, während er »die ausländischen Einflüsse« verdammte und nach einem »gereinigten und sauberen Amerika« rief.[7]

Zu den schädlichen ausländischen Einflüssen zählte Sawyer die

»unechten Juden« oder die »falschen Israeliten«, die von den rassisch befleckten Stämmen des Südens abstammten. Wie viele, die glaubten, Nordeuropa sei die Diaspora der alten Israeliten, verwandte Sawyer das Wort *Israelit* als Bezeichnung der »wahren« Juden, deren Nachfahren er und seine Gefolgschaft waren. *Juden* hießen demgegenüber die »unechten« Juden, die heutigen Anhänger der jüdischen Religion. Später kamen Sawyer und seine Gesinnungsgenossen zu der Auffassung, daß alle, die das Judentum praktizierten, unechte Juden waren und daß nur er und seine Genossen echte Israeliten, die Auserwählten Gottes, seien, obwohl sie sich nicht länger Juden nannten und gewöhnlich dem Christentum anhingen.

Die wahre Gefahr, so Sawyer, ginge von den Juden aus, die die christlichen Israeliten verfolgten. Er warf den unechten Juden vor, »eine Regierung innerhalb der Regierung zu bilden« und das Christentum vernichten zu wollen. Entweder waren sie »Bolschewiken, die den Sturz der Regierung planten, oder Shylocks, die über das Geld und den Handel die Christen unterjochten und nach ihrer Pfeife tanzen lassen wollen«.[8] Der Ku Klux Klan sei dazu berufen, dies zu verhindern. Doch erst in den sechziger Jahren stand die Lehre, daß die Juden vom Satan abstammten, in voller Blüte und verbreitete sich in den Kreisen der Christian Identity. Diese Theorie ist der ideologische Grundstein ihres politischen Programms.

- Gott unterschied, je nach ihrer Herkunft, zwei Arten von Geschöpfen. Die einen, die sogenannten Adamiten, waren die Kinder Adams und im vollen Sinn des Wortes menschlich. Die anderen, die Präadamiten, wurden lange vor Adam geschaffen und standen unter den eigentlichen Menschen.
- Die Schlange im Schöpfungsbericht war keineswegs ein Tier, sondern ein intelligentes menschenähnliches Geschöpf, das mit dem Teufel im Bunde stand, wenn es nicht gar der Teufel selbst war.
- Der Sündenfall bestand in Evas sexuellem Verkehr mit dieser Schlange.

- Aufgrund dieser Verbindung gibt es in der Welt zwei »Abstammungslinien«. Die eine geht auf Adam und Eva zurück, die andere auf jene, die der Verbindung Evas mit der Schlange oder dem Satan entsprossen waren.
- Kain, der Abkömmling Evas und der Schlange, war eine historische Gestalt, der mit dem Bösen im allgemeinen und dem Satan im besonderen verbunden war, und seinen Hang zum Bösen gab er an seine Nachfahren weiter.[9]

Die Christian Identity führt daher die Abstammungslinie der Juden auf die Schlange oder den Satan zurück, der Eva buchstäblich im Paradies verführte und schwängerte. In einigen Varianten ist Kain, der Sproß dieser Verbindung, der erste Jude. Über die Edomiter und die südrussischen Kasaren führe eine direkte Linie von Kain zu den heutigen Juden. Die Christian Identity verbindet die Wahnvorstellung von einer weltumspannenden jüdischen Verschwörung mit der Idee einer kosmischen satanischen Verschwörung.[10] Diese den Juden das Menschsein absprechende Lehre rechtfertigt sämtliche gegen sie unternommenen Gewaltakte, denn sie stellen keinen Verstoß gegen die biblischen Gebote dar. Die Wortführer der Christian Identity sprechen von einer »Endlösung«, in der das jüdische Volk, die Saat Satans, in einem heiligen Krieg ausgelöscht werden würde.

Man darf die Christian Identity nicht mit dem christlichen Fundamentalismus in einen Topf werfen. Für die christlichen Fundamentalisten ist ein Jude jemand, der Jude genannt wird und sich selbst Jude nennt. Auch weisen sie den Juden eine bestimmte Rolle zu: Ihre Bekehrung werde der Wiederkunft Christi vorangehen. Im Gegensatz dazu spricht die Christian Identity den Juden jeden Zweck im göttlichen Schöpfungsplan ab, da sie ja die Abkömmlinge Satans seien.

Angesichts der wahnhaften Dimension ihrer Theologie überrascht es nicht, daß das politische Programm der Christian Identity aggressiv-kämpferische Töne anschlägt, versteht sie es doch als eine ihrer Hauptaufgaben, das amerikanische Recht mit Hilfe der Bibel zu reformieren. Der erste Schritt soll darin bestehen, das amerikanische Recht in Übereinstimmung mit den ihrer Meinung nach in der Bibel niedergelegten Gesetzen zu bringen, ihr endgültiges Ziel aber ist es, göttliches Recht an die Stelle der von Menschen gemachten Gesetze treten zu lassen.

Die Lehre der Christian Identity erscheint so bizarr, daß man sie für völlig unerheblich halten könnte. Aber schließlich sind alle religiösen Lehren für diejenigen, die nicht an sie glauben, bizarr. Immerhin ist die Christian Identity ein Ableger einer der großen Religionen und wartet mit einer pseudohistorischen Erklärung auf. Damit verfügt sie über die sinnstiftende Anziehungskraft, die alle zerstörerischen paranoiden Bewegungen auszeichnet. In der Tat wurde die Christian Identity zum ideologischen Fundament der Neonazis (vgl. Kapitel 8) und David Dukes, einer einflußreichen Gestalt in der amerikanischen Politik während der späten achtziger und frühen neunziger Jahre (vgl. Kapitel 9).

Während die Christian Identity dem Baum des Christentums einen wahnhaften, gegen die Juden und die Schwarzen gerichteten Zweig aufgepfropft hat, hat Elijah Muhammad, der Sprecher der Nation of Islam, den Baum des Islam um einen paranoiden, gegen die Weißen gerichteten Zweig bereichert.

Elijah Muhammad und die Nation of Islam

Religion, Rasse und der Wettbewerb um materielle Güter sind die großen Triebfedern im menschlichen Gefühlshaushalt. Im 20. Jahrhundert waren die wichtigen Quellen des Wahndenkens Rassenideologien, die sich manchmal mit einer Religion und wirtschaftlichen Vorteilen verbanden. Die Theoretiker der rassistischen Paranoia spicken ihre Schriften mit romantischen und gefühlsbeladenen Passagen. Ihre Argumente sind Mythen, die die Einfältigen wörtlich nehmen sollen, die Auserwählten hingegen symbolisch. Oftmals handelt es sich bei den Verfassern um charismatische Gestalten, die rührende Geschichten zu erzählen wissen, nicht um vertrocknete Gelehrte, die emsig in Bibliotheken arbeiten.

Der schwarze Rassismus ist eine recht junge Erscheinung in der amerikanischen Kultur. Mitte des 20. Jahrhunderts führte Martin Luther King die bedeutendste Bewegung der Schwarzen gegen jedwede Form von Rassismus an. Weil die prominentesten rassistischen Pamphlete gegen die Schwarzen zu Felde zogen, war der Rassismus ein zu schmutziges Geschäft, als daß ein Schwarzer sich seiner hätte bedienen können. Angesichts der Bedeutung, die die Religion im sozialen Leben der Schwarzen spielt, konnte ein gegen die Weißen gerichteter Rassismus nur an Boden gewinnen, wenn er sich in den Mantel der Religion hüllte. Aber keine der traditionellen Religionen war dafür empfänglich. Zudem waren die Wortführer der schwarzen Bürgerrechtsbewegung häufig Linke, also Liberale oder Sozialisten, für die Rassismus indiskutabel war. Schließlich aber entstand doch eine rassistische Religion. Den Gläubigen schienen die ausgefallenen Argumente ein neues Licht auf das zu werfen, was sie immer schon empfunden, aber nie verstanden hatten.

Metaphorisch gesprochen ist die Paranoia eine ansteckende Krankheit. Es ist genauso wahrscheinlich, daß die Objekte einer paranoiden Botschaft von diesem Virus befallen werden, wie daß sie sich dagegen als resistent erweisen. Wenn sie angesteckt werden, das heißt, wenn die Opfer auf einen paranoiden Angriff mit einem ebensolchen Gegenschlag reagieren, sind sie nicht weniger paranoid, nicht weniger gefährlich und vermutlich nicht weniger destruktiv als jene, die den Prozeß in Gang gesetzt haben.

Schwarze sind stets ein besonderes Objekt paranoiden Hasses gewesen. Was Wunder, daß paranoide Gedanken, Organisationen und Programme einen Platz in der Politik der Schwarzen gefunden haben. Die Schwarzen in den Vereinigten Staaten sind weitaus häufiger Objekt als Subjekt wahnhafter Vorstellungen gewesen. Sie reagierten eher, als daß sie die Initiative ergriffen. Wir erwähnen das nicht, um sie ganz und gar zu entschuldigen. Wir wollen jedoch den Kontext verstehen, in dem sich ein Rassismus seitens der Schwarzen entwickeln konnte und immer noch Blüten treibt.

Am Anfang dieser Religion, die sich zu einem paranoiden Haß auswuchs, stand eine Lehre, die in den zwanziger und dreißiger Jahren von einem herumziehenden, mit Seidenwaren und Regenmänteln handelnden Hausierer in Chicago gepredigt worden ist. Dieser Prophet trat unter mehreren Namen auf. Mal kannte man ihn als Wallace D. Fard, mal als W. Fard Muhammed, F. Muhammed Ali, als Wali Farrad oder auch nur einfach als Mr. Fard.[11] Welcher Rasse Fard angehörte, ist nicht klar. Offenbar war er ziemlich hellhäutig und gab sich oft als Araber aus. Nach Bruce Perry behauptete Fard, als er in San Quentin eine Strafe wegen Heroinhandels absaß, er sei Weißer.[12] Doch Fard verbreitete auch, er käme aus Mekka und sei der Sohn eines Schwarzen und einer weißen Armenierin, die nach seiner Aussage der Teufel selbst gewesen sei.

Peter Goldman zitiert Fards Anspruch: »Mein Name ist Mahdi [Prophet]; ich bin Gott und gekommen, euch zu führen.«[13] Er verkündete, er sei gesandt, den Schwarzen, dem ursprünglichen Volk, zu helfen. Zu seinen Jüngern gehörte ein gewisser Robert Poole, später als Elijah Muhammad bekannt, dem er sein geheimes Wissen anvertraute: Gott sei schwarz und habe die Schwarzen Billionen von Jahren vor Adam, dem ersten Weißen, geschaffen. Schwarze seien es gewesen, die im Auftrag Gottes die ganze Welt geschaffen hätten.

Die Geschichte der Welterschaffung und die Geschichte der Schwarzen werden gleichermaßen in ein mythisches Gewand gekleidet, obwohl deutlich beabsichtigt war, daß zumindest einige Anhänger sie wörtlich nehmen sollten. Die nur von Schwarzen bewohnte Erde war ein glücklicher Ort und wäre es auch geblieben, hätte es nicht einen bösen schwarzen Wissenschaftler, Yakub, gegeben, der im Laufe der Jahrhunderte aus den rezessiven schwarzen Genen die Weißen züchtete. Diese Weißen waren nicht nur farb-, sondern auch charakterlos. Gott verfügte, daß sie 6000

Jahre über die Schwarzen herrschen sollten. Mit dem Ende des 20. Jahrhunderts sollte diese Zeit der Finsternis allerdings zu Ende sein, die Weißen würden ausgelöscht werden, und das frühere schwarze Paradies würde zurückkehren. Fards Mythos enthielt alles, was man sich nur wünschen konnte: die Schöpfung, das vergangene goldene Zeitalter, den Sündenfall, die Zeit der Unterdrückung, die Verheißung der Erlösung und schließlich das Millennium, also das neue goldene Zeitalter. Die Glaubenssätze mögen abwegig erscheinen, aber sie sind es nicht in stärkerem Maße als die Dogmen der Juden, Christen und Hindus. Hätte Fards Mythos eine größere Schar Anhänger gefunden, wäre dieser nicht weniger geachtet worden als die Mythen der großen Weltreligionen.

Für Elijah Muhammad war Fard die Inkarnation Gottes. Muhammad hatte sich nicht nur in Fards Gegenwart gesonnt und die Wahrheit empfangen, er stand auch weiterhin mit ihm in Verbindung. Fards Worte sollten daher Gottes Worte sein. Alle Schwarzen waren göttlicher Natur, obwohl Gott selbstredend über ihnen stand. Die Lehre wurde in zwei heiligen Werken niedergelegt: *The Secret Ritual of the Nation of Islam,* das nie schriftlich festgehalten und nur mündlich von Generation zu Generation tradiert werden sollte, sowie *Teaching for the Lost Found Nation of Islam in a Mathematical Way,* das zwar niedergeschrieben, aber so obskur war, daß besondere, dafür ausgewählte Gemeindemitglieder es interpretieren mußten. Die Lehre dieser Kirche ist, wie so viele paranoide Dogmen, äußerst esoterisch. Ihr Grundsatz scheint zu lauten: »Unsere Feinde wirken im geheimen gegen uns, deshalb müssen auch wir unsere Geheimnisse hüten.«

Der Kern der Lehre ist rassistisch, woraus ihre Anhänger auch keinen Hehl machen. In einer am 10. Juli 1959 ausgestrahlten Fernsehdokumentation »Der Haß, der Haß erzeugte« fand der folgende Dialog statt:

> Mr. Louis Lomax: Wenn ich Ihre Lehre richtig verstanden habe, dann verkünden Sie, daß alle Mitglieder des Islam

Gott sind und daß einer unter ihnen höher als alle steht, und dieser eine ist Allah. Habe ich Sie da richtig verstanden?

MR. ELIJAH MUHAMMAD: Ganz richtig.

MR. LOMAX: Nun behaupten Sie andererseits, der Teufel sei ein Weißer, und die Weißen seien eine verfluchte, zum Untergang bestimmte Rasse.

MR. MUHAMMAD: Richtig.[14]

Etwa einen Monat zuvor, am 16. Juni 1959, hatte der von Schwarzen herausgegebene *Pittsburgh Courier* Elijah Muhammad zitiert: »Das Ungeheuer in Menschengestalt – die Schlange, der Drache, der Teufel, Satan – es meint immer ein und dasselbe: das Volk oder die Rasse der Weißen oder Kaukasier, die manchmal auch die europäische Rasse genannt wird. Da die Weißen von der Natur als Lügner und Mörder geschaffen wurden, sind sie die Feinde der Wahrheit und der Rechtschaffenheit, die Feinde aller, die nach der Wahrheit streben.«[15]

Vom Standpunkt der paranoiden Psychodynamik war der Mythos geradezu genial. Die Schwarzen sind gut, die Weißen sind böse. Die Schwarzen werden die Herrschaft über alle gewinnen, die Weißen werden vernichtet werden. Diese Selbstidealisierung war eine Reaktion, sozusagen eine Überkompensation der schlechten Stellung, die die Schwarzen in der amerikanischen Gesellschaft innehatten. Diese und ähnliche rassistische Botschaften spielen heute eine wichtige Rolle in der politischen Kultur der Schwarzen.

Die paranoide Kultur der John Birch Society

> Den Vormarsch der Kommunisten zu stoppen, ihre Verschwörung zu zerschlagen oder zumindest ihren Einfluß auf unsere Regierung zu brechen und ihnen jede Macht in diesem Lande zu nehmen, das sollte unsere vorrangige Aufgabe sein und unsere Gedanken von früh bis spät beschäftigen. Der Kommunismus ist die große Gefahr, die wir nie aus den Augen verlieren dürfen, und all unser Denken und Trachten in der nächsten Zukunft sollte darauf gerichtet sein. Denn wenn wir die Schlacht verlieren, wenn man uns getötet hat, unsere Kinder versklavt und alles, was uns lieb und teuer war, vernichtet hat, wird der Kampf für eine bessere Welt durch lange Jahrhunderte eines finsteren feudalen Mittelalters fortdauern.
>
> Robert Welch, *The Blue Book of the John Birch Society*

In den späten vierziger und den fünfziger Jahren war für die Amerikaner das Gespenst des Kommunismus allgegenwärtig. Ihre Furcht war keineswegs grundlos, und wie so oft bei begründeten politischen Ängsten schoß auch diese ins Kraut, und einige Amerikaner waren davon überzeugt, daß ihre Gesellschaft insgeheim schon von den Kommunisten beherrscht würde.

Die politische Paranoia kennt durchaus Grade und Abstufungen. In den Bewegungen, die wir gutmütig paranoid nennen wollen, sind die Unterstützer selten militant. Es genügt ihnen schon dabeizusein. Solche Gruppen lassen keine Bomben hochgehen, entführen keine Flugzeuge und machen ihre eigenen Mitglieder nicht zu Gefangenen. Ihre vornehmste Aufgabe besteht darin, allen, die paranoiden politischen Gedankengebäuden zuneigen, eine Heimat zu bieten. Man mag ihre Mitglieder politisch für widerwärtig und unangenehm halten, aber sie stellen selten eine Bedrohung der Gesellschaft dar. Eine solche gutmütige paranoide Organisation war die John Birch Society. Sie wurde 1958, auf dem Höhepunkt des Kalten Krieges, von Robert Welch gegründet, einem Schokoladenfabrikanten, der sich aus dem Geschäftsleben zurückgezogen hatte.

Welchs Herkunft und Laufbahn brachten ihn dazu, die Welt apokalyptisch und absolutistisch zu interpretieren.[16] Seine Familie war sehr religiös – eine Reihe seiner Vorfahren waren Baptistenprediger –, und jede Schattierung war ihr fremd: Es gab nur das Gute und das Böse, man stritt entweder auf der Seite Gottes oder stand im Lager des Satans. Diese Weltanschauung bestimmte später Welchs fanatische Hingabe an die Sache des Antikommunismus. »Wer nicht völlig unserer Meinung ist, ist unser Feind«, so lautet das absolutistische Credo des politischen Paranoikers.

Welch sagte einmal, die Lektüre von Eugene Lyons *Assignment in Utopia,* dem Tagebuch, das der Journalist während eines Aufenthaltes in der Sowjetunion geschrieben hatte, hätte ihm 1938 die Augen für die Gefahren des Kommunismus geöffnet.[17] Lyons schilderte darin Stalins Regime als brutal, unterdrückerisch, antidemokratisch und expansionistisch. Welchs Reaktion auf die dargelegten Fakten war nicht an sich irrational, aber sie ließ, wir kennen das bereits bei paranoiden Persönlichkeiten, jedes Maß vermissen. Fortan war er von dem Gedanken an die kommunistische Bedrohung besessen, beschrieb sie in übertrieben düsteren Farben und betrachtete alle politischen Fragen nur unter dem Blickwinkel seiner überzogenen Wahnvorstellungen.

Welch nutzte seine Position als Geschäftsmann aus, um konservative Republikaner aktiv zu unterstützen. Als der republikanische Nationalkonvent sich 1952 gegen den erzkonservativen Robert Taft und für den gemäßigteren Dwight D. Eisenhower entschied, war Welch äußerst erbittert und beschuldigte Eisenhower später, ein kommunistischer Sympathisant zu sein. Welch wurde ein unerschütterlicher Kampfgefährte Joseph McCarthys und blieb es auch Jahre nach dessen Sturz. In einer symbolischen Geste der Bewunderung wurde die Hauptgeschäftsstelle der John Birch Society 1989 nach Appleton in Wisconsin, McCarthys Heimatstadt, verlegt.

Schon 1952 verteufelte Welch die Sowjetunion: »Die sowjetischen Führer sind allesamt Mörder, Lügner, Diebe und grausame Tyrannen. ... Diese Männer sind keine Menschen, sie sind Raubtiere. ...

Schon haben die Kommunisten unsere Regierung infiltriert, und das Anwerben und Einschleusen kommunistischer Verräter auf Stellen, die für unser wirtschaftliches, politisches und kulturelles Leben von höchster Bedeutung sind, hat ein Ausmaß angenommen, das sich der durchschnittliche amerikanische Bürger in seinen schlimmsten Alpträumen nicht vorstellt.«[18]

Später stimmte Welch ein Thema an, das uns auch in anderen paranoiden Schriften begegnet ist: der Glaube an die Existenz einer geheimen Gesellschaft innerhalb der Gesellschaft, die auf deren Zerstörung aus ist. Die Verräter, die »aus den reichsten Familien angeworben wurden, hochgebildete Menschen und äußerst fähige Politiker«, von denen der Naive niemals annehmen würde, daß sie ein Komplott zum Umsturz der Gesellschaft planen würden, bildeten in der Tat das Zentrum der Verschwörung, einer »gigantischen Machenschaft zur Versklavung der Menschheit«.[19]

1958 versammelte Welch elf mit ihm befreundete Gesinnungsgenossen um sich. Das Ergebnis des Treffens wurde schriftlich festgehalten und 1961 auf Welchs Kosten als *The Blue Book of the John Birch Society* veröffentlicht.[20] Es wurde zur Bibel der Organisation, die antrat, die kommunistische Verschwörung, wo sie nur konnte, zu bekämpfen.[21] Die Versammlungsmitglieder wurden die Gründungsväter der Gesellschaft, die sich nach Oberst John Birch, einem kurz nach dem Zweiten Weltkrieg von chinesischen Kommunisten getöteten Aufklärungsoffizier der US-Armee, benannte. Oberst Birch wurde so als einem der ersten Opfer des Kalten Krieges ein Denkmal von der Gesellschaft gesetzt. Welch beschwor die Gründungsmitglieder, daß ihnen »nur noch ein paar Jahre« blieben, bis die Vereinigten Staaten von den Kommunisten unterjocht und »mit den Polizeistaatmethoden des Kremls regiert« würden.[22] Aufgabe des Führungsgremiums der John Birch Society sei unter anderem, wie Welch dunkel bemerkte, sofort einen neuen Vorsitzenden für den Fall zu wählen, daß er von den Kommunisten ermordet würde.[23]

Der Vielschreiber Welch verfaßte in den folgenden Jahren mehrere Bücher und eine Unmenge kleinerer Aufsätze über die »Verschwörung«. In ihrer Glanzzeit konnte sich die Gesellschaft rühmen, etwa 67 000 Abonnenten für ihre Zeitschrift gefunden zu haben.

1983 trat Welch als Vorsitzender zurück. Zu seinen Nachfolgern gehörte der Kongreßabgeordnete Larry McDonald aus Georgia. Er kam im September 1987 um, als die Sowjets ein koreanisches Linienflugzeug abschossen. Manch ein Mitglied der Gesellschaft ist immer noch davon überzeugt, daß McDonald und andere Passagiere den Absturz überlebt haben und irgendwo gefangengehalten werden.[24] Trotz der Auflösung der Sowjetunion 1991 bezogen damals immer noch 21 000 Menschen die Zeitschrift. Zu ihren die kommunistische Sache unterstützenden »Feinden« rechnete die Gesellschaft die Bürgerrechtsbewegung, die Vereinten Nationen und die Sponsoren von Earth Day. Im September 1991 warnte sie davor, daß »in Los Angeles und Umgebung eine sozialistische Machtübernahme« geplant sei.[25]

Die zentrale Ideologie der John Birch Society konnte sich auf einen realen Kern berufen. Die Lektüre der Schriften Lenins und Stalins bot mehr als nur einen Hinweis auf die aggressiv expansionistischen Ziele der Sowjetunion auf dem Höhepunkt des Kalten Krieges. Daß die Sowjetunion ferner bestrebt war, Agenten in alle westlichen Regierungen einzuschleusen, ließ sich mit vielen Dokumenten belegen. Doch die paranoide Ideologie der John Birch Society schoß weit über dieses rationale Fundament hinaus. Sie führte nahezu alle Probleme Amerikas, ob innen- oder außenpolitisch, auf eine internationale Verschwörung des Kommunismus zurück.[26]

Obwohl sie sich in ihrer Rhetorik als unbeugsame Gegnerin des Kommunismus stilisierte, war das Vorgehen der Gesellschaft eher zahm und auf kleine Schritte ausgelegt. So unternahm sie es, der dämonischen, tiefgehenden und umfassenden kommunistischen Verschwörung mit dem konventionellen politischen Mittel der Wahlen Paroli zu bieten. In einer ihrer bekanntesten Kampagnen versuchte sie, den gemäßigten Republikaner Earl Warren, Richter am Obersten Gerichtshof, aus seinem Amt zu entfernen. Die

Society forderte ihre Mitglieder niemals zu illegalen Maßnahmen auf, von Gewalttätigkeiten ganz zu schweigen. Angesichts des angeblichen Ausmaßes der Verschwörung, der es ihrer Ansicht nach gelungen war, große Teile der amerikanischen Regierung und Gesellschaft zu infiltrieren und unter ihre Kontrolle zu bringen, ist der Glaube, die Anstrengungen ehemaliger Fabrikanten und obskurer Akademiker könnten durch ganz konventionelle Kanäle das Ruder noch herumreißen, erstaunlich naiv. Das Klima innerhalb der Organisation unterschied sich frappierend von der überall fühlbaren Feindseligkeit und dem Argwohn anderer paranoider Gruppen, die sich zum Kampf gegen das Böse berufen fühlen.[27] Die meisten Mitglieder schlossen sich der Organisation offenbar nicht an, um zu kämpfen und ihre Nation zu retten, sondern um ein soziales Leben mit Versammlungen, umtriebigen Petitionen usw. zu genießen. Der kommunistische Feind wurde zum Kristallisationspunkt der Gruppensolidarität. Die paranoide Ideologie der Society mußte als Grund für den Beitritt zu einer Gruppe gleichgesinnter Menschen herhalten, um Gefühle der Einsamkeit und Entfremdung zu dämpfen. Für stärker ausgeprägte paranoide Gruppen gilt oft, was ein ehemaliger Terrorist bedauernd erkennen mußte: »Unser gemeinsames Schicksal bestand einzig darin, vor der Gefahr zu fliehen.«[28] Es hat den Anschein, als bestünde das gemeinsame Schicksal der Mitglieder der Bircher Society allein darin, der Langeweile zu entfliehen.

In den fünfziger Jahren machten die harten Fronten des Kalten Krieges es möglich, daß das paranoide Denken in Amerika eine ungewöhnliche Anziehungskraft erlangte. In der antikommunistischen Haltung Robert Welchs verdichtete sich daher nur, was ohnehin in der Luft lag. Der Theoretiker in unserem nächsten Beispiel hat sich demgegenüber nicht von einer militärischen Bedrohung inspirieren lassen, sein Denken ist vielmehr die phantastische Ausgeburt einer absurden Logik.

Lyndon LaRouche: Vernunft bis ins Extrem

> LaRouche war ein Mann, der ein geschlossenes Programm präsentierte, ein feinsinniger Taktiker ... der langfristig planen konnte, wie man von hier nach dort gelangt. Er war ein ernstzunehmender Ideologe.
>
> Dennis King, *Lyndon LaRouche and the New American Fascism*

Erinnern wir uns, daß das vom Paranoiker geschaffene Feindbild oft eine Projektion seiner eigenen Gefühle ist.[29] Der Paranoiker sieht in seinen Handlungen nichts anderes als Reaktionen, provoziert durch die Unternehmungen seines Feindes. Ist er davon überzeugt, daß der Feind mit seinen Schriften Nebel verbreitet, wird er eine äußerst detaillierte und ausgefeilte Pseudogelehrsamkeit dagegen aufbieten. Verschwörung muß durch Verschwörung, eine Organisation durch eine Organisation bekämpft werden. Die Motive, Ängste, Sorgen und Wünsche des Paranoikers werden seinen Gegnern zugeschrieben, die es wirklich oder auch nur in seiner Phantasie geben mag. Am Anfang existiert die Beziehung zum Feind nur im Kopf und in der Projektion, doch wenn der Gegner sich genötigt sieht zurückzuschlagen, kann aus der Phantasie Wirklichkeit werden.

Bei unseren Forschungen sind wir auf niemanden gestoßen, der eine vielschichtigere oder einfallsreichere Wahnidee geschaffen hätte als Lyndon Hermyle LaRouche Jr. Er wurde 1922 in Rochester, New Hampshire, als Sohn eines Quäkerehepaars geboren. Seine Eltern waren echte »streitbare Quäker«. Nur zogen sie nicht gegen eine kriegerische oder despotische Regierung zu Felde, sondern gegen andere Quäker. Ihre Lieblingsbeschäftigung bestand darin, ihre Mitbrüder linker Sympathien und der Veruntreuung von Gemeindegeldern zu beschuldigen.

Der junge Lyndon mußte schwören, sich in oder nach der Schule niemals an Prügeleien zu beteiligen, wodurch er natürlich manch eine Abreibung von weniger zartfühlenden Schulkameraden einstecken mußte. Obgleich er seine Nase nicht nur in Bücher steckte, las er sehr gern und wurde von seinen Klassenkameraden »Großkopf« genannt. Beim Ausbruch des Zweiten Weltkrieges, LaRouche war mittlerweile 19 Jahre alt, meldete er sich als Freiwilliger, allerdings nicht bei der kämpfenden Truppe, und wurde auf den Kriegsschauplatz in Ostasien geschickt. Irgendwann, vermutlich während seiner kurzen Zeit an der Northeastern-Universität, entdeckte LaRouche sein Herz für den Marxismus. Auf einem Urlaub in Kalkutta bot er dem Führer der kommunistischen Partei Indiens, P. C. Joshi, an, für ihn unter den GIs zu agitieren. Als dieser mehr orthodoxe Kommunist ihm eine Abfuhr erteilte, wandte er sich dem Trotzkismus zu.

Nach dem Krieg kehrte LaRouche nach Boston zurück und arbeitete in der Organisationsabteilung einer Niederlassung von General Electric in Lynn, Massachusetts. 1954 gab er diese Tätigkeit auf und machte sich als Firmenberater für Arbeitsprobleme selbständig. Er war sehr erfolgreich und verdiente bis zu 1000 Dollar die Woche. Zu seinen Prinzipien gehörte ein Grundsatz, der später auch für seine Laufbahn als paranoider Politiker kennzeichnend war: »Wenn das Management sagt, man solle die Finger von diesem oder jenem Bereich lassen, dann muß man sich erst recht einmischen.« Auch sein Interesse und die angelesenen Kenntnisse auf dem damals neuen Gebiet der Computertechnologie sollten sich später in seinen Wahnideen niederschlagen.

1963 sehen wir Lyndon LaRouche als erfolgreichen Geschäftsmann, der seine trotzkistischen Verbindungen weiterhin pflegte. In den sechziger Jahren, als radikale Parteien eine neue Blüte erlebten und das politische Chaos wuchs, mischte sich der nun vierzigjährige LaRouche kräftig ein. Doch alle seine Feldzüge für die Trotzkistische Sozialistische Arbeiterpartei blieben erfolglos. 1974 sagte sich LaRouche vom Marxismus los und entwickelte seine eigene Geschichtstheorie, die zum Fundament seines politischen Imperiums wurde. Bis in die achtziger Jahre machte seine Bewegung von sich reden, doch 1988 mußte er wegen Betrugs und Steuerhinterziehung eine 15jährige Haftstrafe in einem Bundesgefängnis antreten. Am 26. Januar 1994 wurde er auf Bewährung entlassen.

LaRouches Geschichts- und Gesellschaftstheorie beruhte auf der These, daß es von alters her eine Verschwörung gebe, die einem philosophischen Streit über das Wesen der Wahrheit entsprungen sei. Für LaRouche war die hitzige Debatte zwischen Platonikern und Aristotelikern das Leitmotiv der gesamten Geschichte. Platoniker glauben an die ewige Wahrheit oder, um es weniger hochtrabend zu sagen, an klare Maßstäbe, während die Aristoteliker dagegenhalten, daß wir nie etwas mit absoluter Gewißheit wissen können. Wahrheit ist deshalb immer nur relativ, und feste Maßstäbe sind trügerisch.

LaRouche hielt diese Ansicht für fatal, denn wenn es keine absolute Gewißheit gibt, ist auch ein Fortschritt der Menschheit ausgeschlossen, und es droht der Sturz in einen selbstzerstörerischen Hedonismus. Nach LaRouches Ansicht haben sich die Aristoteliker, um die Menschen von der Wahrheit abzulenken und ungestört ihre eigene Macht und ihren Wohlstand genießen zu können, verschworen, die Öffentlichkeit mit seichten und falschen Theorien zu narren (etwa dem moralischen Relativismus) und mit einer Pseudomedizin (sprich Psychotherapie), mit Drogen (Heroin, Marihuana usw.) und niveauloser Unterhaltung (Pornographie, Acid Rock) abzuspeisen. Die Platoniker stellen für LaRouche dagegen die Verkörperung des schöpferischen und aufbauenden Prinzips dar. Ihr Leben ist der Suche nach der Wahrheit und nach Maßstäben gewidmet, sie sind bestrebt, mit Hilfe der Technik die Natur dem Menschen untertan zu machen. Zu den herausragendsten Vertretern des Platonismus zählt er Jesus, Johann Sebastian Bach, William Shakespeare, Gottfried Wilhelm Leibniz und Franklin Delano Roosevelt. Die Aristoteliker sind indes darauf aus, das Verlangen der Menschheit, ihre Umwelt zu beherrschen, ins Leere laufen zu lassen. Vertreter dieser Gruppe sind unter anderem Adam Smith, dessen Theorie des Kapitalismus eine Aufforderung zur puren Genußsucht sei, Jeremy Bentham, der Vater des hedonistischen Utilitarismus, und die gesamte angelsächsische

Schule des Empirismus, namentlich Thomas Hobbes, John Locke, George Berkeley und David Hume.
Diese neue Sichtweise, alle Politiker, Wissenschaftler und Künstler, die jemals unsere Welt bevölkert haben, in zwei Gruppen aufzuteilen, bringt seltsame Allianzen hervor. Persönlichkeiten und Organisationen, die sich nach eigener Einschätzung für Gegner halten, werden nach diesem Schema plötzlich zu Verbündeten. Und umgekehrt gilt, daß aus Verbündeten Widersacher werden. Die American Civil Liberties Union etwa ist für LaRouche Teil der niederträchtigen aristotelischen Verschwörung und figuriert als solche neben dem FBI, der CIA und ihren grauen Eminenzen und den britischen Geheimdiensten MI5 und MI6. Die Sozialistische Internationale ist ebenso wie die Heritage Society, die die Ideologie des freien Marktes vertritt, im Grunde genommen aristotelisch; Mitverschwörer sind die Anti-Defamation League ebenso wie die John Birch Society. LaRouche ist nicht bereit, Unterschiede zu sehen, da sie alle zu denselben dunklen Mächten des Aristotelismus gehören. Ihre scheinbaren Differenzen sind nichts als Vernebelung.
Doch die Verschwörung reicht weit über die Politik hinaus. Werner Heisenbergs Unschärferelation, der zufolge es unmöglich ist, gleichzeitig Ort und Impuls kleiner Teilchen vorauszusagen, zielte für LaRouche darauf ab, den Glauben an feste Maßstäbe, an Tugend und Wahrheit zu untergraben. Jazz, Rock 'n' Roll und die für die Musik des 20. Jahrhunderts so charakteristischen Dissonanzen lassen sich samt und sonders auf einen Streit zurückführen, der im 16. Jahrhundert zwischen den Musikern Gioseffo Zarlino und Claudio Monteverdi entbrannte. Der Platoniker Zarlino verlor den Kampf um die wohltemperierte Klaviatur gegen die disharmonischen Tendenzen des Aristotelikers Monteverdi.
LaRouche und seine Anhänger warten für alle diese Beispiele mit Erklärungen auf, von denen einige reichlich verwickelt sind:[30]

> Weil LaRouche die Zionisten und jüdischen Bankiers, wie die Rothschilds und Warburgs, als Handlanger des briti-

schen Komplotts bezeichnet, hat ihm die Anti-Defamation League Antisemitismus vorgeworfen – obwohl zu seinen ergebensten Anhängern eine Reihe von Juden gehören. Ein 1978 verfaßter Aufsatz von LaRouche bezieht sich auf die *Protokolle der Weisen von Zion,* aber er gibt der Legende eine seiner typischen bizarren Wendungen: »Der Fehlschluß der *Protokolle der Weisen von Zion* liegt darin, daß sie die angebliche Verschwörung den Juden allgemein anlasten.« Dabei gehe die Verschwörung auf einige wenige jüdische Intriganten zurück. Tatsächlich meint er, der Zionismus sei eine Erfindung der Oxforder Universität und die »Schattennation Israel« würde »von London aus regiert«.
LaRouches Äußerungen zum Holocaust sind noch verwirrender. Als Agent Großbritanniens soll Hitler 1,5 Millionen und nicht 6 Millionen Juden ermordet haben. Doch heute sei Großbritannien wahrscheinlich daran interessiert, das Ausmaß der Greuel zu übertreiben, und zwar als Teil der psychologischen Kriegsführung, um die Juden dem Zionismus in die Arme zu treiben. Der Zionismus sei ein Bestandteil der Verschwörung des dunklen Zeitalters, denn durch die Unterzeichnung der Balfour-Erklärung hätten die Engländer den Staat Israel möglich gemacht. LaRouche vertritt die These, daß Neonazis Hand in Hand mit Freimaurerkreisen für den palästinensischen Terror verantwortlich seien und daß Nazis wie Zionisten ihre Direktiven aus London erhielten. Für ihn ist die Krise im Nahen Osten eine von den Engländern geleitete Operation, die das Ziel hat, die Region immer weiter ins Chaos zu stürzen, um die weltweite Machtergreifung der Oligarchie zu fördern.

Das eigentliche Ziel der aristotelischen Mächte bestehe darin, einen Fortschritt der Menschheit zu verhindern, der, so LaRouche, sich immer dann einstellt, wenn neue Technologien neue soziale Beziehungen schaffen. Für ihn führt eine direkte Linie von der modernen Technologie zum Neuplatonismus, der sowohl das

christliche Gedankengut des Mittelalters als auch die frühneuzeitlichen Wissenschaftler und Mathematiker Johannes Kepler und Gottfried Wilhelm Leibniz stark beeinflußt hat. Die aufsteigenden Sphären der Neoplatoniker, die in den ursprünglichen Versionen zu Gott leiteten, werden von LaRouche als ökonomische und soziale Stufen gedeutet. In seiner Interpretation sind die Sphären ökonomische oder technologische Stadien, welche die Menschheit auf ihrem Weg zur Vollkommenheit durchschreiten muß.
Wie sieht diese Vollkommenheit für LaRouche aus? Völlig im Einklang mit seinem Platonismus ist sie elitär und autoritär. Doch mischt LaRouche seiner Theorie eine durch und durch nichtplatonische Komponente unter. Das menschliche Leben sei das höchste Gut. Deshalb müsse die Welt so gestaltet werden, daß sie eine maximale Anzahl von Menschen aufnehmen kann. Aus diesem Grund ist die Atomenergie unverzichtbar. Natürlich stoße auch dies auf den Widerstand der aristotelischen Umweltschützer, die nach Geist und Glauben die Abkömmlinge der sonnenanbetenden Verehrer der Isis sind. Das allmähliche Auslöschen des aristotelischen Erbes werde im Verbund mit der Technik schließlich ein goldenes Zeitalter heraufführen. Dann würden Millionen von Menschen nicht länger durch den aristotelischen Geist verdorben, Shakespeare ohne Ken Keseys Abgeschmacktheiten genießen können und Beethoven hören, ohne die störenden Klänge der Rockband Grateful Dead im Ohr zu haben.
Man hat LaRouche einen »verrückt gewordenen Alan Bloom« genannt und seine Anhänger mit »geistesgestörten Studenten« verglichen, »die irrwitzige Dissertationen darüber verfassen, wer in die Verschwörung verwickelt ist und wer nicht«.[31] Man wird LaRouches Argumentation nicht vorwerfen können, daß sie sich auf keine »Theorie« und keine »Tatsachen« zu stützen vermag. Seine Organisation besaß eine energische und tatkräftige Führung und verfügte, zumindest zu bestimmten Zeiten, über ausreichend Geld. Für jene, die eine Antenne dafür haben, ist die Neuartigkeit seiner Theorie mitreißend. Allen, die sich von ihr nicht im mindesten angezogen fühlen, erscheint sie jedoch einfach grotesk. Trotz ihres

konzeptuellen Erfindungsreichtums, ihres akribischen Sammelns von »Beweisen« und der Tatsache, daß sie von einer wohlhabenden Organisation unter einer straffen Führung verbreitet wurde, war der Theorie letztlich wenig Erfolg beschieden.
Ein Grund dafür mag sein, daß sie sich nicht mit den großen Problemen der Menschheit befaßt: Rassenunterschiede, wirtschaftliche Ausbeutung und Religion. Mitstreiter von LaRouche müßten einen Großteil ihrer früheren rassistischen, ökonomischen und religiösen Vorurteile wie auch ihres religiösen Engagements aufgeben. Antisemiten und Rassisten aller Couleur müßten Hitler verdammen; Konservative müßten ihren Glauben an den Kapitalismus aufkündigen und die Finanzwelt bekämpfen; die Verächter der Religion hätten sowohl Mohammed als auch Jesus als große Führungspersönlichkeiten anzuerkennen, während die religiösen Eiferer in den verschiedenen Religionen ihre Sympathie für jeglichen Fundamentalismus aufgeben müßten. Obgleich LaRouche regelmäßig in öffentlichen Fernsehsendern auftritt und sich 1996 bei den Demokraten um die Präsidentschaftskandidatur bewarb, hat seine Organisation beträchtlich an politischem Boden eingebüßt und ist nur noch eine Randerscheinung in der amerikanischen Politik, und das – wie die Ironie es will –, weil sie einfach zu paranoid ist.[32] Es handelt sich hier um eine rein intellektuelle Paranoia, deren Kern eine Verschwörungstheorie ist. LaRouches Bewegung verschmäht es nicht nur, die großen Brutstätten paranoider Ängste wie Rasse, Religion und materielle Wünsche vor ihren Karren zu spannen, sie verurteilt sie auch scharf. Doch Ideen allein sind eine allzu magere Kost für eine paranoide Bewegung.
Die bislang untersuchten Wahngebilde basierten auf Rassismus, Religion und einer pervertierten Logik. Sie alle appellieren ebenso an Emotionen wie auch an die Vernunft, genauer gesagt, an niedere Emotionen und eine verdrehte Vernunft. Wieviel Erfolg dergleichen Lehren für sich beanspruchen können, hängt jedoch ebenso von ihrer Darbietung auf dem Markt der Ideen ab wie von ihrer Substanz.

Kapitel 8
Agitatoren und Aktivisten

> Wir glauben, daß es in der heutigen Welt wirkliche Kinder des Satans gibt. Diese Kinder sind die Nachkommen Kains, der Evas Sündenfall entsprossen ist, ihrer Verführung durch den Satan. … Zwischen den Kindern Satans und den Kindern des höchsten Gottes herrscht Streit und natürliche Feindschaft. … Wir glauben, daß in diesen Tagen ein Kampf zwischen den Kindern der Dunkelheit (heute als Juden bekannt) und den Kindern des Lichts (Gottes), der arischen Rasse, dem wahren Israel der Bibel, ausgefochten wird.
>
> Glaubensbekenntnis der Aryan Nation und der Church of Jesus Christ, Christian

Der paranoide Führer braucht ein System von Ideen, um dem frustrierten Zorn seiner Anhänger eine Richtung zu geben. Die beiden religiös motivierten Theorien, die wir erörterten – Christian Identity und Nation of Islam –, liefern für einige Radikale in diesen Gruppen nicht zu unterschätzende Rationalisierungen für Extremismus und Gewalt.

Aggression als Verteidigung: die paranoide extreme Rechte

Der Rechtsextremismus ist keine organisierte Bewegung mit eindeutig bestimmbaren Merkmalen.[1] Er ist vielmehr ein Flickwerk, ein Mosaik aus Gruppen und Organisationen mit gemeinsamen, aber auch divergierenden Themen. Es gibt viele rechte Führer, und alle stimmen eine etwas voneinander abweichende ideologische Melodie an. Die Überlegenheit der weißen Rasse und des Neonazismus sind zwar ihre Hauptthemen, aber auch die sind, ebenso wie die »Überlebenspropaganda« und staatsfeindliche Einstellungen, die unter dem Banner des Patriotismus und der Religion vereint sind, nicht allen gemeinsam. Nicht alle rechten Organisationen beruhen auf religiösem Gedankengut, doch die Christian Identity liefert eine Rechtfertigung für viele rechtsextremistische Gruppen. Vor allem verknüpft sie religiösen Fundamentalismus mit Rassismus und rechtfertigt mit religiös verbrämten Argumenten – die Juden unterjochen Amerika und wollen die weiße Rasse vernichten – sowohl den »Rassenkrieg, der unser Volk befreien und den Endsieg der arischen Rasse sichern wird«, als auch jegliche Gegnerschaft zu staatlicher Macht und Kontrolle.[2]

Erinnern wir uns, daß die Dogmen der Christian Identity paranoiden Politikern der radikalen Rechten reichlich Munition für extreme politische Programme liefert:

- Die Angelsachsen sind die legitimen Nachkommen der Israeliten des Alten Testaments, mit denen Gott seinen Bund geschlossen hat. Sie sind das auserwählte Volk, die letzten wahrhaften Verteidiger des Glaubens. Die Vereinigten Staaten verkörpern den wahren Staat Israel, die letzte Bastion gegen das Böse.
- Gottes Gesetze gelten unbedingt, und ihnen allein muß das Volk gehorchen. Weil seine Gesetze mit Füßen getreten wurden, befindet sich Amerika am Rande der Katastrophe, am Vorabend von Armageddon. Institutionen, die göttliches Recht mißachten, verdienen keinen Gehorsam. Insbesondere sind die Gesetze Amerikas ungültig, denn die Regierung der Vereinigten Staaten ist in den Händen von Juden; sie ist eine »zionistisch beherrschte Regierung«. Auch die neuen Medien und die wirtschaftlichen Verbände werden von Juden dominiert.
- Es gibt drei Typen von Völkern. Die Weißen (Gottes auserwähltes Volk) stehen höher als die Juden (die »Saat Satans«) oder die Schwarzen (das »schmutzige Volk«). Da Angehörige der letzten Gruppe keine Seele besitzen, sind sie Untermenschen, »Fehlschläge der Schöpfung«. Gott schuf erst mit den Weißen die vollkommene Rasse. Zudem hetzen die Juden die Schwarzen gegen die Arier auf.

- Als Kinder des Satans sind die Juden für alles Böse in der Geschichte verantwortlich. Sie sind die spirituellen und moralischen Feinde der weißen Christen. Armageddon wird die Schlacht zwischen Gottes Auserwählten (der arischen Rasse) und den Mächten des Teufels (Juden, Schwarze und andere Minderheiten) sein.
- Für weiße Christen existieren praktisch keine Unterschiede zwischen Rasse, Religion und Nationalität.[3]

Christian Identity verkündet ihren Mitgliedern, daß sie die Apokalypse auf Erden erleiden und sich durch paramilitärische Übungen und Überlebenstraining darauf vorbereiten müssen.[4] Auf dem Anwesen der Aryan Nation bei Hayden Lake in Idaho versammeln sich jeden Juli auf ihre rassische Überlegenheit pochende Weiße, machen paramilitärische Übungen und lauschen den Lehren der Christian Identity. Die religiöse Organisation der Aryan Nation trägt den Namen Church of Jesus Christ, Christian (im Gegensatz zu Jesus Christus, dem Juden). Gründer und Wortführer sowohl der Aryan Nation als auch der Church of Jesus Christ, Christian ist Robert Butler.

Das Blatt der Aryan Nation, *Calling our Nation*, hat die Juden beschuldigt, Menschenopfer darzubringen. In anderen Veröffentlichungen und Reden von Mitgliedern ergeht sich die Organisation langatmig über die teuflische Verschwörung der Juden, die in den Worten George Stouts, des Vorsitzenden der Aryan Nation in Texas, »durch das babylonische Prinzip des Bank-, Finanz- und Wirtschaftswesens das politische System der Welt« beherrscht.[5]

Robert Mathews, ein enger Mitarbeiter Butlers, trennte sich 1983 von der Aryan Nation, um eine eigene Organisation, genannt »Order«, zu gründen. Dabei handelte es sich um eine gewalttätige, neoheidnische und neonazistische Gruppierung, die sich selbst auch die Bruderschaft des Schweigens nannte und keine Steuern zahlte. Sie versuchte, aus Amerika eine weiße Bastion zu machen. 1979 warb Mathews Gary Yarborough nach dessen Entlassung aus einem Gefängnis in Arizona, wo er einer weißen rassistischen Gruppe namens Aryan Brotherhood angehörte, für die Aryan

Nation an. Yarborough wurde Butlers Leibwächter und Mathews rechte Hand. Die Organisation beschäftigte vor allem die »Vernichtung der weißen Rasse« durch die Juden, die »Kinder Satans«. Abels Ermordung durch Kain war für sie der Beginn des jüdischen Vernichtungszuges gegen die weiße Rasse. Überall witterten sie eine mächtige jüdische Verschwörung, von der sie glaubten, sie beherrschte die Vereinigten Staaten durch ihre feste Kontrolle über die Medien und Banken. Die Überzeugung der Organisation, die Regierung liefe am Gängelband der Zionisten, war keine defensive Aggression, sie wurde durch Projektion, den Wunsch, die Juden zu vernichten, angeheizt.

Ihre Mitglieder mußten feierlich schwören, gewaltsam den Sieg der Arier über die Juden herbeizuführen. Sie erklärten, »weder Tod noch Feind zu fürchten«, wenn es darum ginge, »alles zu tun, um unser Volk von den Juden zu befreien«.

Die Mitglieder von Order, »echte arische Männer«, treten »den Feinden unseres Glaubens und unserer Rasse« entgegen und schließen einen »Blutbund«. Sie verpflichten sich, so lange zu kämpfen, »wie der Feind nicht ins Meer getrieben ist«.[6] Um den Guerillakampf zu finanzieren, der einen Aufstand der weißen Bevölkerung gegen die zionistisch bevormundete Regierung auslösen sollte, raubte Order Banken aus und fälschte Geld. Die dramatischsten Verbrechen in Befolgung ihres revolutionären Ziels verübte die Gruppe im Juli 1984. Damals erbeutete sie beim Überfall auf einen Panzerwagen 3,8 Millionen Dollar, brannte eine Synagoge in Boise, im Staate Idaho, nieder und ermordete Alan Berg, einen Juden, der in Denver eine Radiosendung machte.[7] Nach der Ermordung Bergs stellte das FBI Yarborough am 18. Oktober 1984 in der Nähe seines Hauses in Sandpoint, Idaho. Yarborough gab Schüsse auf die Beamten ab und floh. Bei der Hausdurchsuchung fand die Polizei Kisten voller terroristischer und rassistischer Broschüren, darunter eine Liste von »Feinden des arischen Volkes« – bekannten kalifornischen Juristen, Journalisten und Persönlichkeiten aus der Unterhaltungsbranche. Außerdem fanden sie Waffen und Sprengstoff, unter anderem die Tatwaffe im

Mordfall Berg. Schließlich verhaftete das FBI Yarborough im November 1984, doch Mathews entkam. Als die Polizei sein Haus auf Whidbey Island im Poget Sound, das mittlerweile zu einem mythischen Ort für die rechte Szene geworden war, umstellte, weigerte sich Mathews, sich den 100 um das Haus zusammengezogenen Beamten zu ergeben. Durch ein aus einem Hubschrauber abgeworfenes Leuchtfeuer fing das Haus Feuer, und Mathews kam in den Flammen um. Liberty Net, das neonazistische Computernetzwerk, stilisierte ihn nach seinem Tode zum Helden der Bewegung.[8]
Liberty Net verbreitete auch seine letzte Botschaft: »Als mein Sohn geboren wurde, erkannte ich, daß das weiße Amerika zum Untergang bestimmt war, wenn die weißen Männer sich nicht erheben und das Ruder herumreißen würden. Je mehr ich meinen Sohn liebte, um so mehr wurde mir deutlich, daß alles anders werden müßte, wenn er als Erwachsener kein Fremder in seinem eigenen Land sein sollte, ein blondhaariger, blauäugiger Arier in einem Land von Mexikanern, Mulatten, Schwarzen und Asiaten. Seine Zukunft wurde von Tag zu Tag düsterer.«[9]

Diese beiden neonazistischen Gruppen, die Aryan Nation und die Order, waren durch und durch antisemitisch und rassistisch, doch verabscheuten sie auch die ihrer Meinung nach von Juden gegängelte Bundesregierung. Die Gruppe »Posse Comitatus« und die Milizen (in den USA »militias« genannt) setzen die Akzente etwas anders. Für sie ist der Erzfeind die Bundesregierung, und Antisemitismus und Rassismus, obwohl vorhanden, treten in die zweite Reihe zurück.

Der Vorläufer der Milizbewegung, die Posse Comitatus (mittlerweile aufgelöst), war ein erbitterter Gegner des Staates. Sie bestritt, daß eine staatliche Behörde oberhalb des Sheriffs legitim sei.[10] Die extremistische Gruppe ging aus dem Citizen's Law-Enforcement Committee hervor, einer 1969 in Portland, Oregon, gegründeten Organisation, die gegen Steuerzahlungen protestierte und den Vorrang der Bundesbehörden gegenüber den Regierungen der einzelnen Bundesstaaten bekämpfte. William Potter Gale rief dann eine Sektion in Glendale in Kalifornien ins Leben und

nannte sie »U.S. Christian Posse Association«. Die auf landesweiter Ebene operierende Posse Comitatus wurde offiziell 1972 in Michigan organisiert.
In den nächsten zehn Jahren wurden fast in allen Staaten Sektionen gegründet, die gegen Steuerzahlungen protestierten, Steuerhinterziehern Rechtsbeistand gewährten und für die Rechtshoheit lokaler Regierungen eintraten. Sie versuchten, Steuerzahlungen zu hintertreiben, indem sie sich als Kirchen der Christian Identity ausgaben, die als religiöse Vereinigungen von Steuern befreit waren. Ihrer Ansicht nach war eine Regierung nur auf Kreisebene legitim, daher der Name Posse Comitatus, was wörtlich »Macht des Landkreises« bedeutet. Mitglieder der Organisation glaubten, alle legitimen Gesetze seien von der Verfassung der Vereinigten Staaten und den ersten zehn Zusatzartikeln, der Magna Carta, der Bibel, den Bundesartikeln und dem Gewohnheitsrecht abzuleiten. Alle Gesetze der Bundesstaaten und der Bundesregierung hielten sie für verfassungswidrig und bekämpften sie. Sie weigerten sich, in die Kassen der Bundesstaaten und der Bundesregierung Steuern zu zahlen und erklärten Finanzämter und Einkommenssteuer für »kommunistisch und verfassungswidrig«. Die »jüdisch durchsetzte« Bundesregierung war in den Augen der Posse-Bewegung ein Usurpator. Sie rief dazu auf, sich zu bewaffnen und auf das kommende Armageddon vorzubereiten, auf den zukünftigen atomaren Vernichtungsschlag, den die »kommunistisch-jüdisch geführte Regierung« beabsichtige.[11]
Die Posse Comitatus hatte keine Führungspersönlichkeit an der Spitze und keine zentrale Leitung, wahrscheinlich, weil sie jede übergeordnete Autorität ablehnte. Statt dessen bildete sie eine führungslose nationale Organisation aus locker miteinander verbundenen Sektionen, die häufig unter anderen Namen firmierten.[12] Das durchschnittliche Mitglied der Organisation war religiös, weigerte sich, Steuern zu zahlen, und zog ein Leben als Einzelgänger und selbständiger Gewerbetreibender vor. Die meisten haßten Schwarze und Juden. Mitglieder hatten Weiße und Christen zu sein, sie mußten ihren Patriotismus bezeugen, einen guten

Leumund haben – nach den Kriterien der Organisation versteht sich – und für die Aufrechterhaltung von Gesetz und Ordnung sein. Was Gesetz und Ordnung war, bestimmten die Mitglieder von Posse.[13] In ihren Schriften war regelmäßig die Rede davon, daß die Tötung von Regierungsbeamten kein Verbrechen sei. »Zum Schutze der Freiheit zu töten ist kein Mord, sowenig wie ein Soldat im Krieg ein Mörder ist.«[14]

Der Versandkatalog rechtsextremistischer Gruppen gewährt nicht nur einen Einblick in ihre Überzeugungen, sondern auch in die gemeinsame Stoßrichtung der Bewegung. Die Kataloge der Christian Patriots, einer mit der Posse Comitatus identischen Gruppe, und der National Vanguard, einer neonazistischen Organisation aus West Virginia, empfehlen in etwa die gleichen Bücher. Ein Renner sind die von William Pierce unter dem Pseudonym Andrew McDonald geschriebenen *Turner Diaries*.[15] Pierce war in den späten sechziger Jahren Mitarbeiter von George Lincoln Rockwell, dem Vorsitzenden der amerikanischen Nazi-Partei, verkaufte in seinem Haus »Schutzausrüstungen gegen Neger« und war Mentor von Robert Mathews, dem Gründer von Order. Pierce, ein Physiker, verließ die Universität in den sechziger Jahren, um gegen Juden und Schwarze zu Felde zu ziehen. Er wollte, daß »Amerika ein weißer Kontinent wird«, und tönte, »es gibt keine Möglichkeit, auf friedlichem Wege eine Gesellschaft auf dem Fundament arischer Werte zu errichten, nachdem sie einmal vom jüdischen Geist korrumpiert ist«. Der 1980 zuerst erschienene Roman wird gern von Gruppen zitiert, die auf die Überlegenheit der weißen Rasse pochen und gegen eine Verschärfung der Waffengesetze kämpfen.[16]

Die Handlung der *Turner Diaries* ist eine wahnwitzige Triumphphantasie. Sie schildert Amerika, nachdem seit 18 Monaten jeglicher privater Waffenbesitz durch den Cohen Act verboten ist. Die Hauptfigur, der arische Held Earl Turner, erzählt, welche Rolle er beim Sturz der US-Regierung in der Großen Revolution der neunziger Jahre gespielt hat. Turner ist Mitglied eines Geheimbundes, der Organisation, deren Ziel es ist, die Macht der Weißen in den

Vereinigten Staaten wiederherzustellen und dazu alle Nichtweißen und Juden zu töten. Im Schlußteil des Buches werden Millionen amerikanischer Juden, Schwarzer, Latinos und »Rassenverräter« am »Tag des großen Hängens« umgebracht. Kalifornien wird durch eine Atombombe befreit, begleitet von einer Lynchorgie an Tausenden von Schwarzen und Juden, nicht zu vergessen die »weißen Frauen, die mit Schwarzen, Juden oder anderen nichtweißen Männern verheiratet waren oder zusammenlebten«. Im Buch wird das massenhafte Aufhängen dieser Frauen nach dem triumphalen Sieg der weißen Nation beschrieben. Jede Frau trug ein Schild mit der Aufschrift »Ich habe meine Rasse geschändet« um den Hals.[17] Das bei der rechten Szene rasch populär gewordene Buch wurde bis 1996 in mehr als 200 000 Exemplaren verkauft.

Zu den Angeboten der Christian Patriots gehört auch eine Reihe von Schriften, die den Holocaust leugnen, etwa Arthur Butzs *Hoax of the Twentieth Century*, Richard Harwoods *Did Six Million Die?*, Henry Fords *International Jew* und Carleton Putnams *Race and Reason*. Diese Literatur hat einen vertraut paranoiden Ton. Sie spricht von einer Bedrohung für das Fortbestehen der weißen, christlichen Gesellschaft, von einer Bedrohung durch Juden und Schwarze. Die Juden werden als teuflische Macht geschildert, die nahezu alle Lebensbereiche kontrolliert und immer machtvoller wird. Schwarze, eine minderwertige Rasse, haben begonnen, die weiße Gesellschaft durch Rassenmischung, deren Ergebnis eine »Bastardisierung« ist, zu unterhöhlen. Wieder erkennt man deutlich die defensiv aggressive Haltung, ausgelöst durch eine mächtige Verschwörung, die das Opfer zu verschlingen droht. Man müsse sich unbedingt gegen die von Juden und Schwarzen ausgehende Gefahr zur Wehr setzen. Häufig werden auf die Liste der Verderber auch Homosexuelle und Fremde gesetzt. Man beachte, wie mächtig und bedrohlich »sie« erscheinen. »Sie« müssen vernichtet werden, bevor »sie« uns vernichten.

Tim Bishop, der Sicherheitschef der Aryan Nation, hat wiederholt erklärt, seine Organisation solidarisiere sich mit den Abtreibungsgegnern: »Der Herr hat gesagt, Abtreibung sei eine Sünde. Schlimmer noch, durch Abtreibung werden jedes Jahr Millionen von weißen Babys getötet. Wir bekämpfen die Abtreibung, wo wir können ... Abtreibung ist eines unserer Schlachtfelder.« Er lobte die Operation Rescue und Rescue America für ihre gute Arbeit: »Sie sind rein weiß, reine Arier. Sie leisten gute Arbeit für die Bibel und für Gott, ... gute arische Arbeit.« Doch der Kampf gegen Abtreibung ist freilich weniger eine Frage religiöser Grundsätze, sondern dient eher der Unterstützung des Krieges gegen die Schwarzen und Juden: »Ich würde jeder schwarzen Frau von Herzen zu einer Abtreibung verhelfen. Je weniger es von ihnen gibt, desto besser. Zum Teufel auch, dafür würden wir selbst Geld sammeln. Ich bin nur dagegen, daß die reine, weiße Rasse abtreibt. Bei Schwarzen oder Bastarden ist Abtreibung eine gute Sache. ... Sie ist Teil unseres heiligen Krieges für die reine arische Rasse.« Auch Juden sollten, um der Reinhaltung der arischen Rasse willen, abgetrieben werden. Außerdem würden Juden die Abtreibung ja selbst befürworten. »Die eigentlichen Drahtzieher hinter der Abtreibung sind die Juden ... Sie sind die ersten, die dafür in ein großes Geschrei ausbrechen. Heil, Jew York.«[18]

Wir sehen, daß die radikale Rechte, ein Sammelbecken von Organisationen, die durch gemeinsame wahnhafte Ängste, doch ohne zentrale Führung miteinander verbunden sind, einige paranoide Leitmotive anstimmt. Sie glaubt, eine äußere Macht halte alle Fäden in der Hand – die Juden oder die Bundesregierung –, und ihre defensiv aggressive Reaktion äußert sich in ihrem Wunsch, die Regierung der Vereinigten Staaten zu stürzen, alle Nichtarier zu vernichten und wieder ein »ideales« Amerika aufzubauen. Ein Teil dieser Bewegung verdient jedoch eine besondere Beachtung, weil er sich auf *gesunde* amerikanische Themen stützt. Politische Paranoia ist dann am gefährlichsten, wenn sie die Verbreitung von Wahnideen mit der Pervertierung von Tugenden verbindet.

Die Milizbewegung

Die Bombe, die am 19. April 1995 in Oklahoma City ein Gebäude der Bundesregierung in Trümmer legte, kostete nicht nur 168 Menschen das Leben, sie erschütterte auch die weitverbreitete Illusion, daß die Vereinigten Staaten gegen Terror im eigenen Lande gefeit seien.[19] Die verheerende Explosion war offenbar das Werk amerikanischer Bürger, die einen glühenden Haß gegen die Bundesregierung hegten. Das Attentat öffnete den Amerikanern die Augen für eine beunruhigende Geisteshaltung in der politischen Landschaft Amerikas – für die Geisteshaltung der paranoiden radikalen Rechten, vor allem der Milizbewegung.

Die Ideen, die für bestimmte Organisationen und die sie vereinigenden sozialen Prozesse stehen, können sehr viel wahnhafter sein als die Mitglieder solcher Gruppen. Die Milizen verdeutlichen, wie exzentrische persönliche Überzeugungen, etwa die Meinung, man habe ein Recht darauf, eine Waffe zu tragen, und das Mißtrauen gegenüber der Regierung sich unter dem Einfluß paranoider Organisationen zu wahnhaften Dimensionen auswachsen können. Das verfassungsmäßig gewährte Recht, Waffen zu tragen, wird von den Gerichten garantiert und von den großen politischen Gruppen verteidigt. Mißtrauen gegen die Regierung, vor allem gegen eine zentralistisch verfaßte, gehört zu Amerikas ehrwürdigsten politischen Traditionen und wird von Bürgern aus dem ganzen politischen Spektrum geteilt.

Bei vielen sehr aktiven Mitgliedern der Milizen nimmt das Eintreten für diese althergebrachten Freiheiten geradezu wahnhafte Züge an. Drei Charakteristika zeichnen alle Gruppen der Milizbewegung aus: die feste Überzeugung, es sei ihr verbrieftes Recht, Waffen zu tragen, ein starkes Mißtrauen gegenüber und gleichzeitig Furcht vor der Bundesregierung sowie kollektive paranoide Meinungen. Die Äußerungen John Trochmanns, eines Mitbegründers der Miliz von Montana, verdeutlichen dies aufs schönste. Trochmann behauptet, Morddrohungen bekommen zu haben, damit er davon ablasse, ein Komplott seitens der auf »eine Welt«

zusteuernden Regierungsmächte aufzudecken, durch das normale Bürger ihrer Waffen und verfassungsmäßigen Rechte beraubt und Amerikas Souveränität zerstört werden sollte.[20] In den Augen Trochmanns kann nur eine bewaffnete Bürgerschaft diese Bedrohung noch parieren.[21] Trochmann und seine Mitstreiter führen als Beweis dafür, daß die Bundesregierung ihre Bürger entwaffnen will, gern einen Zwischenfall an, bei dem 1992 Bundesbeamte Frau und Kind des weißen Rassisten Randy Weaver in Ruby Ridge, Idaho, töteten, als es zu einer Schießerei kam. Ebensogern argumentieren sie mit dem Angriff der Bundesbehörden auf das umzäunte Anwesen der Davidianer in Waco, Texas. Um David Koresh und seine Anhänger zu entwaffnen, hatte das Bureau of Alcohol, Tobacco and Firearms die Farm umstellt, was, wie wir wissen, in einem Inferno endete. Der Angriff in Ruby Ridge und der Sturm auf die Farm erhielten nahezu mythische Bedeutung für die Milizbewegung. Nach den Verschwörungstheorien vieler Milizen versucht die Bundesregierung, das Leben der Bürger zu gängeln und ist bereit, jeden potentiellen Widerstand mit allen Mitteln zu brechen – und müßte sie dafür die amerikanische Armee einsetzen.[22] Leidenschaftlich auf ihre Unabhängigkeit bedacht und jede Form von Einmischung verabscheuend, fürchten sie, die Bundesregierung würde die amerikanische Demokratie aushöhlen. Diese anmaßenden Patrioten glauben, gutbewaffnete paramilitärische Bürgerorganisationen seien der einzige Schutz gegen die kommende Tyrannei oder, nach Meinung vieler, die schon herrschende. Die harten paramilitärischen Übungen der Milizen sollen darauf vorbereiten, geheimen Umsturzplänen in Amerika unten den Auspizien der Vereinten Nationen oder des Nordatlantik-Paktes entgegenzutreten.

Der verurteilte Bombenleger von Oklahoma City, Timothy McVeigh, hatte die *Turner Diaries* geradezu verschlungen. Später kaufte er sie in großen Stückzahlen und verkaufte sie unter Preis bei Schießwettbewerben. Eine der ersten und dramatischsten Taten im Roman war, das FBI-Gebäude in Washington mit einer Bombe in die Luft zu sprengen – derselbe Sprengstoff wurde bei dem Anschlag auf das Bundesgebäude in Oklahoma City verwendet. Drei Wochen vor der Bombenexplosion erhielten mehrere Regierungsbeamte eine Drohung von einem Sprecher der Bewegung: »Kein Großreinemachen ohne Blutvergießen.«[23]

Im Kern besagt diese klassische Verschwörungstheorie, daß seit Jahrhunderten die Geschichte von einer kleinen, nur ihre eigenen Interessen fördernden Gruppe gemacht wird. Die Französische Revolution, die europäischen Revolutionen von 1848, die kommunistische Revolution von 1917 und die Weltwirtschaftskrise gingen allesamt auf ihr Konto. Diese »potentiellen Weltherrscher« verfolgen einen geheimen Plan. Ihr Ziel ist es, eine einheitliche sozialistische Weltregierung unter dem Vorsitz der Vereinten Nationen zu schaffen und die Vereinigten Staaten dieser neuen Weltordnung zu unterwerfen.

Tatsächlich vertritt der Fernsehprediger Pat Robertson eben diese Theorie, die von der Milizbewegung begeistert aufgenommen wurde: »Die Regierung Bush, das Außenministerium, der Rat für auswärtige Beziehungen, die Trilaterale Kommission, Geheimgesellschaften und fanatische Anhänger des New Age: Sie alle sitzen im selben Boot.«[24] Robertson warnt davor, daß »unser verfassungsmäßiges Recht, Waffen zu tragen und zu besitzen, als eines der ersten kassiert würde«, wenn sich die neue Weltordnung durchsetzt. Für Robertson ist die amerikanische Regierung der potentielle Gegner und deshalb fordert er: »Alle aufrichtigen Männer stehen heute vor der Aufgabe, sich mit all ihrer Kraft zur Wehr zu setzen.« Obgleich Robertson sich von antisemitischen und rassistischen Thesen distanziert hat, fehlt es in seinem Buch nicht an antisemitischen Untertönen. Er verfolgt die Verschwörung bis zu den Illuminaten, einem Geheimbund, der sich im Besitz eines besonderen religiösen Wissens wähnte, und den Freidenkern des 18. Jahrhunderts zurück, zu Organisationen, von denen er behauptet, sie seien von der jüdischen Familie Rothschild finanziert worden, deren Haus in Frankfurt das Zentrum einer weltweiten revolutionären Verschwörung gewesen sei. Robertson läßt durchblicken, daß auch der Golfkrieg Teil einer Verschwörung gewesen sei, den Amerikanern die Ordnung der Vereinten Nationen aufzuzwingen. Er deutet weiter an, der Versuch enttäuschter sowjetischer Geheimdienstler und Armeeoffiziere, Michail Gorbatschow zu stürzen und den Kommunismus zu retten, sei ein bloßes Scheinmanöver gewesen, um den Sieg der neuen Weltordnung zu beschleunigen.[25]

Einige Milizangehörige sind sogar davon überzeugt, daß die Strichkodierung auf Schildern an den Bundesstraßen ein Geheimkode für die Orientierung der Armee der Vereinten Nationen im Falle einer Invasion sind. Sie streuen auch Gerüchte darüber aus, daß sie mit Hilfe schwarzer Hubschrauber und Satelliten überwacht würden. Möglich würde die Überwachung durch Signale, die von Mikrochips an um die Erde kreisende Satelliten ausgesendet würden. Diese Mikrochips seien den Milizangehörigen während ihres Militärdienstes ins Gesäß eingepflanzt worden.[26]

McVeigh sprach im Brustton der Überzeugung davon, daß er einen Mikrochip in seiner linken Gesäßbacke trage.

Was soll man von Zeitgenossen halten, die geheime Botschaften in Strichkodierungen auf Autobahnschildern hineinlesen, die meinen, über ihren Köpfen würden Überwachungshubschrauber kreisen, und fest daran glauben, daß man ihnen Mikrochips implantiert habe? Wer derlei Gedanken im Sprechzimmer eines Arztes äußern würde, erhielte sofort die Diagnose »schwere paranoide Störung«. Gruppen aber hegen solche Überzeugungen und behaupten, sie seien »Gemeingut«. Wenn ansonsten gesunde und vernünftige Menschen sich solch verschrobene Thesen zu eigen machen, so spiegelt dies eher die Gruppendynamik als die individuelle Psychopathologie.

Die Mitglieder der einzelnen Gruppen hören ständig, wie ihre Sprecher diese »Tatsachen« wiederholen und empfangen gleichlautende Botschaften sowohl aus Schriften wie aus den Medien. Wie wir alle im übrigen auch, überprüfen sie die Realität, indem sie ihre Meinungen mit denen ihrer Mitmenschen vergleichen. Da sie jedoch den Wunsch haben, irgendwo dazuzugehören, stellen sie die Meinungen der Gruppe nicht in Frage. Hat ein Wahnsystem

in einer Gruppe erst einmal Fuß gefaßt, ist es nahezu unmöglich, es wieder auszulöschen.
Auch wenn Milizen angstbesetzte Phantasien in bezug auf moderne Technik entwickeln, bedeutet das nicht, daß sie diese nicht für ihre eigenen Zwecke einsetzen. Angehörige der Milizen haben etwa Ratschläge, »Erkenntnisse« und politische Ansichten durch das Internet ausgetauscht. Uneingeschränkten Zugang zu den einschlägigen Netzwerken zu bekommen erfordert Engagement. Die Willkommensbotschaft eines dieser Netzwerke lautet: »Wir sind ein Netzwerk von Aktivisten, nicht von Jammerlappen oder Schwindlern«. Neulinge wurden dann gefragt, ob sie bereit seien, für »Patrioten« sichere Häuser, Übungsgelände und Ausrüstungen zur Verfügung zu stellen. Und eine andere Gruppe fragte im Netz: »Befahl Clinton das Attentat in Oklahoma?«[27] Das Aryan Nation's Liberty Net, ein landesweit zugängliches Computernetzwerk der Neonazis, gab unter anderem eine Liste aller Büros der Anti-Defamation League bekannt, dazu eine Liste von Feinden, die »ihre Rasse verraten haben und dafür mit ihrem Leben bezahlen werden«.[28] Während dieses Buch geschrieben wurde, ist das Netzwerk durch eine Homepage im World Wide Web ersetzt worden.
Mark Koernke von der Michiganmiliz, ein führender Verschwörungstheoretiker, macht seit August 1994 jeden Donnerstagabend eine Sendung mit dem Titel »The Intelligence Report« im World Wide Christian Radio. Koernke verbreitete über den Äther, daß die Regierung die neue Weltordnung mit einer Bundespolizeitruppe durchsetzen wolle, zusammengesetzt aus Einheiten der Nationalgarde und ausländischen Truppen, darunter auch nepalesischen Gurkhas und Straßenbanden aus Los Angeles. Er warnte davor, daß das »Zeichen des Tiers« in Offenbarung 13, das Herrschaftsinstrument des Antichrists, die Form eines eingepflanzten Mikrochips annehmen würde.[29] Das Erkennungszeichen von Koernkes Radiosendung hieß »Tod der neuen Weltordnung! Wir werden siegen!« Eines seiner kommerziellen Videobänder, die in der Milizbewegung zirkulierten, zeigte die Rückseite einer Müslipackung, auf der »Amerikas Regionen« mit ihren wichtig-

sten Industriezweigen und Bodenschätzen abgebildet sind. Diese Landkarten seien, so Koernke, nichts als Propaganda für eine Aufteilung Amerikas unter der neuen Weltordnung. Einmal hat er sogar behauptet, man baue in Oklahoma City und an anderen Orten schon Gefangenenlager und setze innerhalb der Grenzen der Vereinigten Staaten bereits Militärfahrzeuge der UNO und der NATO ein. Janet Reno, die amerikanische Justizministerin, bezeichnete er als »Schlächterin von Waco« und ließ durchblicken, daß die Bundesregierung hinter dem Bombenanschlag in Oklahoma City stehen könnte.[30] Diese Vorstellung fand in der Milizbewegung breite Zustimmung. Das Bombenattentat sollte der Regierung Gelegenheit geben, das Kriegsrecht auszurufen, um die Waffen von Privatleuten zu enteignen. Eine andere, vom Gründer der Oregonmiliz in Umlauf gesetzte Spekulation unterstellte, eine »Verbrecherbande« habe die terroristische Tat begangen, um Dokumente über die Ereignisse in Waco zu zerstören, so daß es nicht zu einer Wiederaufnahme des Falles kommen könne: »Wenn sie schon bereit sind, ihre eigenen Gebäude in die Luft zu sprengen, was werden sie dann erst mit uns Milizen anstellen?« Das Netzwerk setzte Koernkes Radiosendung unmittelbar nach dem Anschlag in Oklahoma City ab, er sendet aber weiterhin über Satellit.[31]

Der Sprecher der Miliz in Michigan, Norman Olson, verschickte einen Rundbrief mit der Vermutung, die japanische Regierung sei der Drahtzieher hinter dem Attentat in Oklahoma. Angeblich sollte es sich um einen Vergeltungsschlag Japans wegen eines von der CIA arrangierten Nervengasanschlags in Tokio handeln, um Japan für die Aufwertung des Yen gegenüber dem Dollar zu bestrafen. Dieser Vorwurf ging selbst der Miliz von Michigan zu weit, und Olson wurde rausgeschmissen.[32]

Obgleich nur eine Minderheit der Milizen unverhohlen rassistisch ist, haben 45 Milizen in 22 Bundesstaaten Verbindungen zu Gruppen, welche die Überlegenheit der Weißen verfechten.[33] Die Beziehungen zwischen Milizen und Christian Identity sind unterschiedlich ausgeprägt, einige arbeiten eng mit ihr zusammen, während andere offenbar in keinerlei Beziehung zu ihr stehen. Auch neigen einige der Milizen zu weitaus extremeren Aktionen als andere. Bei einer Anhörung vor dem Kongreß am 15. Juni 1995 im Zusammenhang mit dem Attentat in Oklahoma City bezeichneten sich fünf Führer der Milizen als gewöhnliche Bürger, welche die Verfassung liebten, Machtmißbrauch durch die Regierung fürchteten und Waffen nur zu ihrem eigenen Schutz besäßen. Sie behaupteten, die Regierung setze »Wetterüberwachungsinstrumente ein, damit die neue Weltordnung Millionen von Amerikanern verhungern lassen könne«. So habe die Regierung im Mittleren Westen 85 Tornados ausgelöst, um das Herz Amerikas zu treffen. Ferner glaubten sie, daß es in Wahrheit zwei Bomben gegeben habe, die das Bundesgebäude in Oklahoma City in die Luft sprengten, und daß diese tatsächlich von der Regierung selbst zur Explosion gebracht worden seien. Der Anführer der Miliz von Michigan warf den Gesetzgebern vor, die »korrupte Despotie der Regierung« zu unterstützen, und bezeichnete die CIA als die »größte Bande von Verschwörern hinter der ganzen Regierung«.[34]

Die Macht und die üblen Absichten, die der US-Regierung unterstellt werden, gehören wesentlich zur Geistesverfassung der Milizen. Sie bereiten sich auf die Verteidigung gegen eine allmächtige Regierung vor, die darauf aus ist, die Bürger ihres Rechtes, Waffen zu tragen, und anderer Rechte zu berauben. Die Identifizierung eines äußeren Feindes als Machthaber und das damit einhergehende Gefühl von Ohnmacht ist für die Psychologie der politischen Paranoia kennzeichnend.[35] So wie Aggression projiziert wird, werden auch die verwandten Gefühle von Stärke und Wissen projiziert, so daß der Projizierende mit der Empfindung relativer Schwäche und Ohnmacht zurückbleibt. Erinnern wir uns an den Mann mit der Tafel, der vor einer Gehirnkontrolle der Bürger seitens der Regierung warnte. Seine Botschaft hatte nicht nur Verfolgung und Verschwörung zum Inhalt, sondern sprach auch von Machtlosigkeit, von der Kontrolle durch äußere Mächte. Eine äußere Bedrohung tritt an die Stelle einer inneren Bedrohung und Schwäche. Die Projektion des unerträglichen Affektes nach außen veranlaßt und verstärkt den Verfolgungswahn. Diese mächtigen Gefühle, die sich im

Mikrokosmos terroristischer Gruppen besonders gut beobachten lassen, sind die Wurzel vieler destruktiver Massenbewegungen und können unter Umständen ganze Völker befallen. Durch die Polarisierung der Umwelt in »gut« und »böse« können politische Führer innere Gefahren projizieren und die Verteidigung gegen und die Vernichtung von »Schurken« zum Dienst am Gemeinwohl erklären und damit Aggression aus Notwehr rechtfertigen.[36] Nach Ansicht der Rechtsextremen hat sich die Bundesregierung der Vereinigten Staaten als Feind entpuppt, und die Tragödie in Oklahoma war die entsetzliche Konsequenz.

Die Milizbewegung speist sich nicht allein aus den scheußlichen, hier beschriebenen Wahnideen, sondern auch aus der Pervertierung positiver Werte. Die Milizen halten sich für die treuen Anhänger dreier amerikanischer Traditionen: ländliche Romantik, radikaler Individualismus und Amerikas Sendungsbewußtsein.

Die Verklärung des Landlebens und der radikale Individualismus, die auf Thomas Jefferson und Andrew Jackson, zwei unserer großen Präsidenten, die sich vermutlich vom Rousseauschen Idealismus anstecken ließen, zurückgehen, kommen auch, wenngleich selten in gewalttätiger Form, bei der Linken zum Vorschein, beispielsweise in den Landkommunen und der Hippiebewegung der sechziger Jahre und bei einigen radikalen Umweltschützern von heute. Der Glaube, von den Bewohnern der Städte, beispielsweise den Juden und Bankiers, ginge eine Verschwörung aus, beruht auf dem Gedanken Jeffersons, das Land sei die Quelle aller Tugenden und Produktivität, während die Städte nur korrupte Blutsauger seien.

Der radikale Individualismus ist so tief amerikanisch wie die romantische Verklärung des Landlebens. Die amerikanische Revolution wird als Kampf einzelner Schützen gegen die bis zum Exzeß gedrillten britischen Soldaten dargestellt, und der noch stärker nachhallende Mythos des Pioniers idealisiert das Individuum, seine Familie und Nachbarn, die unter großen Mühen und ohne Hilfe der Regierung die Wildnis kultivierten. In der kapitalistischen Gesellschaft von heute mit ihren umstrittenen politischen

und rechtlichen Systemen ist der radikale Individualismus nach wie vor eine starke Kraft.
So wie die ländliche Romantik und der radikale Individualismus von vielen Milizangehörigen bis zur Wahnidee gesteigert wurden, ist auch die Idee, Amerika habe eine besondere Sendung zu erfüllen, verzerrt worden. Der Glaube, Amerika sei anders als alle Gesellschaften, da es einen Heilsauftrag habe – gewissermaßen die letzte Hoffnung der Menschheit sei –, ist von der Milizbewegung zu paranoider Fremdenfeindlichkeit übersteigert worden. Eng damit verbunden ist die Überzeugung, daß am Ende die verschlagenen Fremden immer von den aufrechten, ehrlichen Amerikanern überwunden würden, sobald sie der Gefahr inne geworden seien.
Ein aufschlußreiches Zeugnis für die psychologische Dynamik der Bewegung sind die Filme, von denen Milizangehörige am stärksten fasziniert sind – die zwischen 1982 und 1988 entstandenen Rambofilme.[37] Von vielen als pure Phantasien im Stile von Comics belacht, idealisieren diese Filme die traditionellen Werte der Ehrlichkeit, der Loyalität Freunden gegenüber, der Tapferkeit und Eigenverantwortung. Um das Recht durchzusetzen, seine Freunde zu retten und den Kommunismus zu überwinden, muß Rambo die »Herren im Anzug« bekämpfen, die geschniegelten, listigen und hochnäsigen Absolventen der Eliteuniversitäten in der CIA und im Außenministerium. Dieser Klassenkonflikt – Rambo stammt eindeutig aus der Arbeiterschicht – wird auf typisch amerikanische Weise ausgetragen: Der ehrliche Patriot aus der Kleinstadt steht den europäisierten Washingtonern gegenüber.
Wer empfänglich für die Botschaft der Rambofilme ist, glaubt plötzlich zu verstehen, warum Amerika den Vietnamkrieg verloren hat. Der Grund war nicht etwa, daß die amerikanischen Soldaten nicht zu kämpfen verstanden hätten oder der Krieg ungerecht gewesen sei. Nein, schuld waren die hohen Offiziere und die Bürokraten aus Washington, die den gemeinen Soldaten verrieten und Amerikas Ideale mit Füßen traten. Die Lektion über Vietnam, die das amerikanische Publikum aus diesen Filmen zieht und die es schon vorher dumpf gefühlt hat, ist, daß Amerika und seine Werte

nur siegen können, wenn die Typen aus Washington und New York nicht mehr das Sagen haben.
Doch die Milizbewegung motiviert zu mehr als nur zu blankem Revanchismus. Gleich den auch vor Gewalt nicht zurückschrekkenden Abtreibungsgegnern (siehe Kapitel 5) ist die Milizbewegung zum Teil auch eine Reaktion gegen den Feminismus: Die entscheidenden Mythen sind der Mann als Beschützer und Krieger. Aber die Milizangehörigen sind nicht nur große Kinder, die immer noch Krieg in den Wäldern spielen. Die Bewegung erhält auch Zulauf durch die Erfahrung der Entfremdung, durch Rassenprobleme, durch Machtfragen und eine historische Erinnerung, die als Sache der Ehre präsentiert wird.
Warum gerade jetzt? Warum ist die Milizbewegung, die in den achtziger Jahren nicht mehr als ein versprengtes Grüppchen war, in den frühen neunziger Jahren so rasant gewachsen? Warum wurde ein 1980 veröffentlichter paranoider Roman wie die *Turner Diaries* in den späten achtziger und frühen neunziger Jahren in den Vereinigten Staaten derart populär?
In gewissem Maße ist die Milizbewegung nur die extreme Ausprägung eines allgemeinen Argwohns gegen die Regierungen, der nicht nur in Amerika, sondern weltweit zugenommen hat. Aber es gibt auch noch einen anderen, weniger ins Auge springenden Einfluß. Das Ende des Kalten Krieges bedeutete für Osteuropa den Zerfall alter Machtstrukturen und die Wiederbelebung alter Feindschaften, für Amerika aber bedeutete es den Verlust des traditionellen Feindes. Das Aufkommen eines eigenen Terrorismus und der Aufstieg der Milizbewegung spiegeln die Tatsache, daß die Aggression sich nach innen gewendet hat. Für einige ist der kommunistische Feind im Ausland durch die Bundesregierung zu Hause ersetzt worden.

Schwarze Rassisten

> Wir haßten unsere Köpfe, wir haßten die Form unserer Nase – wir wollten nämlich auch eine dieser langen, hundeartigen Nasen haben. Wir haßten die Farbe unserer Haut. Wir haßten das Gesicht Afrikas, das in unseren Adern fortlebte. Und weil wir unsere Gesichtszüge, unsere Haut und unser Blut haßten, mußten wir schließlich auch uns selbst hassen. ... Die Farbe unserer Haut wurde für uns zur Kette. Wir hatten das Gefühl, sie sei unsere Fessel. Unsere Farbe wurde zu unserem Gefängnis, aus dem wir nicht fliehen konnten ... und sie wurde für uns verabscheuungswürdig. Sie gab uns das Gefühl, minderwertig zu sein. Sie gab uns das Gefühl, unterlegen zu sein. Sie gab uns das Gefühl, hilflos zu sein.
>
> *Malcolm X*

Fard war der erste Theoretiker und Prophet der Nation of Islam, und sein Nachfolger Elijah Muhammad entwickelte Fards Lehre (vgl. Kapitel 7) weiter, doch erst das politische Talent von Malcolm X, der die sozialen und politischen Möglichkeiten der Bürgerrechtsbewegung in den fünfziger Jahren und der Black-Power-Bewegung der Sechziger zu nutzen wußte, machte die Nation of Islam zu einer politisch schlagkräftigen Vereinigung.

Sich dieser Ideologie zu bedienen, um den Haß gegen die weißen Herren Amerikas zu schüren, war recht leicht. Man beachte, wie Malcolm in einer in einer Moschee gehaltenen Rede eine Pseudospezies postuliert und dies anschließend mit dem Begriff der göttlichen Rechtfertigung verbindet: »Sie sind keine Weißen ... Ihr nennt sie nicht beim richtigen Namen, wenn ihr sie den weißen Mann nennt. Nennt sie ›Teufel‹. Wenn ihr sie Teufel nennt, gebt Ihr ihnen den richtigen Namen. Sie haben auch noch einen anderen Namen – ›Satan‹ oder ›Schlange‹ oder ›das Tier‹. All diese Namen finden sich in der Bibel für den weißen Mann. Noch ein anderer Name ist Pharao oder Caesar, noch ein anderer Frankreich, Franzose, Engländer, Amerikaner; doch das alles sind nur Namen für den Teufel!«[38]

Für Malcolm X mußten sie alle vernichtet werden. Wieder ist die Rolle des Anführers von größter Wichtigkeit. Während Fard in seiner apokalyptischen Schilderung ausgemalt hatte, wie Gott persönlich die Weißen zerschmettert, während die tugendhaften Schwarzen zusehen, drehte Malcolm X noch weiter an der paranoiden Schraube. Er predigte organisierten Kampf und Gewalt. Was ihn am Islam anzog, war gerade, daß er sich »als Streiter Gottes« verstand.[39] In diesem Sinn schlüpfte Malcolm in die Rolle des Petrus für Fards Jesus und des Lenin für Fards Marx. Die Atmosphäre im Amerika der sechziger Jahre war dieser feindseligen Haltung günstig. Julius Lester sprach in einem Buch mit dem drohenden oder spöttischen Titel *Look Out, Whitey! Black Power's Gon' Get your Mama!* von dem Jubel, den Schwarze empfinden, wenn Weiße bei einem Flugzeugunglück umkommen.[40] Sein moralisches Urteil über die weiße Gesellschaft ist in der Bemerkung zusammengefaßt: »Amerika, wie es heute ist, muß vernichtet werden. In diesem Lande zu leben und nicht zum Dieb oder Mörder zu werden ist unmöglich.«[41]

Als Elijah Muhammad die Göttlichkeit, die geistige, moralische und körperliche Überlegenheit der schwarzen Rasse predigte, stand er natürlich vor der naheliegenden Frage, warum die Schwarzen nicht reich sind, wenn sie so schlau sind. Hitler sah sich derselben Schwierigkeit gegenüber, als er die Arier zur Herrenrasse erhob. Wie war es möglich, daß ein so überlegenes Volk nicht die Welt regierte, sondern selbst von den »Minderwertigen« beherrscht wurde?

Elijah Muhammad wie Hitler konnten nur mit einer Erklärung aufwarten: Verschwörung. Auch hier mußte sich eine Ideologie mit einer paranoiden Theorie vermählen, um die Widersprüche zu übertünchen. Doch nicht nur die Weißen arbeiteten im geheimen gegen die Schwarzen, noch zwei andere Gruppen waren daran beteiligt. »Alle Weißen wußten, daß sie Teufel sind, allen voran die Freimaurer«, schreibt Malcolm. Die Freimaurer seien Verbündete des Teufels, während die Schwarzen Gottes Volk seien. Die Überlegenheit stünde klarerweise bei Gott, da er »360 Grad Wissen habe«, wohingegen »der Teufel nur über 33 Grad Wissen verfüge – bekannt als Freimaurerei«.[42]

Nach dieser Propaganda stellen die Juden die andere Gruppe in der Verschwörung. Ursprünglich wollte Malcolm die Juden nicht zu den Feinden der Schwarzen rechnen, weil er durchweg positive Erfahrungen mit ihnen gemacht hatte. Als man ihm erzählte, *alle* Weißen seien Teufel, »ließ ich im Geiste alle Weißen an mir vorüberziehen, die ich jemals gekannt hatte, und aus irgendeinem Grund blieb ich bei Hymie, dem Juden, hängen, der immer gut zu mir gewesen ist«.[43] Doch Malcolm überzeugte sich schnell davon, daß der Jude ihn bei einem Geschäft scheinbar fair behandelte, in Wirklichkeit aber auf seinen Vorteil aus war und Malcolm weniger gab, als ihm zustand. In späteren Jahren hielt Malcolm die Juden für die subtilsten Mitstreiter einer gegen die Schwarzen gerichteten Verschwörung: »Was ich den Juden übelgenommen habe, war, daß ihre Erklärung, sie seien Freunde der amerikanischen Schwarzen, durch und durch geheuchelt war. Es brachte mich zur Weißglut, daß man mich immer einen ›Antisemiten‹ schimpfte, wenn ich Sachen über die Juden sagte, von denen ich doch wußte, daß sie absolut wahr waren. Ich habe es den Juden stets angerechnet, daß sie von allen Weißen die aktivsten und rührigsten Geldgeber, ›Sprecher‹ und ›Liberalen‹ in der schwarzen Bürgerrechtsbewegung waren. Gleichzeitig aber sagte ich, daß ich ganz genau wüßte, daß die Juden diese Rolle aus einem sehr strategischen Grund spielten: Je mehr Vorurteile in Amerika auf die Neger gelenkt wurden, um so mehr würden die Vorurteile der weißen Gojim von den Juden abgelenkt werden.«[44]
Schwarze Gruppen und Individuen, die Elijah Muhammad und der Nation of Islam kritisch gegenüberstanden, wurden beschuldigt, von Juden oder Zionisten bestochen worden zu sein. Der schwarze Richter am Obersten Gerichtshof, Thurgood Marshall, und der schwarze Diplomat Ralph Bunche wurden neben der National Association for the Advancement of Colored People (NAACP) besonders angefeindet. Die Ausgabe des *Los Angeles Herald-Dispatch* vom 16. Januar 1960, der zum offiziellen Organ der Nation of Islam aufgestiegen war, »erklärte«: »Anfang der dreißiger Jahre waren viele europäische Juden kleine Händler und

Gewerbetreibende, sie lebten in den Hinterzimmern ihrer Läden und machten ihre Geschäfte hauptsächlich mit den Negern aus den Negervierteln. Sie hatten daher Gelegenheit, die Gewohnheiten und Schwächen des Negers zu beobachten. Durch ihre Mitgliedschaft in der kommunistischen Partei gelang es den Juden während der Weltwirtschaftskrise der dreißiger Jahre, sich noch stärker in den Vierteln der Schwarzen festzusetzen und sich ihrer Gedanken so sehr zu bemächtigen, daß der Neger bis 1940 nahezu vollständig von den Juden abhängig war und Gedanken und Ideologie des jüdischen Volkes ganz und gar geschluckt hatte. In den späten dreißiger und zu Beginn der fünfziger Jahre gewannen die Juden schließlich die totale Oberherrschaft in der NAACP.«

Nach einer Pilgerfahrt nach Mekka im Jahr 1964 distanzierte sich Malcolm X von der Lehre, die Schwarzen seien die überlegenere Rasse und trennte sich von Elijah Muhammad. Malcolm hatte seine Machtposition zum Teil seiner religiösen und rassistischen Rhetorik zu verdanken. Nach seiner Kehrtwende kam es zu einer Spaltung innerhalb der Bewegung. Malcolm war der geistige Ziehvater von Louis Farrakhan, der Malcolms neue gemäßigte Position für Verrat hielt und dessen Stellung als Oberhaupt des Harlemer Tempels Nr. 7 übernahm. In seiner ersten Predigt wetterte Farrakhan: »Nur wer zur Hölle fahren oder verflucht sein will, wird Malcolm folgen. Ein solcher Mann verdient den Tod.« Es vergingen nicht einmal drei Monate, bis Malcolm von Anhängern Elijah Muhammads ermordet worden war.[45]

Obwohl Malcolm X eine moderatere, religiös orthodoxere Position einnahm, änderte sich an der Lehre der Nation of Islam nichts. Malcolm sah sich mit dem gleichen Problem konfrontiert, mit dem David Duke und Jasir Arafat Jahrzehnte später kämpfen mußten. Wie konnte er sich von den extremistischen Anhängern und Lehren, den Quellen seiner Macht, distanzieren, ohne sich seinen Anhängern ganz zu entfremden? Nach seiner Ermordung werden wir nie erfahren, ob und wie er dieses Kunststück zustande gebracht hätte.

Als Elijah Muhammad 1975 starb, trat sein Sohn Wallace die

Nachfolge an. Er versuchte, den weniger radikalen Weg, den Malcolm X kurz vor seiner Ermordung eingeschlagen hatte, weiterzuverfolgen. Farrakhan lehnte sich dagegen auf, trennte sich 1978 von der gemäßigteren Fraktion und gründete seine eigene Gruppe, wobei er den ursprünglichen Namen, Nation of Islam, und die ursprünglichen Ziele mit sich nahm.[46] Farrakhan verteufelte, wie Malcolm in seinen früheren Jahren, vor allem die Juden: »Während der Jahrhundertwende drangen die Juden in die Gemeinde der Schwarzen ein, die sie ernährte und ihnen Gutes tat, doch später bissen sie die Hand, die ihnen zu essen gab. ... Sie wissen genau, daß sie eines Tages für all das Böse, das sie den Schwarzen angetan haben, bezahlen werden. Sie haben sich nicht dafür entschuldigt, daß sie meinen Brüdern und Schwestern Wohnungen zu horrenden Mieten gegeben haben. Sie entschuldigen sich nicht dafür, so viele Spirituosenläden aufgemacht zu haben, obwohl sie selbst nicht viel trinken und nur meine Brüder und Schwestern mit Alkohol betäuben. Sie entschuldigen sich nicht dafür, daß sie unserem armen Volk das Blut aussaugen, um selbst gut zu leben.«[47] Diese Haßtiraden durchzogen stets Farrakhans Reden. Er behauptete immer, man würde ihn mißverstehen, denn »ich bin nicht gegen die Juden«. Das eigentliche Problem sei, »daß Araber, Schwarze und Moslems nie zu einer ausgewogenen Ansicht kommen werden, solange die Juden die Medien beherrschen. ... Man sollte sich nicht fürchten, ein Wort gegen die Juden zu sagen, wenn man weiß, daß es doch wahr ist. ... Ich werde nicht vor den Juden kuschen, denn ich weiß, wie niederträchtig sie sind.« In einem 1985 gegebenen Interview sah Farrakhan nur eine Lösung: einen Rassenkrieg, den er für das Jahr 1986 voraussagte. »Einige Weiße werden am Leben bleiben, aber Gott will nicht, daß sie unter uns leben. Täuschen Sie sich bloß nicht, wir werden die Welt erschüttern.« Laut Farrakhan fürchteten sich die Juden besonders, denn sie ahnten, »was in meinem Hinterkopf für Gedanken stecken.«[48]

Farrakhan behauptete auch, die US-Regierung sei dafür verantwortlich, daß »Drogen unsere Städte überschwemmen«. »Wo

kommt das Rauschgift her? Welche Hand bleibt im Dunklen? Die Regierung der Vereinigten Staaten.« Diese Wahnvorstellungen wurden von schwarzen Predigern aufgegriffen, so auch von Reverend Calvin O. Butts, Pfarrer an der Abyssinian Baptist Church in New York: »Drogen tauchten zu einem so entscheidenden Augenblick in unserer Gemeinde auf, daß man nicht an einen Zufall glauben will.« Farrakhan erklärte auch, Weiße hätten die Aids-Seuche nach Afrika eingeschleppt, um die wertvollen Bodenschätze des Landes zu stehlen.[49]
Die Klage, die Juden würden die Schwarzen finanziell ausbeuten, war ein stets wiederkehrendes Thema in den Reden Farrakhans und anderer Führer der Organisation. Khalid Abdul Muhammad, Farrakhans Stellvertreter, hielt 1993 am Kean College in New Jersey eine besonders anrüchige Haßrede: »Wer sind die Wucherer in der schwarzen Gemeinde? Die sogenannten Juden. Heruntergekommene, verfallene Häuser? Verstopfte Wasserrohre und Toiletten ... Wer saugt den Schwarzen das Blut aus? ... Sie sind die Blutsauger des schwarzen Volkes und der schwarzen Gemeinde.« An einer anderen Stelle seiner Rede forderte Muhammad den Tod aller Weißen in Südafrika:

> Wir schulden dem weißen Mann nichts in Südafrika. Er hat Millionen unserer Frauen, Kinder, Säuglinge und Alten getötet. Nein, wir schulden ihm überhaupt nichts in Südafrika. Wenn wir denn gnädig sein wollen, sobald der allmächtige Gott uns die Macht gegeben hat, uns Freiheit und Unabhängigkeit vom weißen Mann zu nehmen, werden wir ihm 24 Stunden bis zum Sonnenuntergang geben, um die Stadt zu verlassen. Mehr nicht. Wenn er bis Sonnenuntergang nicht verschwunden ist, werden wir alle Weißen in Südafrika, die kein Recht haben, hier zu sein, töten. Wir werden die Frauen, die Kinder, die Säuglinge töten. Wir werden die Blinden, die Krüppel töten, wir werden einfach alle töten ... Ihr fragt, warum soll man denn in Südafrika die Säuglinge töten? Das ist einfach, denn wenn sie eines Tages erwachsen

> sein werden, werden sie unsere Kinder unterdrücken, also töten wir sie. Und warum die Frauen töten? Nun, weil sie sich auf den Rücken legen, weil sie der Brutkasten künftiger Soldaten sind. Sie legen sich auf den Rücken, und zwischen ihren Beinen kommt die neue Armee hervor. Deshalb töten wir die Frauen. Ihr wollt auch die Alten töten? Ja, wir töten auch die Alten. Verflucht seien sie, wenn sie im Rollstuhl sitzen, stoßt sie über eine Klippe in Kapstadt, in Johannesburg. ... Was glaubt ihr denn, wie sie so alt geworden sind? Weil sie die Schwarzen ausgebeutet haben. Ich sage euch, tötet die Blinden, tötet die Krüppel, tötet die Verrückten. Verflucht, und wenn ihr sie alle abgeschlachtet habt, geht auf den verfluchten Friedhof, öffnet die Gräber und tötet sie noch einmal. Denn sie starben nicht schwer genug. Sie starben einen zu leichten Tod. Und wenn ihr sie alle umgebracht habt, und ihr seid zu müde, um sie auszugraben, dann nehmt eure Gewehre und schießt in die verfluchten Gräber. Tötet sie noch einmal und noch einmal, denn sie starben nicht schwer genug.«[50]

Nach der heftigen Empörung über diese Rede kritisierte Louis Farrakhan zwar Muhammads Stil, betonte aber die »Wahrheit« des Gesagten.

Farrakhans Aufruf zu einem »Versöhnungsmarsch« am 19. Oktober 1995 in Washington stieß bei der afroamerikanischen Bevölkerung weithin auf Gehör. Seine Unterstützer hofften, die Demonstration, der sogenannte Marsch der eine Million Männer, würde das Klima der Rassenkonflikte entschärfen. Farrakhan hatte proklamiert, Zweck der Demonstration sei es, Sühne für vergangenes Unrecht innerhalb der schwarzen Gemeinschaft zu suchen, Versöhnung mit denen anzustreben, denen sie Übles getan haben, und nach ökonomischem, politischem und spirituellem Wachstum der schwarzen Gemeinschaft zu trachten. Doch Farrakhans Äußerungen anläßlich des Aufrufes zur Demonstration und unmittelbar davor schlugen weiterhin haßerfüllte Töne an und spielten auf der

Klaviatur des Verfolgungsthemas, das er auch auf dem Marsch selbst anstimmte.

In einem am 4. Oktober 1995 gegebenen Interview mit der Nachrichtenagentur Reuters beschuldigte Farrakhan die Juden und andere, die Schwarzen auszubeuten, und schimpfte sie, wie schon Khalid Muhammad in seiner Rede am Kean College, Blutsauger. Er fuhr fort, »rabbinische Gelehrte haben den hamitischen Mythos in die Welt gesetzt, wonach wir Schwarzen die Kinder Hams und damit verdammt wären«. Nachdem er die Juden mit dem Sklavenhandel zusammengebracht hatte, klagte er, ein Jude habe ein fehlgeschlagenes Attentat auf ihn verüben wollen, weil »er mich in seiner Eigenschaft als Jude haßte«.[51]

Die von der Nation of Islam propagierten rassistischen Wahnvorstellungen lassen sich gut in den größeren Zusammenhang paranoider Gedanken und Rhetorik in der schwarzen Bevölkerung einordnen (vgl. Kapitel 2). Doch Muhammads geifernde Hetzrede stand nicht nur in einer Linie mit derjenigen Farrakhans; diese Rhetorik des Hasses weist auch eine bemerkenswerte Ähnlichkeit zur Logik und Sprache der früher zitierten Christian Identity auf. Einige schwarze Gruppen meinen, Weiße seien keine Menschen, sondern die Geschöpfe des Teufels. Einige weiße Gruppen glauben, Schwarze seien keine Menschen, sondern die Geschöpfe des Teufels. Diese Gruppen sind sich jedoch in einem Punkt einig: Die Juden stehen auf der jeweils anderen Seite und sind an allem schuld.

Die Hexenjagd auf Kommunisten

Ein opportunistischer Politiker kann unter Umständen eine paranoide Theorie unterschreiben, an die er nicht glaubt. So geschah es in den frühen fünfziger Jahren im Falle des Senators Joseph R. McCarthy, eines Republikaners aus Wisconsin. McCarthy war der bekannteste »paranoide« Politiker in einer ohnehin von Wahnvorstellungen geprägten Ära der Vereinigten Staaten. Weil die Empfänglichkeit des Publikums eine entscheidendere Rolle spielte als die Psychopathologie des Wortführers, werden wir uns die Bewegung und ihre Anhängerschaft genauer ansehen, bevor wir die Person unter die Lupe nehmen, die sie ins Leben rief.

Viele Amerikaner denken, wenn sie das Wort *Hexenjagd* hören, zunächst nicht an Salem und das 17. Jahrhundert, sondern an das Land während der frühen fünfziger Jahre und an das Phänomen der McCarthy-Zeit. Die McCarthy-Ära wie die Hysterie in Salem entsprangen derselben paranoiden Saat: einer verzerrten Wahrheit. Arthur Miller schrieb in den Jahren der kommunistischen Hexenjagd *The Crucible*, ein Stück über die Hexenprozesse in Salem. Im Rückblick auf die fünfziger Jahre bemerkte er: »McCarthys Fähigkeit, die Angst vor dem sich schleichend über das Land ziehenden Kommunismus zu schüren, beruhte natürlich nicht nur auf einer Täuschung. Der Wahn spinnt seine Perle stets um ein Körnchen Wahrheit.«[52] Erinnern wir uns, daß einige Bewohner von Salem tatsächlich praktizierten, was man für Hexenkünste hielt, und dadurch anderen Schaden zufügten. Ähnlich waren in den frühen fünfziger Jahren tatsächlich einige Amerikaner bereit, die amerikanischen Interessen denen der Sowjetunion unterzuordnen. Die Gefahr, die Amerika bedrohte, war keineswegs ein reines Phantasieprodukt. Das paranoide Oberhaupt eines auf Expansion ausgerichteten Staates war mit seiner Politik bemerkenswert erfolgreich, und er war im Besitz der Atombombe und bedrohte Amerika. Wie in der Salemer Hysterie war der Schaden für die Unschuldigen und einige nicht ganz so Unschuldige groß, doch in Umfang und Dauer begrenzt. Später wurden die Vorfälle nahezu allgemein verurteilt und bedauert.

Wie jene, die in Salem hingerichtet worden waren, wurden auch McCarthys Opfer im Rahmen traditioneller amerikanischer Überzeugungen ausgewählt. Amerikaner hatten seit jeher eine starke Neigung, der Regierung zu mißtrauen, daher war es nicht erstaunlich, daß die Menschen bereit waren, auch den schauerlichsten Beschuldigungen gegen hohe Regierungsbeamte Glauben zu schenken. Eine andere amerikanische Tradition ist eine heftige

Abneigung gegen Ausländer, die sich bis zur Fremdenfeindlichkeit steigern kann, so daß man erwarten durfte, daß Drohungen aus dem Ausland einen empfindlichen Punkt berühren würden.
Wie schon in Salem hatten die Opfer den Unwillen ihrer Ankläger erregt, oder sie gehörten zu einer Schicht, deren Demütigung die Ankläger symbolisch oder materiell bereichern würde. Die der Sympathie mit dem Kommunismus Angeklagten stammten prinzipiell aus gesellschaftlich einflußreichen Kreisen. In der Mehrzahl handelte es sich um Angehörige der Eliteuniversitäten und um Beamte des Außenministeriums. Ihre Demütigung erhöhte den Status ihrer Ankläger. Für einen Republikaner wie McCarthy war es durchaus im Interesse der Parteipolitik, die Linke durch die Rechte zu verdrängen. Die demokratische Partei konnte – nachdem sie schon Präsidentschaft und Mehrheit im Kongreß verloren hatte – ihren Einfluß nur behaupten, indem sie in allen den Kommunismus betreffenden Streitfragen schnellstens rechte Positionen einnahm.
Und schließlich wurden die Opfer einfach ausgewählt, weil sie Funktionen ausübten, Merkmale besaßen oder ein Verhalten an den Tag legten, das dem Typus entsprach, den die Ankläger beschrieben hatten. Ein Verdächtigter zeigte oder hatte eine der folgenden Charakteristika gezeigt: Sympathie für Kommunisten oder den Kommunisten nahestehende Organisationen oder Politiker; Verbindungen zu solchen Personen oder Organisationen; das Eintreten für Theorien und politische Maßnahmen, die als spezifisch kommunistisch galten. Eine solche Theorie war natürlich der Marxismus, aber auch das Eintreten für die Verstaatlichung der Industrie oder jede Verbindung zu Institutionen – liberalen Zeitungen oder Universitäten –, die mit diesen Lehren und Organisationen assoziiert wurden, galt als suspekt. Ja, es gab die Tendenz, jedem am Zeug zu flicken, der den Kommunismus weniger leidenschaftlich bekriegte als der Ankläger.
Die McCarthy-Hysterie der frühen fünfziger Jahre folgte dem klassisch paranoiden Muster: Eine echte Gefahr wurde übertrieben und entstellt, um dann geeignete Sündenböcke zu finden und

anzuklagen. Wie der für die Hexenhysterie in Salem verantwortliche Gemeindepfarrer Samuel Parris geriet auch McCarthy schließlich selbst auf die Anklagebank, in seinem Fall durch den Beschluß eines Sonderausschusses des amerikanischen Senats – doch erst nachdem er beträchtlichen Schaden angerichtet hatte.

McCarthy konnte durchaus kühl berechnend sein, doch seine wichtigsten Charakterzüge waren Impulsivität und Rücksichtslosigkeit. Wie so häufig, wenn Politiker erfolgreich aus Wahnideen Kapital schlagen, ist es auch hier schwierig zu sagen, ob die Anschuldigungen echten Überzeugungen oder einem bewußten politischen Machtkalkül entsprangen. Es scheint, als sei er durch Zufall auf die Kommunistenfrage gestoßen. Als er in Wheeling, West Virginia, darüber klagte, daß die Regierung von Kommunisten unterwandert sei, verfügte er nicht über spezielle Dokumente oder Informationen. Er ließ auf der Suche nach einem Thema lediglich einen Versuchsballon los.

1950 blieben McCarthy nur noch zwei Jahre, bis er sich zur Wiederwahl stellen mußte. Der Republikaner war selbst in seiner eigenen Partei im Senat nicht sehr geschätzt und gehörte keinem wichtigen Ausschuß an. Sogar das Finanzamt in Wisconsin war hinter ihm her. Nachdem er einmal auf die Kommunistenfrage verfallen war, stürmte er blindlings weiter, zunächst, um die Mächtigen einzuschüchtern, dann aber in sein eigenes Verderben. Am Ende fiel er in Ungnade und wurde von allen politischen Ämtern ausgeschlossen.

Auch wenn er paranoide Reden hielt und sein ganzer Stil von Paranoia geprägt war, war McCarthy selbst kein Paranoiker. Er wollte nur Anerkennung um jeden Preis, selbst wenn er dafür den Ruf anderer vernichten mußte. Nachdem er die ihm Verdächtigen unfair und hart behandelt hatte, sie als Lügner und Verräter beschimpft hatte, wies er pathetisch jede Verantwortung für sein Verhalten zurück. Er entschuldigte sich indirekt bei den Betroffenen und versuchte, sie zu beschwichtigen. Dieses Verhalten ist für einen echten Paranoiker, der seine Opfer verteufelt und keine Menschen in ihnen sieht, völlig untypisch. Im Gegensatz zum klassischen Paranoiker sah McCarthy sich nicht von persönlichen Feinden bedrängt.[53] Auch fehlte ihm das berechnende Wesen eines Paranoikers. Gleichwohl bediente er opportunistisch und grob Wahnideen, um seine Karriere zu fördern. Anfänglich erhob er wilde Beschuldigungen, von denen er zynischerweise wußte, daß sie nicht zutrafen. Als seine Vorwürfe jedoch auf Zustimmung stießen und sein Einfluß wuchs, mag er mit der Zeit seinen eigenen paranoiden Anklagen Glauben geschenkt haben.

In diesem Fall hat die Unfähigkeit des Anführers der Bewegung vermutlich ein frühzeitiges Ende bereitet. McCarthy selbst war vielleicht der größte Stolperstein für die von ihm initiierte Politik. Sicherlich verfügte er über ein gewisses politisches Geschick, doch er war kein großer Politiker. McCarthy war im allgemeinen beliebt, und unter Freunden und in der Familie war er aufmerksam, freundlich und entspannt. Er besaß weder das kalkulierende Temperament des paranoiden Demagogen, noch verstand er sich wie dieser darauf, die richtigen Feinde auszusuchen. Sich auf den Kommunismus zu kaprizieren war schon ein geschickter Schachzug, doch bei der Wahl von Roy Cohn und David G. Shine als wichtigste Mitarbeiter bei der Anhörung gegen die Armee im Jahr 1954 bewies er kein demagogisches Talent. Ein gerissener rechter Demagoge wäre über die Juden, die traditionelle Zielscheibe der amerikanischen paranoiden Rechten, hergefallen und hätte sich mit der Armee, dem traditionellen Liebling der Rechten, verbündet. McCarthy schlug anders als die beiden paranoiden Demagogen David Duke und Gerald L. K. Smith (vgl. Kapitel 9) genau den entgegengesetzten Weg ein. Obwohl er seine Feinde rücksichtslos bekämpfte, ließ er sich nie dazu hinreißen, religiöse oder rassische Minderheiten anzugreifen. Dennoch war er nicht frei von Wahnvorstellungen, denn »er glaubte, in der Welt draußen keine Freunde zu haben, sondern nur potentielle Gegner, die seinen Ehrgeiz oder seinen Willen hemmen könnten«.[54]

Als McCarthy schließlich auf den Widerstand des Systems traf, das sein Streben nach Ruhm lange Zeit stillschweigend hingenommen hatte, war es erstaunlich, wie jäh er stürzte. Nachdem der Senat ihn zensiert hatte, weigerte sich auch die Presse, seine Reden abzudrucken. Seine Kollegen im Senat schnitten ihn, wo immer es ging, und selbst bei gesellschaftlichen Anlässen machten sie einen Bogen um ihn. Für einen Mann, der so fieberhaft nach Anerkennung und öffentlichem Beifall strebte, muß das Schweigen und die Isolation entsetzlich gewesen sein. Dennoch glitt er nicht in den Wahn ab. Er sah sich nicht von Feinden umringt. Statt dessen betäubte er sich mit Alkohol.

Nach einer von einem seiner Biographen geschilderten Anekdote war Alkohol nicht nur ein Mittel zur Flucht, sondern zum Selbstmord. »Wieder in Washington, schlenderte Joe ins Büro des Senatsvorsitzenden, wo zwei seiner Kollegen einen Drink nahmen. Er füllte ein Wasserglas bis an den Rand mit Alkohol und kippte es mit wenigen Schlucken runter. Er erzählte seinen erstaunten Kollegen, er sei schon mehrmals im Marinehospital gewesen, um ›trokken zu werden‹. Das letzte Mal habe ihm der Arzt gesagt, wenn er noch einen Tropfen trinke, sei das sein Tod. Danach füllte er sein Glas neu und stürzte den Inhalt hinunter.«[55]

Joseph McCarthys rücksichtsloser politischer Opportunismus und seine Manipulation paranoider Gedanken fiel mit einer vorübergehenden Empfänglichkeit der amerikanischen Politik für seine wahnhafte Botschaft zusammen. Als der Gesellschaft klar wurde, welche Gefahr von ihrem Propagandisten ausging, wandte sie sich gegen ihn, und McCarthy starb einsam und verbittert.

Die McCarthy-Affäre verdeutlicht, wie entscheidend die Beziehung zwischen politischen Umständen, politisch Handelnden und der Botschaft ist. In diesem Fall blieb das paranoide Wesen der Botschaft und die Unberechenbarkeit ihres Propheten zunächst unerkannt. Das Phänomen der McCarthy-Ära macht deutlich, daß Paranoiker kein exklusives Recht auf die Verbreitung von Wahnideen haben.

Kapitel 9
Organisatoren und Propagandisten

Foxy hatte eine Maxime: »Vertraue niemandem.«
Charles Dickens, *Der Raritätenladen*

Überfluß an Argwohn ist eine Form des politischen Wahnsinns.
Francis Bacon, *De augmentis scientiarum*

Alle politischen Theoretiker sind gleichsam Brautwerber. Sie müssen einen Gefährten finden, der auf ihrer Weltsicht eine Organisation aufbaut. Jeder Moses braucht einen Aaron, jeder Jesus einen Petrus, jeder Marx einen Lenin. Daß LaRouche und die John Birch Society es nicht zu einer nennenswerten Massenbewegung brachten, ist weitgehend darauf zurückzuführen, daß sie keinen brillanten Organisator fanden. LaRouche hätte einer sein können, doch ihm fehlten die Mittel, sowohl Theoretiker als auch Organisator zu sein. Welch gehörte zur Spezies derer, für die Politik ein Hobby ist. Als rühriger Organisator war er eine Niete. In gewisser Weise ist ein fähiger Katalysator – Agitator, Organisator, Förderer – das kostbarste Kapital einer Bewegung. Viele Menschen brüten paranoide Ideologien aus, doch nur wenige verfügen über die organisatorische Fähigkeit, dieser Ideologie Zutritt zur anerkannten politischen Welt zu verschaffen.

Gerald L. K. Smith

Gerald Lyman Kenneth Smith war ein Vertreter des amerikanischen Isolationismus und ein antisemitischer Agitator, der seine Laufbahn in den zwanziger Jahren begann und dank der Protektion durch Gouverneur Huey Long aus Louisiana in den frühen dreißiger Jahren zu beträchtlichem, wenn auch regional beschränktem politischen Einfluß gelangte. Nach Longs Ermordung durch den Arzt Dr. Carl A. Weiss aus Baton Rouge blieb Smith bis in die sechziger Jahre ein einflußreicher Redner und eine bekannte politische Gestalt.[1] In den späten dreißiger Jahren und unmittelbar nach dem Zweiten Weltkrieg fand er bei vielen Gehör, bei den Wählern ebenso wie bei Politikern der großen Parteien. Den Gipfel seiner Macht erreichte er 1935–36. Damals war er für Millionen ein Begriff als Befürworter von Longs Share-the-Wealth-Programm, Francis Townsends Forderung nach höheren staatlichen Finanzspritzen und Pater Charles E. Coughlins Antisemitismus. Er war für die extreme Rechte der dreißiger und vierziger Jahre, was David Duke für die Neonazis heute ist.

Smith stützte sich auf traditionelle amerikanische Parolen, vor allem auf eine romantische Verklärung der kleinen Leute. Einst habe es ein einfaches und sauberes Amerika gegeben, das von der Großindustrie, der großen Politik und ausländischen Cliquen aber korrumpiert worden sei. Smith hegte eine Abneigung gegen alle, die nicht angelsächsischer, skandinavischer oder deutscher Abstammung waren. Den verderblichsten Einfluß hätten die Juden gehabt. Sie hätten die Familienfarmen und das Kleingewerbe zerstört, um große internationale Konzerne an ihre Stelle treten zu lassen. Franklin D. Roosevelt, das internationale Finanzkapital, die Juden und die kommunistische Partei seien eine irrwitzige Allianz eingegangen, um Amerika zu vernichten. Der Kapitalismus sei an sich nichts Schlechtes, von Übel sei nur, daß er von »unamerikanischen Interessen« pervertiert worden sei.

Obwohl die Juden schließlich zum bevorzugten Haßobjekt von Smiths Wahnvorstellungen wurden, ging seine Neigung zu Verschwörungstheorien seinem politischen Antisemitismus voraus. Zunächst galt sein Haß den Bankiers (die er nicht mit den Juden identifizierte) und ihren (christlichen) Handlangern. Nach Longs Ermordung am 8. September 1935 behauptete Smith, sein »mysteriöser Tod« sei Teil der »raffiniertesten Verschwörung in der amerikanischen Geschichte«. Er ließ durchblicken, daß der Staatsanwalt von New Orleans neben mehreren Bundesbeauftragten zu den Verschwörern gehöre und daß Präsident Roosevelt die Ermordung zumindest geduldet habe.[2]

Später wurde Smith das »Sprachrohr des amerikanischen Antisemitismus« genannt. Doch obwohl der Antisemitismus in seinem ganzen Leben eine Rolle spielte, hielt er ihn zumindest bis in die frühen vierziger Jahre aus seinen Reden heraus. 1934 empörte er sich, die Behauptung, er sei Antisemit, sei der »schmutzigste« Vorwurf, der je gegen einen »Freund« der Juden erhoben worden sei. Er leugnete, jemals Verbindungen zum Ku Klux Klan unterhalten zu haben und distanzierte sich öffentlich von den faschistischen Silver Shirts. 1936 beauftragte Richard Gutstadt, der Leiter der Anti-Defamation League, Sektion Mittlerer Westen von Bnai Brith, einen Mitarbeiter, Smith, unter die Lupe zu nehmen. Offenbar akzeptierte dieser Smiths Äußerungen und schrieb in seinem Bericht, Smith sei kein Antisemit. Noch 1939 kritisierte Smith Hitler wegen seiner »Judenjagd«. 1942 erklärte L. M. Burkhead, ein unitarischer Pfarrer und Leiter der antinazistischen Organisation Friends of Democracy, daß Smith keine Judenhetze betreibe.[3]

Dennoch gab es schon früh Hinweise auf Smiths späteren unverhüllten Antisemitismus. Man munkelte, er hätte 1936 in New Orleans antisemitische Äußerungen fallenlassen und einen Boykott gegen die jüdischen Kaufleute in der Stadt befürwortet. Er verkehrte zudem mit berüchtigten Antisemiten, vor allem mit Henry Ford, der Smith mit bescheidenen Summen finanziell unterstützte. Zwar blieb Smith eine politisch einflußreiche Figur, doch nach seinem mageren Abschneiden als Präsidentschaftskandidat der America First Party im Jahr 1944 verlor er an Einfluß.[4] Erst 1946 machte er die Juden zur Zielscheibe seiner Wahnideen.

Nach 1946 bestimmte seine Paranoia, die bis dahin »im Rahmen des Gewöhnlichen« blieb, zunehmend sein Denken. Smith verkündete, Roosevelt sei 1945 nicht gestorben, sondern würde von jüdischen Ärzten, die ihn zum »Präsidenten der Welt« aufbauen wollten, in einer psychiatrischen Anstalt festgehalten. Er glaubte auch, in der Fahne der Vereinten Nationen eine verborgene Bedeutung entdecken zu können, da sie die gleiche Farbe wie die »Judenfahne« habe und auf subtile Weise dem sowjetischen Symbol Hammer und Sichel glich. Diese bizarren Äußerungen deuten darauf hin, daß Smiths paranoide Persönlichkeit in einen offen krankhaften Wahn abgeglitten war. 1950 behauptete er, Joseph McCarthy, sein großes Vorbild, sei nicht nur ermordet, sondern auch auf eine sehr ungewöhnliche Weise getötet worden: »Sie untersuchten McCarthys Konstitution, und dann sorgten sie dafür, daß ihre Lügen, ihre Gerüchte und Verleumdungen bestimmte Drüsen überstimulierten, so daß er durch seine Drüsen ermordet wurde.«[5] Ohne Zweifel war Smith' Ideologie, die sich nie sehr weit von Verschwörungstheorien entfernte und einen guten Schuß Rassismus enthielt, weder kohärent noch originell. Smith war kein Theoretiker, er war ein mit den üblichen politischen Fähigkeiten ausgestatteter Agitator und Organisator, der ungeheuer hart arbeiten konnte, sich auch von Niederlagen nicht entmutigen ließ und über schlagfertigen Witz verfügte.

In einem Zeitalter ohne Fernsehen, das nur das Radio kannte, aufgewachsen, glänzte Smith als öffentlicher Redner. H. L. Mencken, der die Reden von William Jennings Bryan, Robert La Follette, Billy Sunday, Teddy und Franklin D. Roosevelt sowie von Huey Long kannte, hielt Smith für den besten Redner von allen. Smith beherrschte die Kunst, seine Reden auf das Fassungsvermögen seiner Zuhörer abzustimmen. Er sagte, die Masse, die den »Verstand eines Kindes« habe, könne keinen verwickelten Argumenten folgen, man müsse ihnen die Inhalte durch fesselnde Geschichten, Scherze und Beschimpfungen des Gegners schmackhaft machen. Seine Reden waren lang und lautstark, gewürzt mit einer kräftigen Dosis Patriotismus, Paranoia, Religion und Klagen darüber, wie sehr man ihn diffamiere. Die Zuhörerschaft wurde direkt oder indirekt, mit Hilfe von Adreßlisten, unter den bekannten Anhängern von Smith ausgewählt. Sein Mitarbeiterstab überwachte die Eingänge und wies alle ab, die so aussahen, als könnten sie mit

Zwischenrufen stören. Geschickte Redner heizten dem Publikum ein, während schwungvolle Musik gespielt wurde.
Smith bezog auf eine damals neue Weise das Publikum mit ein. Statt in Hurrarufe ließ er sein Publikum in Buhrufe ausbrechen. Sprach er über Franklin Roosevelt oder Bernard Baruch, rief er: »Laßt mich ein lautes Buh hören!« Fiel es ihm zu kläglich aus, wiederholte er das Ganze noch einmal. Und sollte das Publikum zu klein sein, bat Smith darum, von draußen noch mehr Leute hereinzuholen. Wenn es immer noch nicht reichte, exerzierte er das Ganze noch einmal durch. Viele seiner Reden hielt er in Zelten, die zu diesem Zweck im Freien errichtet wurden. Er konnte sein Publikum selbst an heißen Sommertagen und unter noch widrigeren Umständen fesseln: Als einmal ein Feuer ausbrach, blieben die Zuhörer auf ihren Plätzen, während Smith weitersprach und seine Mitarbeiter die Flammen löschten.
Die Fähigkeit, lebendige Reden zu halten, hart zu arbeiten und flexibel zu bleiben, ist für jede politische Sache ein Gewinn und spiegelt für sich genommen keinen irgendwie gearteten persönlichen Defekt. Smiths Persönlichkeit wies jedoch auch Verhaltensmuster auf, die psychisch krankhaft, wenn auch politisch nützlich sind. Smith teilte mit den von ihm Angegriffenen viele Eigenschaften. Sein Biograph Glen Jeansonne bemerkt dazu: »Smiths eigene Laster reflektierten die Übel, die er den Juden nachsagte. Juden würden nach der Weltherrschaft streben: Smith wollte Macht. Er brandmarkte die Juden wegen ihres Reichtums, er selbst aber lebte im Luxus und sammelte Antiquitäten, Bibeln und Gemälde.«[6] Außerdem bezeichnete Smith die Juden als Parasiten und Betrüger, als engstirnig, nur um das Wohl der eigenen Sippe bekümmert, geltungssüchtig und religiöse Fanatiker – alles Charakteristika, die auch auf ihn selbst zutrafen. Ja, diese Eigenschaften entsprachen, sieht man vom religiösen Fanatismus ab, genau dem Bild, das Amerikas Populisten von ihren wohlhabenden, zumeist an der Ostküste lebenden Gegnern entwarfen. Dieses Verhaltensmuster, unerwünschte Empfindungen zu leugnen und sie auf einen anderen zu projizieren, der dann zum Objekt des Angriffes wird, ist,

wie schon wiederholt gesagt, das Kernstück der paranoiden Dynamik. Im Falle Smith wie im Falle Lyndon LaRouche und der Milizbewegung bildet die traditionelle – und gesunde – Abneigung gegenüber der Regierung einen fruchtbaren Boden für die pathologische Überzeugung, daß die Regierung ein Nest von Verschwörern sei. Ein anderes Projektionsmuster, das besonders mit dem paranoiden Stil einhergeht, ist die Überzeugung, daß der Gegner, weil sich der Paranoiker pausenlos mit ihm beschäftigt, sich seinerseits auch mit ihm beschäftigen muß. Bei Smith führte dies zu den klassischen Symptomen der Paranoia: Übertriebene Wachsamkeit, willkürliches Heranziehen von Beweisen, das ständige »Aufdekken« von Verschwörungen, der Glaube an den letztendlichen Sieg und eine absolutistische Realitätssicht. »Er befand sich in einem ständigen Erregungszustand, war ängstlich, wachsam und entdeckte die verrücktesten Verschwörungen in völlig harmlosen Gesprächen ... Smith räumte ein, daß er den Triumph nicht mehr zu seinen Lebzeiten erleben könne, prophezeite aber, daß Gott eines Tages den Sieg bringen würde.«[7] Für Zweifel oder Doppeldeutigkeiten gab es in Smiths Bewußtsein keinen Raum. Er glaubte, im Besitz der absoluten Wahrheit zu sein, ignorierte alle Tatsachen, die seinen Vorurteilen zuwiderliefen, oder verdrehte sie so, daß sie mit seinen Meinungen übereinstimmten.

Als Smith im April 1976 starb, war er ein reicher Mann – doch nicht aufgrund seiner politischen Tätigkeiten, sondern weil er Christ of the Ozarks, einen religiösen Freizeitpark in Eureka Springs im Bundesstaat Arkansas besaß und zu einem florierenden Unternehmen gemacht hatte. Geld war für ihn jedoch nicht wichtig. Er »war weder ein Zyniker noch ein Heuchler, sondern ein verdrehter Idealist. Er spendete Millionen von Dollar, lehnte lukrative Positionen in der Industrie und der Öffentlichkeitsarbeit ab und arbeitete jede Nacht bis zur Erschöpfung.«[8] Wäre er ausschließlich auf politischen Erfolg ausgewesen, hätte er vor allem nach dem Zweiten Weltkrieg auf die Karte »Antikommunismus« gesetzt und seinen Antisemitismus zurückgestellt. Doch das tat er nicht. Smith enthüllte seinem Biographen auf dramatische Weise

die tiefen Wurzeln seiner antisemitischen Paranoia. »Einmal befragte ich Smith zu seiner Kindheit, als er ohne ersichtlichen Grund in wüste Beschimpfungen der Juden ausbrach. Das dauerte etwa 20 Minuten, und ich konnte ihn einfach nicht unterbrechen. Schließlich holte er tief Luft, ließ sich in seinen Sessel zurückfallen und sagte: ›Ich mußte es mir einfach von der Seele reden. Ich werde nun Ihre Frage beantworten.‹«[9] Smith war aus anderem Holz geschnitzt als sein naher Mitarbeiter Frederick Kister, der Leiter der von Smith gegründeten Nationalist Veterans of World War II, der einmal auf die Frage, warum er diese Hetze betreibe, antwortete: »Irgendwie muß man ja sein Geld verdienen.«[10]
Es übersteigt unsere Erklärungsmöglichkeiten, den Grund für Smiths blinden Haß auf Bankiers und alle nichtangelsächsischen Bevölkerungsgruppen anzugeben. Nichts spricht dafür, daß er jemals persönliches Unrecht durch sie erfahren hätte.
Smith verbreitete seine Wahnideen und versuchte an die Macht zu kommen, um sie durchzusetzen. Erfolg hatte er, weil er mit seiner Botschaft an eine alte amerikanische Tradition, nämlich die Verklärung des kleinen Mannes, anknüpfte und weil er seine ungeheure Arbeitsenergie, sein Organisationstalent und seine Rednergabe in den Dienst seiner Sache stellte. Dabei kam ihm zugute, daß er seine Ideen in einer schweren Krisenzeit, der großen Depression, propagierte. Doch Smith erging es wie vielen paranoiden Politikern in stabilen demokratischen Gesellschaften: Sein Erfolg war nur von kurzer Dauer. Obwohl er in den späten dreißiger Jahren Millionen mit seinen Reden erreichte und mit politischen Größen in Verbindung stand, erhielt er nicht einmal 2000 Stimmen, als er sich um das Präsidentschaftsamt bewarb. Das politische System Amerikas ermöglicht es offenbar Paranoikern, innerhalb kleiner Gruppen sehr erfolgreich zu sein, doch in der großen Politik können sie sich nicht lange halten.

David Duke

Das Erschreckende ist, daß er kein Halbstarker war, nicht fluchte und ein ordentlicher junger Mensch war.

Ein Lehrer David Dukes

Daß Gerald K. Smith eine paranoide Botschaft verkündete, unterlag keinem Zweifel. Er praktizierte exemplarisch den paranoiden Stil, war voller »hitziger Übertreibungen, Argwohn und Verschwörungsphantasien«. Auch stimmte er unverkennbar das paranoide Thema an, man müsse nur die von ihm ausgemachten Feinde vernichten, um alle Probleme zu lösen, unter denen seine Anhänger litten.[11] Dieselben Themen wurden in den neunziger Jahren wieder aufgegriffen, doch hatten Veränderungen in der amerikanischen Gesellschaft, vor allem hinsichtlich der Grenzen einer akzeptablen politischen Rhetorik, und – vielleicht noch wichtiger – bei den technischen Möglichkeiten der Verbreitung politischer Meinungen eine ganz andere Präsentation der Botschaft erforderlich gemacht. David Duke aus dem Süden von Louisiana wußte die für Smith noch unbekannte, »coole« Technik des Fernsehens ausgezeichnet auszunutzen.[12]

Duke wurde 1950 in Tulsa als Sohn einer weißen Mittelschichtfamilie geboren. Vier Jahre später zog die Familie nach Den Haag in den Niederlanden, wohin Dukes Vater als Angestellter der Shell Oil Company geschickt worden war. Im nächsten Jahr ging die Familie bereits wieder nach New Orleans. Duke war oft alleine. Nach der Rückkehr in die Vereinigten Staaten war David Hedger Duke, Dukes Vater, häufig von der Familie getrennt, entweder aus beruflichen Gründen oder weil er seinen Armeedienst leisten mußte. Dukes ältere Schwester Dorothy verließ das Haus mit 17. David war damals zwölf. Dukes Mutter, Maxine Crick Duke, begann übermäßig zu trinken und war in den sechziger Jahren Alkoholikerin und oft bettlägerig.[13]

Duke war zwar kein guter Schüler, wohl aber ein begeisterter Leser und sehr lernbegierig. Er war weder in seiner Schulzeit noch auf dem College beliebt.[14] Mit 14 interviewte er im Rahmen eines

Schulprojekts James Lindsay, den Direktor einer Baulanderschließungsgesellschaft und Vorsitzenden des White Citizens Council. Der heranwachsende Duke schloß sich bald Lindsay an und begann Naziparolen zu verbreiten. 1968 schrieb Duke sich an der Louisiana State University in Baton Rouge ein. Nach einem ersten unspektakulären Jahr an der Universität hielt er lautstarke Reden, in denen er die Vorherrschaft der Weißen forderte und antisemitische Sprüche von sich gab. Eine gegen Duke auftretende Gruppe, die Louisiana Coalition Against Racism and Nazism, berichtete: »In einem lokalen Radioprogramm erklärte Duke, Juden müßten vernichtet und die Schwarzen nach Afrika zurückgeschickt werden. *Reveille,* die Studentenzeitung der Universität, schrieb, Duke würde Naziblätter verteilen, und zitierte seinen Ausspruch: ›Ich bin Nationalsozialist. Wenn Sie wollen, können Sie mich auch einen Nazi nennen.‹«[15]

Im nächsten Jahr trat Duke in der braunen Kluft der Nazis mitsamt Hakenkreuzbinde auf, um gegen eine Rede des linksliberalen Rechtsanwaltes William Kunstler an der Tulane University zu protestieren. Er trug eine Tafel mit der Aufschrift »Vergast die Chicago Sieben« und »Kunstler ist ein kommunistischer Jude«.

Vermutlich war Duke bereits in seiner Schulzeit Mitglied des Ku Klux Klan. Ohne Zweifel war er es 1973, als er unter dem Pseudonym Muhammed X ein siebzigseitiges Pamphlet mit dem Titel »African Atto« verfaßte. Es wurde in Zeitschriften der Schwarzen annonciert und beschrieb eine traditionelle afrikanische Kampfart, die sich im »Kampf gegen die Bleichlinge« einsetzen lasse. Später erklärte Duke, er habe auf diese Weise an die Namen militanter Schwarzer gelangen wollen. Drei Jahre später wurde er unter dem Pseudonym Dorothy Vanderbilt Mitverfasser von *Finderskeepers: Finding and Keeping the Man You Want,* ein Sexualhandbuch, das sich an alleinstehende Frauen richtete, ihnen verschiedene sexuelle Techniken empfahl und riet, in die Kirche zu gehen, um sexuell ausgehungerte Ehemänner zu treffen. Duke verteidigte sich später damit, daß er nur für die Ernährungstips in dem Buch verantwortlich gewesen sei.[16]

Zu nationaler Berühmtheit gelangte er aber erst durch seine fortgesetzte politische Arbeit. Im Januar 1974 war Duke immerhin schon so bekannt, daß er in der Tom Snyder Show interviewt wurde. Seinen ersten Vorstoß in die große Politik unternahm er im Herbst 1975, als er sich bei den Demokraten um einen Senatssitz des 16. Distrikts bewarb. Obwohl er die Wahl verlor, erhielt er doch ein beachtliches Drittel aller Stimmen. Im selben Jahr wurde sein Förderer James Lindsay, damals Vorsitzender des Ku Klux Klan, ermordet. Lindsays Frau wurde angeklagt, aber freigesprochen. Der erst 25jährige Duke wurde zu Lindsays Nachfolger gewählt. Er ging sofort daran, den zerstrittenen und überholten Klan zu einen und ihm zu neuer Bedeutung zu verhelfen. Ironischerweise tat er dies, indem er forciert Frauen und Katholiken anwarb. Eine andere Neuerung bestand darin, daß er den Medien den Hof machte. 1979 bewarb Duke sich erneut als Demokrat für ein Staatsamt und bekam 26 Prozent der Stimmen.
Doch seine Wahlkämpfe und weitreichenden Initiativen beendeten nicht die inneren Streitigkeiten des Klans, vermutlich verschärften sie diese sogar. 1980 verließ Duke, möglicherweise auf Betreiben einer gegnerischen Fraktion, den Klan. Man hatte ihm vorgeworfen, die Adreßliste des Klans für 35 000 Dollar verkauft zu haben. Seine Mitstreiter im Klan wollten ihn außerdem dabei ertappt haben, daß er pornographische Postkarten gemischtrassiger Paare verkaufte oder besaß. Seine Erklärung, er habe mit der Bildersammlung »nur demonstrieren wollen, wie schlimm die Dinge schon stünden«, stieß auf taube Ohren. Die Folge dieser Streitigkeiten war laut Aussage des Klans, daß Duke wegen »für einen Rassisten unpassender Taten« aus dem Klan ausgestoßen wurde. Duke behauptete demgegenüber, er sei aus freien Stücken gegangen, da der Ruf des Klans es den Mitgliedern unmöglich mache, in die respektable amerikanische Politik zu gehen und Einfluß zu gewinnen.[17]
In den späten siebziger und frühen achtziger Jahren verdiente Duke seinen Lebensunterhalt offenbar damit, daß er Reden hielt und einen Buchvertrieb leitete, der unter anderem Titel wie *Our*

Nordic Race, Zoological Subspecies of Man und *Six Million Reconsidered* verkaufte. Ganz nebenbei erwarb er sich so Beliebtheit in rassistischen Kreisen. Immer aufgeschlossen für neue Gelegenheiten, verkaufte Duke auch Videofilme wie *Birth of A Nation, David Duke Speaks at the University of Montana* und *The Eternal Jew*. Diese Jahre waren der Höhepunkt seines unverhohlenen Rassismus. In seiner Zeitschrift *National Association for the Advancement of White People News* trat er in einem Artikel für eine Neugliederung der Vereinigten Staaten nach rassischen oder ethnischen Provinzen ein: Manhattan und Long Island sollten den Juden überlassen werden und den Namen »Westisrael« erhalten, das Stadtgebiet von New York abzüglich »Westisraels« den Puertoricanern und den Nachfahren der südlichen Mittelmeervölker (»Minoria«), der westliche Teil von Maine sollte an die Frankokanadier (»Francia«) gehen, Dade County im Bundesstaat Florida an die kubanischen Amerikaner (»New Kuba«), Louisiana, Mississippi, Alabama, der Rest von Florida und Teile des südlichen Georgia an die Afroamerikaner (»New Africa«) und New Mexico sowie Teile der angrenzenden Bundesstaaten an die Indianer (»Navahona«); die mexikanischen Amerikaner sollten einen 150 Meilen langen Landstreifen entlang der mexikanischen Küste mit einem 20 Meilen breiten Puffer Niemandsland nach Norden hin erhalten (»Alta California«), und Hawaii schließlich sollte an die asiatischen Amerikaner fallen (»East Mongolia«). Später distanzierte er sich von diesem Aufsatz.[18]

Duke nahm auch Kontakt zur Christian Identity auf, die von Schwarzen als schmutziges Volk und von Juden als den Abkömmlingen Satans sprach. 1988 bewarb er sich auf der Liste der Populisten um das Präsidentschaftsamt. Doch obwohl die Naziorganisationen ihn massiv unterstützten, erhielt er kaum Stimmen.

Zu dieser Zeit war Duke trotz seines begrenzten Wahlerfolges und seiner öffentlichen Auftritte keine bekannte Persönlichkeit. Einerseits erkannte er, daß eine erfolgreiche rassistische Politik neue Gruppen ansprechen müßte, die zuvor ausgeschlossen worden waren, beispielsweise Katholiken und Frauen, und daß er, statt die Medien zu bekämpfen, sie vor seinen Karren spannen müßte. Ja, um wirklich Einfluß zu gewinnen, müßte er viele Bürger davon überzeugen, daß er sich von seinen rechtsextremen Anschauungen distanziert hatte. Andererseits erkannte er, daß er aus finanziellen Gründen weiterhin rassistische Bücher und Videos vertreiben und sich seine politische Basis erhalten müsse, indem er weiterhin Kontakte zu bekannten Rassisten und rassistischen Organisationen suchte.

Um diesen Widerspruch zu lösen, versuchte Duke ein bemerkenswertes Manöver, das ihm beinahe einen Gouverneursposten und einen Sitz im Senat eingebracht hätte und ihn eine Zeitlang zu einem der bekanntesten und gefürchtetsten Politiker in Amerika machte. Seine Strategie bestand darin, daß er sich für seine rassistische Vergangenheit entschuldigte, während er seine alten Verbindungen stillschweigend aufrechterhielt. In der Öffentlichkeit sprach er vernünftige, allgemein diskutierte Themen der Konservativen an: Verbrechen, die Reform des Sozialsystems und die Aufhebung der Förderprogramme für Minderheiten und Frauen. Er brachte Argumente für seine Positionen vor, namentlich, daß Sozialprogramme zu größerer Abhängigkeit führen, und zeigte seine Bereitschaft, sowohl mit schwarzen als auch mit weißen Befürwortern dieser Anliegen zusammenzuarbeiten. Für Duke war es eine nazistische Politik zum Schaden der Schwarzen, aber er präsentierte sie so, als handele es sich um eine gemäßigt konservative Einstellung. Mit anderen Worten, er sendete verschiedene Signale an unterschiedliche Gruppen aus. Rassisten gab er zu verstehen, daß er immer noch der gute alte David Duke sei. Konservative, vor allem jene, die sich von ihren Vertretern in der Vergangenheit verraten fühlten, sahen in Duke einen Mann, der seine Jugendsünden bereute. Einigen Konservativen galten seine früheren Verbindungen als Zeichen seiner Aufrichtigkeit, und sie erhofften sich von ihm einen frischen Wind in der Politik und eine echte Rückkehr zu traditionellen Werten. Damit diese Strategie gelang, mußte er jeder Gruppe die für sie bestimmte Botschaft glaubhaft machen und ihr suggerieren, daß die andere Botschaft nur Schein sei. Die paranoiden Gruppen müßten die ihnen genehme Botschaft glauben, und die nichtparanoiden sie entweder nicht zur Kenntnis nehmen oder für nichtig halten.

Auch der persönliche Stil sollte nun eine große Rolle in seiner Glaubwürdigkeit spielen. Vorbei waren die Tage, an denen er »Nigger« und »Saujud« gebrüllt hatte und in brauner Uniform mit Hakenkreuz aufgetreten war. Vorbei waren auch die flammenden Reden, die auffällige Kleidung oder Haltung. Seine Ansprachen waren von nun an nicht emotionsgeladener als andere politische Reden auch. Wichtiger noch, der gutaussehende und jugendliche Duke, der sein Aussehen mit Hilfe der Schönheitschirurgie noch verbessert hatte, setzte seine ganze Energie daran, das Fernsehen richtig auszunutzen. Von einigen wenigen Ausnahmen abgesehen, war Dukes Auftreten in Radio und Fernsehen vorbildlich, seine Reden waren gelassen, argumentativ, versöhnlich, ja sogar mit Verbeugungen vor schwarzen Politikern wie Jesse Jackson und Martin Luther King gespickt. Sie wurden im Ton mittelständischer Nüchternheit und Zurückhaltung präsentiert. So sagte sich Duke von seinem paranoiden Stil los, doch seine rassistische Gefolgschaft hielt daran fest.

Am 20. Januar 1989 wurde Duke bei den Wahlen zum Parlament des Staates Louisiana einer der Kandidaten für den 81. Bezirk, der sich in Metairie, einer Vorstadt von New Orleans, befindet. Aufgrund des eigentümlichen Wahlsystems in Louisiana können Demokraten in der ersten Runde für Republikaner stimmen und umgekehrt. Erhält niemand die Mehrheit, treten die beiden Kandidaten mit den meisten Stimmen gegeneinander an, und das unabhängig von ihrer Parteizugehörigkeit. Duke, der dieses Mal für die Republikaner kandidierte, mußte in den allgemeinen Wahlen gegen einen anderen Republikaner, John Treen, antreten.

Dukes Erfolg bei den Vorwahlen und sein anschließend äußerst knapper Sieg waren in vielerlei Hinsicht ein glücklicher Zufall. So spielte ihm die eigenartige Zusammensetzung des Wahlbezirks in die Hände, der zwischen der alteingesessenen Mittelschicht und einer neuen Arbeiterschicht geteilt war, ebenso der patrizische und brüskierende Charakter seines Gegenspielers, der zu den Alteingesessenen gehörte und sich offenbar scheute, Fremden die Hand zu drücken. Dazu kamen Unruhen, die einige Wochen zuvor im Geschäftsviertel von New Orleans ausgebrochen waren und sich gegen die Weißen richteten. Zudem war Duke ein guter Wahlkämpfer, beharrlich und gutaussehend, und konnte sich, indem er sich auf eine Stelle aus dem Buch seines Gegenspielers berief, zum Opfer stilisieren, zum Gegenstand von Ungerechtigkeit, ja sogar Verschwörung. Er versuchte, Profit aus der Tatsache zu schlagen, daß die *New Orleans Times-Picayune* sowohl im Nachrichtenteil als auch in den Leitartikeln gegen ihn Front machte. Die Republikanische Partei erklärte, ihr mißfiele sowohl der Wahlsieg Dukes als auch seine Mitgliedschaft in der Partei. Dieser Druck von »außen« erlaubte es Duke, in die Rolle des Prügelknaben zu schlüpfen, und brachte ihm die Sympathien vieler Wähler, vor allem in den Arbeitervierteln. So standen sich zwei Wahllager, die alteingesessenen Republikaner und die wenigen Liberalen, die für Treen stimmten, und die Demokraten, die sich für Duke entschieden, gegenüber. Wie sich herausstellte, sollte dies Dukes einziger Wahlsieg bleiben.

1990 bewarb sich Duke um einen Sitz im Senat und verlor mit 44 Prozent in einer Stichwahl. 1991 wollte er Gouverneur von Louisiana werden und mußte mit nur 39 Prozent der Stimmen seinem Gegenspieler weichen. Obwohl er die Gouverneurswahlen mit einer beträchtlichen Spanne verlor, erhielt er doch, dank einer höheren Wahlbeteiligung, 15 Prozent mehr Stimmen als bei seiner Bewerbung um einen Sitz im Senat. Die bloße Möglichkeit, daß Duke das Rennen hätte machen können, und die Tatsache, daß er so gut abgeschnitten hatte, sorgten für Überraschung und Unruhe. Darüber hinaus versuchte Duke 1991, von den Republikanern zum Präsidentschaftskandidaten nominiert zu werden, gewann aber keine Delegierten für sich und nur eine verschwindend geringe Anzahl an Stimmen. In all seinen Wahlkämpfen bestand der harte Kern seiner Anhänger nicht aus Republikanern, sondern aus weißen Angehörigen der Arbeiterschicht, die trotz ihrer Zugehörigkeit zu den Demokraten die Reaganpolitik guthießen. Bei den Gouverneurswahlen von 1991 »errang Duke 43 Prozent der weißen Stimmen, aber geschätzte 54–57 Prozent von weißen Demokraten; von Schwarzen und Republikanern erhielt er so gut wie keine Stimmen«.[19] Ungefähr 74 Prozent der Wähler von Louisiana waren als Demokraten registriert, 11 Prozent als Unabhängige und 15 Prozent als Republikaner.

Nach seiner Niederlage bei den Gouverneurswahlen und dem Debakel um die Nominierung zum Präsidentschaftskandidaten der Republikaner hielt Duke sich stärker zurück. Er hatte seinen Sitz im Parlament von Louisiana verloren, weil er sich nicht gleichzeitig um zwei Ämter bewerben konnte. So versuchte er, Versicherungen zu verkaufen, eröffnete eine Kneipe mit irischem Kolorit, moderierte eine Talkshow im Radio und hielt Vortragsreihen im Ausland. Bei den Vorwahlen für einen Senatssitz im September 1996 ließ Duke sich für eine Liste aufstellen, die gegen alle Förderprogramme für Minderheiten und Frauen votierte. Diesmal gewann er 14 Prozent der republikanischen Stimmen und 6 Prozent der Gesamtstimmen.[20] Vielleicht gehören Dukes Erfolge schon der Vergangenheit an, doch sollte man nicht vergessen, daß er jetzt, wo wir dieses Buch schreiben, noch keine 50 Jahre alt ist.

Dukes Laufbahn als Agitator illustriert einige prinzipielle Einsichten über das Thema Paranoia in der Politik. Erstens ist das Thema keineswegs überholt. Wenige aus den Reihen derer, die ihm ihre Stimme gaben, wählten ihn, weil sie von seinen Behauptungen, es drohe eine jüdische Verschwörung, überzeugt waren, obwohl viele ihn wegen seiner feindseligen Haltung gegenüber den Schwarzen favorisierten. Gleichwohl verdankte er den paranoiden Themen in seiner politischen Laufbahn einen Großteil seiner Anhängerschaft. Hätte er gesiegt, wären ihm aus diesem Lager sicherlich die treuesten Kampfgefährten zugeströmt. Zweitens war ihm sein paranoider Hintergrund, sein trotz aller Reuebekundungen anhaltender Verkauf paranoider Literatur und seine Verbindungen zu paranoiden Gruppen sowohl von Nachteil wie von Vorteil. Viele Wähler kehrten ihm den Rücken, nachdem ihnen klar geworden war, daß er auf zwei Hochzeiten tanzte. Viele andere aber hielten ihm die Stange, auch wenn sie nicht mit seiner Botschaft einverstanden waren. Sie verharmlosten sie und meinten, sie spreche nur »für seine Aufrichtigkeit«. Zweitens demonstrierte Duke, daß man Wahnideen verbreiten kann, ohne sich eines paranoiden Stils zu bedienen. Im Gegenteil, ein solcher Stil – emotionale Aufgeladenheit und lautstarke Anklagen – kann durchaus verschrecken, wenn er sich an ein breiteres amerikanisches Publikum richtet. Die paranoide Botschaft ist am schlagkräftigsten, wenn sie in einem ruhigen, selbstsicheren Tonfall daherkommt. Spazierte der Teufel mit einer roten Haut, einem Schwanz und zwei Hörnern durch die Gegend, würde er kaum eine Gefahr darstellen.

Ein letzter Punkt trifft sowohl auf Smith wie auch auf Duke zu. Beide waren keine Opportunisten, die den Menschen Sand in die Augen streuen wollten, beide waren von ihren haßerfüllten Wahnideen zutiefst überzeugt. Wie Smith wäre auch Duke besser gefahren, wenn er nach seinem ersten Wahlsieg moderatere Ansichten vertreten und vor allem seinen Antisemitismus gezügelt hätte. In Louisiana leben nur ein paar tausend Juden, von denen viele Republikaner sind. Auch hat der Bundesstaat keine starke antisemitische Tradition, ganz sicher nicht seit dem Zweiten Weltkrieg. Seine Ausfälle gegen die Juden gewannen ihm keine Sympathien bei den Wählern, die sich schon von seinen rassistischen Äußerungen gegenüber den Schwarzen abgestoßen fühlten. Auch provozierte er durch seine antisemitischen Angriffe in ganz Amerika heftige Reaktionen bei den betroffenen jüdischen Eliten. Warum hielt Duke dennoch an seinem Antisemitismus fest? Weil er davon womöglich noch stärker überzeugt war als von seinem Rassismus.

Oliver Stone

> Das Ereignis war so bedeutend, seine Folgen möglicherweise so bedrohlich, daß es beinahe blasphemisch erschien, dieses welterschütternde Verbrechen einem jungen, sehr labilen, ungebildeten, nahezu analphabetischen Anhänger eines von ihm so genannten »Marxismus« zuzuschreiben. Das Ereignis hätte, um Horaz zu verbessern, eine bedeutendere Ursache verdient.
>
> D. W. Brogan, *Death in Dallas*

> Als sie unseren Präsidenten töteten.
>
> Ein Anrufer bei einer Talkshow am 11. September 1992, der zur Ermordung Kennedys Stellung nahm.

> Bringt sie dazu, immer mehr zu wollen.
>
> *Alte Maxime im Showbusiness*

Der Unterhaltungswert einer paranoiden Botschaft ist unübertroffen. Sie bietet Rätsel, dramatische Ereignisse, Leidenschaft, Helden, Schurken und Kampf. Läßt sich die Geschichte noch mit einem historischen Ereignis verknüpfen, das romantische Gestalten und einen plötzlichen Tod einschließt, hat man alle Zutaten beisammen, um daraus einen Publikumserfolg zu brauen. Zudem braucht die Geschichte nie ein Ende zu haben. Sollten Beweise gegen eine Verschwörung auftauchen, wird man deren Lieferanten stets beschuldigen können, Teil der Verschwörung zu sein. Man darf nie vergessen, daß das paranoide Erklärungssystem in sich geschlossen ist. Akzeptiert werden nur positive Beweise. Widersprüche werden als naiv abgestempelt oder, was wahrscheinlicher ist, als Machenschaft der Verschwörer.

Der Tod Marilyn Monroes und die Ermordung John F. Kennedys haben eine Flut von Filmen, Fernsehsendungen, Büchern und Aufsätzen hervorgebracht. Die Ermordung Kennedys hat sogar zu Studiengruppen und einem jährlichen Kongreß in Dallas geführt. Eines der bemerkenswertesten Beispiele für den filmischen Unterhaltungswert von Verschwörungstheorien ist der Film *JFK* von Oliver Stone (Warner Brothers 1992). Es liegt uns fern, auf die

Kontroverse um die Umstände des Attentats auf Präsident Kennedy einzugehen, obwohl wir entschieden verneinen, daß die Ermordung Teil einer Verschwörung war. Auch beabsichtigen wir nicht, den Film zu rezensieren, obgleich wir ihn als Teil einer ästhetischen und literarischen Strömung thematisieren wollen. Statt dessen wollen wir zeigen, wie das paranoide Thema die erzählerische Kraft und den kommerziellen Wert des Films steigert, um so die Rolle der paranoiden Botschaft in der Unterhaltungsindustrie begreiflich zu machen.

Filme sind nicht einfach Unterhaltung; sie sind auch in kultureller, geistiger und politischer Hinsicht einflußreich.[21] Untersuchungen haben belegt, wie sich Meinungen, Einstellungen, Empfindungen und Verhalten nach einem Filmerlebnis ändern. Beispiele dafür sind der Antiatomkriegsfilm *The Day After,* der antisowjetische Film *Amerika,* der Film *Holocaust* und *Roots,* ein Film, der das Schicksal einer schwarzen Familie über mehrere Generationen erzählt.[22] Allerdings stoßen sie nicht alles, was man bislang für wahr gehalten hat, um, vielmehr verfestigen und stärken sie bereits existierende Meinungen und Einstellungen. Filme schaffen keine neuen geistigen Trends, können aber als Beschleuniger und Verstärker fungieren. Eine Untersuchung der Publikumsreaktion auf *JFK* bewies, daß dieser und ähnliche Filme »deutliche Veränderungen in den Meinungen und emotionalen Einstellungen zu spezifischen politischen Fragen hervorrufen und politisch folgenreiche Verhaltensänderungen bewirken können. Die Zuschauer des Films *JFK* sprachen von emotionaler Erschütterung, davon, daß sie Wut oder Hoffnungslosigkeit empfanden ... Wer den Film gesehen hatte, war mit größerer Wahrscheinlichkeit bereit, die verschiedenen dort dargestellten Verschwörungen für bare Münze zu nehmen.«[23]

JFK ist kein historischer Film in dem Sinn, wie William Makepeace Thackerays *Henry Esmond,* Alexandre Dumas' *Drei Musketiere* und Margret Mitchells *Vom Winde verweht* historische Romane sind. Stone hat keine fiktiven Figuren geschaffen, die er in einen historischen Kontext stellt, so wie die Romangestalten Scarlett

O'Hara und Rhett Butler vor dem Hintergrund des Bürgerkrieges in Georgia gezeichnet werden. Stone hat wirkliche historische Gestalten gewählt – etwa den Staatsanwalt von New Orleans James Garrison und den Bürgerrechtler Clay Shaw – und dann seine Version der Ereignisse geliefert. Derartige Filme werden dokumentarische Dramen genannt, denn sie setzen historische Ereignisse und historische Gestalten auf der Leinwand in Szene. Filme wie *Vom Winde verweht* wollen dem Zuschauer erzählen, was sich in einer bestimmten historischen Periode abgespielt hat. Im Gegensatz dazu will ein dokumentarisches Drama wie *JFK* eine bestimmte Version der Geschichte übermitteln. Doch versucht der Film nicht bloß, die historische Version des Regisseurs vorzustellen, er will den Zuschauer auch davon überzeugen, daß es die richtige Version ist.

Das Medium Film verfügt über andere Möglichkeiten als der geschriebene Text. Seine Stärken und Beschränkungen wurden zum ersten Mal in dem wegweisenden amerikanischen Film *The Birth of a Nation* (Epic 1915) von D. W. Griffith deutlich. Dieser Film, der »Grammatik und Syntax« des unterhaltenden Erzählkinos vorgab,[24] schlug laut vernehmbare rassistische Töne an. Er idealisierte den alten Süden, pries die Sklaverei, stellte den Ku Klux Klan als heldenhaften Retter des weißen Südens aus den Klauen bestialischer Schwarzer und ihrer weißen Verbündeten aus dem Norden dar und verdammte die »Verunreinigung« der Rasse. Finanziell war der Film ein Riesenerfolg. Politisch beförderte er das Wiederaufleben des Ku Klux Klan. Sein Rassismus war so primitiv und abstoßend, daß er selbst in einer Zeit, die den Rassismus tolerierte, in einigen Städten verboten wurde und kleinere Unruhen auslöste. Griffith sah sich als Opfer der Mächte, nämlich der Schwarzen und ihrer Sympathisanten aus dem Norden, die er in seinem Film »entlarvt« hatte.

Seit dem 1915 gedrehten Streifen *The Birth of a Nation* bis zu dem 1992 in den Kinos angelaufenen Film *JFK* haben amerikanische Historienfilme ein bestimmtes filmisches Muster mit folgenden Merkmalen ausgebildet:

- Die Geschichte entwickelt sich filmisch in einem ununterbrochenen Strom von Bildern und Tönen; der Zuschauer scheint direkt die Realität zu betrachten.
- Die Geschichte übermittelt eine starke moralische Botschaft.
- Die Geschichte ist einfach und klar. Alternative Versionen werden selten präsentiert, und wenn doch, dann nur, um sie beiseite zu schieben oder zu verspotten.
- Die Geschichte stellt Helden dar, die für das Wohl der Menschheit kämpfen, also für das des Publikums.
- Die Geschichte hat einen stark emotionalen Tenor.[25]

Der Film *JFK* bedient sich zusätzlich noch anderer Techniken. Er verschränkt nahtlos authentische Nachrichtenbilder von der Ermordung mit fiktivem Material, so daß die Grenzen zwischen historischen Tatsachen und der subjektiven Aufbereitung durch den Regisseur zunehmend verwischt werden. Er ist in Wort und Bild mit Informationen überladen und enthält nicht nur kurze Reden und einige lange Ansprachen, sondern auch reichlich Dialoge. Und mehr noch, er zeigt viele Szenen ohne Dialoge, von denen einige nur ein oder zwei Sekunden lang zu sein scheinen und Informationen weitergeben oder nahelegen. Es wird nicht nur eine Gruppe, es werden gleich acht Gruppen von Verschwörern präsentiert: die CIA, die Waffenfabrikanten, die Polizei von Dallas, die Armee, das Weiße Haus, die herrschende Presse, kubanische Castro-Gegner und die Mafia. Wer mit so schweren Geschützen auffährt, sorgt dafür, daß der Zuschauer, wenn er nicht ganz und gar überzeugt wird, so doch zumindest den Verdacht verspürt, daß »etwas an der Sache dran sein muß«. Eine Kinobesucherin sagte, sie und ihr Begleiter seien »mit dem Gefühl aus dem Film herausgekommen, daß uns gerade eine kräftige Dosis Paranoia verabreicht wurde«.[26]

Die Tatsachen, Erfindungen und Andeutungen entspringen nicht notwendig den persönlichen Meinungen des Regisseurs. Sie folgen aus den kommerziellen und erzählerischen Notwendigkeiten der Form. Populäre Kunst verlangt nach Kontinuität und Ordnung, nach Elementen, die bei wirklichen Ereignissen im allgemeinen fehlen. Der Film muß Geschehnisse für den Zuschauer fesselnd darstellen und darauf achten, daß er sich mit der Handlung und den Hauptfiguren identifiziert und seinem Nachbarn sagt, er müsse unbedingt in die nächste Vorstellung gehen. Die paranoide Perspektive kommt diesen kommerziellen und künstlerischen Ambitionen entgegen:

- Sie stellt die Wirklichkeit ebenfalls vereinfacht dar. Die paranoide Weltansicht verlangt geradezu nach Kohärenz, selbst wenn sie gar nicht vorhanden ist.
- Sie nimmt ebenfalls einen moralischen Standpunkt ein: wir gegen die da, Gut gegen Böse, Offenheit gegen Intrige.
- Sie präsentiert ebenfalls die »Wahrheit« als ihrem Wesen nach einfach, doch in den Einzelheiten sehr verwickelt.
- Sie schildert ebenfalls einen Kampf, nicht zwischen abstrakten Mächten, sondern zwischen Individuen und Gruppen.
- Auch sie lädt die Erzählung mit starken Gefühlen auf.

Aus diesen Gründen ist die paranoide Botschaft sehr gut für die Form des historischen Melodramas oder des dokumentarischen Dramas geeignet. Der Film *JFK* transportiert sie sehr eindrücklich, doch auch in anderen paranoiden Filmen ist sie präsent: Man denke nur an *Silkwood, Missing* und *The Parallax View.*

Das paranoide Thema verschwistert sich zudem mit einem anderen Einfluß: der in der Literatur- und Kunstkritik des späten 20. Jahrhunderts so prominenten Dekonstruktion. Das Entscheidende am Dekonstruktivismus ist für unsere Zwecke die Behauptung, »Texte« (Romane, Filme, Gedichte) erhielten ihre Bedeutung durch die Art, wie sie wahrgenommen würden. Wenn das Publikum die Geschichte als »wahre« aufnimmt, dann sind die darin enthaltenen Tatsachen auch wahr. Wahrheit wird selbst zum wandelbaren Begriff, wobei die politischen Interessen des Autors und des Publikums, die ihrerseits im allgemeinen durch die Faktoren Rasse, Geschlecht und wirtschaftliche Umstände bestimmt sind, definieren, was wahr ist. Wenn das Dargestellte die Rezipienten davon überzeugt, daß es wahr ist, *und* wenn diese Wahrheit »politisch fortschrittlich« ist, dann sind die im Text vorgestellten Ereignisse wahr.

Der politische Autor Ronald Steel bringt die Dynamik in *JFK* auf den Punkt: »Weil der Regisseur in der Lage ist, zu schneiden, zu zerstückeln, zu montieren, neu zu inszenieren und zu erfinden, ist es für den Betrachter seines Films nahezu unmöglich zu entscheiden, ob er ein reales Ereignis oder ein phantasiertes vor sich hat. Stone mischt authentisches Schwarzweißmaterial wie Zapruders Film über das Kennedy-Attentat mit neu arrangierten Schwarzweißepisoden, die hätten passiert sein können oder auch nicht. Dabei kommt ein Paradies für den Dekonstruktivisten heraus. Jedes Ereignis wird zum Scheinereignis, Fiktives wird zur Tatsache, Phantasie zur Wirklichkeit, und die ganze greifbare Welt löst sich auf.«[27]

Stone ist sich bewußt, daß das, was er zeigt, nicht so geschehen sein muß. Auf die Frage, ob er sich nicht den historischen Tatsachen verpflichtet fühle, antwortete er, der Frager nähere »sich dem Bereich der Zensur« und »es sei Sache des Künstlers, über seine eigene Moral und sein eigenes Gewissen zu befinden«. Auf jeden Fall, so Stone, schaffe er einen Mythos, der »die innere spirituelle Bedeutung eines Geschehens vorstellt«.[28]

Stones Bezugnahme auf den Mythos als zentrale Kategorie für den Film ist durchaus passend. Mythen sind Metaerklärungen, sie deuten die Bereiche, die sich unseren Augen und unserem Verstand entziehen. Die paranoide Botschaft vermag eine große Rolle bei der Entstehung und Verstärkung eines Mythos zu spielen.

Das Leben John F. Kennedys ist zu einem amerikanischen Mythos geworden, der Jugend, Energie, Fortschritt und Glanz symbolisiert. Tatsächlich war der historische Kennedy aus anderem Holz geschnitzt als der mythische, doch die Öffentlichkeit zieht die Symbole größtenteils den Fakten vor. Es gibt viele Gründe für die Entstehung dieses den Tatsachen zuwiderlaufenden Mythos.[29] Er wurde vom Kennedy-Clan, seinen Anhängern und, als Kennedy noch am Leben war, auch von ihm selbst genährt. Sie stellten ihn in eine Reihe mit anderen zum Mythos gewordenen Persönlichkeiten (Lincoln, Jefferson, Roosevelt), und sie griffen auf mythische Archetypen zurück (New Frontier, Camelot). Entscheidend aber waren Zeitpunkt und Umstände von Kennedys Tod. Wäre er am Leben geblieben, hätte man sich seiner als eines erfolgreichen oder auch nicht erfolgreichen Präsidenten erinnert, keinesfalls aber als eines legendären Helden. Sein vorzeitiger Tod und die ihn begleitenden dramatischen Umstände ließen die Legende blühen: Ganz im Stil des Mythos wurde hier ein junger, eine neue Welt verheißender König vor den Augen der Öffentlichkeit, im Beisein seiner schönen Königin, getötet, und sein Reich war fortan nicht mehr dasselbe.

Wenn die Umstände der Entstehung eines Mythos günstig sind, muß die zerstörerische Macht dem Ereignis entsprechen. Ein leicht beschränkter Sympathisant der Linken, dem es gelingt, aus einem billigen Versandhausgewehr ein paar gutgezielte Schüsse abzufeuern, ist kein passendes Werkzeug für die Vernichtung eines mythischen Helden. Im wirklichen Leben passieren solche Dinge. Im Mythos und im Film niemals.

Nur zwei zerstörerische Mächte kamen in Frage, um den Kennedymythos zu schaffen. Ein nahezu übernatürliches Geschehen wäre angemessen, um Kennedys Leben zu beenden und die Legende auf den Weg zu bringen. Ein Erdbeben, ein Meteor, ein Tornado, der plötzliche Einsturz einer alten Brücke, ein unerwarteter Herzinfarkt oder Schlaganfall während eines historisch bedeutsamen Ereignisses, sie alle würden seinem Tod einen mythischen Anstrich verleihen. Die andere Möglichkeit wäre eine gewaltige Quelle menschlicher Bösartigkeit.

Hier kehren wir zu unserem Ausgangspunkt zurück: zur Wirksamkeit der paranoiden Botschaft, um eine künstlerische Aussage eindringlich zu transportieren. Die paranoide Botschaft wartet, wie Ehebruch und Mord, mit großen dramatischen Effekten auf. Im Falle Kennedy macht sie den Mythos vollkommen. Weil die Öffentlichkeit bereit war, den Kennedymythos zu schlucken, gibt es eine natürliche Neigung, an eine Verschwörung zu glauben. Sie rundet die Geschichte ab und erfüllt das Verlangen des Publikums, das, was geschehen ist, zu verstehen. Die Menschen klammern sich mit einer bemerkenswerten Zähigkeit an die Verschwörungstheorie. So wurde etwa Gerald Posner, Autor des von der Kritik gut aufgenommenen Buches *Case Closed,* Opfer von Drohanrufen und Gegenstand von Demonstrationen, deren Spruchbänder verkündeten: »Case not Closed.« Einige Anhänger der Verschwörungstheorie gingen sogar so weit, einen landesweiten Tag des Protests gegen das Buch zu fordern.[30]

Der große Vorzug der paranoiden Botschaft für das dokumentarische Drama liegt demnach darin, daß sie ein Ereignis sowohl erklärt als ihm auch Bedeutung verleiht. Zudem steigert die Technik die dramatischen Aspekte des Films, was seiner kommerziellen Verwertbarkeit gewiß nicht schadet. Doch sollte man nicht glauben, ein solcher Film sei pure Unterhaltung, er unterhält und leistet zugleich Überzeugungsarbeit. Würde das Publikum nicht überzeugt, verlöre es sein Interesse. Der soziale Schaden, den der Film verursacht, beschränkt sich nicht auf die Verfälschung historischer Tatsachen. Er bewirkt eine großflächige Verseuchung der Köpfe. Jeder paranoide Film gibt der ohnehin weitverbreiteten paranoiden Mentalität neue Nahrung. Wenn »bewiesen« wird, daß viele Ereignisse hintereinander durch böswillige Verschwörungen verursacht wurden, dann wird das Publikum zu der Überzeugung gelangen, dies sei der Lauf der Welt.

Studiert man Beispiele für eine voll erblühte politische Paranoia – in Hitlers Deutschland oder Pol Pots Kambodscha –, scheint es, als sei eine große Masse von Menschen plötzlich von einer Krankheit befallen worden. Und in gewisser Weise ist dem auch so. Wir haben die Träger der politischen Paranoia beschrieben: Individuen und Organisationen, die ein anziehendes Wahngebilde aus verfälschten Tatsachen und verdrehter Logik schaffen, Menschen, die andere mit diesem Wahn anstecken, und Menschen, die ihn noch attraktiver erscheinen lassen. Wir sahen, daß Wahnvorstellungen in vielen Orten der Gesellschaft auftreten können, nicht nur unter

Irren und Psychopathen. Sie finden sich in Philosophiebüchern ebenso wie in gutgemachten Filmen und Romanen. Sie werden von allerlei Sorten von Menschen propagiert, nicht nur von denen, die ins Abseits geraten sind, sondern auch von denen, die andere ohne jede ersichtliche Provokation ins Abseits drängen wollen. Wer immer sie einschleppt und wo immer sie eingeschleppt wird: Die Paranoia ist dieselbe Krankheit mit demselben drohenden Unheil. Am schrecklichsten ist dieses Unheil, wenn der Paranoiker nicht nur der Bote, sondern auch der Vollstrecker oder, drastischer, der Henker ist.

Kapitel 10
Der Wahn an der Macht: Pol Pot, Idi Amin und Jossif Stalin

Ich kenne keine Regel, die sich so sehr bewahrheitet hat, wie die, daß unser Argwohn stets damit belohnt wird, das von ihm Geargwöhnte zu finden.

Henry David Thoreau

Stets plagt Argwohn das schuldbewußte Gemüt.

William Shakespeare, *Heinrich VI., 3. Akt*

Gelangt ein Paranoiker an die Spitze des Staates, steckt er mit seiner Paranoia die ganze Nation an. Durch seinen außergewöhnlichen Argwohn, seine Feindseligkeit und seine Ichbezogenheit schafft der paranoide Politiker nicht nur graduell, sondern prinzipiell eine völlig andere Gesellschaft. Insbesondere in einem totalitären Regime, in dem ihm alle Mittel zur Verfügung stehen und in dem er durch keine demokratische Verfassung eingeschränkt ist, kann er die Gesellschaft nach dem Bild seiner eigenen Seele schaffen. Jedes Staatsoberhaupt steht vor der Aufgabe, das von ihm regierte Land durch ein gemeinsames Ethos zu einen. Der Paranoiker bildet da keine Ausnahme.

Sein katastrophaler Einfluß macht sich auch dann geltend, wenn die Gesellschaft selbst nicht paranoid ist. Die Tatsache, daß Stalin in einer Nation an die Macht gelangte, die ihrerseits stark paranoide Züge trug, ist gut dokumentiert. Allerdings ist die Liste jener Paranoiker, die in einer nicht besonders zur Paranoia neigenden Kultur die Macht an sich gerissen haben, noch länger: Francisco Macias Nguema aus Äquatorial-Guinea, Idi Amin aus Uganda, Jean-Bedel Bokassa aus der Zentralafrikanischen Republik, José

Gaspar Rodríguez de Francia aus Paraguay und Ludwig XI. von Frankreich sind nur ein paar davon.
Paranoiker können in jeder Gesellschaft an die Macht kommen, und gewöhnlich endet ihre Herrschaft erst mit ihrem Tod oder durch das Eingreifen äußerer Mächte. Sie verstehen sich exzellent auf die Kunst, jede innere Opposition auszuschalten. Der paranoide Politiker, der im Inneren eines Landes wütet, ist der gewöhnliche Typus. Doch jeder Paranoiker – ob er nun sein eigenes Volk terrorisiert oder expansionistische Bestrebungen hegt – muß zunächst einmal die Herrschaft im eigenen Land sichern. Die internationale Gemeinschaft wird wegschauen, solange er nur dort die Peitsche schwingt. Doch die Paranoia kann niemals auf die Landesgrenzen beschränkt bleiben. Früher oder später wird jedes paranoide Staatsoberhaupt mit seinen Nachbarn einen Krieg beginnen.

Pol Pot und die Roten Khmer

> Wenn wir aus dem Dschungel auftauchten, waren wir so voller Wut, daß wir niemanden verschonen wollten, auch nicht den Säugling in der Wiege.
>
> *Ein Guerillakämpfer der Roten Khmer*

> Die Roten Khmer hatten begonnen, Phnom Penh zu evakuieren, und zu den ersten, die aus der Stadt getrieben wurden, gehörten die Patienten der städtischen Krankenhäuser. Die Verwundeten und Behinderten liefen oder krochen; einige wurden in ihren Betten weggeschafft, ein Verwandter trug einen intravenösen Tropf, in der Hoffnung, so den geliebten Menschen am Leben zu erhalten. Ein weinender Vater band sich seine kleine Tochter mit einem Tuch auf den Rücken, das er aus einem Bettlaken geknüpft hatte. Etwa 20 000 Kranke wurden an diesem Nachmittag auf die Straße hinausgejagt.
>
> Becker, *When the War Was Over*

Adolf Hitler, der für den Tod von zehn Millionen Menschen verantwortlich war, ist der berüchtigtste Paranoiker der Weltgeschichte. Massenmord gehörte zu seiner Ideologie, in der er seine persönliche Psychopathologie zur großen Politik erhob. Jossif Stalin konnte sich zwei- bis viermal so vieler Opfer rühmen und führt damit die Liste aller bekannten Massenmörder an. Weder Hitler noch Stalin tobten ihre Grausamkeit nur in den Grenzen ihrer Länder aus.

Doch selbst diese beiden sehen blaß aus, vergleicht man sie mit der Gewalt und dem Elend, das Pol Pot allein über Kambodscha brachte.[1] In etwas weniger als vier Jahren, angefangen bei der Zwangsevakuierung der Bevölkerung von Phnom Penh am 17. April 1975 bis hin zur Einnahme derselben Stadt durch die Vietnamesen am 7. Januar 1979, starben 15 Prozent der Kambodschaner in Folge seiner wahnhaften Politik.

Pol Pots Kambodscha veranschaulicht exemplarisch den natürlichen historischen Verlauf einer politischen Paranoia:

1. Auf einen schrecklichen Bürgerkrieg folgt eine Revolution.
2. Ein Führer und seine engere Gefolgschaft liefern eine Erklärung für das Elend des Landes, die nach der Vernichtung einer verteufelten Gruppe verlangt. Es ergeht die Verheißung eines Tausendjährigen Reiches, wenn die Teufel erst ausgemerzt sind.
3. Maßnahmen auf der Grundlage dieser Überzeugung werden ergriffen, bringen jedoch weder Glück noch Wohlstand; im Gegenteil, sie vermehren Not und Armut.
4. Der Führer rationalisiert das Versagen seiner Politik, indem er behauptet, die Werte der verteufelten Gruppe seien immer noch virulent und man sei von Verschwörern umringt. Die ideologisch korrekten, aber erfolglosen Anstrengungen werden so verdoppelt, die Jagd auf »Verschwörer« und »Saboteure« nimmt zu, und viele unschuldige Menschen werden in den tödlichen Strudel hineingerissen.
5. In Reaktion auf diese Politik entstehen Haß und Argwohn, und in der Folge werden wirkliche Verschwörungen und Sabotageakte gegen das Regime geplant.
6. Das Regime wird gestürzt.

Im Fall Kambodscha führten der Haß auf alles, was nicht ethnisch rein kambodschanisch war, und eine pathologische Idealisierung der Khmerkultur zu irrationalen und verheerenden Maßnahmen. Ihr Versagen mußte erklärt werden, und den Führern fiel nichts Besseres als eine Verschwörung der zuvor dämonisierten Feinde ein. Diese Feinde waren die Vietnamesen und all die, die westlichen Einflüssen unterlagen und immer noch ihre »unreine«, der Khmerkultur abträgliche Lebensführung beibehielten. Diese »Erklärung« war nicht in dem Sinne zynisch, daß sie allein für die breite Masse erfunden wurde. Die Mitglieder und Führer der Roten Khmer – wir verstehen darunter alle, die im weitesten Sinn mit der Kommunistischen Partei Kambodschas und der Regierung des Demokratischen Kambodscha identisch waren – waren dank psychischer Verdrängung und politischer Verzweiflung ebenfalls von ihr überzeugt. Die darauffolgenden Säuberungen führten in eine Spirale wachsenden Mißerfolges und zunehmender Paranoia.

Wie war das möglich? Kambodscha vor Pol Pot war keine für Wahnideen besonders empfängliche Gesellschaft. Kambodscha ist ein eingeschlossenes Land, an den Grenzen zweier großer Weltkulturen. Die Kultur der Khmer stammt ursprünglich aus Indien, doch die Kultur des Nachbarlandes Vietnam ist chinesischen Ursprungs.

Die beiden Völker und Kulturen sind völlig voneinander verschieden. Die Khmer stehen im Ruf, romantisch und künstlerisch zu sein, den Tanz und leuchtende Farben zu lieben und einen gelassenen Lebensstil zu bevorzugen. Der Theravada-Buddhismus mit seiner Lehre, daß Leiden unvermeidlich seien, ist die allgemeine Volksreligion. Im Gegensatz dazu sind die Vietnamesen ernst, praktisch, zielgerichtet und zurückhaltend. Ihre Hauptreligion ist der Konfuzianismus, der Disziplin predigt und Glück und Wohlstand in dieser Welt verheißt. Auch äußerlich unterscheiden sich die beiden Völker. Die Khmer sind eher von gedrungener Statur und etwas dunkelhäutiger. Sie kleiden sich auch anders: Khmer tragen Sarongs, Vietnamesen Hosen. Ihre Küche und ihre Tischsitten sind ebenfalls andere: Khmer essen mit den Händen oder

einem Löffel, Vietnamesen mit Stäbchen. Die Bauweise ihrer Häuser ist ganz unterschiedlich, und, was das Entscheidende ist, ihre jeweiligen Sprachen sind nicht miteinander verwandt.
Die beiden Völker haben seit Jahrhunderten miteinander im Streit gelegen. Obwohl ihre Geschichte voller Wechselfälle ist, zeichnet sich ein bestimmtes Muster in der politischen Situation der Khmer ab: Auf die Souveränität folgte Bürgerkrieg, die Unterwerfung durch ein anderes Volk wie die Thai, die Vietnamesen oder die Franzosen und dann wieder staatliche Souveränität. Zumindest seit dem 15. Jahrhundert bis zur französischen Kolonialregierung ist das Territorium der Kambodschaner beträchtlich geschrumpft. Ein Großteil des heutigen Südvietnam gehörte vor wenigen Jahrhunderten noch zu Kambodscha. Die Khmer sind sich der Tatsache ihres Machtverlustes sehr bewußt. Sie sind daher ein Volk, dessen Politik nach innen und außen von Fremden dominiert wurde. Es kann deshalb nicht erstaunen, wenn ein solches Volk in Ausländern die Quelle allen Übels sieht.
Die Hauptstadt Phnom Penh wurde im April 1975 von den Roten Khmer eingenommen, zwei Wochen vor dem Fall Saigons. Damit ging eine Periode fremdländischer Einmischung in die Politik des früheren französischen Indochina zu Ende. Der Sieg der Roten Khmer blieb unangefochten. Die neue Regierung verkündete, Kambodschas Elend sei einzig und allein von fremden Einflüssen verschuldet worden. Wäre das Fremde erst ausgerottet, würde auf dem Boden Kambodschas die ideale Gesellschaft entstehen. Alle Überreste der vietnamesischen, chinesischen, westlichen und thailändischen Kultur müßten daher ausradiert werden. Das ist natürlich ein hoffnungsloses Unterfangen. Obwohl die Khmer sich eine eigene Kultur bewahrt hatten, hatten sie im Laufe der Jahrhunderte viele fremdländische Elemente aufgenommen. Wenn die Roten Khmer von einem reinen Kambodscha, das wieder den Namen Kampuchea, Land der Khmer, tragen sollte, träumten, lebten sie in einer Phantasiewelt. Sie konnten nicht zugeben, wie stark die Khmerkultur andere Einflüsse in sich aufgesaugt hatte, ohne sich damit selbst der Verunreinigung zu beschuldigen. Vielleicht ist es

die größte Ironie des kambodschanischen Völkermords, daß die Roten Khmer bei dem angeblichen Versuch, ihr Volk vor der Verunreinigung durch andere rassische Elemente zu schützen, mehr Not und Elend über ihre Khmerbrüder brachten, als irgendeine fremde Macht es je getan hatte.[2]
Gleichwohl wollte Pol Pot, der Führer der Roten Khmer, durchsetzen, daß Kambodscha sich völlig vom Rest der Welt abschließt und die gesamte Bevölkerung, mit einigen wenigen Ausnahmen, zu einer rein bäuerlichen Lebensweise zurückkehrte. Feindseligkeit, Haß und Abneigung gegenüber allem Fremden waren die Schlagworte, die jede neue Maßnahme begleiteten. Doch allem Unabhängigkeitsgeschrei zum Trotz formten die Roten Khmer die Gesellschaft nach einem ausländischen Vorbild um: dem maoistischen China.[3] Ursprünglich war es die Aufgabe des militärischen Arms der Roten Khmer, alle, die nicht »reinblütige« Khmer waren, auszumerzen. Viele Soldaten kamen aus den rückständigen ländlichen Gebieten und schienen noch nicht einmal 20 Jahre alt zu sein. Zu Anfang waren die Stadtbewohner vom Ernst und der Wachsamkeit dieser bewaffneten Jugendlichen beeindruckt. Doch sie strahlten auch eine gewisse Feindseligkeit aus, wie »›Soldaten auf Patrouille‹, und sie starrten Westler an, als ›kämen sie von einem anderen Planeten‹«.[4] Die Soldaten schienen nicht nur Analphabeten zu sein, sie betrachteten alles Geschriebene wie etwas sehr Seltsames.
Auf die Städte, die Zentren alles nicht Einheimischen, konzentrierte sich der Haß der Roten Khmer. Innerhalb von zwei Monaten wurde die gesamte Stadtbevölkerung – etwa 2,5 Millionen Menschen – aufs Land umgesiedelt und kollektiviert. Familien wurden auseinandergerissen, Menschen wurden in Gebiete verschickt, in denen sie nicht willkommen waren, andere wurden in von der Malaria verseuchte und unbewohnte Gegenden transportiert. Die Stadtbewohner litten unsäglich und starben in Massen, wie auch viele Bauern, die der Konterrevolution beschuldigt wurden. Das gesamte städtische und kleinstädtische Leben wurde ausradiert. Die neue Regierung schaffte das Privateigentum und die Geldwirt-

schaft ab. Eigentümer wurden nicht entschädigt, und Arbeiter erhielten keinen Lohn. Im ganzen Land wurden Geschäfte, Restaurants, Schulen, Klöster und religiöse Kultstätten geschlossen. Es war nahezu unmöglich, zu reisen, zu lesen, zu schreiben, kulturelle Veranstaltungen oder andere öffentliche Ereignisse zu besuchen. Telephon- und Telegrammkabel ins Ausland wurden gekappt. Internationale Post wurde weder angenommen noch weitergeleitet. Ein regelmäßiger Flugverkehr existierte nicht, die Grenzen wurden geschlossen und vermint. Arzneimittel und Insektizide wurden nicht mehr importiert. Vor allem das Fehlen von DDT führte 1975/76 zu einer Malariaepidemie. Alle Ausländer im Lande wurden getötet, nicht nur die traditionellen Feinde wie Thais und Vietnamesen, sondern auch indische und pakistanische Studenten und Kaufleute. Dasselbe Schicksal erlitten amerikanische, australische, britische und neuseeländische Seeleute, die das Pech hatten oder so schlecht beraten waren, an Land zu gehen.
Jeder noch so kleine Hinweis auf Verbindungen zum Ausland oder zum modernen Leben konnte verhängnisvoll sein. Brillen, Uhren, Kugelschreiber, die Verwendung von Fremdwörtern, zarte Hände, Schmuck oder langes Haar bei Frauen bewiesen, daß die Person kein echter Khmer war. Es bildete sich eine »neue Sprache« heraus: Pronomen, die eine soziale Hierarchie implizierten, wurden geächtet, der Dialekt der Bauern wurde für alle zur Pflicht, und, seltsam genug, alle wurden zu größter Höflichkeit angehalten. Die Kader der Roten Khmer sprachen in einem leisen, ehrfurchtsvollen Ton miteinander und zu anderen. Sie waren pedantisch sauber und ordentlich. Gefühle durften nicht ausgedrückt werden, zärtliche Bande, ob Liebe oder Ehe, mußten von den Behörden genehmigt werden. Die Grausamkeit wurde mit Euphemismen verschleiert: Wer zur Hinrichtung abgeführt wurde, den bat man, bei der »Ernte zu helfen« oder »uns zu einem neuen Schulungskurs zu begleiten«. Kader wurden vor der Festnahme und Hinrichtung für gewöhnlich befördert. Der Volksmund fand für diese surreale Situation das Sprichwort: »Angka [die Organisation der Roten Khmer] tötet, aber erklärt nie etwas.«[5]

Wie so oft bei fremdenfeindlichen Bewegungen, die sich nach innen richten, war auch in der Rhetorik der Roten Khmer jedes zweite Wort Sauberkeit und Säuberung. Dinge wie Geld, Telephone und Brillen, die als fremdländisch galten, wurden als »schmutzig« bezeichnet und mußten folglich verbannt werden. Eine Radiosendung der Roten Khmer beschrieb Kambodschas Geschichte so: »Jahrtausendelang sind wir von Kolonialisten, Imperialisten und reaktionären Feudalherren in den Dreck getreten worden. Jetzt nach unserem Sieg ... riechen wir wieder gut.«[6] Grausamkeit wurde Teil der Sauberkeitsidee.[7] Blut, das für die Essenz der Khmer stand, wurde zum Synonym für Haß, so zum Beispiel in der ersten Strophe der Nationalhymne der Roten Khmer:

Leuchtend rotes Blut bedeckt die Städte und Ebenen
Kampucheas, unseres Vaterlandes,
Das hehre Blut der Arbeiter und Bauern,
Das hehre Blut revolutionärer Männer und
kämpfender Frauen!
Das Blut verwandelt sich in unauslöschlichen Haß.[8]

Selbst die Folter- und Tötungsmethoden der Khmer folgten einer idealisierten Vergangenheit. Die entsetzlichen, auf den Friesen von Angkor Wat dargestellten Techniken verwandten die Roten Khmer gegen ihre »Feinde«.

In dieser ersten Periode trat zum Haß auf alles, was nicht Khmer war, und zur zwanghaften Idee, für Sauberkeit sorgen zu müssen, ein starkes Element von Selbstüberschätzung. Die Roten Khmer sahen sich als die alleinigen Überwinder der Amerikaner in Indochina. Sie glaubten, ein vollkommenes, vom Rest der Welt isoliertes Kampuchea schaffen zu können. Diese übertriebene Selbsteinschätzung verschwisterte sich mit der neuen Politik der radikalen Autarkie. Allerdings waren in dieser frühen Periode ein überzogenes Mißtrauen und eine übersteigerte Angst vor Verschwörungen nur Nebenthemen. Die Roten Khmer lebten noch im Taumel ihres Siegesgefühls und zweifelten nicht an ihrem letztendlichen Triumph.

Erst der unmittelbare und katastrophale Fehlschlag des von den Maoisten abgeschauten, 1976 aufgestellten Vierjahresplanes ließ die Führung immer häufiger von Verschwörungen reden. Die Beziehung zwischen dem fatalen Versagen des Programms und anschließenden Wahnideen läßt sich beispielhaft für Kambodschas fruchtbarste Provinz, Battambang und Umgebung, darlegen. Die Führung hatte befohlen, die Ernteerträge zu verdoppeln. Diese Leistung sollte von ethnisch reinen Arbeitern vollbracht werden, angefeuert von der neuen kommunistischen Regierung und befreit von der »Knechtschaft«, eine materielle Belohnung für ihre Arbeit zu erhalten. Sie sollten zudem keinen Gebrauch von westlichen Düngemitteln und Insektiziden machen. Natürlich waren die verrohten, schlecht ernährten und oft unerfahrenen Arbeiter nicht einmal in der Lage, die vorherigen Erträge zu erwirtschaften, geschweige denn, sie zu verdoppeln oder zu verdreifachen. Die Produktivität sank dramatisch. Doch der Fehlschlag brachte die Führung nicht dazu, an ihrer Ideologie zu zweifeln. Statt dessen gaben sie tiefsitzenden kapitalistischen Gewohnheiten und Verrätern in der Partei die Schuld.[9]

Die Gefangenen in den Arbeitslagern wurden immer schlechter behandelt. Der fieberhaft revolutionäre Eifer der politischen Kader und Soldaten bekam einen sadistischen Zug. Hinrichtungen waren nun an der Tagesordnung. Als der Fehlschlag sichtbar vor aller Augen lag, sendete das Radio immer häufiger Siegesreden, in denen Verschwörungen und Spione für die Misere verantwortlich gemacht wurden.

Irgendwann glaubten Pol Pot und seine Genossen, das Zentrum der Sabotage im Norden, in der Gegend von Siem Reap aufgespürt zu haben. Die eigenen Kader wurden der Illoyalität beschuldigt und unter den früheren Guerillaführern Säuberungen veranstaltet, die sehr viel grausamer als jene waren, die an den Anhängern des früheren Regimes verübt wurden. »Es fanden erneut massive Deportationen statt ... Zehntausende von Menschen wurden stehend auf Lastwagen verfrachtet oder in Frachtwaggons gepfercht und fuhren durch menschenleere Gegenden einem unsicheren, aber unheilvollen Schicksal entgegen.«[10] Die Brutalität der Säuberung und die auf sie folgenden Mißernten brachten selbst Pol Pots Anhänger gegen ihn auf. Bald hatte er gute Gründe für sein Mißtrauen.

1977 und 1978 stieg die Flut der Säuberungen und Hinrichtungen nochmals dramatisch an. Betroffen waren grundsätzlich Parteimitglieder. Nach den vietnamesischen Einfällen in Kambodscha wurden alle, die sie nicht erfolgreich zurückgeschlagen hatten, angeklagt, »kambodschanische Körper und vietnamesische Gehirne zu haben«. Truppen aus dem Zentrum des Landes wurden ausgeschickt, um die lokalen Einheiten der Roten Khmer zu bekämpfen. Allein in den östlichen Landesteilen wurden nahezu 100 000 Zivilisten getötet.[11]

Kambodscha war nun vollends dem Fieber der Paranoia verfallen. Ieng Thirith, ein Führer der Roten Khmer, räumte ein: »Als die Revolution außer Kontrolle geriet, verdächtigte das Zentrum mehrere Bezirkssekretäre und tötete sie ... Da sie sich von allen Seiten bedrängt fühlte, startete die Partei auf der verzweifelten Suche nach ›Feinden‹ einen ›Klassenkrieg‹ und säuberte die Reihen der Bauern und Parteimitglieder, weil sie nicht aus der ärmsten Klasse stammten oder sich mit einem nicht näher definierten Klassenfeind verbündet hätten, um die Revolution zu sabotieren. Geheimhaltung, Mißtrauen und Isolation wurden die *modi operandi* der Roten Khmer ... Sie sahen den ›Feind‹ überall.«[12] Pol Pot und sein innerer Kreis warfen den Vereinigten Staaten, der Sowjetunion und Vietnam vor, gegen die Khmer zu konspirieren.

Wie so häufig bei paranoiden Bewegungen entbehrten die Befürchtungen nicht eines Körnchens Wahrheit, und die ergriffenen Maßnahmen enthielten ein Quentchen Rationalität. Zudem ließ sich die Bevölkerung nach ihrer Verteilung auf kleine Zentren besser durch die Armee kontrollieren. Die Evakuierung der Städte in den ersten Regierungstagen der Roten Khmer mag aus Furcht vor Luftangriffen erfolgt sein. Die fortgesetzte Zerstreuung der Bevölkerung würde es der vietnamesischen Armee bei einem eventuellen Einmarsch schwermachen, das Land zu besetzen. Natürlich bot die Geschichte reichlich Grund, sich vor einer vietnamesischen Invasion zu fürchten. Gegen Ende des Pol-Pot-Regimes war das ganze frühere französische Indochina eine einzige Mistgrube des Argwohns. Kambodscha, Vietnam und China hatten sich alle irgendwann einmal gegenseitig verraten. Die Chinesen meinten aus Furcht vor der Sowjetunion, sie hätten ein Recht darauf, Indochina zu kontrollieren. Ähnlich nahmen die Vietnamesen aus Angst vor China das Recht für sich in Anspruch, Kambodscha zu beherrschen. Kambodscha, das sich seinerseits sehr gut daran erinnerte, ein Spielball der kommunistischen Partei Vietnams und damit ein weiteres Mal in seiner Geschichte ein Opfer Vietnams gewesen zu sein, hätte eine Allianz mit den Chinesen gegen die Vietnamesen eingehen können.[13] Die Vietnamesen fürchteten, China plane mit Hilfe Kambodschas, in ihr Land einzufallen, und kamen dem zuvor, indem sie selbst Kambodscha besetzten.

Trotz des gegenseitigen Mißtrauens liefern alle diese Gründe, Ängste und Phantasien keine hinreichende Erklärung dafür, daß Kambodschas Führung ein Siebtel der eigenen Bevölkerung vernichtete. Was den kambodschanischen Massenmord auslöste, war der Glaube an Verschwörungen im Innern. Manchmal wurden die Verdächtigten einfach hinausgeführt und totgeprügelt, doch oft verging ein Jahr vom Aufkommen des ersten Verdachts bis zur Festnahme des Betreffenden. Der Beschuldigte wurde oftmals aufgefordert, an einer »Versammlung«, einem »Parteikurs« oder auch an einer »Feier« teilzunehmen. Er wurde verhört, vielleicht unter Folter, und zu Geständnissen gezwungen. Danach mußte er eine Beichte, die eigentlich einer Autobiographie gleichkam, niederschreiben und mehrere Male verbessern, so daß Freunde, Bekannte und Verwandte belastet wurden. Die erwähnten Personen wurden herbeigeschafft, und der Prozeß ging weiter.[14]

Die Roten Khmer nannten diese Verbindungen »Ketten«. Die Ketten wurden länger und länger und immer verwickelter. Hatte der Untersuchungsbeamte zu seiner Zufriedenheit eine oppositionelle Einstellung zu den Roten Khmer nachgewiesen, wurden die Gefangenen hingerichtet. Die Todesstrafe war die einzige vorgesehene Strafe, es gab weder Umerziehung noch lange Gefängnisstrafen. Laut der von den Roten Khmer zurückgelassenen Akten überlebten von den 17 000 Menschen, die in das zentrale Untersuchungsgefängnis von Toul Sleng gebracht wurden, nur sieben.[15]

Anfang 1978 schienen die Roten Khmer allein damit beschäftigt zu sein, Feinde aufzuspüren und zu bekämpfen. Sowohl in der Praxis wie auch weitgehend in ihrer Ideologie war nicht mehr die Rede davon, das neue Kambodscha aufzubauen. 1978 sagte Pol Pot in einem Gespräch zu dem Journalisten Jan Myrdal, die Haupterrungenschaft der Roten Khmer sei bislang, »alle Einmischungspläne und -aktivitäten, alle Subversionen und Umsturzversuche seitens unserer vielfältigen Feinde« vereitelt zu haben.[16]

Am 7. Januar 1979 besetzten vietnamesische Streitkräfte, die um des besseren Eindrucks willen von einigen unbewaffneten kambodschanischen Einheiten begleitet wurden, die Hauptstadt Phnom Penh. Die Roten Khmer zogen sich auf ihre Stützpunkte nahe der thailändischen Grenze zurück. Wenig spricht dafür, daß Pol Pot und die Roten Khmer ohne das Eingreifen Vietnams gestürzt worden wären. Tatsächlich machten sie noch im Spätjahr 1996 von sich reden.

Bis auf eine Ausnahme ist Kambodscha ein klassisches Studienobjekt für Aufstieg und Selbstzerstörung der paranoiden Dynamik. Doch wo ist der Führer? Wer hat dies alles angezettelt? Für gewöhnlich ist der Führer die treibende Kraft im paranoiden Prozeß, hier jedoch scheint gerade dieser zu fehlen.

Um zu verstehen, wie es zum kambodschanischen Massenmord kam und wie er ausgeführt wurde, muß man sich die »Familienstruktur« in der Führerschaft der Khmer, die Persönlichkeit Pol Pots und den kulturellen Kontext ansehen. Nach einem Muster, das häufig in buddhistischen Ländern zu beobachten ist, hatten die Khmer nicht einen Führer, sondern eine kollektiv paranoide Führerschaft, die sich aus dem inneren Kreis der Roten Khmer zusammensetzte. Ein Mitglied – nämlich Pol Pot – hatte zwar eine Schlüsselposition inne, aber seine Rolle war weniger bedeutend als die der Führer anderer paranoider Gesellschaften, selbst im Vergleich zu anderen Sekretären kommunistischer Parteien. Gleichwohl war Pol Pot *primus inter pares,* und wenn jemand zu fürchten war, dann er. Deshalb konzentrieren wir uns auf sein Leben und seine Persönlichkeit, auch wenn uns bewußt ist, daß er über eine weitaus geringere Machtfülle verfügte als der typische Führer eines paranoiden Regimes.

Was Pol Pot vor allem auszeichnete, war seine Überzeugungskraft in kleinen Gruppen, seine Beharrlichkeit und seine Zurückhaltung. Ben Kiernan, einer der besten Kenner des Regimes, beschrieb ihn sogar als ausgesprochen höflich und wohlerzogen.[17] Erst 1976, in dem Jahr, da die Roten Khmer die Macht eroberten, nahm er offiziell den Namen Pol Pot an, einen Allerweltsnamen wie Hans Müller. Der öffentliche Name ihres Führers gab den Kambodschanern keinen Aufschluß über seinen Träger. Während der ganzen Regierungszeit Pol Pots entwickelte sich kein Personenkult, man könnte sogar sagen, es gab geradezu einen Kult der Nichtpersönlichkeit. Es erschien keine Biographie, keine Radiosendung brachte seine Lebensgeschichte, keine Sammlung seiner Werke oder Sprüche wurde gedruckt. Es waren keine Anekdoten über ihn im Umlauf, die auf Feiern kolportiert werden konnten. Bis 1978 existierten keine Photographien, keine Dramen oder Gesänge, die zu seinen Ehren geschrieben wurden. Erst Anfang 1978, als sein Titel »Bruder Nummer eins« durch die Bezeichnung »Onkel Sekretär« ersetzt wurde, gab es einen kleinen Hinweis darauf, daß seine Person mehr in den Vordergrund treten sollte. Einige wenige Bilder wurden veröffentlicht, doch all das endete bereits ein Jahr später, als er von seinem Posten als Premierminister »zurücktrat«.

Pol Pot wurde als Saloth Sar im Mai 1928 in der nördlichen Provinz Kompong Thom geboren, einem politisch gemäßigten Gebiet, in dem man die Kultur der Khmer hochhielt und sich seit jeher gegen fremde Einflüsse gewehrt hatte.[18] Sein Vater besaß mehrere Paar Büffel und eigenes Land, auf dem er Blumen, Gemüse und in der Hauptsache Reis anbaute. Für kambodschanische Verhältnisse durfte er als reicher Bauer gelten, doch in dieser wohlhabenden Provinz gehörte er nur zum Mittelstand. Die Familie stand über Konkubinen und Hoftänzerinnen in entfernter Verbindung zur königlichen Familie, war ansonsten aber eine Durchschnittsfamilie. Soweit bekannt, hatte Saloth Sar eine ungetrübte Beziehung zu seiner Familie, anders als Stalin und Mao, die unter ihren brutalen Vätern gelitten hatten.

Saloth Sar mußte niemals hart auf den Feldern arbeiten. Mit sechs Jahren wurde er für zwölf Monate nach Phnom Penh geschickt, wo er als Novize im Botumvody-Kloster lebte. Außerdem verbrachte er einige Zeit in einer katholischen Schule. Er war jedoch kein guter Schüler und fiel durch die Abschlußprüfung am Ende der Grundschulzeit. Schließlich gelang es ihm, die Sekundarstufe einer Schule nach dem französischen Bildungssystem abzuschließen. Eine Zeitlang erlernte er das Tischlerhandwerk in einer technischen Schule.

Der spätere Pol Pot geriet in radikale nationalistische und kommunistische Zirkel. Obwohl die Zeugnisse lückenhaft sind, wissen wir, daß er sich im September 1949, mit 21 Jahren, in Paris an der École française für Radiotechnik einschrieb. Er trat in die kommunistische Partei Frankreichs und deren indochinesische Schwesterpartei ein. Seine Genossen bezeichneten ihn als freundliches, angenehmes und unauffälliges Arbeitstier. 1950 sagte ein Zeitgenosse über Saloth Sar, »er würde keiner Fliege was zuleide tun«.[19] Im Dezember 1952 wurde sein Stipendium von der französischen Regierung nicht mehr verlängert, und er mußte Frankreich verlassen. Als einer der ersten in Frankreich ausgebildeten Kommunisten stellte er sich den Vietminh zur Verfügung und schloß sich ihnen an der Front an. Zu seinem Mißvergnügen beauftragten seine vietnamesischen Vorgesetzten ihn nicht mit politischer Arbeit, sondern wiesen ihm die Schmutzarbeit zu, er mußte in der Küche helfen und die Latrinen säubern. Schließlich verließ er die Vietminh und gründete 1960 gemeinsam mit anderen die kommunistische Partei Kambodschas. Von 1960 bis 1967 tat Pol Pot sich in keiner Weise hervor, vielleicht weil Kambodschas Kommunisten zu

dieser Zeit noch unter dem Einfluß der Vietnamesen standen. Von 1967 bis zu seinem Sieg im Jahr 1975 bekämpfte Pol Pot die französischen und vor allem die proamerikanischen Regierungen Kambodschas. Über diese Periode wissen wir wenig. Innerhalb des kleinen inneren Zirkels der Roten Khmer stand Pol Pot im Ruf, die buddhistischen Tugenden der Selbstbeherrschung, Schlichtheit und Warmherzigkeit gegenüber seinen Genossen zu praktizieren. Offenbar erwarb er sich Respekt und Treue seiner Mitarbeiter nicht nur dadurch, daß er in den 16 Jahren des Kampfes Not, Gefahren und Ungewißheit mit ihnen teilte, sondern auch, weil er von großer Bescheidenheit war. Das heißt nicht, daß er sich nicht mit Geschick und Härte in Fraktionskämpfen behaupten konnte. Bei den inneren Auseinandersetzungen der Roten Khmer schrak er weder vor Lügen noch Täuschung zurück, und außerhalb des inneren Zirkels war er auch bereit, zu Gewalt zu greifen. Er war beispielsweise für Folter und Ermordung von Tausenden im Todeslager von Toul Sleng verantwortlich.
Pol Pot neigte nicht nur dazu, aus seiner Person ein Geheimnis zu machen, er schwieg sich auch über seine Organisation, seine Politik und seine Ziele aus. Er und seine Genossen hielten selten Reden und gaben kaum Erklärungen ab. Noch lange nach der Machtübernahme weigerte Pol Pot sich, offiziell zu verkünden, daß Kambodscha von der kommunistischen Partei regiert würde und er der frühere Saloth Sar sei. Die Evakuierungen und Erschießungen wurden entweder der Angka zugeschoben oder einfach bestritten.[20] Pol Pots wichtigster Kampfgefährte, der nicht weniger zurückhaltende Nuon Chea, brachte die Politik des inneren Kreises auf den Punkt: »Es ist entscheidend, im geheimen zu arbeiten.«[21]
Pol Pot kultivierte als Machthaber dieselben Verhaltensweisen, die er auch als Guerillaführer gepflegt hatte. Aus Furcht, ermordet zu werden, wechselte er häufig seinen Aufenthaltsort und ließ nichts über seine Person verlauten. Seine chronischen Magenbeschwerden schrieb er allerdings dem Versuch zu, ihn nach und nach zu vergiften. Pol Pot bewältigte ein ungeheures Arbeitspensum. Bis

spät in die Nacht hinein las er Dossiers und erledigte andere Aufgaben. Sein Biograph David Chandler vermutete, der Schlüssel zum Charakter des Diktators könne darin liegen, daß er seiner Aufgabe nicht gewachsen war und sich überfordert fühlte.[22]
Pol Pots im Schatten bleibende Person und die daraus entspringende verschwiegene und im geheimen betriebene Tyrannei paßte sehr gut in die Tradition der Khmer und sein eigenes Konzept.[23] Auch Ho Chi Minh, Pol Pots größter Gegenspieler in Indochina, liebte es, im Hintergrund zu bleiben. Eine größere Ähnlichkeit mag es jedoch zu Jossif Stalin geben. Auch dieser galt vor seiner Machtübernahme als freundlich, wenn auch mitunter als ungehobelt, und verdankte seinen Aufstieg nicht zuletzt diesem Stil und seinem Ruf.[24] Die rassistischen Aspekte von Pol Pots Politik weisen starke Parallelen zu Hitlers Deutschland auf. In vieler Hinsicht war Kambodscha ein faschistischer Staat. Er huldigte einem nationalistischen und rassistischen Ideal, das sich politisch in einem autokratischen Regime niederschlug.[25]
Das Regime der Roten Khmer zeichnete sich nicht nur durch seine heftige Fremdenfeindlichkeit aus, sondern auch durch die Tatsache, daß die Führung jede Idee und jede politische Maßnahme auf die Spitze trieb und unmenschliche Anstrengungen vom Volk verlangte, auch wenn es darüber zerbrechen sollte.[26] Und schließlich beweist der kambodschanische Massenmord, daß eine kollektive paranoide Führung nicht weniger furchteinflößend und verheerend ist als ein einzelner Diktator an der Spitze eines Staates.

Idi Amin von Uganda

Seine Exzellenz, Präsident auf Lebenszeit, Feldmarschall Al Hadj Dr. Idi Amin Dada, VC, DSO, MC, Herr über alle Tiere der Erde und Fische des Meeres, Eroberer des britischen Imperiums in ganz Afrika und besonders in Uganda.

Der selbstverliehene vollständige Titel Idi Amins

Ein Journalist fragte: »Haben Sie viele Visionen?« Darauf Amin: »Nur wenn es nötig ist.«

G. I. Smith, *Ghosts of Kampala*

Er schien mir immer sehr charmant zu sein, war in alles Schottische vernarrt, liebte Dudelsäcke ...

Englischer Geschäftsmann, der in Kampala lebt.

Unter Idi Amin war Uganda eine Kleptokratie, eine Regierung von Dieben, beherrscht von einem paranoiden Diktator, der vom Größenwahn befallen war, keiner Ideologie, keinem religiösen Ideal und keiner nationalistischen Idee anhing. Seine Macht verfolgte nur ein Ziel, für das die Staatsmacht lediglich das Mittel war: die Perfektionierung des Diebstahls.[27]

Ungehemmter Größenwahn und Brutalität waren die Markenzeichen seines Regimes. Amin war erstens von sehr impulsivem Wesen – ein Charakterzug, der, je länger er an der Macht war, desto ausgeprägter wurde. Statt die Regierungsgeschäfte zu erledigen, folgte er seinen Launen. Uganda wurde zu einem Ort, an dem die Ausübung der Macht kaum durch Recht, Sitte oder Traditionen eingeschränkt war. Zweitens mangelte es Amin sowohl an Erfahrung wie auch an Bildung, um der Alleinherrscher eines Landes sein zu können. Wegen seiner Unzulänglichkeit und einer psychologischen Bereitschaft, anderen seine Probleme anzulasten, reagierte Amin mit Paranoia und kompensatorischem Größenwahn.

Amins Herrschaft wies alle Anzeichen einer Paranoia auf: übertriebene Furcht vor Verschwörungen, übergroßes Mißtrauen, Furcht vor dem Verlust der Autonomie, Ichbezogenheit, Feindseligkeit, Projektionen und Wahnideen. Doch die für einen gutorganisierten Paranoiker so bezeichnende Kohärenz wich bei ihm dem reinen Chaos seiner Impulsivität, Brutalität und Kriminalität. Während seiner Herrschaft von 1971 bis 1979 tötete Amin annähernd 375 000 Menschen bei einer Gesamtbevölkerung von 11,5 Millionen. Trotz seiner Greueltaten hätte Amin sich halten können, hätte er nicht ein militärisches Eingreifen Tansanias provoziert. Doch selbst dann bedurfte es noch eines achtmonatigen Krieges, um ihn zu stürzen, wobei Tansanias Armee kaum von Ugandas Bevölkerung unterstützt wurde. Amin wurde am 1. Juli 1928 geboren und wuchs ohne Vater auf. Nach einigen Berichten zog seine Mutter hinter den Soldatenlagern her. Er besuchte wenigstens zwei Jahre lang die Grundschule, vermutlich aber nicht mehr. Selbst als Erwachsener konnte Amin kaum lesen und schreiben. 1946 verpflichtete er sich als Hilfskoch bei den King's African Rifles. Das war keineswegs ungewöhnlich, da die Briten in Ostafrika gerne Armeeangehörige aus den Minderheiten anwarben. Amins Volksgruppe, die Nubier – eine oft verwandte, aber ethnologisch falsche Bezeichnung –, und sein Stamm, die Kakwa, waren eine solche Randgruppe. Auch seine Religion, der Islam, wurde nur von einer Minderheit von sechs Prozent ausgeübt, denn Ugandas Bevölkerung war mehrheitlich christlich.

Die Begeisterung, die Amin bei den King's African Rifles zeigte, und sein sympathisches Auftreten gefielen seinen englischen Vorgesetzten. Amin, der mehr als 230 Pfund wog und 1,90 Meter groß war, war für sie ein freundlicher, sanfter Riese: Er war stets gut gelaunt und beliebt. Neun Jahre lang war er ugandischer Boxchampion im Schwergewicht, was seine afrikanischen Brüder ebenso freute wie die englischen Offiziere. Obwohl es ihm an einer soliden Schulbildung fehlte und er oft und gerne den Spaßmacher spielte, war Amin keineswegs ein Dummkopf. Er sprach fünf Sprachen – Kakwa, Luganda – seine Muttersprache –, Suaheli, Englisch und Nubisch, eine vereinfachte Form des Arabischen, die vor allem am westlichen Nil in Buganda gesprochen wird – und eignete sich beträchtliche militärische Fähigkeiten an. Allmählich stieg er in der Armeehierarchie auf.

Die King's African Rifles wurden nicht in militärischen Auseinandersetzungen eingesetzt. Ihre Aufgabe war es vielmehr, Fehden zwischen den Stämmen zu verhindern, die Kriminalität auf dem Lande einzudämmen, vor allem Schmuggel und Viehraub, sowie Guerillaüberfälle auf die Engländer zu bekämpfen, insbesondere seitens der von Kenia aus operierenden Mau Mau. Zum typischen Vorgehen solcher Regimenter gehörten Einschüchterungen, brutale Verhöre und Strafaktionen gegen ganze Gruppen. Die Gelegenheit, Grausamkeiten zu begehen, war groß, und es gab kaum ein Regiment, das in seinen Einsätzen ohne Brutalitäten auskam. Amin mag eine gewisse kulturell bedingte Neigung zu dieser Art von Gewalttätigkeit gehabt haben, denn seine Geburtsprovinz »hatte eine der weltweit höchsten Mordraten« und war »für ihre sadistische Brutalität berüchtigt«.[28] Er stand bald im Ruf, besonders brutal vorzugehen, manchmal auch im geheimen Einverständnis mit britischen Offizieren. Dennoch überschritten seine Taten selbst die Grenzen dieser sehr weitherzigen Moral. Kurz bevor Uganda 1962 in die Unabhängigkeit entlassen wurde, sollte Amin sich vor einem Militärgericht wegen eines Massakers im Nordwesen Kenias verantworten. Der Vizegouverneur Sir Eric Griffith-Jones sprach sich für ein Verfahren gegen Amin aus, doch der Gouverneur von Uganda, Sir Walter Coutts, entschloß sich nach Gesprächen mit dem zukünftigen ugandischen Präsidenten Milton Obote, die Anklage fallenzulassen, weil Amin einer von nur zwei Ugandern war, die einen hohen militärischen Posten in der neuen Regierung bekleiden sollten. Amin wurde statt dessen vom Sergeanten zum Major befördert.
1965 machte sich Obote zum Diktator und setzte die Verfassung außer Kraft. Zwei Jahre später ernannte er Amin zum Oberkommandierenden der ugandischen Streitkräfte. Am 25. Januar 1971 putschte Amin erfolgreich gegen Obote.
Amins Sieg wurde vielerorts begrüßt. Die Amerikaner und Israelis atmeten erleichtert auf, denn der linksgerichtete Obote hatte begonnen, einen großen Teil der Wirtschaft zu verstaatlichen. Aus demselben Grund jubelte auch die Wirtschaftswelt.

Wie oft bei solchen Umstürzen hatten alle unter Obote entmachteten Gruppen Anlaß zur Freude und glaubten, daß nun ihre Chance gekommen sei. In eine düstere Zukunft blickten hingegen die mit Obote verbündeten Stämme, die Acholo, Lango und Teso. Was in den Augen seiner Landsleute für Amin sprach, war die Tatsache, daß er ein »richtiger« Afrikaner war, in keiner Weise verwestlicht wie all die anderen Staatsmänner. Für den durchschnittlichen Ugander war dies eine Erfolgsgeschichte, mit der er sich identifizieren konnte.

Seit seinem Eintritt in die King's African Rifles war nahezu jeder von Amins Persönlichkeit angetan. George Ivan Smith schrieb: »Ein Grundzug seines Wesens war eine offensichtliche Gespaltenheit. Während er eine erschreckend paranoide Seite hatte, war er zugleich freundlich.«[29] Henry Kyemba, ein früheres Mitglied im Kabinett Amins, sagte: »Im persönlichen Gespräch war er entspannt, ungekünstelt und charmant. Er schien unfähig zu sein, ein Unrecht zu begehen oder zu decken.«[30] Amin machte auf seine Gäste den Eindruck von Warmherzigkeit und Höflichkeit, obgleich es zu seinen Gewohnheiten gehörte, seine Opfer, bevor er sie zu Tode foltern ließ, herzlich zu bewirten. Übrigens wird auch von Stalin berichtet, er sei freundlich, höflich und scheinbar unfähig gewesen, jemanden zu töten, und habe ebenfalls seine späteren Opfer zum Essen eingeladen.

Ein hervorstechender Wesenszug Amins war sein Narzißmus. Doch selbst seine Arroganz strahlte oft eine solche Selbstironie und Komik aus, daß man meinte, sie verdecke nur eine große Bescheidenheit. Mag sein, daß Amin seine Clownerien bewußt kultivierte, um seine Gegner zu verleiten, ihn nicht für voll zu nehmen. Zunächst trat er jedenfalls in Wort und Tat eher gemäßigt auf. Unmittelbar nach dem Putsch erklärte er in einer Radioansprache, sein Regime sei »eine Übergangsregierung, die so schnell wie möglich eine Rückkehr zu einer bürgerlichen Verfassung anstrebt«.[31] Er versprach niedrigere Steuern und bessere Beziehungen zu den Nachbarstaaten. Auch bot er an, den Kabaka, den Häuptling von Buganda, der in London gestorben war, feierlich zu überführen und traditionell zu

bestatten. Damit machte er sich die Buganda, die größte Volksgruppe Ugandas, geneigt. Amin ließ viele politische Gefangene aus der Obote-Zeit frei und setzte sich dafür ein, daß Uganda weiterhin ein Mitglied des Commonwealth blieb. Ähnlich klug wählte er die Mitglieder der künftigen Regierung aus. Er besetzte die Posten größtenteils mit politisch neutralen älteren Beamten. Allerdings war die Tatsache, daß sie von ihrer Ernennung aus dem Radio erfuhren, ein erster Hinweis auf den neuen Regierungsstil.
Er machte keinen Hehl daraus, daß er Ugandas Grenzen zu erweitern beabsichtige, was seine Nachbarn sehr beunruhigte. Obwohl Amin nach London und sogar zum Tee bei der Königin eingeladen wurde, dachten die Briten gar nicht daran, ihn mit den gewünschten modernen Waffensystemen auszurüsten. Omar Moamer al-Gaddafi von Libyen und Saudi-Arabien waren weniger zögerlich und stellten ihm eine große Summe Geldes bereit, da beide Staaten in ihm einen potentiellen Verbündeten gegen Israel sahen und auf seine Unterstützung bei ihren islamisch-expansionistischen Bestrebungen hofften.
1972 entschloß sich Amin zu einer Maßnahme, die allgemein in Uganda und in ganz Ostafrika stürmisch begrüßt wurde. Er wies die gesamte asiatische Bevölkerungsgruppe, die in der Hauptsache aus dem heutigen Indien und Pakistan stammte, aus Uganda aus, und wer nicht freiwillig gehen wollte, wurde umgebracht. Die etwa 80 000 Asiaten gehörten zu Ugandas Oberschicht, sie beherrschten den Handel, das Handwerk, die Schulen und Universitäten. Doch wurden sie von den Afrikanern allgemein gehaßt. Die von den schwarzen Afrikanern rassisch verschiedenen Asiaten identifizierten sich selbst mit der früheren britischen Kolonialherrschaft und wurden von den Ugandern ebenfalls mit dieser gleichgesetzt. Ihre Bildung und ihr geschäftlicher Erfolg war für die Ugander ein schweigender Vorwurf, und ihr Reichtum machte sie zu attraktiven Opfern. Man sah in ihnen die arroganten Ausbeuter. Nur eine in letzter Minute gestartete internationale Rettungsaktion vermochte einen Völkermord zu verhindern. Mit der Vertreibung der Asiaten verspielte Amin sämtliche westlichen

Sympathien. Daher wandte er sich in seiner Außenpolitik immer stärker den arabischen Staaten und dem kommunistischen Block zu. Amins Beziehungen zu seinen unmittelbaren Nachbarn verschlechterten sich dramatisch. Die Enteignung der Asiaten und die massive arabische Finanzhilfe brachten Uganda keinen Wohlstand – ganz im Gegenteil. Von 1973 bis 1978 war die Sowjetunion der größte Waffenlieferant für Uganda. Doch Amin behandelte die Sowjetunion nicht besser als seine früheren Freunde, die westlichen Geschäftsleute und Engländer: Er dachte nicht daran, ihren Forderungen nachzukommen. 1976, Amin war damals Vorsitzender der OAU, baten ihn die Sowjets um seine diplomatische Unterstützung im Angolakonflikt. Amin beschimpfte daraufhin den sowjetischen Botschafter als »Verbrecher«, der sich anmaße, ihm »Vorschriften zu machen«. Später jedoch bot er den Sowjets »die größte Militärbasis auf dem afrikanischen Kontinent« an.[32] Aber die Russen, aufgeschreckt durch Amins Unberechenbarkeit und die Klagen benachbarter afrikanischer Staaten, die sich vor den sowjetischen Waffen in seiner Hand fürchteten, begannen sich von Amin zu distanzieren.

Amins Herrschaft war impulsiv, ohne erkennbare Organisation, gekennzeichnet durch diffuse Feindseligkeit, Sadismus und wilden Größenwahn. Amins selbstverliehener, offizieller Titel – Herr über alle Tiere der Erde und Fische des Meeres, Eroberer des britischen Imperiums in ganz Afrika und Uganda – spiegelt tiefsitzende pathologische Persönlichkeitsmerkmale und enthüllt nicht nur die seinem Größenwahn unterliegende massive Unsicherheit, sondern auch sein fehlendes Gespür dafür, wie er auf sein Publikum wirkte. »Ich halte mich für den mächtigsten Mann auf der Welt«, sagte er. Bei verschiedenen Gelegenheiten hatte Amin auch behauptet, Gott sei ihm im Traum erschienen und hätte ihn zu seinem Auserwählten gemacht. Auch habe er ihm befohlen, alle Asiaten aus Uganda zu vertreiben. Um seine Bedeutung zu unterstreichen und seinen Freunden zu gefallen, verlangte Amin, »daß jeder britische Staatsbürger bei einer Audienz vor mir niederknien muß«.[33] In späteren Jahren hielt er sich eine Truppe von Trägern, die meistens aus älteren Briten bestand, die ihn bei öffentlichen Prozessionen mehr als 30 Kilometer in seiner Sänfte zu tragen hatten. Immerhin wog er zu dieser Zeit bereits mehr als 300 Pfund. In einer Rede sagte er großspurig, er würde, ob mit oder ohne Erlaubnis der britischen Regierung, nach London reisen und sich durch die Straßen der Stadt tragen lassen.

Amin verfaßte und veröffentlichte mehrere langatmige Ratschläge an die Staatsmänner der Welt, darunter auch ein längeres Telegramm an Präsident Nyerere von Tansania im Jahr 1972, in dem er schreibt: »Ich möchte Ihnen meine Zuneigung und Hochachtung versichern. Wären Sie eine Frau, würde ich Ihnen einen Heiratsantrag machen, auch wenn Ihr Haupthaar schon ergraut ist. Doch da Sie ein Mann sind, kann ich es leider nicht tun.«[34] Er kritisierte Präsident Nixon wegen seines Verhaltens im Vietnamkrieg, und während der Watergate-Affäre überschüttete er ihn mit Ratschlägen. Diese maßlose Selbstüberschätzung spricht dafür, daß Amin sich hinter der prahlerischen Fassade bedroht und machtlos fühlte, und sie zeigt, wie er dieses Gefühl durch seinen geradezu lächerliche Dimensionen annehmenden Größenwahn kompensierte.

Er rühmte sich all der Ehren, die ihm von Ländern zuteil wurden, die er angeblich verachtete. So trug er immer noch das englische Viktoriakreuz. Obgleich er Hitler pries und Israel als Feind der Menschheit beschimpfte, brüstete er sich seiner israelischen Verbindungen und heftete die Flügel der israelischen Luftwaffe auf jene Uniform, die er für sein offizielles, die Währung Ugandas zierendes Porträt trug.

Zwar sagten ihm viele Beobachter List und Schlauheit nach, doch galt seine Intelligenz im allgemeinen als beschränkt. Amin selbst scheint dies gespürt zu haben. Frustriert über seine Unfähigkeit, politische Erörterungen zu verstehen, handelte er ohne längere Überlegung oder den Rat anderer: »Als Soldat weiß ich, was zu tun ist. Ich bin ein Mann der Tat.«[35] Seinem ehemaligen britischen Kommandanten Iain Grahame gestand er, er könne den Argumenten, Erklärungen und Fragen der englischen Minister und Journalisten nicht folgen, und bat Grahame, sie ihm zu erklären.

Der ehemalige Sergeant war der Aufgabe, die Wirtschaft eines Landes zu lenken, internationale Beziehungen zu pflegen und gesellschaftliche Institutionen zu schaffen, ganz offensichtlich nicht gewachsen. Einer seiner Minister erzählte, Amin würde es nie lange in einem Büro aushalten, und es sei ihm unmöglich, sich auch nur ein paar Stunden auf einen Gegenstand zu konzentrieren: »Es ist ihm einfach nicht gegeben, die Situation von einem politischen Standpunkt aus zu beurteilen.«[36] Der nigerianische Journalist Peter Enahero, der Amin lange begleitet und alle Personen seines näheren Umkreises interviewt hatte, bemerkte, Amin »gehöre zu der Sorte Mensch, die an verzwickte Probleme ohne jede Vorbereitung herangeht. Erst in dem Augenblick, wo er einem Publikum gegenübertritt, schießen ihm Lösungen in den Kopf. Offenbar sprudelt er sofort alle Gedanken heraus, damit er sie nicht vergißt. Und um zu beweisen, daß er in seinen Überlegungen nicht schwankt, befiehlt er seinen Ministern, ›die Entscheidungen meiner Regierung‹ sogleich umzusetzen.«[37]

Amin hatte wahrscheinlich von Jugend auf eine wahnhafte Neigung zur Projektion. Menschen mit einer paranoiden Veranlagung werden jedoch erst richtig paranoid, wenn sie unter Druck stehen. Da er weder über die nötige Ausbildung noch über die Intelligenz verfügte, um den Anforderungen seines hohen Amtes gerecht zu werden, wurde Amin zunehmend mit seiner Unzulänglichkeit konfrontiert. Amins innen- und außenpolitische Schnitzer erhöhten noch den auf ihm lastenden Druck, was wiederum seine pathologisch paranoide Tendenz verschärfte. Kritik konnte einfach nicht toleriert werden. Mißerfolge waren die Schuld anderer. Manchmal warf er anderen Dummheit oder Betrügereien vor, in den meisten Fällen aber sprach er von einer Verschwörung. Natürlich war er von unfähigen Mitarbeitern, Schurken und Verschwörern umgeben. Es gab mehrere Putschversuche gegen Amin, und mehr als ein Attentatsplan wurde aufgedeckt. Diese Situation war aber weit eher Folge als Ursache von Amins Taten. Seine Furcht vor Verschwörungen gebar Repressionen, die dann Verschwörungen gebaren, und Verschwörungen und Furcht gebaren mehr Repressionen und Gewalttätigkeit.

Obwohl Amin Verschwörungen fürchtete, war er persönlich ein tapferer Mann. Nur bei einer äußerst vielsagenden Gelegenheit wurde er von Furcht geschüttelt. Im November 1966 sollte Amin in seiner Position als Stabschef anläßlich der Einführung Präsident Obotes als Kanzler eine kurze Rede an der Makerere-Universität halten. Anwesende berichteten, daß Amin »sich vor seinem Publikum fürchtete, er kam sich unwissend und dumm vor«. Die Studenten machten sich über ihn lustig, und Amin »brach der Angstschweiß aus«.[38]

Amins Brutalität konnte jeden treffen, aber unter den Intellektuellen und der gebildeten Oberschicht wütete er besonders. Zunächst hatte er versucht, die Intellektuellen zu hofieren, doch jede gebildete, kompetente Person erinnerte ihn schmerzhaft an seine Unzulänglichkeiten. Seine Ermordung der Intellektuellen war nicht zuletzt durch den Wunsch motiviert, sich von dieser psychischen Bedrohung zu befreien.[39] Außerdem waren es vor allem die gebildeten Schichten, die seine Führungsposition angriffen. Amin vernichtete die Kritik, indem er buchstäblich die Kritiker vernichtete. Patrick Marnham, ein Journalist, der einige Zeit in Amins Uganda verbrachte, schrieb sechs Jahre nach dem Sturz des Diktators: »Im Rückblick wird man sagen können, seine Furcht vor und sein Haß auf alle Gebildeten waren die hervorstechendsten Aspekte seiner Tyrannei.«[40]

Wie Henry Kyemba, fünf Jahre lang Minister in Amins Kabinett, bemerkt, schuf Amin mit seinem Netz aus Lügen und Täuschungen eine Atmosphäre des »allgemeinen Mißtrauens«.[41] Die »Killing Muchine«[42] gehörte, wie das falsch geschriebene Schild, das den Weg zu den unterirdischen Zellen des Folterkellers wies, verkündete, zu den effizientesten Tätigkeiten der Regierung. Manchmal wurden die Opfer mehr oder weniger willkürlich aufgegriffen und getötet. Danach wurde ein Lösegeld gefordert. Manchmal standen die Opfer in irgendeiner Verbindung zu einer Verschwörung, ob nun zu einer wirklichen oder einer eingebildeten, und manchmal gehörten sie nur zu einer in Ungnade gefallenen Gruppe, wie etwa die Gebildeten oder die Christen. Wycliffe Kato berichtete, wie leicht man in der »Killing Muchine« enden konnte. Er selbst hatte als stellvertretender Leiter der zivilen Luftfahrtgesellschaft Amin fünf Jahre lang gedient, bis er durch die israelische Rettungsaktion auf dem Flughafen von Entebbe am 4. Juli 1976, die Amin demütigte und in Wut versetzte, in Ungnade fiel. »Dem falschen Stamm anzugehören, eine schöne Freundin zu haben, einen teuren Wagen zu fahren, seine Arbeit allzu genau zu nehmen, den Botenjungen zu bitten, eine Tasse Tee zu machen, das alles konnte bereits das Todesurteil sein.«[43] Wer von der Staatspolizei festgenommen wurde, mußte fast immer mit Folter und Tod rechnen.

Glücklich konnten sich die Inhaftierten schätzen, die nur erschossen wurden. Schläge mit einem Hammer waren das üblichere Verfahren. Man fand oft Leichen, durch deren Stirn Nägel getrieben waren. Manchmal wurde den Gefangenen erlaubt, sich die Gelegenheit zum Selbstmord zu erkaufen, doch um die Gefängniswärter nicht hineinzuziehen, mußten sie die Rasierklingen zerbrechen und aufessen, statt sich die Pulsadern aufzuschneiden.

Eine unverhältnismäßig große Zahl der über 300 000 Morde wurde in den Städten verübt, denn dort war das Geld und waren jene, die bereit waren, zu töten. Ende 1978 faßte ein Pressebericht die Ereignisse zusammen:

> *Politiker und Beamte:*
> Alle Mitglieder des ursprünglichen Kabinetts von Präsident Amin, die nicht rechtzeitig aus Uganda geflohen sind, sind nun tot. Viele Parlamentarier und Politiker haben ihr Schicksal geteilt. Ehemalige Minister genießen keine Immunität. ... Hunderte von Beamten wurden ebenfalls exekutiert.
> *Kirchenoberhäupter und Gläubige:*
> Der Erzbischof von Uganda wurde im Februar 1977 auf Befehl Amins ermordet ... in der Folge sind auch andere hohe Geistliche verhaftet und getötet worden.
> *Akademiker, Lehrer und Studenten:*
> Ugandas oberster Schulrat wurde im September 1977

öffentlich hingerichtet, zu einer Zeit, in der viele Lehrer Razzien zum Opfer fielen.

Geschäftsleute:

Man nimmt an, daß alle Ugander, die für eine ausländische Firma arbeiteten, mittlerweile tot sind. Geschäftsleute sind wegen des drohenden Zusammenbruchs der gesamten Wirtschaft Ugandas besonders gefährdet.[44]

Zunächst bestritten Amins Untergebene, daß es Massaker gegeben hätte und erklärten die Berichte für Ausgeburten weißer Rassisten. Wie bereits erwähnt, wurde Amin noch im Jahre 1976 zum Vorsitzenden der OAU gewählt. Mehrere schwarze Politiker Amerikas wie etwa Stokley Carmichael sowie eine Reihe westlicher Journalisten statteten ihm einen Besuch ab und lobten seine Regierung. Doch Ende 1977 ließ sich die Wahrheit nicht länger verschweigen. Amin wurde offiziell vor den Vereinten Nationen vom amerikanischen Chefdelegierten Andrew Young, einem Schwarzen, verurteilt. Die Sowjetunion entzog Amin jede Unterstützung. Nur Libyens Gaddafi und Saud von Saudi-Arabien ließen ihn nicht fallen. Es gab keinen organisierten Widerstand in Uganda gegen Amin, und erst nachdem seine Truppen ins benachbarte Tansania eingefallen waren, kam es zu einem militärischen Gegenschlag. Am 3. Juni 1979 wurde Kampala eingenommen, und Amin floh nach Saudi-Arabien. Noch zwei Jahre nach seiner Vertreibung regierte in Uganda der blanke Terror. Paranoia und Wirklichkeit wurden ununterscheidbar, »jede nachfolgende Regierung warf den verschiedenen Untergrundbewegungen, die innerhalb des Landes oder von ausländischen Stützpunkten in Kenia und im Sudan operierten, vor, das Land zu destabilisieren«.[45]

Die Verschwisterung von Paranoia und Größenwahn unter Amins verrohtem Regime war für das ungehemmte Blutvergießen verantwortlich. Amin war ein grober Mensch mit beschränkten geistigen Fähigkeiten und von niedriger Herkunft, dem es in jeglicher Hinsicht an der Statur eines Staatsmannes fehlte. Angesichts der ständigen Gefahr, gedemütigt zu werden, blühte die ihn kennzeichnende Wachsamkeit und Bereitschaft zu projizieren zu einer vollentwickelten Paranoia auf. Als Barriere gegen seine Unsicherheit bildete er ein übertriebenes Bewußtsein seiner eigenen Bedeutung aus, und um sich gänzlich sicher zu fühlen, vernichtete er brutal jede Bedrohung für sein Selbstwertgefühl, indem er die gebildeten Schichten umbringen ließ. Obgleich die politische Paranoia sich manchmal mit hochentwickelten Ideengebäuden verbünden kann, beweist Amins Regime, daß sie auch unter der Herrschaft eines listigen Clowns wachsen und gedeihen kann.

Stalin und der rote Terror

> Es ist eines, Menschen nicht zu trauen. Das war sein gutes Recht, auch wenn sein aufs Äußerste gesteigertes Mißtrauen darauf hinwies, daß er ein Psychopath war. Aber es ist ein anderes, wenn ein Mann zwanghaft getrieben ist, jeden, dem er nicht traut, zu eliminieren.
>
> Nikita Chruschtschow, *Memoiren*

Der Paranoiker hinter der Maske kann in jeder Gesellschaft politisch an die Spitze kommen, aber die Zeit, während der er sich dort hält, wird in einer gesunden Demokratie kurz bemessen sein. Hat der politische Paranoiker jedoch in einer despotischen Gesellschaft die Höhen der Macht erst einmal erreicht, hält er sich dort womöglich lange – mit fürchterlichen Folgen. Das war der Fall bei Pol Pot in Kambodscha und Idi Amin in Uganda, und es traf auch bei Jossif Stalin in Rußland zu.[46]

Rußland ist seit jeher ein dankbarer Boden für Verschwörungstheorien und politische Gewalt, doch während Stalins paranoider totalitärer Herrschaft wurden über 40 Millionen seiner Feinde, wirkliche und eingebildete, ermordet. Nach seinem Tod wurden die paranoiden und totalitären Züge des Sowjetregimes spürbar milder, doch die Narben blieben.[47]

Stalin fand eine grundierte Leinwand vor, um darauf seine paranoiden Phantasien zu malen. Der zaristische Staat hatte eine

Gesellschaft erzogen, in der der Glaube an Verschwörung und ungerechte Behandlung geradezu allgegenwärtig war.[48] Hinter politischen Ereignissen in Rußland steckten in der Tat häufig Kabalen, und das führte zu dem paranoiden Wahn, daß Politik immer aus Verschwörungen bestehe. Geradezu gewohnheitsmäßig gab man sich im zaristischen Rußland zum Beispiel der Vorstellung hin, der Tod des Herrschers gehe auf das Konto von Mördern oder der Zar sei gar nicht tot, sondern lebe an einem anderen Ort weiter. Die Extremisten unter den im 19. Jahrhundert einflußreichen Slawophilen huldigten einer projektiven paranoiden Idee, nämlich dem Verdacht, der Westen hecke gegen Rußland Komplotte aus und sehe auf das Land, offen oder versteckt, herab.[49] Es ist historisch vielleicht richtig, daß diese paranoiden Ängste viel stärker in der führenden Schicht als in den großen Massen Anklang fanden.[50] Nichtsdestoweniger ist es Lenin und Stalin möglich gewesen, sie quer durch die Sowjetunion zu verbreiten.

Lange vor der bolschewistischen Revolution von 1917 waren Diktatur, Zentralismus und ein staatlicher Repressions- und Propagandaapparat in Rußland fest etabliert. Als der Bolschewismus die Szene betrat, warf der Kasernenhofsozialismus seine Schatten bereits voraus. Unter Lenin wurde eine politische Einheitspartei geschaffen, die KPdSU, die sich politisch das Monopol sicherte, und gleichzeitig wurde ein allgegenwärtiger Sicherheitsapparat errichtet. Stalin führte zudem eine den militärischen Bedürfnissen untergeordnete Kommandowirtschaft ein. Informations-, Versammlungs- und Reisefreiheit wurden abgeschafft. Rußland war eine repressive und argwöhnische Gesellschaft schon vor Stalin, doch seine Besessenheit, alles zu kontrollieren, steigerte Repression und Verdächtigungen zu ungekannten Höhen. Um diesen Grad staatlicher Unterdrückung aufrechtzuerhalten, bedurfte es einer propagandistischen Meisterleistung in bezug auf lauernde Feinde und Bedrohungen.

Innere wie äußere Bedrohungen gab es in der Tat, denn die Bolschewiki waren vielerorts verhaßt. Sie handelten nur natürlich und klug, wenn sie diese Gefahren öffentlich machten und Schritte dagegen unternahmen. Die Realität der Bedrohung gab indes Anlaß zu einer wahren Verschwörungspsychose.

Auch andere Faktoren trugen das Ihre zu der Krisenatmosphäre bei. Die Geheimpolizei war unter Lenin kräftig ausgebaut worden und griff zunehmend schärfer durch. Sie begnügte sich nicht damit, wirkliche Verschwörungsnester auszuheben, sondern qualifizierte auch eher harmlose Aktivitäten als Hochverrat. Überdies hatte man mit einer Erklärung für die unter Stalin sich häufenden ökonomischen Fehlschläge aufzuwarten. Ein Dogma der staatlichen Ideologie war die überlegene Produktivität des sowjetischen Kommandosystems im Vergleich zum kapitalistischen System. Wenn sozialistische Projekte mal wieder fehlschlugen, durfte nicht das System dafür verantwortlich sein. Statt dessen waren Saboteure und antisowjetische Verschwörer am Werk, und natürlich pflegte die Geheimpolizei auch jedesmal welche zu »finden«. Schließlich und endlich wurde eine wachsende Zahl billiger, kontrollierbarer Arbeitskräfte für die expandierenden Arbeitslager benötigt, und »Verschwörer« und »Saboteure« bildeten den Nachschub. Das war auch allgemein bekannt. In den Lagern pflegten die Gefangenen sich mit »fünf«, »zehn« oder »fünfzehn« vorzustellen – den Jahren ihrer Haftstrafe. Wenn jemand mit »zehn« behauptete, gar nichts getan, nicht einmal seinen betrunkenen Vorarbeiter kritisiert zu haben, lachten die anderen nur und entgegneten: »Für nichts kriegst du fünf, für zehn wirst du schon irgendwas angestellt haben.«[51]

Die Tyrannei Stalins lebte von diesen Anklagen wegen Verschwörung. Dazu kamen drei andere stalinistische Praktiken aus der Zeit nach 1928: die Konzentration der Macht auf noch weniger Führungspersönlichkeiten als unter Lenin, die Einführung der Sippenhaft und die zunehmende Anwendung von Terror als Mittel zur Lösung ökonomischer, sozialer und kultureller Probleme.

Stalin intensivierte also, was er von Lenin übernommen hatte. Doch so rücksichtslos unter Lenins Führung auch agiert wurde, es würde doch niemand behaupten, Lenin sei paranoid gewesen. Lenin und Stalin hatten gewiß ihre Ähnlichkeiten. Beide ertrugen keinerlei Opposition. Die Unterschiede zwischen ihnen waren jedoch gewaltig. Lenin entledigte sich der Opposition durch Vertreibung und Exil, Stalin durch Vernichtung.[52] Stalin wurde von dem Willen verzehrt, jeden umzubringen, den er auch nur als potentiellen Gegner verdächtigte. War die Herrschaft Lenins bereits eine brutale Diktatur, so brachte Stalin zusätzlich die paranoide Dynamik in diese Diktatur.

Die schwierigen Verhältnisse, unter denen Stalin aufgewachsen war, waren ein schlechtes Omen für sein grausames Regime. 1879 in Georgien als Jossif Wissarionowitsch Dschugaschwili geboren, stammte Stalin von bäuerlichen Analphabeten ab. Die Pockenerkrankung im Alter von fünf Jahren hat er nur knapp überlebt, und eine in seiner Kindheit zugezogene Verletzung des linken Arms ließ ihn behindert zurück. Was Stalin indes hart machte, waren die Prügel, die er von seinem Vater bezog, einem gewalttätigen Mann, der dem Trunk ergeben war und seine Frau genauso schlug. Ein Freund aus Kindertagen, Jossif Iremaschwili, beschreibt Stalins Elend und dessen Folgen: »Unverdiente, grausame Züchtigungen machten den Jungen genauso hart und herzlos wie der Vater war. Da alle Autoritäten ihn an seinen Vater erinnerten, erwachte in ihm bald ein Gefühl der Rachsucht allen Menschen gegenüber, die ihm an Autorität überlegen waren. Von Kindesbeinen an war die Verwirklichung seiner Racheträume das Ziel, dem er alles andere unterordnete.«[53]

Da es unfähig ist, die Grausamkeit des betrunkenen Vaters als pathologischen Fall zu sehen, entwickelt ein Kind, das geschlagen wird, einen Schuldkomplex. Ein Mittel, um sich dagegen zur Wehr zu setzen, ist die Ausbildung paranoider Mechanismen, um so die eigene »Bosheit« auf die äußeren Verfolger zu projizieren. Ein anderes Mittel, um mit den unerträglichen Gefühlen fertig zu werden, ist, sich mit dem strafenden Vater zu identifizieren und anderen zuzufügen, was einem selber zugefügt worden ist.[54] Anscheinend wurde beides, die Projektion und die Identifikation mit dem Aggressor, ein Persönlichkeitsmerkmal Stalins und prägte nachhaltig seine Art der politischen Führung.

Iremaschwili zufolge hatte sich Stalin zu der Zeit, als er auf der Klosterschule von Gori war, für die georgische Literatur begeistert, für die Geschichten von den georgischen Widerstandskämpfern gegen die russischen Eindringlinge. Besonders hatte es ihm die Geschichte von Koba angetan, wie sie in *Der Vatermord* erzählt wird. Eine historische Begebenheit aufgreifend, geht es hier um einen kaukasischen Robin Hood, der, wenn er nicht den Armen hilft, sich an seinen Feinden rächt.[55] Der junge Dschugaschwili – erst 20 Jahre später wird er das Pseudonym Stalin annehmen – wollte von jedermann Koba genannt werden.[56]

Mit 17 Jahren verließ Stalin Gori, um in das russisch-orthodoxe Priesterseminar in Tiflis einzutreten, wo er ein auf seine Weise genauso brutalisierendes Regime wie im Elternhaus, das er verlassen hatte, vorfand. Die Mönche spionierten hinter ihren pubertären Zöglingen her, belauschten sie und durchsuchten ihre Spinde nach verbotenen Dingen, etwa weltlicher Lektüre. Dieses Milieu bestärkte Stalin in seiner Auflehnung gegen Religion und Autorität. Seine Tochter Swetlana beschrieb die Früchte dieser Erziehung: »Bei einem jungen Mann, der nie auch nur für einen Augenblick an ein spirituelles Leben oder an Gott geglaubt hatte, konnten endlose Litaneien und verschärfte religiöse Übungen nur bewirken, daß die Ablehnung des Glaubens verstärkt wurde ... Durch seine Erfahrungen im Seminar gelangte er zu der Überzeugung, daß die Menschen intolerant und roh sind, daß sie ihre Schäflein betrügen, um sie unter Kontrolle zu halten, daß sie intrigieren und lügen.«[57]

Diese Erfahrungen perfektionierten Stalins Verstellungskunst. Er lernte, seine innere Wut, sein Aufbegehren und seine Rachebegierde hinter scheinbarer Ruhe und Zustimmung zu verstecken. Seine Rebellion bestand darin, sich in verbotene Lektüre zu versenken, besonders in die Schriften von Marx und Lenin.[58] So wie er seinen Vater und die Mönche verabscheute, wird er Lenin vergöttern und »einen Bergadler« nennen[59]. Lenin sollte irgendwann den »aufsteigenden Adler« Koba als Stalins Idol ersetzen. Die Beredsamkeit, mit der Lenin sich in seinen Schriften über die Notwendigkeit ausläßt, die Unterdrücker zu stürzen, fiel beim jungen Stalin auf fruchtbaren Boden. Lenin sorgte für das ideologische Korsett und den politischen Handlungsrahmen für Stalins Aufbegehren. Folgen wir Robert Tucker, so hätten Lenins Lehren es Stalin ermöglicht, in seinen eigenen Feinden die Feinde der geschichtlichen Entwicklung zu erblicken.[60]

Stalin verließ mit zwanzig Jahren das Priesterseminar und verbrachte die nächsten Jahre als politischer Organisator und Agitator.[61] Ein Mitstreiter schildert den Kämpfer Stalin, damals noch unter dem Namen Koba, und vermittelt einen guten Eindruck von dessen paranoidem Stil: »Er behandelte mich mit Argwohn. Nachdem er mich lange verhört hatte, händigte er mir einen Stapel illegaler Literatur aus ... Mit demselben bedeckten, mißtrauischen Ausdruck begleitete er mich zur Tür. Koba pflegte zu spät zu kommen, ein Buch unter seinem zu kurz geratenen linken Arm, und irgendwo im Hintergrund oder in einer Ecke zu sitzen. Er hörte ruhig zu, bis jeder sich geäußert hatte. Er selber sprach immer als letzter. Gemächlich verglich er die verschiedenen Ansichten, wog alle Argumente ab ... und gab dann sein eigenes Votum mit der Miene ab, damit sei die Diskussion wohl beendet und die Sache entschieden.«[62]

Stalin war Drahtzieher bei den Demonstrationen zum 1. Mai 1901 in Tiflis, bei denen 2000 Arbeiter mit der Polizei zusammenstießen, und bei dem Aufstand in Batum 1902, bei dem 15 streikende Ölarbeiter von den Regierungstruppen getötet wurden. Nach der Konfrontation in Batum wurde er verhaftet, eingesperrt und nach Sibirien verbannt, von wo er schließlich floh, um sich unter Lenin wieder der revolutionären Tätigkeit zu widmen. In einem 1905 erschienenen Artikel in einer Untergrundzeitung sprach sich Stalin unter der Überschrift »Die Klasse der Proletarier und die Partei der Proletarier« für Militanz und Kontrolle aus, indem von nun an »unsere Partei eine Festung ist, deren Tore sich nur Erprobten öffnen«[63]. In seinem Umgang mit anderen revolutionären Führern war Stalin häufig kurz angebunden, er war schnell beleidigt, ein Ausdruck des Ressentiments gegenüber der höheren Bildung und den intellektuellen Leistungen anderer.

Stalin verwand es lange Zeit nicht, daß es ihm nicht gelungen war, bei den sich überstürzenden Ereignissen des Jahres 1917 eine führende Rolle zu spielen. Tatsächlich war der Anteil Trotzkis an der Machtergreifung der Revolutionäre viel eindrucksvoller, er kam gleich hinter Lenin. Als Lenin aus dem Exil zurückkehrte, war Stalin bei dem Treffen in Petrograd nach Lage der Akten nicht anwesend. In seiner offiziellen Biographie änderte Stalin das und behauptete, nicht Trotzki, sondern er selber habe die Ereignisse gesteuert. So stilisierte er sich fälschlich zu Lenins engstem Kampfgefährten.

Stalin war Trotzkis erbitterter Rivale, denn Trotzki besetzte den Platz, auf den er aus war. Nach Lenins Tod versuchte Stalin alles, um seine Herrschaft zu festigen und Trotzkis Rolle in der Geschichte der Revolution umzuschreiben. Dessen »permanente Revolution« stellte er als das Gegenteil von Lenins Konzept der »proletarischen Revolution« hin. Nach Trotzkis erzwungenem Rücktritt 1925 riet Stalin, wobei er seine aggressive und paranoide Natur wie immer hinter einer gleichmütigen Fassade verbarg, zur Mäßigung im Umgang mit denjenigen Bolschewiki, die mit der offiziellen Parteilinie nicht übereinstimmten. Derselbe Mann, der im Begriff stand, 40 Millionen Köpfe rollen zu lassen, erklärte, daß das Liquidieren für die Partei große Gefahren mit sich brächte.[64] Doch Stalin war nicht der Mann, seine eigene weise Warnung vor den fatalen Konsequenzen des Liquidierens zu beherzigen. Wie er selbst richtig bemerkt hatte, gab es, nachdem der Prozeß erst einmal in Gang gekommen war, kein Halten mehr.

Die folgende Darstellung von Stalins Terror ist so ausführlich gehalten, um zu zeigen, daß dieser nicht einfach ein politischer Konflikt in einer ohnehin brutalen Gesellschaft war, die sich zudem in einer revolutionären Phase befand. Es war vielmehr ein Wahn, der diese Gesellschaft verzehrte:[65]

> Es ist unmöglich, das volle Ausmaß des von Stalin verursachten Leidens, des individuellen wie des kollektiven, zu schildern. Mehrere Millionen Familien wurden im Namen des Sozialismus unter allerprimitivsten Bedingungen deportiert und die Überlebenden im fernen Sibirien angesiedelt. Stalin war

auch dafür verantwortlich, daß während der großen Hungersnot Anfang der dreißiger Jahre mehrere Millionen ukrainischer Bauern verhungerten. Das Regime nützte die Hungersnot bewußt aus um die Kollektivierung zu beschleunigen, obwohl eben diese brutale Kollektivierung selber weitgehend schuld an ihrem Ausbruch war. Während der Säuberungen wurde die Partei dezimiert, die meisten ihrer Führungskader hingerichtet und ihre Familien grausam verfolgt. Die Verhaftungen und Exekutionen schnitten tief in die gesamte Sowjetgesellschaft ein und beliefen sich auf Abermillionen. Sowjetischen Unterlagen zufolge wurden allein im militärischen Bereich 1937 bis 1938 nicht weniger als 37 000 Armee- und 3000 Marineoffiziere erschossen. In dieser Zeit kamen somit mehr Offiziere um als während der ersten beiden Jahre nach dem Überfall der Nazis auf die Sowjetunion.
Unter Stalin schwollen die GULAGs immer weiter an. Unaufhörlich kam es zu Verhaftungen von Einzelpersonen und Gruppen. Ganze Volksgruppen wurden zum Genozid bestimmt. Kurz vor dem Kriegsausbruch 1939 verschwand plötzlich die gesamte, mehrere 100 000 Menschen zählende polnische Bevölkerung, die auf der sowjetischen Seite der damaligen sowjetisch-polnischen Grenze lebte. Nur die Frauen und Kinder wurden in Kasachstan wieder angesiedelt, die Männer kamen einfach um. Noch im Endstadium des Krieges wurden die Krimtataren und die Tschetschenen-Inguschen aus dem nördlichen Kaukasus, auch sie mehrere 100 000, entwurzelt und nach Sibirien deportiert. Nach dem Krieg gerieten, trotz der Enthüllungen über den Holocaust an den Juden, plötzlich die jüdischen Gemeinden in Moskau und Leningrad ins Visier der Machthaber, und ihre Führung wurde dezimiert. 1949 wurden Hunderttausende von Balten nach Sibirien deportiert. Nach der skrupulösen sowjetischen Buchführung ... befanden sich unter den Opfern allein 108 362 Litauer. Noch am Vorabend von Stalins Tod traf man Vorbereitungen für neue Schauprozesse gegen die »Ver-

> schwörung der jüdischen Ärzte«, in denen die Opfer angeklagt werden sollten, die Ermordung der obersten Kremlführung geplant zu haben ... Obwohl man nie erfahren wird, wie groß die Zahl der Opfer Stalins wirklich war, kann man mit Sicherheit annehmen, daß sie keinesfalls unter 20 Millionen, vielleicht sogar bei 40 Millionen liegt ... Alles in allem war Stalin wahrscheinlich der größte Massenmörder der Geschichte, statistisch stellt er sogar Hitler in den Schatten.[65]

Stalin ließ Menschen umbringen, die ihm nahestanden, aber auch solche, die er für Feinde oder mögliche Feinde ansah. Allein Ende der dreißiger Jahre ließ er folgende Personen liquidieren: den Chef des Generalstabs, den Ersten Politischen Kommissar der Armee, die obersten Kommandeure aller wichtigen Militärbezirke, 99 Prozent aller sowjetischen Botschafter, 98 von 139 Mitgliedern des auf dem XVII. Parteitag 1934 gewählten ZK und schließlich die beiden Chefs der Geheimpolizei, die für den Tod dieser Leute verantwortlich waren.[66]
Stalin fand Gefallen daran, seine Feinde zu quälen, und bisweilen pflegte er selber die Sorte von Folter zu bestimmen, der die Gefangenen zu unterwerfen waren. Eine besondere Quelle des Vergnügens war es ihm, sich durch nach dem Zufallsprinzip praktizierten Terror als Herr über Leben und Tod aufzuspielen. Ein Beispiel für das, was Erich Fromm Stalins »nicht-sexuellen Sadismus« genannt hat, liefert Sergej Iwanowitsch Kawtaradse, der Stalin immerhin einst vor der Geheimpolizei versteckt hatte. Stalin rehabilitierte den trotzkistisch angehauchten Kawtaradse, der sich für diese Gnade mit einem einschmeichelnden Zeitungsartikel bedankte. Das genügte Stalin jedoch nicht. Er ließ Kawtaradse samt Ehefrau verhaften, foltern und zur Erschießung verurteilen. Nachdem er monatelang in der Todeszelle geschmachtet hatte, wurde er überraschend ins Büro Lawrenti Berijas, des Chefs der Geheimpolizei, geführt und mit seiner mittlerweile anscheinend um Jahre gealterten Frau wieder vereint. Obwohl dem Paar gestattet wurde, sein altes Leben wieder aufzunehmen, setzte Stalin sein Katz-und-Maus-Spiel fort, indem er

Kawtaradse etwa zum Abendessen einlud oder sogar selber unerwartet bei ihm vorbeischaute – noch dazu in Berijas Gesellschaft. Bei Tische pflegte Stalin den Gastgeber zu spielen und seinem einstigen Retter aufzuwarten. Er machte seine Späße und schwelgte in Erinnerungen. Doch plötzlich blitzte die Drohung auf. Bei einem Bankett wendete sich Stalin an den vor Angst erstarrenden Kawtaradse: »Und trotzdem hast du mich töten wollen.«[67]

Stalin pflegte furchtsame Bürokraten seiner Gnade zu versichern, nur um sie ein paar Tage später verhaften zu lassen. Fromm erzählt, wie eines Abends die Frau eines stellvertretenden Volkskommissars, der im Krankenhaus lag, einen unerwarteten Telephonanruf von Stalin erhielt: »Ich höre, Sie erledigen Ihre Gänge zu Fuß, das ist nicht gut. Die Leute könnten auf falsche Gedanken kommen. Ich werde Ihnen einen Wagen zur Verfügung stellen, bis Ihrer repariert ist.« Und am nächsten Morgen kommt ein Wagen aus der Kremlgarage vorgefahren. Aber zwei Tage später wird der Ehemann aus dem Krankenhaus heraus verhaftet.[68]

Während der Säuberungen wohnte Stalin den Verhören häufig hinter einem Vorhang bei, indem er seine Gegenwart nur dann und wann durch das Aufflackern eines Streichholzes verriet, mit dem er seine Pfeife anzündete. Sich Stalin zu widersetzen hieß, sich lebenslängliche Feindschaft zuzuziehen. Eine Kränkung vergaß er nie und rächte sich oft erst viele Jahre später. Als er einmal mit einigen Genossen darüber sprach, was ein wirklich gelungener Tag sei, meinte Stalin: »Meine Vorstellung wäre, kunstvoll Rache an einem Feind zu schmieden, sie perfekt auszuführen und sich dann zu Hause friedlich schlafen zu legen.«[69]

Aus Stalins Rachelust sprach nicht einfach eine enthemmte Triebnatur. Sie entsprang der Erleichterung darüber, einen Feind auszuschalten. Da er sich von Feinden umgeben wähnte, war Stalin durch und durch paranoid. Einer seiner Hauptstellvertreter, Nikita Chruschtschow, bemerkte dazu: »Manchmal starrte er einen an und sagte: ›Warum sehen Sie mir heute nicht in die Augen? Warum weichen Sie meinem Blick aus?‹ oder einen ähnlichen Unsinn ... Stalin rührte, wann immer wir zum Essen bei ihm waren, nicht ein

einziges Gericht, keine Vorspeise und kein Getränk an, bevor einer von uns gekostet hatte. Dies beweist, daß er allmählich den Verstand verlor. Er traute nicht einmal mehr dem Personal, das ihn bediente, Menschen, die ihm seit Jahren gedient hatten und ihm ohne Zweifel ergeben waren. Er traute überhaupt niemandem.«
Chruschtschow erinnert sich auch, wie Stalin den inneren Kreis über die sogenannte Ärzteverschwörung, ein angebliches Mordkomplott unter der Führung jüdischer Ärzte, aufklärte und dann seufzte: »Ihr seid blind wie junge Katzen; was werdet ihr ohne mich machen? Unser Land wird zugrunde gehen, weil ihr es nicht versteht, Feinde zu erkennen.«[70]

Das rücksichtslose Ausmerzen von Feinden ist das Lebenselixier des paranoiden Despoten. Um zu überleben, darf er keiner Seele über den Weg trauen. Aber, wir erwähnten es schon, indem man eingebildete Feinde anklagt, schafft man sich reale Feinde. Die Intensität von Stalins Paranoia ließ niemanden von Verdächtigungen verschont bleiben, wie ergeben und loyal auch immer er vorher gedient hatte. Wenn Stalin, so meint seine Tochter, jemanden im Verdacht hatte, illoyal zu sein, trachtete er danach, ihn zu vernichten, ohne jede Rücksicht auf die bisherige Beziehung zueinander.[71]

Doch Stalin mußte seine Opfer nicht einmal der Illoyalität verdächtigen, um sie umbringen zu lassen. Seine Furcht vor Verrat war vorauseilend, vorausschauend und vorbeugend. Stalin hatte vor dem Zweiten Weltkrieg viele hohe Offiziere töten lassen, weil er sich überlegte, es würde in ihrem Interesse sein, die UdSSR zu verraten und mit den weit besser ausgerüsteten Deutschen gemeinsame Sache zu machen. Er entschied sich, sie besser töten zu lassen, bevor sie auf diesen Gedanken kämen. Überhaupt erfolgte der Terror von 1934–39 ohne politische Not.[72] Die Kommunisten und Stalin saßen um diese Zeit längst fest im Sattel. Er reflektierte schlicht und einfach Stalins persönliche Wahnvorstellungen.

Wie hat er es geschafft, da er doch seinem Verfolgungswahn vor seinen Vertrauten freien Lauf ließ, nicht in den Ruf eines Paranoikers zu geraten? Dazu ist zu sagen, daß sich die fraglichen Ereignisse während einer Zeit heftigster ideologischer Kämpfe ereigneten und daß die Welt zudem eine nur unvollkommene Vorstellung von dem, was vor sich ging, hatte. Ein anderer Grund liegt in Stalins Persönlichkeit und in der paranoiden Dynamik.

Sein Lieblingsbild, wenn es darum ging, seine Feinde anzuprangern, war das der »Masken«.[73] Stalin projizierte auf andere, was er selber tat. Denn Paranoiker leben in einer Welt, in der sich jedermann maskiert. Kein Wunder, daß auch sie selber ihre Natur hinter einer angenommenen Persönlichkeit verbergen. Stalin tat das sein Leben lang, und er fuhr gut damit. Anders als Hitler und unbedeutende Führerfiguren wie Gerald L. K. Smith und Joseph McCarthy gab sich Stalin außer seinen allernächsten Vertrauten gegenüber als sehr gemäßigt in Auftreten und Ansichten. Von seinem paranoiden Wesen trug er in seinem Gebaren nichts zur Schau.

Stalins eigene Maske war bemerkenswert erfolgreich. Bei Lenins Tod suchten die Bolschewiki, die immer noch in dem kollegialen Rahmen arbeiteten, den Lenin zusammengefügt hatte, einen Führer, der »nüchtern und pragmatisch« sein würde, einen unauffälligen Mann.[74] Viele lebten in der Sorge, ein zweiter Napoleon Bonaparte könnte auftreten, und ihre Sorge galt in dieser Beziehung Trotzki, nicht Stalin. Ironischerweise entschied man sich für Stalin zum Teil deshalb, weil man ihn für einen ungefährlichen, farblosen Bürokraten hielt.

Nicht alle Bolschewiki waren jedoch von Stalins Harmlosigkeit überzeugt. Lenin selbst warnte in seinem Testament vor ihm. Nicolai Bucharin, ein Intellektueller, der den größten Teil seines Lebens außerhalb Rußlands zugebracht hatte und der einer der Gründerväter der UdSSR war, ahnte Stalins unaufhaltsamen Aufstieg zur Macht und zur persönlichen Diktatur voraus. Verzweifelt warnte er Leo Kamenjew, der immerhin einmal Vorsitzender des Politbüros gewesen war, Stalin sei ein »Dschingis Chan, dessen Weg für die ganze Revolution verhängnisvoll ist ... Zugeständnisse hat er nur gemacht, um später unsere Kehlen durchschneiden zu können.« In seinen Aufzeichnungen über ein Gespräch mit Lenin notierte Kamenjew: »Stalin kennt nur eine Methode: ... einem ein Messer in den Rücken zu stechen.«[75]

In aller Regel jedoch funktionierte Stalins Verstellung. Bei Gesprächen mit Menschen, die nicht seine Vertrauten waren, trug er Vernünftigkeit und Mäßigung zur Schau, ja Freundlichkeit. Für die Außenwelt war er der herzliche »Onkel Joe«.

Aber was war mit politisch scharfsichtigen Beobachtern, die ihm und dem Kommunismus feindlich gesinnt waren? Der US-Botschafter und Historiker George F. Kennan, dem der Kommunismus zutiefst zuwider war und der auch über Stalins Verbrechen Bescheid wußte, notiert in seinen Erinnerungen: »Sein Benehmen, wenigstens uns gegenüber, war einfach, ruhig und unaufdringlich. Es war nicht auf Wirkung aus. Er machte wenig Worte. Meist klangen sie vernünftig und verständig; sie waren es oft auch. Ein uneingeweihter Besucher hätte nie erraten, welche Abgründe von Berechnung, Ehrgeiz, Machtgier, Eifersucht, Grausamkeit und hinterlistiger Rachsucht hinter dieser unauffälligen Fassade lauerten.«[76] Ein anderer eingefleischt antikommunistischer US-Botschafter, Averell Harriman, notierte: »Es fällt mir schwer, die Höflichkeit und Rücksichtnahme, die er mir persönlich erwies, mit der entsetzlichen Grausamkeit seiner Massenliquidierungen zu vereinbaren.«[77]

Genauso erfolgreich wie im Umgang mit Politikern und Diplomaten wußte Stalin seine zerstörerische Paranoia vor den Experten zu verbergen. Isaac Deutscher, einer seiner frühen Biographen und zeitweilig sein trotzkistischer Kritiker, sah in Stalin eine Person von »beinahe unpersönlicher Persönlichkeit«[78]. E. H. Carr beschrieb ihn als eine Personifikation der historischen Umstände, eine elementare Macht, deren Persönlichkeit weiter keine Rolle spiele.[79] Offenkundig waren selbst diese kritischen Gelehrten nicht nur mit den Fakten nicht vertraut, die später auftauchten, sondern sie waren auch von der marxistischen Doktrin angesteckt, die bestreitet, daß der Persönlichkeit ein entscheidender Einfluß auf die Geschichte zukommt. Selbst während des Zweiten Weltkriegs, als Stalin versuchte, Charisma zu entwickeln, war sein Gebaren eher onkelhaft als dramatisch.[80] Stalins Image war das einer ruhigen, freundlichen Persönlichkeit, ein ferner Gott, der wirkte wie ein Zar. Als Marxist, der eine marxistische Revolution anführte, hätte Stalin sich von psychologischen Verschwörungshypothesen wenig angesprochen fühlen dürfen. Daß er dermaßen besessen von ihnen war, enthält einen Fingerzeig auf die entscheidende Rolle, die seine Psyche bei der Institutionalisierung des Terrors gespielt hat.

Der Fall Stalin ist wieder ein Beispiel dafür, daß ein paranoider Führer sich nicht notwendig paranoid aufführt. Der geheime Paranoiker mag sogar viel destruktiver sein als der offenkundige. Um in der intriganten Kremlatmosphäre zu überleben, war es sicherlich gut, für geheime Ränke ein Gespür zu haben. Nur, wo verläuft die Grenze zwischen klugem Argwohn und Verfolgungswahn? Kann es in einer solchen Gesellschaft überhaupt eine Grenze geben? Während Stalins paranoide Persönlichkeit zu Beginn seiner Karriere gut zu den Anforderungen an einen politischen Führer paßte, vertiefte sich mit den Jahren die Paranoia. Als er kurz vor seinem Tod 1953 zu der Überzeugung gelangte, daß eine Gruppe jüdischer Ärzte Teil eines gegen ihn gerichteten, großen Mordkomplotts war, befand er sich schon im klinischen Stadium der Paranoia. Er war verzehrt von paranoiden Ängsten, und Verschwörungen waren seine fixe Idee. Er traute keinem mehr und fürchtete jeden. Der Fall Stalin beweist aber auch die Abhängigkeit der Diagnosen von dem Milieu ihrer Entstehung. Der Stalin von 1930 wäre in einer Demokratie westlichen Zuschnitts als Paranoiker betrachtet worden – nicht so im Kreml. Doch Anfang der fünfziger Jahre wurde Stalins Paranoia selbst in der tückischen Sowjetunion, die er geschaffen hatte, als maßlos empfunden. Von Lawrenti Berija, seinem letzten Geheimpolizeichef, wurde sie geschickt manipuliert, um sich eigener Rivalen zu entledigen. Er fütterte Stalins Ängste und empfahl »Feinde« für die Abschußliste.

Der Schlaganfall, der Stalins Leben ein Ende setzte, verhinderte eine weitere Säuberungswelle gegen unschuldige Opfer. Sie hätte den Millionen von Menschenleben, die Stalins unersättliches, paranoides Sicherheitsbedürfnis schon gekostet hatte, weitere hinzugefügt. Dieses Sicherheitsbedürfnis war nichts anderes als das Bedürfnis, vor den Feinden, die ihn umgaben, sicher zu sein: den Feinden in seiner eigenen Brust.

Kapitel 11
Destruktives Charisma: Adolf Hitler

> Es ist nur ein Schritt von dem primitiven Medizinmann zum Paranoiker und von ihnen beiden zum Despoten der Weltgeschichte.
>
> Elias Canetti, *Masse und Macht*

Die Propagandamaschine der Nazis hat mit großem Geschick die deutsche Bevölkerung dazu gebracht, Hitlers Vernichtungsprogramm zu unterstützen. Ein Plakat zum Beispiel stellte Hitler im weißen Arztkittel dar, das Stethoskop in seiner Tasche, und der Text empfahl ihn als denjenigen, der die deutsche Nation von ihren Leiden kurieren wird.[1]

Der Topos von der deutschen Nation als eines »nationalen Organismus«, der seiner Auflösung entgegengehe, wird in Hitlers Schriften und Reden überall beschworen, genauso wie das Bild vom Juden als dem Gift im deutschen Volkskörper, dem »Ferment der Dekomposition«.[2]

Diese Vorstellungswelt spiegelt Hitlers eigene psychische Struktur wider, die paranoid nach außen auf die nationale Bühne projiziert worden ist.[3] Zwar ist das Quellenmaterial zu Hitlers Kindheit dürftig, aber es liefert doch entscheidende Hinweise zu den Wurzeln von Hitlers paranoider Psychodynamik.

Die frühen Jahre

Gelehrter Forscherfleiß kann
Fördern an den Tag die ganze Kränkung, ...
Die eine Kultur trieb in den Wahnsinn, ...
Welch gewalt'ges Phantasma
Den Psychopathen hat gemacht zum Gott: ...
Wem Böses ward getan,
Der Böses gibt zurück.

W. H. Auden, *1. September 1939*

Hitlers Ungewißheit in bezug auf seine Abstammung in der väterlichen Linie sollte ihn sein Leben lang peinigen. Sie ist vermutlich der Grund dafür, daß bei ihm die Rassenreinheit zur fixen Idee wurde.[4] Die Schickelgrubers, die Familie von Hitlers Großmutter väterlicherseits, waren österreichische Bauern, deren Familiengeschichte ziemlich stark von Inzucht und psychischer Labilität geprägt ist. Hitlers Großmutter, Maria Anna Schickelgruber, verließ die dörfliche Gemeinschaft, um Dienstmädchen zu werden. 1837, mit 41 Jahren, bringt sie Alois Schickelgruber zur Welt. Den Vater des Kindes nennt das Taufregister nicht. Fünf Jahre später heiratet sie einen Müllerburschen, Johann Georg Hiedler (auch Hitler geschrieben), der sich aber weigert, das Sorgerecht für ihren Sohn zu übernehmen. Hiedlers älterer Bruder, ein Bauer, nimmt sich des jungen Alois an und zieht ihn auf, bis dieser mit 13 bei einem Schuster in die Lehre geht. Alois ist intelligent und strebsam, und mit 18 ist es ihm bereits gelungen, eine Stellung im österreichischen Staatsdienst zu erlangen, ein beachtlicher Erfolg. Als er 39 ist, inzwischen fest beamtet, überredet Alois seinen Pflegevater, die Eintragung im Taufregister zu ändern, um den Makel auf seiner Geburt zu tilgen, und Georg Hitler wird als sein Vater eingetragen. Wir müssen uns mit diesen verworrenen Familienverhältnissen befassen, weil auch Hitler es mußte. 1930 bestellt ein alarmierter Hitler seinen Rechtsanwalt Hans Frank zu sich. Ein Verwandter droht mit Erpressung, indem er andeutet, er sei im Besitz von Dokumenten, die beweisen, daß Hitlers Großvater väterlicherseits Jude ist. Frank stellt Nachforschungen an und sagt später aus, nach dem, was er damals herausgefunden habe, habe Hitlers Großmutter in der Tat eine Stellung im Haus einer jüdischen Familie namens Frankenberger gehabt, und Frankenberger habe Maria Anna über 14 Jahre für Alois Unterstützung gezahlt; die Schlußfolgerung liegt nahe, daß Frankenberger Alois' Erzeuger war. Frank zufolge hätte Hitler diesen Schluß bestritten, indem er andeutete, nach den Erzählungen seiner Großmutter habe sie das Geld angenommen, weil ihre Familie so arm war.

Ein überzeugender Hinweis darauf, daß Hitler gleichwohl den Verdacht nicht los wurde, seine Großmutter sei von einem Juden geschwängert worden, und daß folglich jüdisches Blut in ihm floß, findet sich in den Nürnberger Rassegesetzen von 1935, in Hitlers Phraseologie: dem »Gesetz zum Schutze des deutschen Blutes und der deutschen Ehre«.[5] Paragraph 3, von Hitler selber verfaßt, bestimmte: »Juden dürfen weibliche Staatsangehörige deutschen oder artverwandten Blutes unter 45 Jahren in ihrem Haushalt nicht beschäftigen.« 45, das war natürlich das Alter, in dem anzunehmen ist, daß die Gebärfähigkeit aufhört. Hätte es dieses Gesetz zu der Zeit gegeben, als seine einundvierzigjährige Großmutter als Dienstmädchen arbeitete, hätte sie nicht von ihrem jüdischen Arbeitgeber schwanger werden können. Genau das war es aber, was Hitler befürchtete.

Hitlers Interesse an seiner äußeren Erscheinung und an der jüdischen Physiognomie zeugt ebenfalls von seiner Phobie, er könne »mit jüdischem Blut befleckt« sein. Er machte häufig Bemerkungen über jüdische Nasen und sprach angewidert von dem »charakteristischen Duft«, der ihnen entströme. Hitler selber hatte eine große Nase, was er durch seinen Schnurrbart möglichst kaschierte. Der Idealtypus des reinen Ariers, den Hitler propagierte, entsprach so gar nicht seiner eigenen Erscheinung, von der man gesagt hat, es sei die »eines Kellners in einem zweitklassigen Wiener Café«.[6]

Es ist unwichtig, ob Hitler tatsächlich einen jüdischen Großvater gehabt hat. Wichtig ist, daß er Grund zur Sorge hatte und vielleicht sogar glaubte, teilweise jüdischer Abstammung zu sein. Die Intensität seines Triebes, den deutschen Volkskörper von der »jüdischen Pest« zu befreien, legt jedenfalls nahe, daß er nur seine eigenen Zwangsvorstellungen im Großen auslebte. Da er sich einmal mit der Nation identifiziert hatte, projizierte er die an sich selber verachteten Seiten auf die Juden. Das ist geradezu ein Paradebeispiel für paranoide Dynamik.

Hitlers Vater, ein allem Anschein nach autoritärer und ichbezogener Mensch, der sich um seine Frauen oder Kinder nicht groß kümmerte, war 22 Jahre älter als seine Cousine zweiten Grades Klara, seine dritte Ehefrau. Klara, damals bereits seine Geliebte, war mit Adolf schwanger, als Alois' zweite Frau starb.[7] Adolf kam am 20. April 1889 zur Welt.

In *Mein Kampf* versucht Hitler zwar den Eindruck zu erwecken, seine Familie sei in wirtschaftlichen Nöten gewesen, allein das stimmt offenkundig nicht, auch wenn sie häufig umzog, was aber mit der Laufbahn seines Vaters als österreichischer Beamter zusammenhing. Wenn die wirtschaftlichen Umstände nicht bedrükkend waren, so waren es die Erziehungsmethoden desto mehr. Adolfs älterer Bruder Alois schilderte die Erziehungsmethoden des Vaters mit drastischen Worten: »Alois der Ältere schlug (Alois den Jüngeren) häufig mit einer Nilpferdpeitsche. Er verlangte äußersten Gehorsam ... Jede Übertretung diente ihm zur Entschuldigung für eine Prügelorgie ... (Er war ein Mann) von sehr gewalttätigem Naturell, der den Hund gern so lang peitschte, bis der ... den Boden naß machte. Oft schlug er die Kinder und auch bei einer Veranlassung ... seine Frau Klara.« Einem anderen Bericht zufolge prügelte der Vater einmal Alois den Jüngeren bis zur Bewußtlosigkeit und ließ ein andermal Adolf für tot liegen. Seine Kinder sollen ihn angeblich mit »Herr Vater« angeredet haben. Adolf pflegte er durch einen Pfiff herbeizuzitieren, gerade so wie den Hund.[8]

Berichte der Lehrer und seiner Halbbrüder lassen darauf schließen, daß Adolf ein aufgeweckter, aber eigensinniger Junge von instabilem Naturell war, der leicht seine Selbstbeherrschung verlor. In der Schule war er keine große Leuchte, außer beim Zeichnen. In *Mein Kampf* führt Hitler seine schlechten schulischen Leistungen auf die Rebellion gegen das Verlangen seines autoritären Vaters zurück, er solle sich auf den Staatsdienst vorbereiten. Er beschreibt einen fortwährenden Machtkampf mit dem Vater: »... So hart und entschlossen auch der Vater sein mochte ..., so verbohrt und widerspenstig war aber auch sein Junge ... Der Vater verließ nicht sein ›Niemals‹, und ich verstärkte mein ›Trotzdem‹.«[9] Diese Betonung der Willensstärke ist ein für Hitlers ganze politische Schriftstellerei kennzeichnender Zug, und die Weigerung, einer überlegenen Kraft zu weichen, sollte ein Merkmal seines ganzen Verhaltens und seiner Politik als Staatsmann werden. Später begeisterte sich Hitler für die Werke Arthur Schopenhauers, besonders *Die Welt als Wille und Vorstellung*. Er schenkte Benito Mussolini Schopenhauers gesammelte Werke, weil er von Mussolinis Fähigkeit so beeindruckt war, einfach durch einen Willensakt, den Marsch auf Rom, den Niedergang seiner Nation umzukehren.

Als Jüngling begann Hitler die Einstellungen auszubilden, die seine politische Ideologie prägen sollten. Mit 16 bis 18 Jahren entwikkelte er ein übersteigertes Bild von sich als genialem Künstler, das unter dem Eindruck Richard Wagners entstand. Hitler war fasziniert von Wagners heroischen Opern und dem Topos von der arischen Überlegenheit, dessen Vorkämpfer er war. Sein Jugendfreund August Kubizek erinnert sich, wie Hitler von Wagners *Rienzi* so fasziniert war, daß er schwor, eines Tages Deutschland zu retten, eben wie Rienzi Rom gerettet hatte.

Seine Ablehnung durch die Kunstakademie war für ihn ein herber Schlag. Viele psychoanalytisch orientierte Hitlerbiographen haben von einer »Identitätskrise« gesprochen. Erik Erikson meint, sie sei zwischen 1907, als Hitler von der Kunstakademie abgelehnt wurde, und 1908 eingetreten, als seine Mutter starb. Wenn die Adoleszenzkrise nicht bewältigt wird und keine gesunde Identitätsstabilisierung erfolgt, sind lebenslängliche psychologische Probleme die Folge. In Hitlers Fall, meint Erikson, führte die ungelöste Identitätskrise dazu, daß er »der ungebrochene Jüngling [war], der sich eine Laufbahn fern von zivilem Glück, merkantiler Geruhsamkeit, geistigem Frieden gewählt hatte«.[10]

Der Tod der Mutter und ein zweiter ablehnender Bescheid der Kunstakademie leiteten ausgedehnte Wanderjahre ein. Während dieser Zeit festigte sich, *Mein Kampf* zufolge, sein fanatischer Antisemitismus. Hitlers wichtigster Psychobiograph, Robert Waite, vertritt die Hypothese, daß der Tod der Mutter, da sie bei einem jüdischen Arzt in Behandlung war, Hitler rachedurstig zurückließ.[11] Er »entdeckte« auch den Grund dafür, daß er von der Kunstakademie zurückgewiesen worden war: Vier der sieben Jurymitglieder waren Juden. Hitler raste vor Wut und schrieb einen Brief an den Akademiedirektor, der mit der Drohung endete: »Dafür werden die Juden büßen!«[12] Er vertiefte sich in das Studium des Marxismus und dessen Verhältnis zum Judentum.
Konfrontiert mit seinem Versagen und ohne klare Perspektive, verfiel Hitler auf die klassische paranoide Dynamik, seine eigenen Schwächen zu verleugnen, in diesem Fall also den Juden seine Mißerfolge anzulasten. Er las viel, war dabei aber besonders fasziniert von der journalistischen Behandlung des Antisemitismus. Nachdem die kleine Erbschaft aufgezehrt war, vegetierte er in äußerst ärmlichen Verhältnissen, indem er von einer billigen Unterkunft in die nächste zog: »Zwei Jahre lang bildeten Sorge und Not meine einzige Gesellschaft, mein einziger Gefährte war ewig ungestillter Hunger.«[13] Nach zwei Jahren Obdachlosigkeit (1908 bis 1910) zog er in ein Männerasyl, das von einer Wohltätigkeitsorganisation finanziert wurde, um dort die nächsten drei Jahre zu bleiben. Während dieser fünf »Wiener Lehr- und Leidensjahre« kreiste bei ihm alles um den Haß. In der Rückschau auf diesen Lebensabschnitt in *Mein Kampf* sah er in seinen Erfahrungen die Ursache seiner Entschlossenheit; das war die Zeit, da »die Göttin der Not« und »Frau Sorge« ihn Härte lehrten.[14] Der Ausbruch des Ersten Weltkrieges beendete diese ziellose Zeit und gab Hitlers Leben Sinn.[15] Er meldete sich sofort als Freiwilliger und wurde ein guter Soldat – er erhielt das Eiserne Kreuz 1. Klasse –, aber trotzdem nicht mehr als Unteroffizier, da seine Vorgesetzten meinten, daß er keine Führungsqualitäten besäße. Seine Kameraden waren von der Brutalität des Krieges traumatisiert, doch Hitler jauchzte. Sein

übersteigerter Patriotismus wirkte auf viele seiner Kameraden befremdend.

Im Oktober 1918 fiel Hitler einem britischen Gasangriff zum Opfer, was ihn eine Zeitlang blind machte. Er lag im Lazarett, als die Nachricht kam, der Krieg sei aus. Vor dem Kriegsausbruch war Hitler psychisch eine gescheiterte Existenz gewesen. Dann hatte er sich für die deutsche Vorherrschaft kämpfen sehen und sich mit dem deutschen Nationalismus identifiziert. Das Kriegsende bedeutete für ihn daher eine Katastrophe. Es stellte nicht nur eine demütigende Niederlage, sondern auch den Verlust seiner neugefundenen Identität als heldenhafter Soldat dar. Doch in dieser Verlusterfahrung nahmen Träume eine feste Gestalt an, die Niederlage zu rächen und eine heroische Rolle in der deutschen Geschichte zu spielen. Er war besessen von der Vorstellung der »Novemberverbrecher«, die Deutschland verraten hätten. Im Lazarett hörte er Stimmen, die ihn aufforderten, »die Heimat vor den Juden zu retten, die sie geschändet haben«.[16] Seine Bestimmung wurde ihm nun deutlich: »Mit dem Juden gibt es kein Paktieren, sondern nur das harte Entweder-Oder. Ich aber beschloß, Politiker zu werden.«[17] Für Hitler waren es die Juden, die Schuld an Deutschlands Erniedrigung hatten, und »harte« Vergeltung an ihnen stand im Mittelpunkt der ihm vorbehaltenen Rolle als Deutschlands Retter.

Hitler stürzte sich in die politische Agitation, er arbeitete mit rechten Bewegungen zusammen, um die Weimarer Republik zu stürzen. Bald schon lenkte er durch seine rhetorischen Fähigkeiten die Aufmerksamkeit auf sich, und Tausende zog es zu seinen nationalistischen Reden. Ein früherer Bewunderer, Hermann Rauschning, notierte: »Jedes noch so einfache Gespräch schien zu beweisen, daß dieser Mann von einem grenzenlosen Haß besessen war. Haß gegen wen? Man wurde nicht so recht klug daraus. Alles konnte plötzlich seine Wut und seinen Haß erregen. Immer schien er etwas zum Hassen zu brauchen.«[18]

Der paranoide Regisseur des Hasses

Hitler hatte die Macht der Schlagworte bereits begriffen. Er hatte einen Ruf als Autorität auf dem Gebiet der »Judenfrage« erworben und hielt zwei bis drei Reden täglich, in denen er scharf über die Juden herzog und sie als die Ursache von Deutschlands moralischem Niedergang hinstellte. Indem er einer von seiten eines hohen Offiziers an ihn ergangenen Bitte nachkam, schrieb er im September 1919 eine Anleitung für rechtsgerichtete Militärs, *Die Gefahren des Judentums,* worin er sich programmatisch für ein Weg-mit-den-Juden durch rücksichtsloses Einschreiten der nationalen Führer aussprach.[19] Für Hitler sind die Juden eine Rasse, keine Religionsgemeinschaft: eine Rasse, die vorgibt, ein Teil des Volkes zu sein, unter dem sie lebt, die aber mit Tücke, Manipulation und unter Einsatz ihres Reichtums die moralische und danach die materielle Substanz ihres Wirtsvolkes zerstöre. Von Grund auf materialistisch, wie sie sind, seien die Juden nur auf Macht und Geld aus. Mit Juden gebe es kein irgendwie geartetes Auskommen, da helfe nur völlige Entfernung. In diesem Zusammenhang schlug Hitler dann sein Lieblingsthema an, das von der Rassenreinheit, von dem Glauben daran, daß »die Quelle aller Macht eines Volkes ... in seinem ... Rassenwert« liegt.[20]

Der Antisemitismus ergab sich aus dieser Lehre von der rassischen Reinheit, ja er war ein notwendiges Erfordernis derselben. Hitler zufolge war die rassische Reinheit durch drei Gifte bedroht, die alle drei durch das Judentum repräsentiert würden: Internationalismus, das übertriebene Interesse am Ausland und die mangelnde Wertschätzung des eigenen Volks, was ganz natürlich in Rassenschande ende; Gleichheitswahn, Demokratie und Mehrheitsprinzip, was die Kreativität des Individuums und die individuelle Leistung für das Wohl der Nation entwerte; Pazifismus, weil er den Selbstbehauptungswillen der Nation in ihrem Daseinskampf untergrabe.[21] Vom Juden gingen all diese Gifte aus, betreibe er doch »die Versklavung produktiv tätiger Völker ..., die Durcheinanderbastardisierung der anderen Völker ... sowie die Beherrschung dieses Rassenbreies durch Ausrottung der völkischen Intelligenz und deren Ersatz durch die Angehörigen seines eigenen Volkes«.[22] Man muß nicht selbst paranoid sein, um paranoide Ängste so zu schüren, daß sie eine Pogromstimmung entfachen. Doch wenn der Führer bei dem Haß, den er predigt, persönlich so stark engagiert ist, erhöht das seine Glaubwürdigkeit und Überzeugungskraft. Es ist klar, Hitler war von seiner Biographie her eminent daran interessiert, die Juden als diejenigen hinzustellen, die am Verlust von Deutschlands Machtstellung vor dem Ersten Weltkrieg schuld seien. Aber es ist ebenso klar, daß er vollständig begriff, welch gewaltige Kräfte seine konzentrierte Haßbotschaft in der traumatisierten deutschen Gesellschaft bündelte. Er wußte genau, daß Massenbewegungen sich unzähmbar ausbreiten, wenn sie ein kräftiges Feindbild haben, einen Teufel als Schreckgespenst und Haßobjekt. Je plastischer der Teufel ist, desto besser lenkt er allen Haß auf sich. Auf die Frage, ob seiner Ansicht nach der Jude vernichtet werden solle, soll er geantwortet haben: »Nein ... Dann müßten wir ihn erfinden. Man braucht einen sichtbaren Feind, nicht bloß einen unsichtbaren.«[23]

Die paranoide Phantasietätigkeit war das bestimmende Merkmal von Hitlers Führertum. Man werfe nur einen Blick auf die Formel für den Treueschwur, die er für die Führungschargen der SA, die Braunhemden, entwarf. Er mußte die Bereitschaft zur Unterwerfung für bedroht ansehen, sonst hätte er nicht im ersten Gebot bedingungslosen Gehorsam eingefordert.[24] Die SA schwor ihre Treue dem Führer Adolf Hitler, nicht der Verfassung oder dem deutschen Volk. Darin spiegelte sich wider, von welch massiven Selbstzweifeln Hitler heimgesucht war. Er wußte nur zu gut, daß nicht wenige in ihm einen »Traumlaller« sahen.[25] Nach der Nacht der langen Messer (30. Juni 1934), in der Hitler und seine Kumpane sich der politischen Gegner innerhalb der nationalsozialistischen Bewegung entledigt hatten, unter ihnen viele alte Kämpfer aus der Zeit des Aufstiegs zur Macht, frohlockte Hitler: »Sie unterschätzen mich ..., weil ich keine Bildung habe, weil ich mich nicht zu benehmen weiß, wie es in ihren Spatzenhirnen als richtig gilt ... Aber ich brauche sie nicht, um mir von ihnen meine geschichtliche Größe bestätigen zu lassen ... Sie hielten mich schon für ihr Werkzeug. Und hinter meinem Rücken machten sie Späße ...«[26]

1938, als er Österreichs Kanzler Kurt von Schuschnigg gegenübertrat und die Unterwerfung Österreichs verlangte, war seine kompensatorische Selbstüberschätzung auf dem Gipfel angelangt. Die Vorsehung habe ihn dazu auserkoren, eine historische Mission zu erfüllen, und er sei den steinigsten Weg gegangen, den je ein Deutscher habe gehen müssen, aber dafür habe er auch mehr in der deutschen Geschichte erreicht, als es je einem anderen Deutschen vergönnt gewesen sei.[27]

Zwei Wochen nach der Nacht der langen Messer hielt Hitler eine Rede zur Verteidigung der von ihm ergriffenen Maßnahmen, in der er mit den Beteiligten an dem angeblich vereitelten »Röhmputsch« abrechnete: internationalen Aufrührern, Politikern der »Systemzeit«, nihilistischen Desperados.[28] Diese Rede liest sich wie eine Selbstcharakterisierung Hitlers und seiner Gefolgsleute, nur daß er sie auf seine Gegner projiziert hat.

Die vielstimmig orchestrierte Haßkampagne, die Hitler mit Hilfe seines eindrucksvollen Propagandaapparats lenkte, war ein entscheidender Faktor in der von ihm zu Tod und Zerstörung in Gang gesetzten Maschinerie. Ihre dämonische Leistungsfähigkeit wurde angetrieben von dem Haß, der in Hitlers Innern glühte und auf die Juden projiziert wurde. Seine Macht als Einpeitscher dieser Weltanschauung war die unmittelbare Folge seines fanatischen Glaubens an das, was er da verkündete, einer tiefen Erbitterung, die sich notwendigerweise auf den feindlichen Juden richtete. Was ihm selber Angst einjagte, wurde nach außen verlagert und zum Objekt des Zerstörungsdrangs.

Die Psycho-Logik von Hitlers Haß

Hitlers Rhetorik enthüllt die tiefsten Abgründe des Unbewußten, und ihre Gemeinplätze waren von primitiver Wucht.[29] Unter diesen Gemeinplätzen figurierten:

Die Nation als lebender Organismus

»Was bleibt, ist die Substanz, eine Substanz von Fleisch und Blut, unsere Nation.«[30]

»... Genau so verhält es sich auch mit Erkrankungen von Volkskörpern ...«[31]

Und wenn die Nation ein Organismus ist, »ein Volkskörper, der durch und durch von einem inneren Leben durchpulst wird«[32], so folgt daraus, daß Gebietsverluste einer Amputation gleichkommen.

»Der Polnische Korridor ist wie ein Streifen Fleisch, der aus unserem Leib geschnitten ist ... eine nationale Wunde, die nicht aufhört zu bluten und weiterbluten wird, bis wir das Land zurückhaben.«[33]

»Den ... [deutschen] Staatskörper ruinieren und unter Umständen auflösen ... ist das französische Kriegsziel ...«[34]

Sicherung der nationalen Integrität

Daraus folgt, daß es die Aufgabe der Politik ist, die Integrität und Reinheit der Nation zu sichern.

»Alle Funktionen dieses Volkskörpers sollen letzten Endes nur einen Zweck erfüllen, die Erhaltung eben dieses Körpers für die Zukunft sicherzustellen.«[35]

»Der Zweck jeder Idee und jeder Institution eines Volkes kann nur der sein, die Substanz des Volkes in körperlicher und seelischer Gesundheit zu erhalten, in Ordnung und Reinheit.«[36]

Auflösung der Nation

»... in dieser Zeit der beginnenden und sich langsam weiterverbreitenden Zersetzung unseres Volkskörpers ...«[37]

»Die politische Auflösung des Volkskörpers muß das Ende jeder Autorität bedeuten.«[38]

Der Jude als Ursache der Auflösung der Nation

»Der Jude ... ist der Dämon der Völkerzersetzung, das Symbol der dauernden Zerstörung der Völker.«[39]
»Der Jude ist das Ferment der Dekomposition der Völker.«[40]

Zur Notwendigkeit, die Auflösung zu verhindern

»Wir werden vor diesen Fermenten der Zersetzung nicht kapitulieren.«[41]
»Es wird unsere Aufgabe sein, diese Fäulniserscheinungen ... auszubrennen.«[42]

Der Jude als Ursache der Krankheit der Nation

»Die internationale Karriere dieses Bazillus [Juden] muß bekämpft werden.«[43]
»Der materialistischen Verseuchung, der jüdischen Pest müssen wir ein flammendes Ideal entgegenhalten.«[44]

Der Jude als Parasit

»Sein [des Juden] Sichweiterverbreiten aber ist eine typische Erscheinung für alle Parasiten; er sucht immer neuen Nährboden für seine Rasse.«[45]
[Der Jude] »war immer nur Parasit im Körper anderer Völker«.[46]

Der Jude als Gift, als Befleckung der Rassenreinheit

[Der Jude] »vergiftet das Blut der anderen«.[47]
»Alle großen Kulturen der Vergangenheit gingen nur zugrunde ... an Blutvergiftung ...«[48]
Das Gespenst der Befleckung der Rasse gibt Anlaß zu einer besonders paranoiden Furcht, denn die Vergiftung erfolgt nicht nur durch kulturelle Ausbreitung, sondern, wichtiger noch, durch die sexuelle Kontaminierung der arischen Rasse.
»Der schwarzhaarige Judenjunge lauert stundenlang, satanische

Freude in seinem Gesicht, auf das ahnungslose Mädchen, das er mit seinem Blute schändet und damit seinem, des Mädchens, Volke raubt. Mit allen Mitteln versucht er, die rassischen Grundlagen des zu unterjochenden Volkes zu verderben.«[49]
Die Betonung der Reinheit erfordert die Eliminierung des Juden. »Wir werden nicht ruhen, bis die letzte Spur dieses Giftes aus dem Körper unseres Volkes getilgt ist.«[50]

Die Entscheidung liegt beim deutschen Volk

[Wir] »stehen inmitten eines Kampfes, bei dem es um die Frage geht, ob die ererbte menschliche Ordnung der Gesellschaft und ihrer Zivilisationen aufrechterhalten oder vernichtet wird. Die Organisation der menschlichen Gesellschaft steht auf dem Spiel.«[51]
In dieser Sprache beschreibt Hitler einen Krieg zwischen den Mächten der Ordnung und den Mächten der Auflösung, zwischen Gut und Böse, und er nahm für sich die Vision in Anspruch, sein Volk in diesen Kampf ums Überleben zu führen.
Der geschickte Führer weiß geschickt Symbole einzusetzen. Im deutschen Volk erweckte das Bild der marschierenden Armee starke Gefühle des Nationalstolzes. Es war dieser symbolische Überschuß der Armee, weswegen die in den harten Bestimmungen des Versailler Vertrags fixierte Demütigung der Armee so schmerzhaft empfunden wurde. Und Hitler verstand das sehr gut. Das Schlagwort vom Versailler *Diktat* wurde von ihm wirkungsvoll eingesetzt, indem er das deutsche Volk aufforderte, sich um sein Banner zu scharen, sich ihm mit ganzer Kraft anzuschließen, um seinen Stolz zurückzugewinnen und den *Schandfrieden* von Versailles zu revidieren.[52]
Im folgenden führen wir noch eine Auswahl von Zitaten an, in denen Hitler erstens behauptet, der deutsche Wille sei schwach und die deutsche Nation müsse gegen ihre eigene Unterwürfigkeit ankämpfen. Dann unterstreicht er, in Schopenhauers Fußstapfen tretend, die Bedeutung des Willens und bietet sich selber als Identifikationsobjekt der geschwächten Nation an. Gleichzeitig macht Hitler klar, daß er seinerseits sich mit der Nation identifiziert.

Notwendigkeit eines nationalen Willens und Hitlers Verschmelzung mit der Nation

»Dieser Mangel an Willen ... sitzt in unserem ganzen Volk drinnen, verhindert jeden Entschluß ...«[53]
»Die Stärke unseres Volkes [liegt] in unserer inneren Willenseinheit.«[54]
»So muß euer Wille sich mit dem meinen verschmelzen.«[55]

Krieg als nationaler Daseinskampf

»Wir kämpfen nicht für Theorien und Dogmen. Wir kämpfen für die Existenz des deutschen Volkes.«[56]
»Heute schreit nun die besitzende andere Welt: ›Man muß Deutschland auflösen!‹«[57]
»Keine Macht der Welt wird dieses Deutschland noch einmal niederzwingen können!«[58]

Hitler als Messias

Hitler sah sich selber als Retter des deutschen Volkes und die Juden als diejenigen, die den deutschen Volkskörper kreuzigen. Er bediente sich dazu auch der Auferstehungsmetaphorik.
»Wir wollen vermeiden, daß auch unser Deutschland den Kreuzestod erleidet.«[59]
»Durch uns und in uns hat sich die Nation wieder erhoben.«[60]
Alle diese Bilder – die deutsche Nation als ein Organismus; das Bedrohtsein von Auflösung und Zersetzung; der Jude als Agent der Zersetzung, als Ansteckungsherd, Bazillus, Gift; die Notwendigkeit zur Reinigung der arischen Nation; die Notwendigkeit, im Kampf um die Seele der arischen Nation nicht zu unterliegen usw. – finden sich in Hitlers Testament *Mein Kampf* und hallen überall in seinen Schriften und Reden wider. Hitler verstand sich vortrefflich auf den organisierenden Effekt eines Feindbildes. Dabei enthüllen diese Vorstellungen, in denen sich eine paranoide Phantasie deutlich auslebt, zugleich die tiefsten Abgründe von Hitlers Seelenleben. Seine eindrucksvollen Gaben als Redner wurden durch die Überzeugung, von der seine Hetztiraden getragen waren, nur mächtiger.

Der populäre Antisemitismus

Der Verschwörungsglaube und die damit verwandte Doktrin des Antisemitismus waren für den Nationalsozialismus zentral. Aber welchen Beitrag leisteten sie zu der von Hitler ausgehenden Faszination? Die Frage scheint vielleicht eigenartig, da diese Doktrinen während der Hitler-Ära eine so hervorragende Rolle spielten. Andererseits wissen wir, daß andernorts – nicht nur in Italien, sondern auch in Argentinien und Spanien – der Faschismus auch ohne Hitlers Obsession mit Verschwörung und Antisemitismus politisch erfolgreich operiert hat.

Der Antisemitismus des 19. Jahrhunderts entsprang aus der Vorstellung vom Juden als Außenseiter, doch etwa ab 1914 entwickelte sich ein neuer Typ Antisemitismus – einer, in dem den Juden darum mit Haß begegnet wurde, weil sie in der öffentlichen Meinung mit der bürgerlichen liberalen Gesellschaft identifiziert wurden.[61] Diese Feindseligkeit gegenüber der bürgerlichen Gesellschaft verband sich in Deutschland mit einer Idealisierung einer Stammesvergangenheit, der sogenannten völkischen Ära der Sachsen, Goten und Franken. Der Nationalsozialismus war nicht Urheber dieser Ideen, sondern hat sie lediglich verbreitet und Kapital daraus geschlagen. Sechs Hauptquellen hatte der Antisemitismus im Deutschland der Weimarer Republik: Viele jüdische Reichstagsmitglieder hatten während des Ersten Weltkriegs die Kriegskredite abgelehnt. Allgemein war man der Ansicht, daß die Juden eher widerwillig in den Krieg gezogen seien. Juden standen mit an der Spitze der Regierung, die vor den Alliierten kapituliert hatte. Man behauptete, unverhältnismäßig viele Linke seien jüdischer Herkunft. Die Juden, so wurden sie von vielen verdächtigt, seien Kriegsgewinnler. Schließlich erlebte Deutschland um diese Zeit einen Zustrom armer und kulturell nicht assimilierter Ostjuden.[62]

Welche Qualität der Antisemitismus bis 1933 auch immer gehabt haben mag, sie stand in keinem Verhältnis zu der Verfolgung, die hereinbrechen sollte. »Die meisten [Deutschen] kultivierten wenig schmeichelhafte Stereotypen über die Juden und betrachteten sie als unassimilierte Außenseiter ... Gleichgültigkeit war weitaus verbreiteter als Feindseligkeit. Von Gewaltakten gegen Juden, vergleichbar den Pogromen in Rußland und den Krawallen, welche die Dreyfus-Affäre in Frankreich begleitet hatten, konnte in Deutschland nicht die Rede sein.«[63]

William Sheridan Allen hat in *The Nazi Seizure of Power: The Experience of a Single German Town, 1922–1945,* gründlich untersucht, wie man mit den Juden normalerweise umging. Die Stadt Nordheim im Hannoverschen mit etwa 10 000 Einwohnern hatte eine kleine, stabile jüdische Gemeinde von 120 Mitgliedern, deren Geschichte mindestens 200 Jahre zurückreichte. Der jüdische Bevölkerungsanteil Nordheims entsprach genau dem an der städtischen Bevölkerung im nationalen Durchschnitt. Diese jüdische Gemeinde bestand aus einer Anzahl schichtenmäßig differenzierter Familien.

Der durchaus vorhandene Antisemitismus äußerte sich in Witzen und in milden Formen der Abneigung. Die Juden ihrerseits waren in Schützenvereinen aktiv, Chören und patriotischen Verbindungen; sie hatten sogar häufig Ehrenämter in diesen Vereinen. 1933 brachen die Nationalsozialisten eine antisemitische Kampagne vom Zaun – Boykott jüdischer Geschäfte, antisemitische Schmierereien usw. Zuerst bewirkte die Kampagne kaum etwas, und in einem Nazibericht noch von 1935 wird beklagt, daß jüdische Geschäfte immer noch ihre Kunden hätten. Zumindest in dieser Kommune machte der Antisemitismus folglich nicht die Attraktivität der Nationalsozialisten aus: »Die Einwohner von Nordheim kamen zum Antisemitismus, weil sie zum Nationalsozialismus kamen, nicht andersherum.«[64] Die Verfolgungsmaßnahmen zeigten nichtsdestoweniger ihre Wirkung, und Nordheims Juden begannen sich aus dem öffentlichen Leben zurückzuziehen. Schließlich kehrten sie der Stadt überhaupt den Rücken, um in Großstädte zu ziehen, wo sie sich sicherer fühlten. Die Haltung ihrer arischen Freunde von früher war selten feindlich, aber Unterstützung fanden sie bei ihnen auch nicht. Die Volksgenossen waren nicht bereit, Risiken einzugehen.

In seiner klassischen Studie über die gefälschten *Protokolle der Weisen von Zion* bemerkt Norman Cohn, daß »alle Augenzeugen anscheinend in der einen Tatsache übereinstimmen, daß jenes Deutschland, in welchem Hitler an die Macht kam, keineswegs ein Land war, das ein fanatischer Antisemitismus fest im Griff gehabt hätte, das von dem Mythos der Weltverschwörung hypnotisiert gewesen wäre und nach dem Blut der Juden gedürstet hätte ... Man darf nicht einmal voraussetzen, daß die NSDAP selbst, so verhältnismäßig klein die Zahl der Parteigenossen auch war, etwa eine Million, insgesamt fanatisch antisemitisch eingestellt gewesen wäre.«[65]

Fast die Hälfte der »Alten Kämpfer« der NSDAP gab an, an der jüdischen Frage desinteressiert zu sein.[66] Hitlers Hauptanziehungskraft für das deutsche Volk lag in der von ihm gepredigten nationalen Erneuerung und in seinem Antimarxismus, nicht im Antisemitismus. Viele Deutsche fanden es jedoch intellektuell damit vereinbar, antijüdisch eingestellt zu sein: Die Juden galten in der öffentlichen Meinung als »nicht wirklich deutsch« und als Marxisten. Unter taktischen Gesichtspunkten mochte es sich empfehlen, individuelle politische Gegner, Sozialisten, Kommunisten und bestimmte Vertreter des Finanzkapitals, ganz gleich, welche hassenswerten Eigenschaften man als Nazi außerdem in ihnen fand, auch als Juden anzugreifen. Der Haupterfolg der Nazipropaganda bestand darin, daß die Gleichgültigkeit gegenüber antisemitischen Maßnahmen verstärkt wurde.[67] Nur etwa elf Prozent der Parteigenossen waren ausgesprochene Antisemiten. Von den Wahlberechtigten insgesamt gehörten etwa 40 Prozent zu den politisch Gleichgültigen.[68] Sie interessierte ausschließlich ihre private Existenz.

Daher kann man nicht behaupten, Hitler hätte den Antisemitismus zynisch ausgebeutet, und die Gesellschaft wäre reif gewesen, um auf dieses Thema positiv anzusprechen. Der rabiate Antisemitismus, der Hitlers Rhetorik durchzog, entsprang tiefen irrationalen Quellen seiner eigenen Persönlichkeitsstruktur. Hitler blieb auch dann auf seine jüdischen Dämonen negativ fixiert, als es wider alle politisch-militärische Vernunft war. Es gibt keinen

Zweifel, der Holocaust ist ihm teuer zu stehen gekommen: An anderen Stellen dringend benötigte Männer und materielle Mittel wurden von der Front abgezogen, um der Ermordung der Juden zu dienen; man weigerte sich, jüdische Wissenschaftler und Techniker für die deutsche Rüstungsindustrie zwangszuverpflichten. Wird auch die Intensität dieser Überzeugungen seine charismatische Anziehungskraft unterstützt haben, so ging doch Hitlers antisemitischer Fanatismus über den unmittelbaren Nutzen weit hinaus.

Was ist die Erklärung für seine Faszination, für die Macht und Durchsetzungskraft seines Führertums? Warum sind ihm so viele Deutsche auf seinem Weg der Zerstörung gefolgt? Bis zu einem gewissen Grad war Hitlers Volkstümlichkeit zweckrational motiviert. Er bildete ein machtvolles Bollwerk gegen den deutschen Bolschewismus, seine Wirtschaftspolitik war derjenigen der Weimarer Republik überlegen, und sein Pangermanismus fand in Deutschland und bei den in der Diaspora lebenden Deutschen Anklang. Doch für Hitlers Attraktivität gab es noch tiefere Gründe als kalte Berechnung und nationaler Egoismus. Die einlullende Heilsbotschaft, die er zu bieten hatte, beruhte auf einer paranoiden Verschwörungsphantasie: Die Deutschen seien nicht selber an ihrer Misere schuld, sondern das Opfer jüdischer Intrige. Eine von Juden angeführte Verschwörung habe der deutschen Front den »Dolchstoß« versetzt. Zusammen mit dieser paranoiden Erklärung für die Niederlage im Ersten Weltkrieg machte Hitler ein verführerisches Versprechen: »Wenn ihr mir folgt, werdet ihr eure wahre Größe erkennen und euer Glück machen.« Ohne diesen ermutigenden, paranoiden Zusammenhang würde Hitler sein Publikum nicht für sich gewonnen haben. Er verband diese hoffnungsvolle Botschaft darüber hinaus mit normalen und teilweise auch außergewöhnlichen politischen Fähigkeiten – Flexibilität, gutem Gedächtnis, einem Instinkt für die Sorgen und Wünsche der Menschen, der Kunst der Einschüchterung, Charme im persönlichen Umgang und dem Talent für öffentliche Reden und Eigenwerbung. Doch die Macht seines Führertums rührte von dem von ihm

selber mit vollendeter Geschicklichkeit entworfenen Erlöserimage her. Hochdramatisch verhieß er, er werde die deutsche Nation aus dem Elend retten.
Ruhm, bemerkt Eric Hoffer, ist hauptsächlich eine theatralische Kategorie.[69] Indem er seinen Traum vom Ruhm zu realisieren trachtet, hat der Führer ständig das Publikum seiner heroischen Darbietung vor Augen. Meisterhaft beherrschte Hitler die Manipulation dieses Publikums. Bei den häufigen Massenversammlungen erreichte seine vielschichtige charismatische Anziehungskraft denn auch ihre höchste Entfaltung. Heute, im Fernsehzeitalter, ist es vielleicht schwierig, die mächtige emotionale Wirkung der lebendigen Gegenwart nicht nur des Führers, sondern auch derjenigen zu ermessen, die da gebannt an seinen Lippen hingen.
Die Massenversammlungen wurden auf den frühen Abend gelegt, da dann das Publikum seelisch empfänglich sein würde, müde von der Arbeit und ein wenig hungrig. Während die Dämmerung hereinbricht, amüsiert man sich bei Marschmusik oder beliebten Schnulzen. Wenn die Zeit für Hitlers Auftritt naht, wird sein Flugzeug angekündigt, die Menge starrt nach oben, sucht den Himmel nach ihm ab und jauchzt, wenn sie des Flugzeugs gewahr wird. Erneut setzt die Musik ein. Nach einer Weile ertönt die Durchsage, der Führer komme jetzt auf der Autobahn herangefahren. Wieder Heilrufe und neue Hochstimmung. Endlich erfolgt die Durchsage, der Führer sei vor dem Stadion angelangt. Alles schweigt gespannt, ganz in Erwartung. Genau in dem Augenblick, als die Menge unruhig zu werden beginnt, fliegen die Tore auf, Scheinwerferlicht überflutet das Spielfeld und Hitler kommt hereingebraust, stehend in seinem Mercedes, mit Motorradeskorte. Er schreitet zur Tribüne hinauf, und dann steht er allein da in dem weiten Rund, den einzigen Scheinwerfer auf sich gerichtet.
Bei solchen Gelegenheiten, wenn das Publikum gebannt einer großen schauspielerischen Leistung entgegensieht, erzielt Hitler seine größten Wirkungen. Er macht einen geduckten, ja hilflosen Eindruck. Ganz leise beginnt er zu sprechen, kaum vernehmbar, so als führte er ein Selbstgespräch, als existierte die Menge ringsum gar

nicht. Da alles sich nun aufmerksam vorbeugt, erzählt er seinem Publikum von seinen Erlebnissen, von dem Nachmittag, an dem er einem vor Kälte zitternden Kraftradfahrer begegnet sei, Weib und Kleinkind in den Beiwagen gezwängt, weil sie sich kein ordentliches Auto leisten können; oder er berichtet von jenem fatalen Herbsttag im Jahre 1918, an dem sein Unteroffizier zu schluchzen anfing, als er erfuhr, daß Deutschland kapituliert und den Krieg verloren hatte, während seine Armeen doch im Felde unbesiegt standen. Solche Geschichten stellen den Kontakt zum Publikum her. Sie machen deutlich: Hitler ist einer aus ihrer Mitte, er denkt und fühlt wie sie. Nur allmählich und viel später steigert sich seine Rede zu jenem Wahnsinnscrescendo, das wir aus so vielen Filmen kennen. Jedoch gerade durch sein ruhiges Selbstgespräch hat er das Publikum zu sich herübergezogen, hat von ihm Hilfe, ja Mitgefühl begehrt. Und erst auf dem frenetischen Höhepunkt der Ansprache kommt die paranoide Botschaft herüber: das »Warum« der deutschen Not, die Identifizierung der Feinde, der Aufruf zu ihrer Vernichtung.

Zu Hitlers Techniken gehörte es, so zu tun, als sei er der Ausgestoßene.[70] Daß sie vielleicht sogar unbewußt war, machte diese geschickte Taktik nur um so wirkungsvoller. Sie paßte genau zu Hitlers paranoidem Appell. Der Paranoiker ist stets der Ausgestoßene, stets das Opfer.

Hitler lag schon ganz richtig, als er sich bei einer Überlandpartie in den frühen dreißiger Jahren zu seinem Begleiter zurücklehnte und rief: »So wurde nur ein Deutscher bisher gefeiert: Luther! Wenn er über das Land fuhr, strömten die Menschen zusammen und feierten ihn. Wie heute mich!«[71] Es gab in der Tat ein mächtiges Band zwischen Hitler und dem deutschen Volk, ein Band, welches er immer fester zu schlingen verstand. Es war das Band des Charisma.

Hitlers charismatische Ausstrahlung

Die Idee des Charisma läßt sich bis in biblische Zeiten zurückverfolgen. In der Bibel ist es immer ein Geschenk Gottes, und zwar allein Gottes.[72] Es konnte zum Beispiel der Empfang einer besonderen Offenbarung sein, um den so Begnadeten Gottes Willen besser verstehen zu lassen. Sie konnte ihn auch befähigen, andere in heiligem Auftrag zu führen. Moses, der im Alten Testament die Kinder Israels aus Ägypten führt und ihnen die Zehn Gebote gibt, und Johannes der Täufer, der im Neuen Testament das Kommen des Messias ankündigt, sind Beispiele für charismatische Führergestalten. In beiden Fällen verhieß die offenbarte Wahrheit Erlösung vom Leiden. Weil das Charisma eine göttliche Gnadengabe war, galten ihre Empfänger als heilig. Diese Vorstellung stand im Einklang mit der vormodernen Welt, in welcher die Religion die Quelle von Kunst, Literatur und Philosophie ist, die Quelle alles Guten überhaupt.

Die wissenschaftliche Erforschung des Charisma begann damit, daß das Phänomen ungewöhnlichen Eigenschaften des betreffenden Führers zugeschrieben wurde. Max Weber, der deutsche Soziologe, der um 1900 wirkte, hat den modernen Begriffsgebrauch geprägt. Er stellt fest, daß in einer säkularen Welt das Außergewöhnliche nicht länger auf Gott zurückgeführt werden kann und daß die »charismatische Autorität« dann gegeben ist, wenn Menschen freiwillig sich einer Person unterordnen, von der sie glauben, daß sie außergewöhnliche Fähigkeiten besitzt.[73] Die Anhänger des Charismatikers sehen in ihm einen Übermenschen, glauben blind, was er sagt, leisten seinen Befehlen bedingungslos Gehorsam und sind ihm völlig ergeben.[74]

Die eigentümliche Beziehung zwischen dem charismatischen Führer und seinen Anhängern speist sich aus tiefen, ganz unterschiedlichen Wurzeln. Hitler profitierte gleichzeitig von vier solchen Wurzelsträngen:

- dem des Liebenden im Sinne der Eltern- oder Gattenliebe, der Liebe und Geborgenheit gibt und Liebe und Geborgenheit von ihnen bekommt. Es ist dies das Charisma der Fürsorge und Abhängigkeit;
- dem einer dämonischen Gestalt, die tut, was die Anhänger selbst auch gern täten, was zu tun ihnen aber versagt ist. Dies ist das Charisma des Frevels;
- dem des Lehrers, der seine Zöglinge dazu anleitet, das zu erreichen, was sie sein möchten. Es handelt sich hier um das Charisma des Überich;
- dem eines Führers, der für seine Gefolgschaft die Verantwortung in der Entscheidung über Gut und Böse übernimmt. Das ist das Charisma moralischer Gewißheit.[75]

Entscheidend für Hitlers politischen Erfolg war seine Fähigkeit, die Menschen auf von ihnen unerwartete Weise emotional zu erreichen, ungeahnte Saiten bei ihnen anzuschlagen. Wie er mehrere Register zugleich zu ziehen imstande war, erhöhte noch die Wirkung von Hitlers Charisma.

Der Paranoiker als charismatisch Liebender und Geliebter

Hitler schaffte es nicht nur, den Respekt vieler Beobachter zu erringen, die ihn öffentlich wie privat kannten, sondern konnte geradezu eine Art von Zuneigung oder fürsorglicher Regung für sich verbuchen. Er spielte seinerseits seinen Anhängern gegenüber keineswegs nur die Rolle des fürsorglichen Vaters und des schutzbedürftigen Kindes, er war auch ihr Liebhaber. Dieses Image verdankte sich gewiß nicht einer einnehmenden äußeren Erscheinung, denn er war eher unscheinbar. Seine Botschaft, seine Stellung, das ihn umgebende politische Theater, das war es, was ihm seine erotische Faszination verlieh.[76] Er pflegte zu sagen, der gute Redner behandle seine Zuhörerschaft immer wie ein Weib. Bisweilen war dieses Weib die Mutter, an die er sich flehentlich mit der Bitte um Schutz und Liebe wandte. Manchmal jedoch war es die Geliebte, die es zu verführen galt. Hitler veranstaltete und dirigierte eine Verführungsshow, deren Star er war. Zuerst produziert der mächtige Mann sich selbst in der öffentlichen Arena als begehrenswert, dann demütigt sich derselbe Mann im Privaten, er legt es darauf an und erreicht es schließlich, daß die Frau sich ihm hingibt. Seine Auftritte vor großem Publikum sind gemeinschaftsstiftende Akte, teilweise politisches Ritual, teilweise Show, teilweise symbolischer Sex.

Hitler kombinierte diese unterschiedlichen Formen der Faszination, die in mancher Beziehung geradezu widersprüchlich scheinen, und zog damit Männer wie Frauen in seinen Bann. Diana Mitford Mosley, die Ehefrau von Sir Oswald Mosley, dem Führer der britischen Faschisten, und Angehörige der politisch prominenten Mitford-Dynastie, war Hitlers charismatischem Zauber ganz verfallen. Gleichwohl war sie keineswegs eine besinnungslose Jüngerin. In ihren Erinnerungen, die schon aus zeitlicher Distanz erschienen sind, bezeugt sie: »Die Wahrheit ist, daß er [Hitler] im privaten Umgang außergewöhnlich charmant, gescheit und anregend war; er flößte Zuneigung ein. Vielleicht löste er auch Furcht aus, trotzdem gehörte er seinem ganzen Wesen nach zu jener seltenen Klasse von Menschen, die bei anderen das Bedürfnis erregen, gefallen zu wollen, für die andere sich aufopferungsbereit einsetzen. Er identifizierte sich selber mit Deutschland, und diese Identifizierung wurde von seinen Landsleuten angenommen. Sein Auftreten war bestimmt sowohl von Stolz als auch von Bescheidenheit, ja Verletzlichkeit, die ritterliche Gefühle erregte, eine ausgesprochen mächtige Antriebskraft. Seine öffentlichen Auftritte, seine Reden wiesen allesamt diese Ambivalenz auf, die von irgend etwas in seiner Persönlichkeitsstruktur herrühren muß. Sie spornten zur Tat an und erregten gleichzeitig tiefe Gefühle der Anteilnahme und Fürsorglichkeit. Wahrscheinlich sprach er gleichermaßen Frauen und genau die Art von Männern an, die er brauchte.«[77] Solche Gefühle zu erregen, gelang Hitler in der Öffentlichkeit sogar noch besser als im privaten Kreis. In einem bemerkenswerten Ausmaß verband er das Image des geheimnisvollen, erotisch besetzten Führers, der mächtigen Vaterfigur, der sorgenden Mutter und des verletzlichen Kindes.

Der Paranoiker als charismatische Inkarnation des Frevels

Soweit die Nazibewegung an dem Charisma des Frevels partizipiert, zeigte es sich vornehmlich in dem Gebrauch heidnischer Symbolik. Besonders stark ausgeprägt war diese unchristliche Betätigung in den führenden Kreisen. Innerhalb der Nazielite gab es eine propagandistisch aktive, dennoch halb geheime Weltanschauung, die sich teilweise auf die Ketzerei der Katharer, der »Reinen« des Mittelalters, berief. Die Katharer ihrerseits hatten deutlich nichtchristliche Wurzeln, und man bezichtigte sie blutiger Opfer.[78]
Das Charisma des Frevels rührt auch direkt von der Faszination her, die das Böse für viele hat. Ein großer Teil von Hitlers Anziehungskraft in der Gegenwart ist von der Art, sie beruht auf den von den Nazis begangenen Greueln. Sollte schon bei der Machtergreifung Hitlers Faszination zum Teil darauf beruht haben, daß das Kommende seinen Schatten vorauswarf? Waren die Aggressionspolitik und der Völkermord eindeutig Bestandteile seines Programms? Waren der Mummenschanz der Fackelaufzüge, das Schwelgen in Adlersymbolen, die Militarisierung der Gesellschaft auf einen kollektiven Zerstörungsdrang berechnet? Wir glauben schon.
Einige spürten Hitlers böse Absichten und wurden davon angezogen, andere spürten sie auch und fühlten sich abgestoßen. Viele nahmen sie gar nicht wahr. Jene, auf die der paranoide Charismatiker seine Wirkung verfehlt, nehmen ihn und seine Thesen nicht ernst. Charismatische Paranoiker wie Hitler wirken auf Ungläubige einfach bizarr, sowohl in ihrem Stil als auch in ihren paranoiden Überzeugungen. Die Ungläubigen fanden es unbegreiflich, wie irgend jemand einer so absurden Figur wie Hitler folgen kann, und sollten die Massen ihm auch folgen, so müßte es die Elite doch besser wissen: Seine Botschaft sei schlicht und einfach Demagogie, etwas, womit man die Dummen düpiert, und das werde erledigt sein, wäre er erst einmal an der Macht.

Die Führer der SPD, Hitlers Hauptgegnerin im demokratischen Lager mit bis zu zehn Prozent Juden unter den Parteifunktionären, waren überzeugt, die Naziführung und ihre Verbündeten seien mit ihrer antisemitischen Hetze einfach zynisch: Im Grunde würden sie selber nicht daran glauben. Die Nazis »seien zu intelligent, um an dieses rassistische Geschwätz zu glauben. Nur eine Minderheit hielt es für wahrscheinlich, daß die Juden nach einer Machtübernahme der Nazis harter Verfolgung ausgesetzt sein würden, und keiner ahnte auch nur, daß die Nazis am Ende zum Völkermord schreiten könnten.«[79]

Der Paranoiker als Lehrer

Eine der wichtigsten Aufgaben eines Führers ist es, für seine Anhänger, die verloren und orientierungslos sind, die Welt zu deuten. Diese diagnostische Sinnstiftung sorgt in der Verwirrung für Deutlichkeit, in der Lähmung für eine Anweisung zum Handeln. Wenn der Führer einen bestimmten Weg aus dem Chaos weist, geschieht das zur großen Erleichterung seiner Anhänger. Nun kann dieser Pfad einer des Friedens und der Versöhnung oder einer des Hasses und der Aggression sein.

Der Träger der paranoiden Botschaft ist vor allem Lehrer. Er tritt mit einem Wissen auf, von dem er glaubt, es sei für seine Zuhörer lebenswichtig. Er »lehrt« sie, an ihren Problemen seien die Feindseligkeit und die Verschwörung anderer Menschen schuld. Sodann rät er ihnen, diese anderen zu vernichten.

Beide, der Charismatiker wie der Paranoiker, behaupten, etwas sehr Wichtiges zu wissen, was andere nicht wissen – etwas, das sie befähigt, die Welt unvergleichlich viel besser zu verstehen. Hitlers »Offenbarungswahrheit« war die genetische Überlegenheit der Arier und die böse, konspirative Rolle der Juden, an welcher die Ausübung dieser Überlegenheit bisher gescheitert sei. Mochte er sich dabei auch auf diverse historische und biologische Studien stützen, so beanspruchte er doch nicht, seine »Wahrheit« einem wissenschaftlichen Studium zu verdanken, sondern vielmehr seiner persönlichen Unfehlbarkeit.[80] Sein Kammerdiener berichtet,

Hitler sei immer irritiert gewesen, wenn jemand zu bedenken gab, daß er die Zukunft nicht vorhersehen könne. Hitler glaubte fest daran, die Vorsehung habe ihn auserwählt, und das bekundete er auch in unerschütterlichem Selbstvertrauen.[81]
Unter anderem war Hitler ein Genie der Vereinfachung.[82] Verschwörungstheorien haben deswegen einen so großen Reiz, weil sie entlastend wirken. Hat man einmal die paranoide Erklärung akzeptiert, scheinen so viele andere Phänomene dazu zu passen. Auf verdrehte Weise entspricht die Paranoia dem wissenschaftlichen Gebot der Sparsamkeit: »... jene 300 Rathenaus, die alle einander kennen, die die Geschicke der Welt leiten ...«[83] Die paranoide Erklärung findet ihr Echo auch in der menschlichen Fähigkeit, eine Verschwörung zu entdecken, wo es tatsächlich eine gibt, und da eine zu argwöhnen, wo es sie vielleicht nicht gibt. Auf diese Weise erklärt sie nicht nur, sie bestätigt auch, was viele immer schon geargwöhnt haben.
Welch zentrale Bedeutung der paranoiden Note in Hitlers Ideologie zukommt, wird ersichtlich, wenn man den Nationalsozialismus mit seinem Vorläufer, dem Faschismus Mussolinis, vergleicht. Mussolinis Faschismus war sicherlich schlimm, aber nicht annähernd in dem Maße wie Hitlers Nationalsozialismus. Teilweise liegt dieser Unterschied an dem starren nationalsozialistischen Germanenkult.[84] Doch viel wichtiger war die paranoide Dimension des Nationalsozialismus. Weder hat Mussolini die Verschwörung zu einer Triebkraft der Geschichte gemacht noch Italiens Probleme auf eine Rassenintrige zurückgeführt.

Der Paranoiker als charismatischer moralischer Führer

Jeder Charismatiker hat etwas von einem Heiligen an sich. Seine Anhänger glauben, daß er eine besondere Fähigkeit besitzt zu entscheiden, was Recht ist und was Unrecht. Es ist nicht so, daß Hitler und seinen Anhängern dieses Gefühl für Recht und Unrecht abgegangen wäre. Ganz im Gegenteil. Sie hatten ein ausgeprägtes Gefühl dafür, nur eben ein pervertiertes. Sie lebten in dem Glauben, ihr Trachten nach dem Tausendjährigen Reich entschuldige jede Handlung zu dessen Erreichung.

Die Sonderstellung des von seinen Anhängern als charismatisch empfundenen Führers erreicht ihr Maximum, wenn sie sich, wie bei Moses, in einer Heilswahrheit bekundet, die er einer notleidenden Gemeinschaft offenbart.[85] Hitlers Heilsbotschaft lautete, menschliche Vollkommenheit ließe sich durch rassische Reinheit erreichen.

Hitlers paranoide Sicht der Welt als eines Schlachtfeldes zwischen dem absolut Guten und dem absolut Bösen sowie seine Überzeugung, daß die Vernichtung des Bösen zur irdischen Vollkommenheit führe, sollten zur Weltanschauung seiner Anhänger werden. Ihre Feinde waren dermaßen böse, und das geschichtliche Endziel war dermaßen gut, daß jede gegen die Bösen ergriffene Maßnahme nicht nur legitim, sondern moralisch geboten schien. Sadismus und Roheit waren üblich unter den am Holocaust direkt Beteiligten, und andere Deutsche waren zutiefst abgestoßen von dem, was sie da taten. Trotzdem hielten die Anhänger durch, weil sie der Überzeugung waren, ihre Handlungen seien für das von Hitler bezeichnete größere Gut nun einmal notwendig.

In seinem Roman *Darkness at Noon (Sonnenfinsternis)* beschreibt Arthur Koestler dieselbe Situation in Stalins Sowjetunion. Der Romanheld Rubaschow ist davon überzeugt, Stalins Massenmorde seien historisch fortschrittlich, eine Art »soziale Vivisektion«. »Die Geschichte wird mich freisprechen«, ist eine Redewendung, die sich mit Hitler verbindet, doch ist sie die moralische Grundlage für die Immoralität aller derartiger Regime. Der charismatische Führer zieht die Grenzen der Moral, und seine Anhänger treten ihm ihren moralischen Kompaß ab. Was er als Moral definiert, das ist Moral; wen er als böse bezeichnet, der ist böse. Diejenigen zu liquidieren, die verantwortlich für die sozialen Übelstände sind, wird zum moralischen Imperativ.

Hitler hatte sich immer als ein Führer mit einer Sendung gesehen. Zu Beginn seiner Karriere sah er sich noch als Vorbote eines anderen, der die moralische Führung übernehmen würde. Er spielte

Johannes den Täufer im Hinblick auf einen Messias, der noch nicht erschienen sei.[86] Sein Vertrauter Albert Speer bezeugt, Hitler habe eher als Stifter einer Religion denn als politischer Führer gelten wollen. Er benutzte wegen der millenarischen Beitöne ganz bewußt den Begriff »Tausendjähriges Reich«.[87] In unbewußter Ironie verglich sich Hitler, wenn er über die Juden schimpfte, geradezu mit Jesus.[88]

Ihm war dieser moralisch legitimierende Aspekt seiner charismatischen Faszination durchaus bewußt, und zuweilen sann er darüber, was ihm an moralischen Verpflichtungen daraus erwuchs. Aus der Nacht vom 28. auf den 29. September 1941 datiert die vielleicht erstaunlichste Fehleinschätzung im 20. Jahrhundert: »Gott sei Dank«, bemerkte Hitler, »habe ich es immer vermieden, meine Gegner zu verfolgen.«[89] Es war sein Charisma der Heiligkeit, das ihm die Fähigkeit verlieh, sich und andere davon zu überzeugen, daß sie in Verfolgung jenes höheren moralischen Zwecks, Deutschland wieder zu seiner einstigen Größe zu verhelfen, etwas Unrechtes einfach nicht tun könnten. Indem sie ihrem eigenen Sinn für Moralität und Verantwortung entsagten, begingen die Funktionäre der Nationalsozialisten, zivile wie militärische, ausgestattet mit einer Rechtfertigung für das Ausleben ihrer häßlichsten Instinkte, die unsäglichen Greuel des Holocaust. Ohne Hitlers religiöses Charisma würden die moralischen Bremsen, die auch zu Kriegszeiten, zwar unvollkommen, aber dennoch wirksam sind, besser funktioniert haben. Für die paranoide Dynamik existieren jedoch keine Grauzonen. Es gibt keine Konkurrenten, sondern nur Feinde, keinen Spielraum für Kompromisse, sondern nur Vernichtung.

Da der Führer die vollständige moralische Verantwortung für sein Volk übernimmt, ist es schwierig, ihn wieder loszuwerden. Wie könnte man jemanden beseitigen, den man als die Quelle aller Moral anerkennt? Mehr noch, der Führer dient seiner Gefolgschaft zur Ableitung ihres Ressentiments. Wenn das aufgestaute Ressentiment der Massen sich entlädt, stürzen sich die enthemmten Anhänger in Zerstörungsorgien. Sie sind entlastet von allen Gewissensbissen, denn der Führer hat ihre Handlungen für gut erklärt. Ohne daß man die Ideologie zu einer heiligen Sache steigert, überredet man seine Anhänger nur schwer, dafür ihr Leben hinzugeben. Doch für eine heilige Sache zu sterben, das adelt den Mann, und wie Hitler sich erklärtermaßen als religiöser Führer mit einer heiligen Sache identifizierte, war für die Macht seines Führertums schlechterdings entscheidend.

Keine dieser Formen des Charismas leitet sich allein von dem Führer her. Diese mächtigen Bande zeigen vielmehr, daß Führer und Gefolgschaft psychologisch wie Schlüssel und Schloß zusammengehören.

Hypnotischer Führer, verwundete Nation

Man hat viel über die Macht von Hitlers charismatischem Führertum geschrieben. Um aber diese zerstörerische Dynamik zu begreifen, müssen wir über das Individuum hinausblicken und die Zusammengehörigkeit von Hitler und seinen Anhängern ins Auge fassen. Wie eindrucksvoll Hitlers Rednergaben oder politisches Geschick auch immer gewesen sind, wie aufrichtig seine Überzeugungen, wie zwanghaft sein nach außen projizierter Haß, es bleibt doch immer noch zu erklären, wodurch er die Nation für sich zu mobilisieren und das deutsche Volk in seinen charismatischen Bann zu ziehen vermocht hat. Hitler komponierte die Todesfuge und dirigierte sie vor einem Publikum, das davon hingerissen war. Die Nation ermöglichte seinen Aufstieg zur Macht, schuf mit am Dritten Reich und nahm teil an seiner destruktiven charismatischen Dynamik. Charisma ist nicht eine bestimmte Eigenschaft, die eine Person besitzt, sondern ein starkes Verhältnis zwischen Führer und Anhängerschaft, das in historischen Krisenzeiten aufzutreten pflegt. Wir sollten eigentlich nicht von charismatischen Führern, sondern von charismatischen Führer-Gefolgschaft-Verhältnissen sprechen.[90] Der Führer und der Geführte finden beide in dem jeweils anderen ein psychisches Bedürfnis gestillt. Letztlich handelt es sich bei dem charismatischen Verhältnis um eines zwischen einem gekränkten, geltungssüchtigen Individuum, das hinter einer pompösen Fassade nach Anerkennung und Bewunderung hungert, und Anhängern auf der Suche nach ihrem Idol, einem allwissenden, allmächtigen Führer, der die Antwort kennt und sie aus ihrem Elend herausführen kann. Doch zu sozialen Krisenzeiten suchen auch sonst seelisch stabile Menschen, zeitweilig überwältigt von den gesellschaftlichen Auflösungserscheinungen, einen starken Führer, der sie rettet. Sie lassen die Zahl der Anhänger anschwellen und machen aus einer Splittergruppe eine Massenbewegung.

Wenn eine Nation traumatisiert ist, sucht sie, ja schafft sich vielleicht sogar, den charismatischen Führer als Retter in der Not. In solch kritischen Momenten gibt es zwei Wege. Ein positiver Charismatiker wie Gandhi oder Martin Luther King kann die Wunden der Nation zu heilen helfen, indem er auf friedlichem Weg die Konflikte in seinem Land beilegt. Gesellschaften in großer Not sind aber besonders anfällig für die paranoide Anziehungskraft des destruktiven Charismatikers. Zu solchen Zeiten sehen sich die Menschen, die mit ihrer Existenz allein nicht mehr fertig werden, nach einem starken Führer um und glauben bereitwillig, es gebe eine äußere Ursache für ihre Nöte. Der politisch begabte paranoide Führer, ein Hitler oder Khomeini, bietet seiner Gefolgschaft eine plausible Verschwörungshypothese an, eine, die zwar Trost spendet, aber zugleich die Gewalttätigkeit bis zum Völkermord steigert.

Nach dem Ersten Weltkrieg litt Deutschland unter heftigen sozialen und ökonomischen Umbrüchen als Folgelast der harten Bestimmungen des Versailler Vertrags. Die Wirtschaft lag am Boden, gekennzeichnet von einer Hyperinflation und Familienvätern, die Frau und Kinder nicht mehr ernähren konnten. Es herrschte nackte Verzweiflung.

Deutschland war nicht nur härter als die meisten anderen Staaten von der Weltwirtschaftskrise betroffen, sondern hatte bereits während der zwanziger Jahre, als es den meisten anderen Staaten noch gutging, mit großen Problemen zu kämpfen gehabt. Die deutsche Jugend, durch den Ausgang des Ersten Weltkrieges ins Elend geraten, war besonders anfällig für Hitlers Verheißung einer wiederhergestellten Größe. Viele der während des Ersten Weltkriegs groß gewordenen Jugendlichen waren ohne Väter aufgewachsen, die entweder an der Front kämpften oder gefallen waren. Unter solchen Umständen kommt es leicht zur Idealisierung des abwesenden Vaters, man sucht nach einem starken, mächtigen Mann, einem Beschützer. Außerdem führte die Massenarbeitslosigkeit zu einem verminderten Angebot an Lehrstellen und an Stellen für Berufsanfänger.[91] Deutschlands Jugend war folglich in Not, seelisch wie wirtschaftlich.

Hitler und sein innerer Kreis verstanden das intuitiv und wandten sich mit Slogans wie »Der Nationalsozialismus ist der organisierte Wille der Jugend« direkt an die Jugend. Das hatte Erfolg. 1933 stellten die Achtzehn- bis Dreißigjährigen 31 Prozent der deutschen Bevölkerung, aber 42 Prozent der NSDAP-Mitgliedschaft. Hingegen ergab sich für die SPD, daß weniger als acht Prozent ihrer Mitglieder unter 25 und weniger als die Hälfte unter 40 Jahre alt waren.[92]

Man darf wohl behaupten, die Nation würde jeden Führer gewählt haben, der ihre Wunden heilen und sie mit sich wieder aussöhnen würde. Das Tragische war, daß unter den verfügbaren Personen die politisch geschickteste nun mal Adolf Hitler war, der Deutschlands politisches System für seine paranoide Psychologie reif fand. Wenn das deutsche Volk auch durchaus nicht auf einen paranoiden Führer fixiert war, für den der Judenhaß im Mittelpunkt stand, so brauchte Hitler seinerseits doch die Leinwand des traumatisierten deutschen Volkes, um darauf seine Haßvisionen zu malen. Die Juden waren nicht zwangsläufig die Opfer. Damit sie es wurden, bedurfte es eines politisch geschickten charismatischen Führers mit einer paranoiden Ideologie und einem persönlichen Haß auf sie. Das heißt, dazu bedurfte es eben eines Hitler.

Es gibt Menschen, die unter starkem Druck mit der schmerzhaften Wirklichkeit fertig zu werden versuchen, indem sie sich auf die primitiven Abwehrmechanismen Verdrängung, Verzerrung und Projektion verlassen. Auf diese Weise, durch Flucht aus der Realität, behalten sie für eine gewisse Zeit ihr psychisches Gleichgewicht: die klassische paranoide »Lösung«. Andere fallen in lähmende Depression. Der psychisch reife Mensch akzeptiert den Schmerz und paßt sich der Realität an. Ein guter Therapeut hilft seinen Patienten, sich der schmerzhaften Realität zu stellen, Mißgeschicke sich selber zuzuschreiben und Verlusterfahrungen zu verkraften. Realitätsflucht wird so überflüssig.

Hitler war für seine deutschen Patienten ein dämonischer Therapeut. Die Deutschen befanden sich in echter Not. Sie waren im Krieg gedemütigt worden, hatten furchtbare wirtschaftliche Rückschläge erlitten und sahen sich Bürgerkriegsverhältnissen gegenüber. Die Sozialdemokraten waren ohnmächtig, und was die Bolschewisten an Zukunft zu bieten hatten, war in noch höherem Grad die Hölle als das, was die Deutschen bereits durchgemacht hatten. Hitlers paranoide Ideologie fand ein Volk vor, das nur zu bereit war, sie zu akzeptieren. Sie »erklärte« seine Notlage, indem sie anderen die Schuld daran gab, und bot eine »Therapie« an, die die Vernichtung dieser anderen erforderlich machte.

Als paranoider Lehrer und Sinnstifter, als dämonischer Therapeut, als Arzt für den kranken deutschen Volkskörper – in diesen Rollen fand Hitler einen Weg zur Erlösung für das traumatisierte Volk. Es griff seine paranoide Botschaft begierig auf, und beide zusammen schrieben sie dann eines der schlimmsten Kapitel in der Geschichte der Menschheit.

Kapitel 12
Schlußbemerkung

Die klinische Paranoia verbindet man zwar mit einer schweren Geisteskrankheit, doch die Bereitschaft, anderen Menschen an unserem Mißgeschick die Schuld zu geben, ist in der menschlichen Natur überhaupt tief verwurzelt. Politische Paranoia ist in jeder Gesellschaft weit verbreitet, besonders in solchen, die einen rapiden Wandel durchmachen.

Wieviel lieber bricht man doch mit dem Brustton der Überzeugung in Haßgeschrei gegen Feinde aus, die sich verschworen haben, uns zu vernichten, als sich die erniedrigende Hilflosigkeit, in der man sich befindet, auch einzugestehen! Indem der politische Paranoiker die Feinde bezeichnet, die für unsere kollektive Misere verantwortlich sind, sorgt er für eine gefährlich bequeme Erklärung unserer Probleme. Schlimmer noch, die Paranoiker nennen Verfolgungsmaßnahmen eine »Lösung«: die Vernichtung eines »Feindes«. Diese Botschaft hat immer wieder zu Massenmord geführt: zu politischem in der Sowjetunion und Uganda, zu Völkermord gar in Deutschland und Kambodscha.

Der Möchtegernführer, der in einer ruhigen Zeit ein paranoides Thema propagandistisch aufbereitet, wird nur ein kleines Publikum anlocken. Selbst in einer Krisenzeit wird er es nicht weit bringen, sofern er nicht zugleich über normales politisches Geschick verfügt. Doch wenn der politisch geschickte Führer oder Demagoge einer von Problemen überwältigten Gesellschaft mit einer plausiblen paranoiden Botschaft gegenübertritt, wird diese sehr leicht gewalttätigen und massenhaften Widerhall finden. Hinter jeder zerstörerischen Massenbewegung des 20. Jahrhunderts, des blutigsten in der Geschichte, stecken, das haben wir auf diesen Seiten nachgewiesen, die Dämonen der politischen Paranoia.

Hitlers charismatische Kraft beispielsweise und die dogmatische

Sicherheit und Schlichtheit seiner paranoiden Diagnose der deutschen Notlage trafen die Bedürfnisse einer traumatisierten Nation, die verzweifelt einen Führer suchte, der stark und mächtig war und eine Antwort auf die vielen Probleme wußte. Und so wie Hitler und seine Anhänger zusammenpaßten, wie Schlüssel und Schloß, öffnete sich das Tor zu den Greueln des Zweiten Weltkrieges und zu den Gaskammern. Das war politische Paranoia in Wagnerschem Ausmaß, sie stürzte die Welt in ein Inferno. Derselbe Chor singt auch heutzutage, in verschiedener Besetzung und an verschiedenen Orten, aber immer das gleiche häßliche Lied – Gewalttätigkeit eines rassistischen Pöbels und dem Ressentiment entsprungene Verbrechen in den Vereinigten Staaten, religiöse Verfolgung in Bangladesch, Völkermord in Ruanda und Burundi, »ethnische Säuberung« in Bosnien.

Man sollte meinen, die Beilegung eines großen internationalen Konflikts wäre ein Segen. Doch wir brauchen unsere Feinde. Sie liefern uns eine tröstliche Rationalisierung für das, was mit uns selbst nicht in Ordnung ist. Sie zu verlieren bringt uns um eine Projektionschance für unsere Schwierigkeiten. Dieses Abhandenkommen des Feindbildes hat unmittelbar nach dem Ende des kalten Kriegs zu der Explosion ethnischer und nationalistischer Spannungen, zu den sich verschärfenden Vorurteilen und Ressentiments, den inneren Unruhen und dem Terrorismus beigetragen. Lang verstummte Haßgefühle sind wieder aufgetaucht, angefacht von paranoiden Führern und paranoiden Weltanschauungen, dämonischen Therapeuten, die traumatisierten Völkern mit scheinbar einleuchtenden Begründungen die Droge Haß verordnen.

Es liegen immer noch Leichen in unseren Kellern. Wir sprechen nicht von den bereits geöffneten und üppig in der Morgenzeitung oder den Abendnachrichten ausgebreiteten Horrorkabinetten. Was uns Sorgen macht, sind Gesellschaften, die zwar prosperieren, aber starken Belastungen ausgesetzt sind, solchen wie Rußland 1917 oder Mexiko und Indonesien heute. Wir sprechen von rassisch, ethnisch und religiös heterogenen Gesellschaften wie der Indiens, wo unter der täuschend ruhigen Oberfläche gefährliche, potentiell destabilisierende Spannungen lauern. Es ist noch gar nicht so lange her, daß Sarajewo eine aufstrebende, scheinbar friedlich-harmonische multikulturelle Metropole war. Das Risiko für die diversen Vielvölkerstaaten ist besonders hoch, denn konfrontiert mit sozialen und ökonomischen Krisen oder mit dem Autoritätszerfall der legitimen Regierung, können Volksverhetzer eine zerstörerische paranoide Botschaft hinausposaunen und so die latenten Spannungen ausbeuten – mit gewalttätigen und tragischen Konsequenzen. Auch die Vereinigten Staaten sind gegen solche Gefahren nicht gefeit. Wie das Ansteigen der aus purem Haß begangenen Verbrechen und der Anschlag auf das Bundesgebäude in Oklahoma City bezeugen, kann das auch in den USA geschehen und ist auch schon geschehen.

Dieses Buch hat leider kein Rezept gegen Paranoia, denn was so tief in der menschlichen Natur wurzelt, läßt sich nicht beseitigen. Wir können indes auf der Hut sein vor der Gefahr, die von ihr ausgeht. Wer sich gegenüber den ersten Symptomen der paranoiden Mobilisierung von Haß gleichgültig verhält, macht sich zum Komplizen. Unbemerkt schwelt die paranoide Neigung vor sich hin. Wird sie erst einmal instrumentalisiert, kommt es zum Ausbruch in Gestalt einer Psychopolitik des Hasses.

Anmerkungen

Einleitung

1 A. Shapiro 1992, S. 63.
2 Volkogonov 1994, S. 425–427.
3 Dieses Buch verdankt sich einer jahrzehntelangen Zusammenarbeit zum Thema Politik und Paranoia. Zu früheren Veröffentlichungen siehe Post und Robins 1993 sowie Robins und Post 1987, die beide aus einer Reihe von Aufsätzen und Vorträgen hervorgegangen sind. Jeder von uns hat auch unabhängig vom jeweils anderen auf diesem Gebiet veröffentlicht. Siehe etwa Post, »Notes«, 1984; Post, »Hostilité«, 1986; Post 1990; Robins, »Psychopathology«, 1977; Robins, »Pathological Deviants«, 1977; Robins 1986.
4 Diese Beschreibung stützt sich auf DSM IV: »The Diagnostic and Statistical Manual of Mental Disorders of the American Psychiatric Association«, Washington D. C., 1994, S. 637 f.
5 Bleuler, 1911, S. 8 (E. Bleuer, »Dementia Praecox oder Gruppe der Schizophrenien«, Leipzig/Wien 1911).
6 Zwar können Männer wie Frauen an Paranoia leiden, dennoch verwenden wir, wenn wir über einzelne Paranoiker reden, stets das männliche Pronomen. Darin drückt sich unser Wunsch nach Kürze aus wie auch die Tatsache, daß alle hier behandelten politischen Paranoiker Männer sind.
7 Freedman, Kaplan und Saddock, 1972, S. 250.
8 Akhtar 1990, S.18.
9 Bruck 1996, S. 96.

Kapitel 1
Das wahnhafte Bewußtsein

1 Houseman 1990, S. 176.
2 Kovar 1966.
3 D. Shapiro 1967.
4 In seinen ersten Überlegungen zum Thema hat Sigmund Freud die Paranoia als eine geistige Störung betrachtet, die zusammen mit Wahnideen und geistigen Psychosen in eine Gruppe gehört. Später sah Freud in der Paranoia einen

pathologischen Abwehrmechanismus und meinte, Paranoia entwickle sich bei Menschen, die mit bestimmten Dingen nicht zurechtkämen, vorausgesetzt, sie hätten die entsprechende psychische Disposition. (Die zitierte Freudstelle stammt aus einem Buch, das in der Freudbibliographie nicht aufgeführt ist. A.d.Ü.).

5 Arieti 1959, S. 478.
6 Von Domarus 1944.
7 Cameron, »Paranoid Conditions«, 1959, S. 518.
8 Knigth 1940, S. 149–159.
9 Akhtar 1990; M. J. Hamilton, 1974; D. Shapiro 1967.
10 D. Shapiro 1967, S. 73–88.
11 Fromm 1975.
12 Renshon 1974.
13 Meissner 1978, S. 4.
14 D. Shapiro 1967, S. 69 ff.
15 Bonime 1979.
16 Rosen und Kiene 1947.
17 Akhtar 1990.
18 Kovar 1966, S. 297.
19 Blum 1981, S. 789–813; Kernberg 1975; D. Shapiro 1967.
20 H. S. Sullivan 1956.
21 Meissner 1979.
22 Murray 1964.
23 Meissner 1979, S. 532 f.
24 Waite 1971.
25 Meissner 1978, S. 50–53; Rothstein 1964, 1965, 1971.
26 Salzman 1960.
27 Tausk (1919) 1948.
28 Citizens für LaRouche 1980.
29 Tucker 1965.
30 Ambrose 1987, S. 32.
31 Ambrose 1987, S. 618; Greenstein 1977, S. 80.
32 Lemert 1972.
33 Aitkin 1993, S. 115.
34 Aitkin 1993, S. 129, 130.
35 Ambrose 1987, S. 218, 297.
36 Greenstein 1977, S. 83.
37 White 1962, S. 338.
38 Walter Reich 1980.
39 Stalstrom 1980, S. 149 f.

40 Dickinson 1976, S. 209.
41 D. Martin 1980.
42 D. Martin 1980; Mangold 1991.

Kapitel 2
Das Verschwörungsdenken und die paranoide Kultur

1 Hofstadter 1967, S. 9.
2 Hofstadter 1967, S. 8.
3 Hofstadter 1967 S. 8.
4 Hofstadter 1967, S. 7.
5 In Kapitel 8 werden wir sehen, daß man nicht paranoid zu sein braucht, um eine paranoide Botschaft auszuschlachten. McCarthy wurde eher vom Dämon des rücksichtslosen Opportunismus als von der Paranoia angetrieben. Allerdings hielt er den Augenblick für günstig, um eine paranoide Botschaft zu verbreiten und seine ganzen demagogischen Fähigkeiten für die Hexenjagd auf Kommunisten einzusetzen.
6 Glass 1985.
7 Vovelle 1982.
8 Chartier 1982.
9 Chartier 1982.
10 Darnton 1985.
11 L. B. Smith 1986.
12 Sich als Kenner von Verschwörungen hervorzutun war, was uns nicht erstaunen sollte, unter den Tudors ein Weg zur politischen Macht. Sowohl Thomas More als auch William Tyndale erwarben sich den Ruf politischer Klugheit und Weisheit als Theoretiker der Verschwörung.
13 L. B. Smith 1986, S. 139.
14 Obwohl die ganze Gesellschaft von der Paranoia befallen war, war ihre Regentin Elizabeth keineswegs paranoid. Angesichts der historischen Umstände hatte sie soviel Vertrauen, wie sie sich leisten konnte, und erst als Essex einmal zuviel Verrat übte, ließ sie ihn hinrichten.
15 Cohn [1975] 1961.
16 Cohn [1975] 1961, S. 75.
17 Cohn 1975.
18 C. Hansen 1971, S. 59 f.
19 Vgl. Thomas 1971. Er bietet eine umfassende Untersuchung der Beziehung von Magie und Religion in dieser Zeit.
20 C. Hansen 1971, S. 119.

21 Rosenthal 1993, S. 50.

22 Weisman 1984, S. 17, 135. Genaugenommen gibt es nach der Lehre der Hexerei keinen Grund, warum eher Frauen als Männer Hexen sein sollten. In der Praxis ging man freilich davon aus, daß Frauen, weil ihre sexuellen Triebe stärker und sie moralisch weniger gefestigt seien als Männer, leichter den Versuchungen des Teufels erlägen. Während der Hexenhysterie wurde normalerweise eine Frau mit einem männlichen Komplizen angeklagt. Demos 1982, S. 60, 62.

23 Levin 1952, S. 12.

24 Rosenthal 1993, S. 7. Die Richter stritten darüber, ob »Geistererscheinungen« – vor allem wenn sie für andere Anwesende unsichtbar blieben – als Beweis zugelassen werden sollten. Bei einer neuerlichen Zusammenkunft einigten sich die Richter darauf, Berichte zuzulassen, daß jemand, der dem Angeklagten ähnlich sah, das Opfer gequält habe, lehnten es aber ab, den Bericht ohne weitere Bestätigung als alleiniges Beweismittel zu akzeptieren. Der Teufel, so glaubten sie, könne die Gestalt eines Unschuldigen annehmen. Die Vorsicht gegenüber unmittelbaren Berichten von Geistererscheinungen war allgemein verbreitet. Obwohl nahezu alle an Hexerei glaubten, waren die Gerichte und die Öffentlichkeit durchaus skeptisch gegenüber einzelnen Beschuldigungen.

25 Godbeer 1992, S. 204.

26 Godbeer 1992, S. 203.

27 Godbeer 1992, S. 203.

28 Demos 1982, S. 71.

29 Godbeer 1992, S. 205.

30 Weisman 1984, S. 136.

31 Cohn 1981.

32 Demos 1982, S. 78 f.

33 Demos 1982.

34 Demos 1982, S. 86.

35 Zitiert in Godbeer 1982, S. 173.

36 Demos 1982, S. 79–84.

37 »Records« 1986, S. 172–180.

38 Demos 1982, S. 72.

39 Boyer und Nissenbaum 1974.

40 Boyer und Nissenbaum 1974, S. 80–109.

41 Zitiert in Godbeer 1992, S. 198.

42 Demos 1982, S. 72.

43 Demos 1982, S. 73.

44 Demos 1982, S. 78 f.

45 Benedict 1934.
46 Benedict 1934, S. 172.
47 Benedict 1934, S. 172, 151.
48 LeVine 1973, S. VII ff.
49 Cole u. a. 1971, S. 213.
50 Linton 1956.
51 Savage, Leighton und Leighton 1965.
52 Draguns 1980; Lonner 1979.
53 Ein anderes Beispiel für allgegenwärtiges Mißtrauen findet sich in der Andenregion Kolumbiens, in der seit Jahrzehnten Protestanten und Katholiken miteinander im Streit liegen. Der »La Violencia« genannte Konflikt ist mit einer Reihe sozialer und politischer Probleme eng verknüpft. Praktisch hat er zu zwei Gesellschaften geführt, den Protestanten und Katholiken, die nicht nur gegenüber der jeweils anderen Gruppe krankhaft mißtrauisch sind, sondern auch untereinander. Die Häuser sind so konstruiert, daß ein Besucher sich schon lange vor dem Eintritt zu erkennen geben muß; die Landwirtschaft wird so betrieben, daß Aussaat und Ernte fast im geheimen stattfinden. Alle sozialen Beziehungen, auch innerhalb der Familien, sind von Argwohn gezeichnet. Schor 1974.
54 Zitiert in Pipes 1989, S. 18. Pipes' »Hidden Hand: Middle East Fears of Conspiracy« (1996) konnte leider nicht mehr gebührend zur Kenntnis genommen werden, da es zu spät veröffentlicht wurde. Mit seinen vielen Beispielen ist das Buch die beste Analyse dieses Phänomens im Nahen Osten.
55 Laffin 1975, S. 169 f.
56 Laffin 1975, S. 166.
57 Zitiert in Pipes 1991, S. 27.
58 Pipes 1991, S. 29.
59 Zitiert in Zonis und Joseph 1994, S. 445.
60 Popham 1994.
61 Zitiert in Pipes 1989, S. 24.
62 Zitiert in Zonis und Joseph 1994, S. 446.
63 Pipes 1983, S. 184.
64 In diesem Abschnitt lehnen wir uns stark an Bar Tal und Antebi 1988 an.
65 Bar Tal 1986.
66 Bar Tal und Antebi 1988.
67 Zitiert in Bar Tal und Antebi 1988, S. 3.
68 Gothelf 1970, zitiert in Bar Tal und Antebi 1988, S. 14 f.
69 »Newsweek« vom 13. März 1973, zitiert in Bar Tal und Antebi 1988, S. 15.
70 »Newsweek« vom 25. Januar 1989, zitiert in Bar Tal und Antebi 1988, S. 16.
71 Pastor 1988, S. 91.

72 Pastor 1988, S. 91.
73 Castañeda 1988, S. 63–69.
74 Castañeda 1988, S. 67, 68.
75 Pye 1985, S. 46.
76 Pye 1985, S. 242.
77 Pye 1985, S. 293.
78 Pye 1985, S. 259.
79 Levinson 1992; McMillen 1994; »No Man«, 1994; Turner 1994. Man hat die These vertreten, dergleichen Meinungen seien nicht wörtlich zu nehmen, sondern nur als Metapher für die Leiden der Schwarzen (Lance Hill, Interview vom 2. April 1996).
80 Lefkowitz 1993. Wir sind uns darüber im klaren, daß jedes Volk, jede Rasse und jede Religion die Neigung hat, die eigenen Errungenschaften zu betonen. Doch hier geht es um den Vorwurf der bewußt angezettelten Verschwörung; erst mit dieser Anklage wird die Grenze zur Paranoia überschritten.
81 Levinson 1992, S. A 19.
82 Zitiert in Levinson 1992, S. A 19.
83 Zitiert in Levinson 1992, S. A 19.
84 Vgl. auch Bates 1990; Cooper 1990.
85 Thomas und Quinn 1991, S. 1499, so zitiert in Goertzel 1995; Levinson 1992, S. A 19.
86 Goertzel 1995, S. 734.
87 Zitiert in Athill 1987, S. IX.
88 McMillen 1994.
89 De Parle 1993, Abschnitt 4, S. 1.
90 C. Sullivan 1993, S. A 4.
91 T. Friedman 1989, S. 30.
92 T. Friedman 1989, S. 42, 43.
93 Holsti 1967.
94 Holsti 1967.

Kapitel 3
Die Wurzeln des politischen Wahns

1 Gould 1990, S. 34.
2 Alexander 1987, S. 63–65, 70.
3 Alexander 1979, S. 58–65; Barsh 1982, Kap 9; Bonner 1980, S. 96–102; G. Johnson 1995, S. 252.
4 G. Johnson 1995, S. 252 ff.

5 Alexander 1987, S. 63 ff.
6 W. D. Hamilton 1964.
7 R. R. Dawkins 1976; Krebs und Dawkins 1984; M. J. Smith 1972, 1974, 1976, 1979, 1983, 1986.
8 Trivers 1985, S. 85.
9 Krebs und Davies 1984; insbesondere Krebs und Dawkins 1984.
10 Gazzaniga 1992, S. 90.
11 Krebs und Dawkins 1984, S. 380 f.
12 Krebs und Dawkins 1984.
13 Humphrey 1976.
14 Krebs und Dawkins 1984, S. 389.
15 Alexander 1987, insbesondere S. 73 f.
16 Diese Bemerkungen über die Evolution der sozialen Kooperation stützen sich auf ein persönliches Gespräch mit Roger Masters am 5. Oktober 1995.
17 Trivers 1985, S. 57.
18 Byrne und Whitten 1988; Cheney und Seyfarth 1981, 1990; De Waal 1982; Packer 1977; Thornhill 1979.
19 Trivers 1985, S. 395.
20 Zitiert in Gazzaniga 1992, S. 119.
21 MacLean 1990.
22 Van Buren, Li und Ojemann 1966.
23 MacLean 1990, S. 139.
24 P. Kramer 1993, S. 301–303.
25 P. Kramer 1993, S. 144–249.
26 Dieser Abschnitt stützt sich stark auf Meissner 1978.
27 Spitz 1965.
28 Wilhelm Reich 1949.
29 Vaillant 1993, S. 36.Von den Arbeiten Elvin Semrads ausgehend, hat Vaillant einen großen Beitrag zur Klärung der hierarchischen Organisation der verschiedenen Verteidigungsmechanismen geleistet. Die primitivsten Verteidigungsmechanismen, die für ein bestimmtes Lebensalter und für Individuen, die zur Psychose neigen, charakteristisch sind – nicht zu vergessen die regressiv psychotischen Zustände –, sind Leugnung, Realitätsverzerrung und wahnhafte Projektion. Auf einer höheren Stufe finden wir die unreifen Verteidigungsmechanismen wie Projektion, Phantasien, Hypochondrie, passive Aggression, unkontrolliertes Agieren und Bewußtseinsspaltung. Die für Paranoia unabdingbare Projektion ist ein wesentlicher Verteidigungsmechanismus auf der äußerst primitiven psychotischen wie auch auf der unreifen Stufe. Zu den intermediären oder neurotischen Verteidigungsmechanismen gehören Verschiebung, Abspaltung und Intellektualisierung, Verdrängung und Reaktions-

bildung. Zu den reifen Verteidigungsmechanismen zählen Altruismus, Sublimation, Unterdrückung, Voraussicht und Humor.

30 Freud [1892–1899] 1966, S. 207.

31 Klein verwendet den Ausdruck *Objekte* nicht nur für Menschen und physische Gegenstände, sondern auch für abstrakte Begriffe wie »Kapitalismus« und »Rassenreinheit«: Nach Klein haben wir alle diese »Objekte« in unserem Kopf (die Idee des Kapitalismus, die Idee des Präsidenten), und insoweit unser Verhalten durch psychische Kräfte bestimmt ist, wird es durch die Natur und die Beziehungen dieser geistigen Objekte bestimmt. Die Kleinsche Theorie wird aus diesem Grund »Theorie der Objektbeziehungen« genannt.

32 Klein [1932], 1960, 1952, 1957, 1964.

33 Klinische Untersuchungen mit Kleinkindern bestätigen diese Aufspaltung in Ich und Nicht-Ich wie auch die Identifikation des Nicht-Ichs mit dem Feind. Hunderte von Vier- bis Sechsjährigen in Amerika und Westdeutschland sollten Bilder von Feinden malen (Hesse und Poklemba 1988; vgl. auch Keen 1986). Die Kinder gaben den Feinden ein von dem ihrigen abweichendes Aussehen. Es fehlte ihnen beispielsweise ein Körperteil, oder sie hatten zu viele Körperteile, etwa zusätzliche Arme. Auch wurden die Feinde als stark und wütend dargestellt. In anschließenden Interviews wurden die Kinder aufgefordert, dem Feind weitere Attribute zuzuordnen. Für die Kinder kamen Feinde schon böse auf die Welt; sie können niemals ins Lager der Guten überwechseln. Dagegen glaubten die Kinder von sich selbst, sie könnten niemals Feinde sein.

34 Money-Kyrle 1951, S. 52 f., 159.

35 Klein 1955, S. 311.

36 Bacal und Newman 1990, S. 64 ff.

37 A. Freud [1936] 1966, S. 122.

38 Rochlin 1973, S. 176.

39 Meissner 1978, S. 12.

40 Meissner 1986, S. 253.

41 »Der Rückgriff auf ›Projektion‹ gehört mit der ›Leugnung‹ der eigenen Destruktivität zu den am stärksten ausgebildeten Verteidigungsmechanismen in der frühen Kindheit. Es sind unbewußte Mittel, die sich in der Kindheit entwickeln und ins Erwachsenenleben mit hinübergenommen werden. Sie erlauben uns eine Distanzierung von Wünschen oder Trieben, die eine Quelle des Konflikts sind. Beunruhigende Ziele anderen zuzuschreiben und damit unbewußt die eigenen egozentrischen Wünsche, die aggressiven Neigungen zu leugnen gewährt eine gewisse Erleichterung. Unter diesen Bedingungen ist die Angst des Kindes, was denn ihm, dem unschuldigen Opfer der Umstände, zustoßen könnte, dazu geeignet, deutlich hervorzutreten.« Rochlon 1973, S. 165.

42 Alford 1989, S. 43.

43 Post und Semrad 1965.
44 Winnicott 1965.
45 Maltsberger und Buie 1980.
46 James [1902] 1960, S. 162, 176.
47 Meissner 1986, S. 321 f.
48 Post und Semrad 1965.
49 Grotstein 1987.
50 Grotstein 1987.
51 Ostow 1994.
52 Freud [1911] 1958, S. 305.
53 Freud [1911] 1958, S. 248.
54 Alford 1994.
55 Bion 1861; Colman und Bexton 1975; Colman und Geller 1985; Rutan und Stone 1993. Wilfred Bion ist in seinen Arbeiten systematisch von klinischen Beobachtungen zur Verhaltensforschungen in Organisationen übergegangen. Vgl. Bion 1955 und Rioch 1971. Elliot Jaques hat sein Lebenswerk der psychologischen Analyse von Organisationen gewidmet. Eine seiner wichtigsten Arbeiten, in der er sich mit Klein auseinandersetzt, ist »Social Systems as a Defense Against Persecutory and Depressive Anxiety« (Jaques 1957).
56 Bion 1961; Rioch 1971; Rioch [1971] 1975.
57 Bion (161) hat wertvolle Einsichten in die machtvollen Effekte der Gruppenpsychologie gewonnen, die zum Fundament der vom Tavistock Institute of Human Relations in London ausgearbeiteten Theorie und Praxis der Gruppenbeziehungen wurden. Seine Erkenntnisse sind leider oft erhellender als seine Sprache, die allzu dicht und dunkel ist. Leser, die mehr über Bions Einsichten und deren Anwendung auf die Erforschung pathologischer Verhaltensweisen in Organisationen wissen möchten, seien auf die hilfreichen Aufsatzsammlungen »Group Relations Reader 1« (Colman und Bexton 1975) sowie »Group Relations Reader 2« (Colman und Geller 1985) verwiesen. In Bions Begrifflichkeit fungiert eine Gruppe, wenn sie eine selbsterklärte Aufgabe zu erfüllen versucht, als Arbeitsgruppe. Verhält sie sich indessen so, als handle sie unter dem Einfluß psychologischer Grundannahmen *(basic psychological assumptions)*, so bezeichnet er sie als ›*basic assumption group*‹. Die Beschreibung der drei von Bion unterschiedenen »basic assumption groups« stützt sich auf Rutan und Stone 1993.
58 Bion 1955, S. 448.
59 Hopper 1995.
60 Bion 1961, S. 67, 123, 188.
61 Schiffer 1973.
62 Jaques 1965, S. 479.

63 Jaques 1965, S. 479. Die Untersuchung der Glacier Corporation, eines englischen Industriebetriebs, lieferte starke Indizien dafür, daß zwischen Arbeiterschaft und Management identische Mechanismen am Werk waren – Aufspaltung, Idealisierung und Projektion der aggressiven Impulse auf den anderen. Insoweit andere Angehörige der Arbeiterschaft oder des Managements dieselben Gefühle teilten, aus dem gleichen Reservoir schöpften, entzogen sich die gemeinsamen verzerrten Wahrnehmungen einer kritischen Beurteilung und wurden deshalb »Realität«. Was an diesen und ähnlichen Untersuchungen so frappiert, ist die außerordentliche Bereitschaft von Teilen der Organisation, in ein extremes Mißtrauen und eine Aggressivität zu verfallen, die nahezu psychotische Ausmaße annehmen. Vgl. Jaques 1951, 1965.

64 Post 1987.

65 Hoffer [1951] 1966, S. 149.

Kapitel 4
Das Bedürfnis, Feinde zu haben: Nationalismus, Terrorismus und paranoide Massenbewegungen

1 Ein Pionier des Versuchs, psychoanalytische Erkenntnisse auf die Psychologie des Kollektivs anzuwenden, ist Fornari (1975). Einen wichtigen Beitrag zur politischen Psychologie hat der Psychoanalytiker Vamik Volkan geleistet. In seiner Studie »The Need to Have Enemies and Allies« (1988) führt er die Wurzeln internationaler Konflikte bis auf die Wiege zurück und weist überzeugend nach, daß Furcht und Haß gegenüber Fremden ein tiefsitzender Bestandteil der menschlichen Psyche ist. Der Kulturwissenschaftler Howard Stein hat in seinem Buch »Developmental Time. Cultural Space« (1987) wichtige Einblicke in die Entstehung des Nationalismus und des »Wir-die-da-Antagonismus« geliefert. Die Arbeiten von Fornari, Volkan und Stein haben dieses Kapitel stark beeinflußt.

2 Volkan 1988, S. 32.

3 Volkan 1988, S. 32 f.

4 Volkan 1985, S. 236.

5 Stein 1987, S. 109.

6 Stein 197, S. 188 f.

7 Stein 1987, S. 193.

8 Stein 1987, S. 179.

9 Jaques 1957, S. 483.

10 Elias Canetti vergleicht in »Masse und Macht« die Masse mit Naturgewalten. Vgl. 1980, S. 82–92.

11 Canetti 1980, S. 82–87.
12 Frosch 1967.
13 Vgl. Canetti 1980, S. 18 ff. über das Verfolgungsgefühl sozialer Bewegungen.
14 Zitiert in Berindranath 1966.
15 Fromm 1941.
16 Hoffer [1951] 1966, S. 31.
17 Galanter 1980; Galanter, Rabkin, Rabkin und Deutsch 1979.
18 Zonis 1984.
19 Alford 1989, S. 44.
20 Netschajew, »Katechismus eines Revolutionärs« (1869), zitiert in Laqueur und Alexander 1987, S. 68–72.
21 Rauschning, »Hitler Speaks« (New York 1939), S. 234 f., zitiert in Hoffer [1951] 1966, S. 92 f.
22 Die Nützlichkeit der Juden, um Haß zu kanalisieren, und das Bedauern des japanischen Besuchers sind zitiert in Hoffer [1951] 1966, S. 91.
23 Fornari 1975.
24 Hoffer [1951] 1966, S. 59 f.
25 Hoffer [1951] 1966, S. 65. Es ist natürlich zu betonen, daß die Briten in keiner Weise beabsichtigten, zu den brutalen Mitteln der Nazis zu greifen, vom Völkermord gar nicht erst zu reden.
26 Pascal 1949, S. 144; Konrad Heiden: »Der Fuehrer« (Boston 1944), zitiert in Hoffer [1951] 1966, S. 81.
27 Heifitz 1994.
28 Post, »Hostilité«, 1986.
29 Post 1990.
30 Ferracuti 1982.
31 Sturm 1972, S. 57.
32 Spietel 1980, S. 35.
33 Baeyer-Kaette 1983.
34 Post 1990, S. 34.
35 Erikson 1968; Stein 1987, S. 181.
36 Eros 1991.
37 Eros 1991.
38 Gedicht eines anonymen Verfassers, rezitiert in »All Things Considered« im National Public Radio, November 1991.
39 Batkata 1989.
40 Harden 1990.
41 Brumberg 1991, S. 72.
42 Demoskop Research Agency 1991.
43 S. Nowotny in einem Interview mit JMP, November 1991 in Warschau. Nach

anderen Meinungsumfragen soll der Prozentsatz der Polen, die von einem zu großen Einfluß der Juden in der polnischen Politik überzeugt sind, ganze 60 Prozent betragen (Ray Taras in einem persönlichen Gespräch im Januar 1996).

44 »Gazeta Wyborcza« vom 24. Juni 1990, zitiert in Brumberg 1991.

45 Brinkley 1991, S. A 5.

46 Foreign Broadcast Information Service-Eastern Europe Report vom 18. März 1991.

47 Shafir 1991, S. 24 f.

48 Shafir 1991, S. 25 f.

49 Shafir 1991, S. 25 f.

50 Champion 1991, S. A 14.

51 Kamm 1991, S. 8.

52 Foreign Broadcast Information Service-Eastern Europe Report vom 18. März 1991.

53 Hunčik 1992.

54 Schifter 1990.

55 Obwohl Juden selten bis in die höchsten Führungskreise vordrangen, gab es in der Tat eine unverhältnismäßig hohe Zahl von Juden in der kommunistischen Partei. Sowohl in der Sowjetunion als auch in den sozialistischen Ländern Osteuropas bedeutete das Ausmerzen nationalistischer Tendenzen das Bekämpfen antisemitischer Neigungen. Selbstverständlich konnte niemand an den antifaschistischen Einstellungen der Juden zweifeln. Viele Juden traten nicht zuletzt der kommunistischen Partei bei, weil sie hofften, dort Schutz vor Verfolgung zu genießen. Selbst heute noch neigen Minderheiten – Juden nicht ausgenommen – dazu, die ehemaligen kommunistischen Parteien zu wählen, weil sie in ihren Verlautbarungen für den Schutz von Minderheiten eintreten.

56 Persönliches Gespräch mit JMP im November 1996.

57 Persönliches Gespräch mit einem Minister der tschechoslowakischen Regierung im November 1991.

58 Allerdings erhielten die antisemitischen Kleinparteien weniger als 5 Prozent der Stimmen bei den polnischen Parlamentswahlen im Jahr 1993. Möglicherweise sind die antisemitischen Haltungen zu diffus, als daß eine politische Partei allein mit diesem Thema Stimmen einheimsen könnte.

Kapitel 5
Von der individuellen zur kollektiven Apokalypse

1 Ostow 1994, S. 226.
2 Ostow 1994, S. 227.
3 »Psychiatrist Rejects«, 1979.
4 Zee 1980, S. 347.
5 Reiterman und Jacob 1982, S. 17.
6 Olsson 1994.
7 Maguire und Dunn 1978, S. 79.
8 Reiterman und Jacob 1982, S. 40 f.
9 Zee 1980, S. 360; Klineman, Butler und Conn 1980.
10 Wright 1993, S. 70.
11 Wright 1993, S. 70.
12 Wright 1993, S. 71.
13 Bei einigen religiösen Sekten ist es verhältnismäßig leicht, ihnen beizutreten und sie auch wieder zu verlassen, daher gelten sie als »offen«. Andere Sekten hingegen üben schweren psychischen Druck aus, wenn jemand austreten möchte, sie gelten daher als »geschlossen«. Geschlossene Gruppen sind ein extrem guter Nährboden für gruppendynamische Prozesse.
14 Goldberg 1996; zitiert in Olsson 1991, S. 94.
15 Reston 1981, S. 244.
16 Hall 1982.
17 Wright 1993, S. 75.
18 Larson 1993, S. 16.
19 Ulman und Abse 1983.
20 Lasaga 1980.
21 Dieses Persönlichkeitsprofil stützt sich weitgehend auf journalistische Recherchen: Appelbome 1993; Kantrowitz u. a. 1993; Lacayo 1993; McGee und Claiborne 1993; Pressley 1993; Puente 1993; Verhovek 1993.
22 Verhovek 1993; Puente 1993.
23 McGee und Claiborne 1993.
24 McGee und Claiborne 1993, S. A 19.
25 Kantrowitz u. a. 1993; S. 56 ff.
26 Applebome 1993.
27 McGee und Claiborne 1993, S. A 19.
28 Kantrowitz u. a. 1993.
29 Jordan und Pressley 1993.
30 Kantrowitz u.a. 1993.
31 Asahara 1988, S. 86 f.

32 Asahara 1988, S. 87, 90.
33 Strasser und Post 1995, S. 40.
34 Asahara 1988, S. 91.
35 Spaeth 1995, S. 57.
36 Strasser und Post 1995, S. 36.
37 Spaeth 1995, S. 57.
38 Asahara 1988, S. 93.
39 C. Smith 1995, S. 15.
40 Die chemische Kampftruppe wurde von Masami Tsuchiya geleitet, der nach Berichten an einer Doktorarbeit im Fach Organische Chemie an der Universität von Tokio arbeitete. 1991 schrieb Tsuchiya: »Asahara wird in den neunziger Jahren festgenommen werden, doch bei seinem Prozeß wird er seine übernatürlichen Kräfte unter Beweis stellen, und alle 100 Millionen Japaner werden sich zu Jüngern der Aum bekehren.« Rafferty 1995, S. 19.
41 Campbell 1996.
42 Kiyoyasu 1995, S. 377.
43 Strasser und Post 1995, S. 41.
44 C. Smith 1995, S. 15.
45 Die biographischen Angaben über Asahara sind Sayle (1996), Reid (»Doomsday Guru«, 1995) und Kristof (»Tokyo«, 1995) entnommen.
46 Reid, »Doomsday Guru«, 1995.
47 K. Sullivan 1995.
48 WuDunn, »Japan Sect«, 1995.
49 Reid, »Children«, 1995.
50 WuDunn 1996 und »Ex-Cult Members«, 1995.
51 »Japanese Find Dead Child«, 1995.
52 Sayle 1996, S. 64, 65.
53 Sayle 1996, S. 66.
54 Kristof, »Tokyo«, 1995.
55 Kristof, »Japanese Indict«, 1995

Kapitel 6
Töten im Namen Gottes

1 Hazani (im Druck).
2 Hazani (im Druck).
3 Zitiert bei Hazani.
4 Juergensmeyer 1988, S. 179.
5 Hoffer [1951] 1966.

6 Pascal 1946.
7 Bahrani 1994.
8 Lax 1994, S. 248.
9 Lax 1994, S. 253.
10 Haberman 1995.
11 Juergensmeyer 1988, S. 178 f.
12 Dieser Abschnitt stützt sich besonders auf die Schriften von John Esposito und auf Nicole O'Neils unveröffentlichtem Manuskript »Allahu Akbar: Islam and Political Violence«.
13 Obwohl man unter »Dschihad« für gewöhnlich »heiliger Krieg« versteht, kommt das Wort doch von »dschahada«, »kämpfen auf der Bahn Gottes«, eine Verpflichtung für alle Muslime. Man versteht darunter meistens »den Glauben verbreiten und Proselyten machen«. Manchmal ist dieser Kampf friedlich, manchmal gewaltsam (so F. Robert Hunter in einer privaten Mitteilung, Oktober 1995). Vgl. auch J. A. Williams 1971, Kap. 5. R. Martin (1987) behauptet, »Dschihad« habe sich ursprünglich auf den Kampf im Dienst Gottes in ganz verschiedenen Zusammenhängen bezogen. Der Ausdruck bezeichne einen gewalttätigen Kampf und sei eine späte Entwicklung. Im Zuge eines Kampfes Gewalt als letztes Mittel anzuwenden ist nur durch Umstände gerechtfertigt, welche die üblichen Hemmungen außer Kraft setzen. Indem sie selber darüber befinden, wann dieser Ausnahmefall gegeben ist, geben die radikalen Geistlichen einem religiös motivierten gewaltsamen Kampf seinen religiösen Rahmen. In Zeiten solcher »Ausnahmezustände« werden in islamischen Gesellschaften die paranoiden Neigungen mobilisiert. So erklären sich die in dieser Studie über politische Paranoia angeführten gewaltsamen Beispiele für Dschihad, auch wenn wir gern zugeben, daß der religiös vorgeschriebene Dschihad in der Regel friedlich ausgetragen wird.
14 Esposito 1988, S. 24.
15 Vgl. Canetti 1980 zum Islam als »Kriegsreligion«.
16 Koran 56, 12–13, 18–24, 36–37.
17 Esposito 1988, S. 169 f. Vgl. aber Roy 1994, der zwischen islamistischen Regimen unterscheidet, die, wie der Iran, modernisierungswillig sind und den Islam durch eine Mischung plebiszitärer und autoritärer Elemente zu verbreiten suchen, und solchen traditionell-fundamentalistischen Regimen, die, wie Saudi-Arabien, glauben, eine fromme Regierung sei der natürliche Ausdruck einer gottgefälligen Gesellschaft. Roy prophezeit, letztlich würden die islamistischen Regime scheitern, die (wie er es nennt) neofundamentalistisch werden. Ein solcher »Islam des Ressentiments« werde dem Zynismus und der Heuchelei verfallen, die das Spätstadium aller puritanischen Bewegungen kennzeichnen.

18 Taheri 1987, S. 34.
19 Zitiert in Taheri 1987, S. 17.
20 Taheri 1987, S. 32.
21 Koran 2,192.
22 Koran 9,5.
23 »Einem jeden aber hat Allah Gutes verheißen; doch die Gottesstreiter hat Er vor den Stillsitzenden ausgezeichnet durch einen großen Lohn« (Koran 4,96). Vgl. auch 47,5.
24 Zonis und Brumberg 1987.
25 Khomeini, 20. Juni 1983.
26 Khomeini 1987, S. 8.
27 Martin Kramer 1990.
28 Interview mit Sadiq al-Musawi, al-Nahar al-arabi wal-duwali, 28. Juli 1986, zitiert in Martin Kramer 1990, S. 151.
29 Interview mit Fadlallah, »Politique internationale« (Paris) 29 (Herbst 1985), S. 268, zitiert in Martin Kramer 1990, S. 145.
30 Jansen 1986.
31 Bernstein 1995.
32 Die folgende Analyse bezieht sich im wesentlichen auf Abu-Amir 1993 und Jubran und Drake 1993.
33 Zitiert in Maqsdi 1993.
34 Zitiert in Maqsdi 1993.
35 Zitate aus dem Programm sind Taheri 1987 entnommen.
36 Nach schwierigen Verhandlungen erreichte die PLO, daß mit der Hamas ein Abkommen zustande kam, welches dazu führte, daß bei den Wahlen im Januar 1996 die PLO die Hamas wenigstens vorübergehend unter Kontrolle gebracht hat.
37 Dieser Abschnitt stützt sich besonders auf Keppel 1994, S. 154–170, und Sprinzak [1987] 1988.
38 Beide Städte waren damals unter jordanischer Herrschaft.
39 Zitiert in Aran 1988, S. 263 f.
40 Vgl. die Erklärung eines den Radikalen, Yehuda Etzion, die Sprinzak [1987] 1988, S. 206, zitiert.
41 Etzion 1984, S. 26, zitiert in Sprinzak [1987] 1988, S. 207.
42 Gideon Aran, zitiert in Keppel 1994, S. 168.
43 R. Friedman 1994, S. 54.
44 Ester 9,5.
45 Osmer [1988] 1994, S. C1, C4, aus einem von Ellen Osmer für »Multinational Monitor« im Frühjahr 1988 mit Baruch Goldstein geführtem Interview. Es fand statt in der Siedlung Kiryat Arba, am Rande von Hebron.

46 Berachot 58.
47 Kahane 1971, S. 150.
48 3. Mose 19, 16.
49 Sanhedrin 73.
50 M. Maimonides, »Hilchot Melachim« 5,1.
51 M. Maimonides, »Hilchot Rotzeyasch« 1,6.
52 Schmemann, 8. November 1995, S. 1.
53 Kifner, 8. November 1995, S. A1, A12.
54 Schmemann, »Police«, 1995, S. A1.
55 Greenberg 1995, S. A3.
56 Schmemann, 11. November 1995.
57 D. Williams 1995, S. A35.
58 Paris 1995, S. 127. Manche der Konvertiten waren wirklich Christen geworden, doch viele hielten insgeheim an den jüdischen Riten fest.
59 Lewis 1952, S. 50 f.
60 Keppel 1994, S. 117 f.
61 Zu den besten Dokumentationen über die Antiabtreibungsbewegung gehören folgende Studien von Kaplan: 1993; »Right-Wing Violence«, 1995; »Absolute Rescue«, 1995; »Politics of Rage«, 1996; »Religion in America«, 1996.
62 Melton 1989, S. 53. Vgl. auch Chu und Clary 1994, S. A1, A19.
63 C. Allen 1994, S. 12.
64 Blanchard und Prewitt 1993, S. 51.
65 Blanchard und Prewitt 1993, S. 39, 46, 60.
66 Hed, Bowermaster und Headden 1994, S. 55.
67 C. Allen 1994, S. 14.
68 Niebuhr, »Church's Dismay«, 1995, S. A 12.
69 Niebuhr, »Church's Dismay«, 1995, S. A 12. Vgl. für weitere Beispiele auch C. Allen 1994, S. 16 f., 76.
70 Waelder 1960.
71 Dieser Abschnitt stützt sich auf Brass 1974; Daljeet Singh 1984; Fox 1985; McLeod 1989; Tully und Jacob 1985.
72 Brass 1974, S. 286.
73 Die Sikh-Fanatiker steigerten einen »irdischen Kampf zur Höhe eines kosmischen und setzten die üblichen moralischen Tötungshemmungen außer Kraft ... Indem sie sie mit der moralischen Rhetorik der Religion umkleiden, geben sie ihren Handlungen die Weihe der Legitimität. Weil ihre Taten von der Religion moralisch abgesegnet sind, sind es radikal politische Taten: Sie brechen das staatliche Monopol auf moralisch sanktioniertes Töten.« Juergensmeyer 1988, S. 182 f.
74 Auszüge aus Reden von Bhindranwale, zitiert in Juergensmeyer 1988, S. 175 f.

75 Ebd. S. 185–90.
76 Ostow 1994, S. 228 f.
77 Zum psychischen Gleichgewicht in der Sozialpsychologie vgl. Lax 1994, S. 253.

Kapitel 7
Theoretiker des politischen Wahns

1 Dieser Abschnitt hat sehr viel von Barkun 1994 profitiert.
2 Zitiert in Barkun 1994, S. 131.
3 Barkun 1994, S. IX.
4 Barkun 1994, S. 154 f.
5 Langer 1990. Obwohl viele Angloisraeliten die präadamitische These verfochten, waren die entscheidenden Verbreiter der präadamitischen Theorie selbst keine Angloisraeliten. So äußerte sich jedenfalls Michael Barkun 1995 in einem persönlichen Gespräch.
6 Hiss 1978, zitiert in Barkun 1994.
7 Barkun 1994, S. 23.
8 Sawyer 1921, zitiert in Barkun 1994, S. 25.
9 Barkun 1994, S. 150 f.
10 Barkun 1994, S. 136 f.
11 Dieser Abschnitt beruft sich hauptsächlich auf Goldman 1974, Lincoln 1961, Malcolm X 1964 und Perry 1991. Perrys Arbeit ist ebenso wertvoll wie problematisch. Seine Biographie war die erste, die sich die Mühe machte, die in Malcolm X' Autobiographie erwähnten Fakten zu überprüfen. Auch ist sein psychologischer Ansatz recht hilfreich. Aber dennoch liegt es uns fern, das Buch unkritisch zu akzeptieren. Vgl. Decaro 1966, der sich vor allem auf das religiöse Leben von Malcolm X konzentriert und damit eine unschätzbare Perspektive eröffnet.
12 Perry 1991, S. 143 [dt.: 1993, S. 178].
13 Goldman 1974, S. 36.
14 Lincoln 1961, S. 73.
15 Lincoln 1961, S. 77.
16 Broyles 1964, S. 27.
17 Lyons 1937.
18 Welch 1952, S. 61.
19 Welch 1964, S. XXXV; Welch 1961, S. 30 f.
20 Welch 1961.
21 Broyles 1964, S. 7.

22 R. Rose 1991.
23 Welch 1961, S. 181.
24 R. Rose 1991.
25 R. Rose 1991.
26 Grupp 1972.
27 Grupp 1972.
28 Baeyer-Kaette, Classens, Feiger und Neihardt 1982.
29 Dieser Abschnitt schuldet den Arbeiten von Johnson 1983 und King 1989 sehr viel.
30 Die folgenden 2 Abschnitte sind Johnson 1983, S. 200, entnommen.
31 Johnson 1983, S. 7.
32 Paranoide Bewegungen und Ideologien verschwinden selten sang- und klanglos. Wir zweifeln zwar daran, aber es ist nicht ausgeschlossen, daß LaRouche ein Comeback feiern wird. Seine Organisation macht weiterhin in den öffentlichen Fernsehsendern Werbung für sich, verschickt große Mengen von Informationsmaterial und hält Versammlungen ab.

Kapitel 8
Agitatoren und Aktivisten

1 Dieses Kapitel steht in der Schuld vieler ausgezeichneter Veröffentlichungen über die radikale Rechte: Aho 1990, 1995; Barkun 1994; Lake 1985; Merkl und Weinberg 1993; Sargent 1995; Sederberg 1994 und Wood 1996. Siehe auch die folgenden Werke von Kaplan: 1993; »Right-Wing Violence«, 1995; »Absolute Rescue«, 1995; »Politics of Rage«, 1996; »Religion in America«, 1996.
2 R. Wood in einem Interview mit JMP in Fargo, North Dakota, am 16. August 1995; Wood 1996, S. 219.
3 Wood 1996, S. 218 mit Bezug auf Winch 1983; W. E. Barker, »The Aryan Nations: A Linkage Profile« (unveröffentlichtes Manuskript 1986), und Zeskind 1986. Vgl. auch L. Weinberg, »The Radical Right and Varieties of Right-Wing Politics in the United States«, Manuskript, zitiert in Wood 1996, S. 219.
4 Barkun 1990; Ostling 1986.
5 Barkun 1994, S. 190.
6 Barkun 1994, S. 229 f.
7 Barkun 1994, S. 228.
8 Lake 1985, S. 100.
9 Lake 1985, S. 102.

10 Die wichtigsten Quellen für diese Erörterung der Posse Comitatus sind Audsley 1985; Wood 1996 und Yaeger 1994.

11 Yaeger 1994, S. 17.

12 Wie auch bei anderen rechtsextremistischen Gruppen überschneidet sich die Mitgliedschaft in vielfältiger Weise. Mitglieder der Posse stehen auch in Verbindung zu radikalen Gruppen wie Covenant, Sword and the Arm of the Lord, Ku Klux Klan, National Party for Emancipation of the White Seed (NEWS), Aryan Nation, Order und American Nazi Party. Die einzelnen Possevereinigungen geben sich oft Namen wie Patriots, Constitutionalists, Educated Citizens of Iowa, America First und Protection Society of County ... (es folgt der Name des Landkreises), um den Gesetzeshütern zu entgehen. Andere Namen für Gruppen, die der Posse nahestehen, sind Christian Liberty Academy, New York Patriots, National Patriots Association, Christian Conservative Churches und Arizona Patriots. Vgl. Yaeger 1994, S. 17.

13 Wie viele Gruppen, die die Rechtmäßigkeit der Regierung bestreiten, bediente sich Posse der Rechtssprache, um darzulegen, womit ihre Gegner rechnen müssen: »In einigen Fällen sieht das Gesetz vor, daß Regierungsbeamte, die krimineller Taten schuldig sind oder gegen ihren Amtseid verstoßen haben, folgende Strafe zu gewärtigen haben: Posse soll sie zur belebtesten Straße der Stadt führen und sie dort um Mittag am Hals aufhängen. Daselbst soll der Körper bis Sonnenuntergang hängen bleiben, damit jeder sieht, wie es Gesetzesbrechern ergeht.« Yaeger 1994, S. 18.

14 Lake 1985, S. 22. Vgl. auch Barkun 1994, S. 110, der ein weiteres Beispiel anführt.

15 Pierce 1980.

16 Lake 1985, S. 97. Obwohl Angehörige der Milizen in der Regel weiß sind und viele der von ihnen zitierten Schriften stark antisemitisch und rassistisch gefärbt sind, sind nicht alle Milizen und ihre Mitglieder Rassisten.

17 Pierce 1980, S. 210.

18 »Pro-Life Hate« 1994. Man beachte, daß Bishops Unterscheidung zwischen verbotenen Abtreibungen bei Weißen und erwünschten Abtreibungen bei Schwarzen keineswegs für alle Abtreibungsgegner gilt. Die überwiegende Mehrheit spricht sich gegen jegliche Abtreibung aus.

19 Neben einigen schon oben angeführten Büchern und Aufsätzen zum Rechtsextremismus hat dieser Abschnitt sehr von der ausgezeichneten Arbeit Robert Woods, »Right-Wing Extremism and the Problem of Rural Unrest«, sowie von einem ausgedehnten Gespräch mit Professor Wood profitiert. Darüber hinaus haben wir uns auf journalistische Recherchen im Gefolge des Bombenattentats von Oklahoma City gestützt, die vor allem in der »New York Times« und der »Washington Post« erschienen sind.

20 Kovaleski 1995, S. A 13.
21 Trochman, zitiert in Goshko und Swardson 1995, S. A 22.
22 Schneider 1994, S. A 1.
23 Egan, »Federal Uniforms«, 1995, S. A 1.
24 Robertson 1991, S. 6.
25 Robertson 1991, S. 9–14, 82, 83.
26 Der Verschwörungstheoretiker Phillips O'Halloran, seines Zeichens Arzt, hat in einem Aufsatz den »durch Injektion implantierbaren Biochip« beschrieben, der ein »schreckliches Drohpotential im Überwachungsarsenal« darstellt. Der Chip soll niedrigfrequente Mittelwellen aussenden, die genaue »Informationen über den Ort des ›Chipträgers‹ geben: über Längengrad, Breitengrad und innerhalb einer Fehlerquote von wenigen Metern über die Höhe eines Aufenthaltsortes auf dem Planeten.« O'Halloran (1994), zitiert in McHugh 1995.
27 Goshko und Swardson 1995, S. A 23.
28 Zitiert in Lake 1985, S. 98.
29 Barkun 1995.
30 Schmidt und Kenworthy 1995, S. A 5.
31 Fisher und McCombs 1995, S. D 6.
32 »Two Militia Figures« 1995, S. A 13.
33 Doskoch 1995.
34 Janofsky 1995; Mintz 1995.
35 Kovar 1966, S. 289.
36 Fenichel 1945.
37 Die folgende Diskussion über die Rolle der Rambofilme und die Bedeutung archaischer Mythen und des Mannes als Krieger und Beschützer ist Gibson 1994 geschuldet.
38 Goldman 1974, S. 67. Für eine ausführliche Würdigung der Rolle, welche die Religion im Leben und Denken von Malcolm X gespielt hat, vgl. DeCaro 1996. DeCaro behauptet, die Nation of Islam sei nur eine Sekte (S. 6) und die später von Malcolm angenommene sunnitische Richtung des Islam der eigentliche »orthodoxe Islam«. Wir bezeichnen beide als Religionen.
39 DeCaro 1996, S. 249.
40 Lester 1968, S. 195.
41 Lester 1968, S. 194.
42 Malcolm X 1964, S. 252 f.
43 Malcolm X 1964, S. 253.
44 Malcolm X 1964, S. 490, 491.
45 George und Wilcox 1996, S. 319 f.
46 Eine umfassende Studie zu Farrakhan und seiner Beziehung zur Nation of Islam bietet Magida 1996.

47 Kramer 1985, S. 16 f.
48 Kramer 1985.
49 Cooper 1990, S. 30 f.
50 Muhammad 1993.
51 Fletcher und Harris 1995.
52 Miller 1996, S. 158.
53 Landis 1987.
54 Oshinsky 1983, S. 14.
55 Reeves 1982, S. 671.

Kapitel 9
Organisatoren und Propagandisten

1 Dieser Abschnitt verdankt viel Jeansonne 1986, 1991 sowie Ribuffo 1983.
2 Ribuffo 1983, S. 140.
3 Ribuffo 1983, S. 157, 167.
4 Ribuffo 1983, S. 175.
5 Jeansonne 1986, S. 120.
6 Jeansonne 1986, S. 104.
7 Jeansonne 1986, S. 104, 110.
8 Jeansonne 1986, S. 114.
9 Jeansonne 1991, S. 248.
10 Jeansonne 1986, S. 95.
11 Hofstadter 1967, S. 3.
12 Dieser Abschnitt stützt sich vor allem auf die in D. Rose 1992 erschienenen Aufsätze wie auch auf die unmittelbare Beobachtung und Forschung eines der beiden Autoren dieses Buches (RSR).
13 Bridges 1994, S. 5, 6.
14 Bridges 1994, S. 7.
15 Louisiana Coalition 1991, S. 1.
16 Louisiana Coalition 1991, S. 3.
17 Louisiana Coalition 1991, S. 3, Berry 1989, S. 12.
18 Louisiana Coalition 1991, der Abschnitt unter der Überschrift »One Nation under Duke: A Plan to Scapegoat America«.
19 D. Rose und Esolen 1992, in D. Rose 1992, S. 221.
20 »Poll« 1996.
21 Dieser Abschnitt hat viel von Butler, Koopman und Zimbardo 1995 profitiert. Vgl. auch Zelizer 1992 zur Rolle der neuen Medien in der Produktion und Ausbeutung von Erzählungen über Kennedys Ermordung.

22 Zu *The Day After* vgl. Schofield und Pavelchak 1985; zu *Amerika* vgl. Lenart und McGraw 1989, S. 22; zu *Holocaust* vgl. de Block und van Lil 1981; zu *Roots* vgl. Surlin 1978.
23 Butler, Koopman und Zimbardo 1995, S. 249.
24 Boorstin 1992, S. 743.
25 Rosenstone 1992.
26 L. Butler in einem persönlichen Gespräch am 11. September 1995.
27 Steel 1992, S. 30.
28 Zitiert in Morrow und Smilgis 1991, S. 74.
29 Felkins und Goldman 1993.
30 NBC Nachrichteninterview am 21. November 1993.

Kapitel 10
Der Wahn an der Macht: Pol Pot, Idi Amin und Jossif Stalin

1 Dieser Abschnitt profitiert vor allem von Becker 1986; Burgler 1990; Chandler 1983, 1991, 1992; Etcheson 1984; Kiernan 1985, 1996 und Shawcross 1984.
2 So lautet das Fazit von Kiernans »Pol Pot Regime« (1996).
3 David Chandler in einem Brief vom 15. Juni 1995.
4 Chandler 1991, S. 250.
5 Chandler 1991, S. 259.
6 Burgler 1990, S. 58.
7 Becker 1986, S. 168, 169.
8 Zitiert in Becker 1986, S. 219.
9 Chandler 1991, S. 252.
10 Chandler 1991, S. 260, 261, 270.
11 Chandler 1991, S. 271.
12 Becker 1986, S. 221, 222.
13 Becker 1986, S. 355.
14 Burgler 1990, S. 150, 114.
15 Ablin und Hood 1987, S. 412.
16 Zitiert in Chandler 1991, S. 271.
17 Kiernan 1996, S. 448.
18 Diese Darstellung der Lebensgeschichte Saloth Sars ist größtenteils Chandler 1992 entnommen.
19 Kiernan 1985, S. 119.
20 Becker 1986, S. 207.
21 Chandler 1992, S. 158.
22 Chandler 1992, S. 139.

23 Chandler 1992, S. 157.

24 Wie Pol Pot unterließ Stalin es weitgehend, sich als Charismatiker aufzubauen, obwohl er zweifellos einen Personenkult förderte. Stalins Säuberungen und seine Wirtschaftspolitik weisen erstaunliche Ähnlichkeiten zu Pol Pots Politik auf. Doch anders als Pol Pot versuchte Stalin, kollektive Entscheidungsprozesse, wie sie unter Lenin existierten, zu unterbinden, und dies gelang ihm auch.

25 Becker 1986, S. 136.

26 Becker 1986, S. 201.

27 G. I. Smith 1980 ist einer der wenigen, die unter Hinzuziehung der Archive Colin Legums nach dem Sturz Amins ausführliche Analysen von dessen Regierungszeit vorlegten. Die meisten anderen Quellen sind Berichte aus erster Hand von Journalisten, Politikern und Opfern aus der Ära Amin und haben die Vor- und Nachteile solcher Perspektiven. Neben G. I. Smith 1980 sind unsere hauptsächlichen Quellen Avirgan und Honey 1982; Grahame 1980; Kato 1987; Kyemba 1977; Listowel 1973; Mamdani 1983; Marnham 1985; D. Martin 1974; Mazrui 1977; Melady und Melady 1977; Mutibawa 1992 und Mallory Weber 1973.

28 D. Martin 1974, S. 14.

29 G. I. Smith 1980, S. 103.

30 Kyemba 1977, S. 7.

31 Listowel 1973, S. 77.

32 Mamdani 1983, S. 73, 74.

33 Melady und Melady 1977, S. 17, 18, 19.

34 D. Martin 1974, S. 11.

35 Melady und Melady 1977, S. 167.

36 G. I. Smith 1980, S. 101.

37 Listowel 1973, S. 183, 184.

38 Marnham 1985, S. 80, 82.

39 Melady und Melady 1977, S. 167.

40 Marnham 1985, S. 80.

41 Kyemba 1977, S. 107.

42 Ein Ugander 1977, S. 33.

43 Kato 1987, S. 79.

44 Jacobson 1978, S. 10.

45 Avirgan und Honey 1982, S. 298.

46 Vgl. zu diesem Kapitel besonders Bullock 1992; Conquest 1968; Tucker 1973, 1990.

47 Dieser Abschnitt zehrt wesentlich von Groth und Britton 1993; Tucker 1965, 1973, 1977, 1990.

48 Seit »Beginn [des 19. Jahrhunderts] zeigt sich in Rußland eine allgemeine Passion für Geheimgesellschaften und -bünde«, Ulam 1977, S. 74.
49 Laqueur 1993, S. 8.
50 Herman Freudenberger, persönliches Gespräch im Oktober 1995.
51 Paraphrase nach Conquest 1979, S. 228.
52 Groth und Britton 1993, S. 635.
53 Iremaschwili 1932, zitiert in Tucker 1973, S. 73.
54 Anna Freud 1966 hat zuerst die Aufmerksamkeit auf diesen Abwehrmechanismus des Ego gelenkt, den sie »Identifikation mit dem Aggressor« nannte.
55 Bullock 1992, S. 7.
56 Zitiert in Tucker 1973, S. 80.
57 Allilujewa 1969, S. 313 f.
58 Deutscher 1979, S. 34.
59 Deutscher 1979, S. 95. Keine bloße Idealisierung, wie sie in Nachrufen häufig vorkommt; Bullock 1992, S. 36, merkt an, daß ähnliche Einstellungen schon in einem Brief von 1904 geäußert werden.
60 Tucker 1973, S. 120.
61 Bullock 1992, S. 27.
62 Übersetzt aus Arsenidse, »Novij Shurnal«, zitiert in Bullock 1992, S. 27.
63 Stalin 1951 ff., I, S. 59.
64 Stalin 1951 ff., VII, S. 246.
65 Die beiden folgenden Abschnitte sind Brzezinski 1989, 35–39, entnommen. [Die Übersetzung wurde überarbeitet. A. d. Ü.]
66 Snow 1966, S. 23, S. 27.
67 Fromm 1973, S. 287 f.
68 Fromm 1973, S. 285.
69 Zitiert in Tucker 1973, S. 211.
70 Chruschtschow 1970, S. 254, S. 299, S. 601 [dt.: 1971, S. 262, S. 305, S. 570]. (Die deutsche Ausgabe stimmt nicht immer mit der amerikanischen überein. A. d. Ü.)
71 Tucker 1973, S. 449.
72 Conquest 1968; Tucker 1965.
73 Tucker 1973, S. 453.
74 Tucker 1973, S. 463.
75 Bullock 1992, S. 210.
76 Kennan 1967, S. 279 [dt.: 1971, S. 284].
77 Harriman und Abel 1975, S. 535.
78 Deutscher 1979, S. 295.
79 Carr 1968, S. 177–90.
80 Tucker 1979.

Kapitel 11
Destruktives Charisma: Adolf Hilter

1 Eine Abbildung des Plakats verdanken wir Richard Koenigsberg, dessen Stilanalyse von Hitlers Sprache in »Hitler's Ideology« (1975) eine überzeugende Bestätigung dafür liefert, daß er bei seiner antisemitischen Rhetorik selber psychologisch involviert war. Sie stützt auch die psychoanalytischen Hypothesen von Waite (1971, 1976).

2 Hitler 1941, S. 498 und 793.

3 Besonders wertvolle Quellen sind Bromberg und Small 1983; Bullock 1992; Fest 1973; Hoffer [1951] 1966; Koenigsberg 1975; Payne 1973; Waite 1976.

4 Das Material zum Hintergrund von Hitlers Vater ist Waite 1976, S. 124–28 entlehnt; das zu Hitlers Knabenzeit Bullock 1992, S. 7 ff., und Waite 1976, S. 131–41.

5 Dieser Gedankengang nebst Belegen ist ausführlich bei Waite 1976, S.126 bis 130, dargestellt.

6 Waite 1976, S. 5 f.

7 Bullock 1992, S. 7.

8 Bromberg und Small 1983, S. 32 f.

9 Hitler 1941, S. 6 und S. 8.

10 Erikson 1963, S. 337 (dt. Ausg. 1974, S. 331).

11 Diese Hypothese ist ausführlicher bei Binion 1973 und Stierlin 1976 dargestellt. John Kafka (1978; private Mitteilung 1990) gibt Belege, daß sie etwas zu weit geht.

12 Zitiert in Waite 1976, S. 190.

13 Zitiert in Payne 1973, S. 61.

14 Hitler 1941, S. 20.

15 Ebd. S. 177 ff.

16 Waite 1971, S. 204.

17 Hitler 1941, S. 225.

18 Rauschning 1940, S. 83.

19 Bromberg und Small 1983, S. 85. Der Text ist wiedergegeben bei Payne 1973, S. 129 ff.

20 Weinberg 1961, S. 64 f.

21 Bullock 1992, S. 144.

22 Weinberg 1961, S. 221.

23 Rauschning 1940, S. 223.

24 Payne 1973, S. 277.

25 Fest 1973, S. 186.

26 Rauschning 1940, S. 161 f. [An der Stelle ist allerdings nicht von Parteigenossen, sondern von den konservativen Eliten außerhalb der Partei die Rede. A. d. Ü.]

27 Payne 1973, S. 304.

28 Reichstagsrede 13.7.1934. Bei Roussy de Sales 1941, S. 257. [Da bis heute Hitlers Reden aus der Reichskanzlerzeit nicht vollständig gesammelt vorliegen, erfolgt für die im folgenden gebotenen bruchstückhaften Zitate nur teilweise die Verifikation anhand der Auswahlausgabe von Max Domarus. Die Rückübersetzung aus den Teilübersetzungen von Roussy de Sales, Baynes und der englischsprachigen Sekundärliteratur ist philologisch sicherlich unbefriedigend, aber doch entschuldbar, da die des Deutschen unkundigen Autoren ihre Argumentation nun einmal auf diese zum Teil unzuverlässigen englischen Übersetzungen stützen. Wo aus dem Englischen zurückübersetzt wird, gebe ich die Daten der Reden, so daß der Leser selber im »Völkischen Beobachter« nachschlagen kann. A. d. Ü.]

29 Richard Koenigsberg hat Hitlers Reden einer psychoanalytisch geschulten Inhaltsanalyse unterzogen. Die Themen und Beispiele in diesem Abschnitt sind Koenigsbergs Analyse »Hitler's Ideology: A Study in Psychoanalytic Sociology« (1975) entlehnt.

30 Rede auf dem I. Kongreß der Deutschen Arbeitsfront, Berlin 10.5.1933. Bei Baynes 1942, S. 433.

31 Hitler 1941, S. 253.

32 Rede vor der Auslandsorganisation der NSDAP, Nürnberg 13.9.1935. Bei Baynes 1942, S. 1253.

33 Interview im Sunday Express vom 28.9.1930. Bei Baynes 1942, S. 995.

34 Hitler 1941, S. 765.

35 Domarus 1962, S. 70.

36 Abschließende Ansprache an den Nürnberger Parteitag, 16.9.1935. Bei Baynes 1942, S. 441.

37 Hitler 1941, S. 305 f.

38 Rede beim Staatsakt im Sitzungssaal des Hamburger Rathauses, 17.8.1934. Bei Baynes 1942, S. 453.

39 Boepple 1933, S. 63.

40 Ebd. S. 19 [Angeblich Zitat von Theodor Mommsen. A. d. Ü.].

41 Wahlrede im Sportpalast, Berlin 2.3.1933. Bei Baynes 1942, S. 259.

42 Domarus 1962, S. 211.

43 Abschließende Ansprache an den Nürnberger Parteitag, 13.9.1937. Bei Baynes 1942, S. 693.

44 Boepple 1933, S. 39.

45 Hitler 1941, S. 334.

46 Ebd. S. 334.
47 Ebd. S. 346.
48 Ebd. S. 316.
49 Ebd. S. 357. Die Schändung der deutschen Frau durch den Juden ist ein Dauerthema. Man erinnere sich an Hitlers Angst, sein Vater könnte von einem Juden gezeugt sein. Man hat noch andere Gründe für diese Sexualfixiertheit angeführt. Der sowjetischen Autopsie zufolge habe Hitler einen unentwickelten Hoden gehabt. Eine ganze Reihe von Anekdoten weist darauf hin, daß er ernste sexuelle Probleme hatte und möglicherweise pervers war. In den psychoanalytisch orientierten Biographien von Waite (1976) und Langer (1972) wird auf die Bedeutung des sexuellen Versagens für Hitlers Triebhaushalt besonderes Gewicht gelegt. Selbstzweifel an seiner Potenz könnten zu seinen ausgeprägten Minderwertigkeitskomplexen beigetragen haben.
50 Rede auf der SA-Kundgebung in Kiel, 7.5.1933. Bei Baynes 1942, S. 117.
51 Proklamation an den Nürnberger Parteitag, 7.9.1937. Bei Baynes 1942, S. 683.
52 Canetti 1962, S. 181 ff.
53 Hitler 1941, S. 463.
54 Domarus 1962, S. 390.
55 Ebd. S. 266.
56 Rede in der Kieler Nordostseehalle, 6.11.1933. Bei Baynes 1942, S. 1136.
57 Domarus 1962, S. 1457.
58 Ebd. S. 1396.
59 Boepple 1933, S. 56.
60 Domarus 1962, S. 529.
61 Pulzer 1964. Dieser Abschnitt basiert sowohl auf Carmichael 1993 und Wistrich 1991 als auch auf der zitierten Literatur.
62 Gordon 1984, S. 51 ff.
63 Niewyk 1980, S. 9. In seinem umstrittenen Buch »Hitlers willige Vollstrecker« meint Daniel Goldhagen, der Antisemitismus an sich reiche nicht, um den Holocaust zu erklären. Es sei die Verbindung zwischen der bösartigen Führerfigur Hitler und einem tiefsitzenden Antisemitismus gewesen, der es Hitlers Vorstellungen ermöglicht habe, ein dafür empfängliches Publikum zu finden. Das antisemitische Klima sei in Deutschland besonders virulent gewesen. Goldhagen spricht vom »eliminatorischen Antisemitismus«. In der deutschen Gesellschaft während und vor der Nazizeit »war die Ansicht, die Juden seien eine Gefahr für Deutschland und ihre Bösartigkeit liege in ihrer Rasse begründet, ebensoweit verbreitet wie die daraus folgende Überzeugung, daß die Juden *ausgeschaltet* werden müßten« (Goldhagen 1996, S. 97). Goldhagen zufolge wäre es eine einmalige Kombination folgender Umstände, die den Holo-

caust erklärt: 1) Die fanatischsten Antisemiten in der Menschheitsgeschichte kamen an die Macht und entschieden sich, ihre Mordphantasien zum Herzstück der Politik zu machen. 2) Sie taten das in einer Gesellschaft, in welcher ihre zentralen Ansichten über die Juden weitgehend geteilt wurden. 3) Ausschließlich Deutschland war geomilitärisch in der Lage, einen Völkermord dieses Ausmaßes auszuführen.

64 W. S. Allen 1984, S. 84.

65 Cohn 1981, S. 198.

66 Gordon 1984, S. 51 ff.

67 Dietrich 1988, S. 402. Vgl. auch Gordon 1984, S. 51–55.

68 Beide Statistiken aus Balfour 1988, S. 57.

69 Hoffer 1951 [1966], S. 68.

70 Bullock 1967, S. 358.

71 Speer 1979, S. 79.

72 Vince u. a. 1984, S. 461 und 477.

73 Weber 1922, S. 140.

74 Wilner 1984.

75 Nach Camic 1980.

76 Waite 1976, S. 54.

77 Mosley 1977, S. 150.

78 Angebert 1974.

79 Niewyk 1971, S. 217 f.

80 Langer 1972, S. 32.

81 Fest 1973, S. 396 f.; Waite 1976, S. 28.

82 Langer 1972, S. 61.

83 Boepple 1933, S. 48 f.

84 Fest 1973, S. 517 f.

85 Tucker 1968.

86 Fest 1973, S. 169 ff.

87 Speer 1977, S. 403. Vgl. auch Rhodes 1980.

88 Langer 1972, S. 35.

89 Waite 1976, S. 40.

90 Post, »Dreams«, 1984.

91 Loewenberg 1969, S. 264.

92 Ebd. S. 251.

Literaturverzeichnis

A. Ablin / M. Hood (Hrsg.): The Cambodian Agony. London 1987.

Z. Abu-Amir: HAMAS: »A historical and political background«. Journal of Palestine Studies 22 (1993), S. 5–19.

J. A. Aho: The Politics of Righteousness: Idaho Christian Patriotism. Seattle 1990.

–: This Thing of Darkness: A Sociology of the Enemy. Seattle 1995.

J. Aitkin: Nixon. London 1993.

S. Akhtar: »Paranoid personality disorder«. American Journal of Psychotherapy 44 (1990), S. 5–25.

R .D. Alexander: »The evolution of social behavior«. Annual Review of Ecology and Systematics 5 (1974), S. 325–83.

–: Darwinism and Human Affairs. Seattle 1979.

–: The Biology of Moral Systems. Hawthorne, N.Y. 1987.

C. F. Alford: Narcissism: Socrates, the Frankfurt School, and Psychoanalytic Theory. New Haven 1988.

–: Melanie Klein and Critical Social Theory. New Haven 1989.

–: Group Psychology and Political Theory. New Haven 1994.

C. Allen Jr.: »Pro-Life hate: Violence in the name of God«. Reform Judaism 10–17 (Sommer 1994), S. 76.

W. S. Allen: The Nazi Seizure of Power: The Experience of a Single German Town, 1922–1945, 2. Aufl., New York 1984.

S. Allilujewa: Only One Year. New York 1969 [dt.: Das erste Jahr. Wien-München-Zürich 1969].

S. E. Ambrose: Nixon: The Education of a President. New York 1987.

J. M. Angebert: Hitler et la tradition cathore. Paris 1971 [engl.: The Occult and the Third Reich. New York 1974].

P. Applebome: »Bloody Sunday's roots in deep religious soil«. New York Times, 2. März 1993, S. A16.

–: »A bombing foretold in extreme-right ›Bible‹«. New York Times, 26. April 1995, S. A22.

–: »Anger of the '60's takes root in the violent right«. New York Times, 7. Mai 1995, S. A1, A36.

A. Aran: »A mystico-messianic interpretation of modern Israeli history: The Six-Day War as a key event in the development of original religious culture of Gush Emunim«. Studies in Contemporary Jewry 4 (1988), S. 263–75.

S. Arieti: »Schizophrenia: The manifest symptomatology, the psychodynamic, and formal mechanisms«. American Handbook of Psychiatry, hg. von S. Arieti, Bd. 1. New York 1959, S. 456–84.

S. Asahara: Supreme Initiation: An Empirical Spiritual Science for the Supreme Truth. O.O. 1988.

–: Beyond Life and Death. Shizuoka (Japan) 1993.

»Assassination in Israel«. New York Times, 5. November 1995, S. A1.

D. Athill: »Introduction«. In: Jean Rhys: Collected Short Stories. New York 1987.

D. Audsley: »Posse Comitatus: An extremist tax protest group«. TVI Journal 2 (Sommer 1985), S. 13–16.

T. Avirgan / M. Honey: War in Uganda. London 1982.

H. A. Bacal / K. N. Newman: Theories of Object Relations. New York 1990.

W. von Baeyer-Katte: »A left-wing terrorist indoctrination group«. Paper presented at the Sixth Annual Meeting of the International Society of Political Psychology, Oxford, Juli 1983.

– / D. Classens / H. Feiger / F. Neidhardt: Analysen zum Terrorismus 3: Gruppenprozesse. Darmstadt 1982.

Y. Bahrani: »The Rushdie specter: For Muslim intellectuals, the danger deepens«. Washington Post, 14. August 1994, S. 1.

M. Balfour: Withstanding Hitler in Germany, 1933–1945. London 1988.

D. P. Barash: Sociobiology and Behavior, 2. Aufl., New York 1982.

M. Barkun: »Racist apocalypse: Millennialism on the far right«. American Studies 31 (1990), S. 121–40.

–: Religion and the Racist Right. Chapel Hill 1994.

–: »Political paranoia on the paranoid right«. Paper presented at the Annual Meeting of the International Society of Political Psychology, Washington, D. C., 6. Juli 1995.

D. Bar Tal: »The Masada syndrome: A case of central belief«. Stress and Coping in Time of War, hrsg. von N. A. Pilgrim. New York 1986, S. 32–51.

– / D. Antebi: »Beliefs about negative intentions of the world: A study of Israeli siege mentality«. Paper presented at the Annual Meeting of the International Society of Political Psychology, New Jersey, Juli 1988.

–: »Siege mentality in Israel«. Paper presented at the Annual Meeting of the International Society of Political Psychology, Tel Aviv, Juli 1989.

K. D. Bates: »Is it genocide?« Essence (September 1990), S. 76–117.

M. Batkata: »Largest rally in Prague since '69 ends violently«. Washington Post, 18. November 1989, S. A1, A21.

N. H. Baynes: The Speeches of Adolf Hitler April 1922–August 1939. An English translation of representative passages arranged under subjects, 2 Bde, Oxford 1942 / Repr. New York 1969.

E. Becker: When the War Was Over. New York 1986.
R. Benedict: Patterns of Culture. Boston 1934 [dt: Urformen der Kultur. Hamburg 1955].
D. Berindranath: Nasser: The Man and the Miracle. New York 1966.
R. Bernstein: »Biggest U.S. terrorist trial begins as arguments clash«. New York Times, 13. Januar 1995, S. A1.
J. Berry: »Duke caucus«. Gambit, 11. September 1989, S. 11–12.
R. Binion: »Hitler's concept of Lebensraum«. History of Childhood Quarterly 1 (1973), S. 187–215.
W. Bion: »Group dynamics: A re-view«. New Directions in Psycho-Analysis, hrsg. von M. Klein / P. Heiman / R.E. Money-Kyrle. London 1955, S. 440–477.
–: Experiences in Groups and Other Papers. London 1961.
–: Learning from Experience. New York 1962.
D. A. Blanchard / T. J. Prewitt: Religious Violence and Abortion: The Gideon Project. Gainesville 1993.
E. Bleuler: Dementia Praecox oder Die Gruppe der Schizophrenien. Leipzig-Wien 1911.
H. Blum: »Object inconstancy and paranoid conspiracy«. Journal of the American Psychoanalytic Association 29 (1981) S. 789–813.
E. Boepple: Adolf Hitlers Reden, 3. Aufl., München 1933.
W. Bonime: »Paranoid psychodynamics«. Contemporary Psychoanalysis 15 (1979), S. 514–527.
J.T. Bonner: The Evolution of Culture in Animals. Princeton 1980.
D. Boorstin: The Creators. New York 1992.
P. Boyer / S. Nissenbaum: Salem Possessed: The Social Origins of Witchcraft. Cambridge 1974.
P. Brass: Language, Religion, and Politics in North India. Cambridge 1974.
G. Breitman (Hrsg.): Malcolm X Speaks. New York 1965.
–: The Last Year of Malcolm X. New York 1967.
T. Bridges: The Rise of David Duke. Jackson / Miss. 1994.
J. Brinkley: »Walesa, in Israel, regrets Poland's anti-Semitism«. New York Times, 21. Mai 1991, S. A5.
D. W. Brogan: »Death in Dallas«. Encounter (Dezember 1964), S. 20–26.
N. Bromberg / V. Small: Hitler's Psychopathology. New York 1983.
A. Broyles: The John Birch Society: Anatomy of a Protest. Boston 1964.
C. Bruck: »The wounds of war«. New Yorker, 19. Oktober 1996, S. 64–91.
A. Brumberg: »Polish intellectuals and antisemitism«. Dissent (Winter 1991), S. 72–77.
Z. Brzezinski: The Grand Failure. New York 1989. [dt.: Das gescheiterte Experiment. Der Untergang des kommunistischen Systems. Wien 1989.]

A. Bullock: Hitler. London 1952. [dt.: Hitler. Eine Studie über Tyrannei. 2. Aufl., Düsseldorf 1967.]

–: Hitler and Stalin: Parallel Lives. New York 1992. [dt.: Hitler und Stalin – Parallele Leben. Berlin 1991.]

R. A. Burgler: The Eyes of the Pineapple: Revolutionary Intellectuals and Terror in Democratic Kampuchea. Saarbrücken 1990.

L. Butler / C. Koopman / P. Zimbardo: »The psychological impact of viewing the film *JFK*«. Political Psychology 16 (1995), S. 237–58.

R.W. Byrne / A. Whitten: Machiavellian Intelligence: Social Expertise and the Evolution of Intellect in Monkeys, Apes, and Humans. New York 1988.

N. Cameron: »The paranoid pseudo-community«. American Journal of Sociology 49 (1943), S. 32–38.

–: »Paranoid conditions and paranoia«. American Handbook of Psychiatry, hrsg. von S. Arieti, Bd. 1. New York 1959, S. 508–39.

–: »The paranoid pseudo-community revisited«. American Journal of Sociology 65 (1959), S. 52–58.

C. Camic: »Charisma: Its varieties, preconditions, and consequences«. Sociological Inquiry 50 (1980), S. 5–24.

J. K. Campbell: Terrorism and Weapons of Mass Destruction. Magisterarbeit, Navy Post-Graduate School, Monterey 1996.

E. Canetti: Masse und Macht. Frankfurt a. M. 1980.

J. Carmichael: Satanizing of the Jews. Origin and Development of Mystical Anti-Semitism. New York 1993.

E. H. Carr: Socialism in One Country, 1924–1926. Bd. 1. New York 1968.

J. A. Castañeda: »From Mexico looking out«. Limits to Friendship, hrsg. von R. A. Pastor / J. A. Castañeda. New York 1988, S. 55–77.

M. Champion: »Jews meeting in Romania cite new antisemitism«. Washington Post, 5. Juli 1991, S. A14.

D. P. Chandler: A History of Cambodia. Boulder 1983.

–: The Tragedy of Cambodian History. New Haven 1991.

–: Brother Number One. Boulder 1992.

R. Chartier: »Intellectual history or sociocultural history? The French trajectories«. Modern European Intellectual History: Reappraisals and New Perspectives, hrsg. von D. LaCapra / L.S. Kaplan. Ithaca 1982, S. 13–45.

D. L. Cheney / R. M. Seyfarth: »Selective forces affecting the predator alarm calls of vervet monkeys«. Behavior 76 (1981), S. 25–61.

–: How Monkeys See The World. Chicago 1990.

Chruschtschow erinnert sich, hrsg. von Strobe Talbott [1970]. Reinbek 1971.

»Citizens for LaRouche. The psychiatric shock troops«. Stamp Out the Aquarian Conspiracy. O.O. 1980, S. 15–24.

N. Cohn: The Pursuit of the Millennium. New York 1961.
–: Europe's Inner Demons. An Enquiry Inspired by the Great Witch Hunt. New York 1975.
–: Warrant for Genocide. 3. Aufl., Chicago 1981.
M. Cole u. a.: The Cultural Context of Learning and Thinking. New York 1971.
A. Colman / W. H. Bexton (Hrsg.): Group Relations Reader I. Washington, D.C. 1975.
A. Colman / M. Geller (Hrsg.): Group Relations Reader II. Washington, D.C. 1985.
R. Conquest: The Great Terror. New York 1968. [dt.: Am Anfang starb Genosse Kirow, Säuberungen unter Stalin. Düsseldorf 1970.]
–: Kolyma. Oxford 1979.
M. Cooper: »The return of the paranoid style in American politics«. U.S. News and World Report, 12. März 1990, S. 30–31.
Daljeet Singh: The Sikh Ideology. New Delhi 1984.
R. Darnton: Great Cat Massacre. New York 1985.
R. Dawkins: The Selfish Gene. Oxford 1976 [dt.: Das egoistische Gen. Berlin-Heidelberg 1978].
H. De Bock / J. van Lil: »›Holocaust‹ in the Netherlands«. Mass Communication Review Yearbook, hrsg. von G.C. Wilhoit / H. de Bock, Bd. 2. Newbury Park, Calif. 1981, S. 639–646.
L. A. DeCaro: On the Side of My People. New York 1996.
J. M. Delgado-García u. a.: »Behavioral inhibition induced by pallidal stimulation in monkeys«. Experimental Neurology 49 (1975), S. 580–91.
J. P. Demos: Entertaining Satan. New York 1982.
Demoskop Research Agency: Democracy, Economic Reform, and Western Assistance in Poland. Warschau 1991.
J. DeParle: »Those people«. New York Times, 26. Dezember 1993, S. D1.
I. Deutscher: Stalin. Eine politische Biographie. Bd. 1. Berlin 1979.
F. B. M. DeWaal: Chimpanzee Politics. New York 1982.
K. Dewhurst / J. Todd: »The psychosis of association: Folie deux«. Journal of Nervous and Mental Diseases 124 (1956), S. 451–59.
E. Dickinson: The Complete Poems of Emily Dickinson. Boston 1976.
D. D. Dietrich: »National renewal, anti-Semitism, and political continuity: A psychological assessment«. Political Psychology 9 (1988), S. 385–411.
M. Domarus: Hitler. Reden und Proklamationen 1932–1945, 2 Bde. Würzburg 1962.
P. Doskoch: »Mind of the militia«. Psychology Today 12 (Juli–August 1995), S. 12–14.

J. G. Draguns: »Psychological disorders of clinical severity«. Handbook of Cross-Cultural Psychology: Psychopathology, hrsg. von H. C. Triands / J. C. Draguns, Bd. 6. Boston 1980, S. 99–174.

T. Egan: »Federal uniforms become cause of wave of threats and violence«. New York Times, 25. April 1995, S. A1, A20.

–: »Trying to explain contacts with paramilitary groups«. New York Times, 2. Mai 1995, S. A19.

E. Epstein: »Extremist groups' bizarre fears of U. N. conspiracy«. San Francisco Chronicle, 4. Mai 1995, S. A1, A13.

E. Erikson: Childhood and society. 2. Aufl., New York 1963. [dt.: Kindheit und Gesellschaft. 5. Aufl., Stuttgart 1974.]

–: »Ontogeny of ritualization«. Psychoanalysis: A General Psychology, hrsg. von R. M. Loewenstein u. a. New York 1966.

–: Identity, Youth, and Crisis. New York 1968. [dt.: Jugend und Krise. Stuttgart 1970.]

F. Eros: »The construction of Jewish identity in Hungary in the 1980s«. Paper presented at a seminar entitled »Identity renewal: Studies in eastern European Jewish life histories«, Tel Aviv, 6.–10. Oktober 1991.

J. Esposito: Islam: The Straight Path. Oxford 1988.

–: »Political Islam: Beyond the green menace«. Current History (Januar 1994), S. 19–24.

C. Etcheson: The Rise and Demise of Democratic Kampuchea. Boulder 1984.

Y. Etzion: »From the laws of existence to the laws of destiny« (auf Hebräisch). Nequda 75 (1984).

–: Temple Mount (auf Hebräisch). Jerusalem 1985.

S. H. H. Fadlallah: Interview. Middle East Insight 7, Heft 2 (Juni–Juli 1985), S. 10–19.

P. K. Felkins / I. Goldman: »Political myth as subjective narrative«. Political Psychology 14 (1993), S. 447–67.

O. Fenichel: The Psychoanalytic Theory of Neurosis. New York 1945.

S. Ferenczi: »The problem of acceptance of unpleasant ideas«. In: Further Contributions to the Theory and Technique of Psychoanalysis. London 1926.

F. Ferracuti: »A sociopsychiatric interpretation of terrorism«. Annals of the American Academy of Sciences 463 (September 1982), S. 136–37.

–: »Ideology and repentance: Terrorism in Italy«. Origins of Terrorism, hrsg. von W. Reich. Cambridge 1990, S. 59–64.

J. C. Fest: Hitler. Eine Biographie, Frankfurt a. M.–Berlin–Wien 1973.

P. Finch: God, Guts, and Guns. New York 1983.

M. Fisher / S. Coll: »Hate groups: An international cooperative«. Washington Post, 11. Mai 1995, S. A31, A35.

M. Fisher / P. McCombs: »The book of hate«. Washington Post, 25. April 1995, S. D1, D6.

M. Fletcher / H. Harris: »Rift between Farrakhan, Jewish leader reemerges«. Washington Post, 14. Oktober 1995, S. A1, A12.

F. Fornari: Psicoanalisi della guerra. Milano 1970. [engl.: The Psychoanalysis of War. Bloomington 1975].

R. G. Fox: Lions of the Punjab. Berkeley 1985.

A. Fraser: Cromwell. London 1973.

J. G. Frazer: The Golden Bough. London 1927 [dt.: Der goldene Zweig. Das Geheimnis von Glauben und Sitten der Völker. Reinbek 1989].

A. Freedman / H. Kaplan / B. Saddock: Modern Synopsis of Psychiatry. Baltimore 1972.

A. Freud: The Ego and the Mechanisms of Defense. 2. Aufl., London 1966 [dt.: Das Ich und die Abwehrmechanismen. In: Schriften I. München 1980].

S. Freud: Der Mann Moses und die monotheistische Religion: Drei Abhandlungen. In: Gesammelte Werke (Imago-Ausgabe), London 1940 ff., Bd. 16, S. 103–246.

–: »Psychoanalytische Bemerkungen über einen autobiographisch beschriebenen Fall von Paranoia (Dementia paranoides)« [1911]. In: Gesammelte Werke (Imago-Ausgabe), London 1940 ff., Bd. 8, S. 239–316.

–: »Konstruktionen in der Analyse« [1937]. In: Gesammelte Werke (Imago-Ausgabe), London 1940 ff., Bd. 16, S. 43–56.

–: Aus den Anfängen der Psychoanalyse, Briefe an Wilhelm Fließ, Abhandlungen und Notizen aus den Jahren 1887–1902, hrsg. von M. Bonaparte / A. Freud / E. Kris. 3. Aufl., Frankfurt a. M. 1975.

R. Friedman: »An unholy rage«. New Yorker, 7. März 1994, S. 54–56.

T. Friedman: From Beirut to Jerusalem. New York 1989.

E. Fromm: Escape from Freedom. New York 1941.

–: The Anatomy of Human Destructiveness. New York 1973. [dt.: Anatomie der menschlichen Destruktivität. Reinbek 1977].

–: »Paranoia and policy«. New York Times, 11. Dezember 1975, S. 45.

J. Frosch: »Delusional fixity, sense of conviction, and the psychotic conflict«. International Journal of Psychoanalysis 48 (1967), S. 475–495.

M. Galanter: »Psychological induction into the large group: Findings from a modern religious sect«. American Journal of Psychiatry 137 (1980), S. 1574 bis 1579.

–: Cults. New York 1989.

– / R. Rabkin / J. Rabkin / A. Deutsch: »The ›Moonies‹: A psychological study of conversion and membership in a contemporary religious sect«. American Journal of Psychiatry 136 (1979), S. 165–170.

W. Gaylin: The Rage Within. New York 1984.
M. S. Gazzaniga: Nature's Mind. New York 1992.
J. S. Gibson: Warrior Dreams. New York 1994.
J. M. Glass: Delusion: Internal Dimensions of Political Life. Chicago 1985.
R. Godbeer: The devil's dominion: Magic and Religion in Early New England. Cambridge 1992.
T. Goertzel: »Belief in conspiracy theories«. Political Psychology 15 (1995), S. 731–42.
C. Goldberg: Speaking With the Devil. New York 1996.
D. Goldhagen: Hitler's Willing Executioners: Ordinary Germans and the Holocaust. New York 1996 [dt.: Hitlers willige Vollstrecker: Ganz gewöhnliche Deutsche und der Holocaust. Berlin 1996].
–: »Motives, causes, and alibis«. New Republic, 23. Dezember 1996, S. 37–45.
P. Goldman: The Death and Life of Malcolm X. London 1974.
S. Gordon: Hitler and the Jewish Question. Princeton 1984.
J. Goshko / A. Swardson: »Militias, an angry mix hostile to government«. Washington Post, 21. April 1995, S. A1, A23, A24.
Y. Gothelf: »Old and new antisemitism«. Davar, 13. März 1970.
S. J. Gould: »Cardboard Darwinism«. In: An Urchin in the Storm. London 1990, S. 26–50.
I. Grahame: Amin and Uganda. London 1980.
J. Greenberg: »Israel police question two rabbis in Rabin assassination«. New York Times, 27. November 1995, S. 3.
F. Greenstein: »A president is forced to resign: White House organization and Nixon's personality«. America in the Seventies, hrsg. von A. P. Sindler. Boston 1977, S. 50–102.
A. J. Groth / S. Britton: »Gorbachev and Lenin: Psychological walls of the Soviet garrison state«. Political Psychology 14 (1993), S. 627–650.
J. Grotstein: »Meaning, meaninglessness, and the black hole: Self and interactional regulation as a new paradigm for psychoanalysis and neuroscience« (Manuskript 1987), zitiert in J. Lachkar: The Narcissistic / Borderline Couple. New York 1992, S. 28–29.
F. W. Grupp: »Personal satisfaction derived from membership in the John Birch Society«. The Social Psychology of Political Life. Belmont/Calif. 1972, S. 368–371.
C. Haberman: »Israelis mourn, but Rabin says talks continue«. New York Times, 24. Januar 1995, S. A1.
J. R. Hall: »The apocalypse at Jonestown«. Violence and Religious Commitment, hrsg. von K. Levi. University Park / Pa. 1982, S. 35–54.
M. J. Hamilton: Fish's Clinical Psychopathology. Bristol 1974.

R. F. Hamilton: Who Voted for Hitler. Princeton 1982.

W. D. Hamilton: »The genetical evolution of social behavior I and II«. Journal of Theoretical Biology 7 (1964) S. 1–52.

C. Hansen: Witchcraft at Salem. London 1971.

B. Harden: »Anti-Jewish bias rising in Poland: Catholic leaders aim to dispel myths, head off violence«. Washington Post, 16. Juli 1990, S. A1, A19.

J. R. Harrall: The Golden Triangle. Flora Ill. 1982.

W. A. Harriman / E. Abel: Special Envoy to Churchill and Stalin, 1941–1946. New York 1975.

M. Hazani: »Dualism, violence, and hostility: The spiritual belligerent«. Studies in Violence, hrsg. von G. Cromer / G. Shavit. Ramat Gan, Israel 1998.

S. Hed / D. Bowermaster / S. Headden: »Abortion: Who's behind the violence?« U. S. News and World Report, 14. November 1994, S. 50–67.

R. Heifitz: Leadership Without Easy Answers. Cambridge, Mass. 1994.

P. Hesse / D. Poklemba: »The development of enemy images: Universal and culture-specific themes«. Center Review (Center for Psychological Studies in the Nuclear Age, Harvard Medical School) (Frühling 1988), S. 6, 7.

W. C. S. Hiss: Frank W. Sandford and the Kingdom, 1893–1948. Ph. D. dissertation. Tufts University 1978.

A. Hitler: Mein Kampf. München 1941.

E. Hoffer: The True Believer [1951]. New York 1966.

–: The Passionate State of Mind. New York 1954.

D. Hoffman: »The battle to understand Israel's siege mentality«. Washington Post, 15.–21. Februar 1993 (weekly edition), S. 16.

R. Hofstadter: »The paranoid style in American politics«. In: The Paranoid Style in American Politics and Other Essays. New York 1967, S. 3–40.

O. R. Holsti: »Cognitive dynamics of the enemy«. Enemies in Politics, hrsg. von D. J. Finley u. a. Chicago 1967, S. 25–96.

E. Hopper: »The incohesion basic assumption«. Paper presented at the Annual Scientific Meeting of the American Group Psychotherapy Association, Atlanta, Februar 1995.

C. Houseman: »The paranoid person: A biopsychosocial perspective«. Archives of Psychiatric Nursing 4, Heft 3 (Juni 1990), S. 176–181.

A. Hughes: Psychology and The Political Experience. London–New York 1975.

J. Huizinga: Herbst des Mittelalters. Studien über Lebens- und Geistesformen des 14. und 15. Jahrhunderts in Frankreich und in den Niederlanden [1924]. Stuttgart 1975.

N. D. Humphrey: »The social function of intellect«. Growing Points in Ethology, hrsg. von P. P. G. Gateson / R. A. Hinde. Cambridge 1976, S. 303–17.

P. Hunčik: »The deformation of personality in Eastern Europe as a consequence

of four decades of communist rule«. Paper presented at the Annual Meeting of American Psychiatric Association International Scholar's series, Washington, D.C. 1992.
J. Iremaschwili: Stalin und die Tragödie Georgiens. Berlin 1932.
The Ishtar Gate. Mainz o.J. (ca. 1994).
P. Jacobson: »How Amin chooses his victims«. London Times, 22. Oktober 1978, S. 10.
W. James: The Varieties of Religious Experience [1902]. Repr. London 1960 [dt.: Die Vielfalt religiöser Erfahrung. Eine Studie über die menschliche Natur. Freiburg i. Br. 1979].
M. Janofsky: »Senators question five paramilitary leaders«. New York Times, 11. Juni 1995, S. A23.
J. Jansen: The Neglected Duty: The Creed of Sadat's Assassins and Islamic Resurgence in the Middle East. New York 1986.
»Japanese find dead child linked to cult«. New York Times, 11. September 1995.
E. Jaques: The Changing Culture of a Factory. London 1951.
–: »Social systems as defense against persecutory and depressive anxiety«. New Directions in Psychoanalysis, hrsg. von M. Klein / P. Heimann / R. Money-Kyrle. New York 1957, S. 478–498.
–: »Social analysis and the Glacier Project«. Glacier Project Papers, hrsg. von W. Browne / E. Jaques. London 1965.
G. Jeansonne: Gerald L. K. Smith. New Haven 1986.
–: »Personality, biography, and psychobiography.« Biography 14 (1991), S. 241 bis 255.
G. Johnson: Architects of Fear. Los Angeles 1983.
–: [Rezension] »D. King: Lyndon LaRouche and the new American Fascism«. New York Times Book Review, Juni 1989, S. 7–8.
–: »The evolutionary origins of government and politics«. Human Nature and Politics, hrsg. von A. Somit / J. Losco. Greenwich, Conn. 1995, S. 243–305.
M. Jordan / S.A. Pressley: »Gruesome contest to raise dead led to Koresh's takeover of cult«. Washington Post, 7. März 1993, S. A3.
M. Jubran / L. Drake: »The Islamic fundamentalist movement in the West Bank and Gaza Strip«. Middle East Policy 2 (1993), S. 1–115.
M. Juergensmeyer: »The logic of religious violence«. Inside Terrorist Organizations. New York 1988, S. 172–193.
J. Kafka: [Rezension] »H. Stierlin: Adolf Hitler«. Psychiatry 41 (1978), S. 221 bis 225.
M. Kahane: Never Again! Los Angeles 1971.
H. Kamm: »Anti-Semitic taunt at Wiesel talk in Romania«. New York Times, 3. Juli 1991, S. A8.

B. Kantrowitz [u. a.]: »The messiah of Waco«. Newsweek, 15. März 1993, S. 56–58.

J. Kaplan: »America's last prophetic witness«. Terrorism and Political Violence 5 (August 1993), S. 60–75.

–: »Right-wing violence in North-America«. Terrorism and Political Violence 7 (Frühling 1995), S. 46–95.

–: »Absolute rescue: Absolutism, defensive action, and the resort to force«. Terrorism and Political Violence 7 (Herbst 1995), S. 128–163.

–: »Politics of rage«. Christian Century, 19.–26. Juni 1996, S. 657–662.

–: Religion in America: Millenarian Movements from the Far Right to the Children of Noah. Syracuse 1996.

W. Kato: »An escape from Kampala«. Granta, Heft 22 (1987), S. 77–121.

S. Keen: Faces of the Enemy. New York 1986.

G. F. Kennan: Memoirs, 1925–1950. Boston 1967 [dt.: Memoiren eines Diplomaten. München 1971].

T. Kenworthy / G. Lardner Jr.: »The militias: Guns and bitter«. Washington Post, 4. Mai 1995, S. A23, A26.

G. Keppel: The Revenge of God. State College 1994.

O. F. Kernberg: Borderline Conditions and Pathological Narcissism. Northvale N. J. 1975.

R. Khomeini: Foreign Broadcast Information Service. SAS-83. 7 Juni 1983. Sendung vom 5. Juni 1983.

–: Foreign Broadcast Information Service. SAS-83-119. 20. Juni 1983. Sendung vom 18. Juni 1983.

–: Foreign Broadcast Information Service. SAS-83-160. 17. August 1983. Sendung vom 16. August 1983.

–: Foreign Broadcast Information Service. SAS-82-237. 8 Dezember 1983. Sendung vom 7. Dezember 1983.

»Khomeini, the ultimate theocrat«. London Independent, 8. August 1987, S. 8.

B. Kiernan: How Pol Pot Came to Power: A History of Communism in Kampuchea, 1930–1975. London 1985.

–: The Pol Pot Regime: Race, Power, and Genocide in Cambodia under the Khmer Rouge, 1975–1979. New Haven 1996.

J. Kifner: »Assassination in Israel: The inquiry; Israelis investigate far right; may crack down on speech«. New York Times, 8. November 1995, S. A1.

D. King: Lyndon LaRouche and the New American Fascism. New York 1989.

K. Kiyoyasu: »Aum Shinriko: Society begets an aberration«. Japan Quarterly 42 (1995), S. 376–83.

M. Klein: Die Psychoanalyse des Kindes [1932]. 2. Aufl., München-Basel 1971.

–: »A contribution to the psychogenesis of manic-depressive states«. In: Contributions to Psychoanalysis. London 1948, S. 40–70.
–: »Notes on some schizoid mechanisms«. Developments in Psychoanalysis, hrsg. von M. Klein u.a. London 1952.
–: »On identification«. New Directions in Psychoanalysis, hrsg. von M. Klein / P. Heimann / R. Money-Kyrle. New York 1957, S. 309–345.
–: Contributions to Psychoanalysis, 1920–1945. New York 1964.
G. Klineman / S. Butler / D. Conn / A. O. Miller: The Cult that Died: The Tragedy of Jim Jones and the People's Temple. New York 1980.
R. P. Knight: »The relationship of latent homosexuality to the mechanism of paranoid delusions«. Bulletin of the Menninger Clinic 4 (1940), S. 149–159.
R. Koenigsberg: Hitler's Ideology: A Study in Psychoanalytic Sociology. New York 1975.
A. Koestler: Sonnenfinsternis. Stuttgart 1948.
Koran. Der Heilige Qurân. Arabisch und Deutsch, hrsg. unter der Leitung von Hazrat Mirza Tahir Ahmad (Imam und Oberhaupt der Ahmadiyya Muslim Jamaat). 3. Aufl., Frankfurt a. M. 1993.
S. Kovaleski: »›One world‹ conspiracies prompt Montana militias' call to arms«. Washington Post, 29. April 1995, S. A1, A13.
L. Kovar: »A reconsideration of paranoia«. Psychiatry 29 (1966), S. 289–305.
M. Kramer: »The moral logic of hizballah«. Origins of Terrorism, hrsg. von W. Reich. Cambridge 1990, S. 131–157.
–: »The charmer«. New York Magazine, 7. Oktober 1985, S. 16–17.
P. Kramer: Listening to Prozac. New York 1993.
C. Krauss: »A rash of conspiracy theories«. Washington Post, 5. Juli 1991, S. C18.
J. R. Krebs / N. B. Davies (Hrsg.): Behavioral Ecology: An Integrated Approach. Oxford 1984.
J. R. Krebs / R. Dawkins: »Animal signals: Mind reading and manipulation«. Behavioral Ecology: An Integrated Approach, hrsg. von J. R. Krebs / N. B. Davies. Oxford 1984.
N. Kristof (mit S. WuDunn): »A guru's journey – a special report: The seer among the blind; Japanese sect leader's rise«. New York Times, 26. März 1995, S. A1.
–: »How Tokyo escaped even deadlier subway attack«. New York Times, 18. Mai 1995, S. A14.
–: »Japanese indict leader of cult in gas murders«. New York Times, 7. Juni 1995, S. A6.
H. Kyemba: A State of Blood: The Inside Story of Idi Amin. New York 1977.
R. Lacayo: »In the grip of a psychopath«. Time, 3. Mai 1993, S. 34–35.
J. Lachkar: The Narcissistic / Borderline couple. New York 1992.
J. Laffin: The Arab Mind Considered. New York 1975.

P. Lake: »An exegesis of the radical right«. California Magazine 10, Heft 4 (April 1985), S. 95–102.
M. Landis: Joseph McCarthy: The Politics of Chaos. Selingrove, Pa. 1987.
E. Langer: »The American neo-Nazi movement today«. The Nation, 16.–23. Juli 1990, S. 82–107.
W. C. Langer: The Mind of Adolf Hitler. New York 1972.
W. Laqueur: Black Hundred: The Rise of the Extreme Right in Russia. New York 1993.
– / Y. Alexander (Hrsg.): The Terrorist Reader. New American Library, 1987.
L. LaRouche: The Aquarian Conspiracy. Washington, D.C. 1980.
R. K. Larson: »In reading ›Orphans of Jonestown‹. Letter to the editor«. New Yorker, 27. Dezember 1993, S. 14, 16.
J. Lasaga: »Death in Jonestown: Techniques of political control by a paranoid leader«. Suicide and Life-Threatening Behavior 10 (Winter 1980), S. 210 bis 213.
R. Lax: »Thou shalt not kill: Some aspects of superego pathology«. The Spectrum of Psychoanalysis. Essays in Honor of Martin S. Bergman, hrsg. von A. K. Richards / A. Richards. Madison, Conn. 1994, S. 248–255.
S. Lay (Hrsg.): The Invisible Empire in the West. Urbana, Ill. 1992.
H. Y. Lee: The Politics of the Chinese Cultural Revolution. Berkeley 1978.
G. Lefebvre: La grande Peur de 1789 [engl.: The Great Fear of 1789. Rural Panic in Revolutionary France. New York 1970].
M. Lefkowitz: »Afrocentrists wage war on ancient Greeks«. Wall Street Journal, 7. April 1993, S. A3.
E. Lemert: »Paranoia and the dynamics of exclusion«. In: Human Deviance, Social Problems, and Social Control. Englewood Cliffs, 2. Aufl., N. J. 1972, S. 246–264.
S. Lenart / K. M. H. McGraw: »America watches ›Amerika‹«. Journal of Politics 51 (1989), S. 697–712.
J. Lester: Look out, whitey! Blackpower's gon' get your mama. New York 1968.
D. Levin: »Introduction«. What Happened in Salem?, hrsg. von D. Levin. Boston 1952, S. 7–17.
R. A. LeVine: Culture, Behavior, and Personality. Chicago 1973.
A. Levinson: »White paranoia grips black sector«. New Orleans Times-Picayune, 16. Februar 1992, S. A18 ff.
C. S. Lewis: Mere Christianity. New York 1952.
R. J. Lifton: The Nazi Doctors. London 1986.
C. E. Lincoln: The Black Muslims in America. Boston 1961.
R. Linton: Culture and Mental Disorders, hrsg. von G. Devereux. Springfield, Ill. 1956.

J. Listowel: Amin. Dublin 1973.
P. Loewenberg: »The psychohistorical origins of the Nazi youth cohort«. In: Decoding the Past. Berkeley-Los Angeles 1969, S. 240–283.
W. L. Lonner: »Issues in cross-cultural psychology«. Perspectives on Cross-Cultural Psychology, hrsg. von A. J. Masella / R. G. Tharp / T. J. Ciborowski. New York 1979, S. 17–45.
Louisiana Coalition Against Racism and Nazism: Resource packet. New Orleans 1991.
E. Lyons: Assignment in Utopia. New York 1937.
A. MacDonald: [siehe unter W. Pierce]
J. McGee / W. Claiborne: »The transformation of the Waco ›Messiah‹«. Washington Post, 9. Mai 1993, S. A1, A18, A19.
D. McHugh: »Conspiracy theories grow«. Detroit News and Free Press, 29. April 1995, S. A1, A6.
P. MacLean: The Triune Brain Evolution. London 1990.
W. H. McLeod: The Sikhs. New York 1989.
L. McMillen: »The power of rumor«. Chronicle of Higher Education, 23. März 1994, S. A6, A15.
A. J. Magida: Prophet of Rage: A Life of Louis Farrakhan and the Nation of Islam. New York 1996.
J. Maguire / M. Dunn: Hold Hands and Die: The Incredible True Story of the People's Temple. New York 1978.
Malcolm X: Autobiography. New York 1964. [dt.: Die Autobiographie, hrsg. von A. Haley. Bremen 1992].
Malcolm X / J. Farmer: »Separation or integration: A debate«. Negro Protest Thought in the Twentieth Century, hrsg. von F. L. Broderick / A. Meier. New York 1966, S. 357–83.
T. Maltsberger / D. Buie: »The devices of suicide: Revenge, riddance, and rebirth«. International Review of Psychoanalysis 7 (1980), S. 61–72.
M. Mamdani: Imperialism and Fascism in Uganda. London 1983.
T. Mangold: Cold Warrior: James Jesus Angleton, the CIA's Master Spy Hunter. New York 1991.
M. Maqsdi (Übers.): »Charter of the Islamic resistance movement (HAMAS) of Palestine«. Journal of Palestine Studies 22 (1993), S. 122–134.
P. Marnham: »In search of Amin«. Granta 17 (1985), S. 69–82.
D. Martin: General Amin. London 1974.
D. Martin: Wilderness of Mirrors. New York 1980.
R. Martin: »Religious violence in Islam: Toward an understanding of the discourse on Jihad in modern Egypt«. Contemporary Research on Terrorism, hrsg. von P. Wilkinson / A. M. Stewart. Aberdeen 1987, S. 54–71.

A. Mazrui: »Boxer Muhammad Ali and soldier Idi Amin as international political symbols«. Comparative Studies in Society and History 19 (1977), S. 189–215.

W. W. Meissner: The Paranoid Process. New York 1978.

–: »Narcissism and paranoia: A comment on paranoid psychodynamics«. Contemporary Psychoanalysis 15 (1979), S. 527–538.

–: Psychotherapy and the Paranoid Process. Northvale, N.J. 1986.

T. und M. Melady: Idi Amin Dada. Kansas City 1977.

J. G. Melton (Hrsg.): The Churches Speak on Abortion. Detroit 1989.

P. Merkl / L. Weinberg (Hrsg.): Encounters with the Contemporary Radical Right. Colorado Springs 1993.

A. Miller: »Why I wrote ›The Crucible‹.« New Yorker, 21. und 28. Oktober 1996, S. 158–164.

J. Mintz: »Militias meet the Senate with conspiracies to share«. Washington Post, 16. Juni 1995, S. A1, A10.

R. E. Money-Kyrle: Psychoanalysis and Politics. Westport, Conn. 1951.

L. Morrow / M. Smilgis: »Plunging into the labyrinth«. Time, 23. Dezember 1991, S. 74–76.

D. M. Mosley: A Life of Contrasts. New York 1977.

G. L. Mosse: Germans and Jews. New York 1970.

K. Muhammad: »The secret relationship between Blacks and Jews«. Rede am Kean College, N. J., 29. November 1993. (Tonbandaufzeichnung der Anti-Defamation League of B'nai B'rith).

J. Murray: »Narcissism and the ego-ideal«. Journal of the American Psychoanalytic Association 12 (1964), S. 477–511.

P. Mutibawa: Uganda Since Independence. London 1992.

G. Niebuhr: »A vision of an apocalypse: The religion of the far right«. New York Times, 22. Mai 1995. S. A8.

–: »To Church's dismay, priest talks of ›justifiable homicide‹ of abortion doctors«. New York Times, 24. August 1995, S. A12.

D. L. Niewyk: Socialist, Anti-Semite, and Jew. Baton Rouge, Lo. 1971.

–: The Jews in Weimar Germany. Baton Rouge, Lo. 1980.

»No man in the moon«. London Independent, 22. Juli 1994, S. 14.

P. Olsson: »In search of their fathers-themselves: Jim Jones and David Koresh«. Mind and Human Interaction 5 (August 1994), S. 85–96.

D. M. Oshinsky: A Conspiracy So Immense. New York 1983.

E. Osmer: »Did he kill the peace? Baruch Goldstein in his own words«. Multinational Monitor, 1988 / Reprint Washington Post, 6. März 1994, S. C1, C4.

R. Ostling: »A sinister search for identity«. Time, 20. Oktober 1986, S. 74.

M. Ostow: »Apocalyptic and fundamentalist thinking in mental illness and social disorder«. The Spectrum of Psychoanalysis: Essays in Honor of Martin S.

Bergman, hrsg. von A. K. Richards / A. Richards, Madison, Conn. 1994, S. 221–232.
C. Packer: »Reciprocal altruism in olive baboons«. Nature 265 (1977), S. 441 bis 443.
E. Paris: The End of Days: A Story of Tolerance, Tyranny, and the Expulsion of Jews from Spain. Amherst, N.Y. 1995.
B. Pascal: Pensées. Über die Religion und über einige andere Gegenstände. Heidelberg 1946.
R. A. Pastor: »From the United States looking in«. Limits to Friendship, hrsg. von R. A. Pastor / J. A. Castañeda. New York 1988, S. 78–92.
R. Payne: The Life and Death of Adolf Hitler. New York 1973.
B. Perry: Malcolm X. Barrytown, N.Y. 1991.
W. Pierce (Pseudonym: Andrew MacDonald): The Turner Diaries. 2. Aufl., Washington, D.C. 1980.
D. Pipes: In the Path of God. New York 1983.
–: »Whodunit?« Atlantic 263 (Mai 1989), S. 18–24.
–: »Israel, America, and Arab delusions«. Commentary 91 (März 1991), S. 26 bis 31.
–: »Dealing with Middle East conspiracy theories«. Orbis 36 (Winter 1992), S. 41–56.
–: The Hidden Hand: Middle East Fears of Conspiracy. New York 1996.
»Poll«. New Orleans Times-Picayune, 22. September 1996, S. A1, A16.
P. Popham: »Talk of the devil«. London Independent, 23. Juli 1994, S. 12.
G. L. Posner: Case Closed. New York 1993.
J. M. Post: »On aging leaders: Possible effects of the aging process on the conduct of leadership«. Journal of Geriatric Psychiatry 6 (1973), S. 109–116.
– »The seasons of a leader's life«. Political Psychology 2 (1980), S. 36–49.
–: »Dreams of glory and the life cycle«. Journal of Political and Military Sociology 12 (1984), S. 49–60.
–: »Notes on a psychodynamic theory of terrorism«. Terrorism 7, Heft 3 (1984), S. 241–256.
–: »Hostilité, fraternité, conformité: The group dynamics of terrorist behavior«. International Journal of Group Psychotherapy 36 (1986), S. 211–224.
–: »Narcissism and the charismatic leader-follower relationship«. Political Psychology 7 (1986), S. 675–88.
–: »The basic assumptions of political terrorists«. Irrationality in Social and Organizational Life. Proceedings of the Eighth A. K. Rice Institute Scientific Meeting, hrsg. von Z. Kranz. Washington, D.C. 1987.
–: »Terrorist psycho-logic: Terrorist behavior as a product of psychological forces«. Origins of Terrorism, hrsg. von W. Reich. Cambridge 1990.

J. M. Post / R. S. Robins: When Illness Strikes the Leader: The Dilemma of the Captive King. New Haven 1993.

J. M. Post / E. Semrad: »The psychosis-prone personality«. Mental Hospitals 16 (Februar 1965), S. 81–84.

S. A. Pressley: »For Rachel Koresh and kin, a deadly deception«. Washington Post, 28. April 1993, S. A1, A4.

»Pro-life hate violence in the name of God«. Reform Judaism (Sommer 1994).

»Psychiatrist rejects public view that cult survivors are ›crazy‹«. New York Times, 11. Oktober 1979, S. A10.

M. Puente: »Koresh ruled with scripture«. USA Today, 20. April 1993, S. 2A.

P. G. J. Pulzer: The Rise of Political Anti-Semitism in Germany and Austria. New York 1964.

L. und M. Pye: Asian Power and Politics. Cambridge 1985.

K. Rafferty: »Shokotactics«. Manchester Guardian, 16. Mai 1995, S. 72.

D. Rapoport (Hrsg.): Inside Terrorist Organizations. New York 1988.

–: »Sacred terror«. Origins of Terrorism, hrsg. von W. Reich. Cambridge 1990, S. 103–130.

H. Rauschning: Gespräche mit Hitler. Zürich 1940.

Records of Salem witchcraft. 2 Bde. Roxbury, Mass. 1864.

T.S. Reeves: The Life and Times of Joe McCarthy. New York 1982.

W. Reich: »The case of General Grigorenko: A psychiatric re-examination of a dissident«. Psychiatric 43 (1980), S. 303–323.

W. Reich: Character-Analysis. New York 1949.

T.R. Reid: »The doomsday guru: Japanese sect leader rose to venerated master after failure as acupuncturist, tonic vendor«. Washington Post, 24. März 1995, S. A25.

–: »Children of japan cult describe spartan life«. Washington Post, 19. April 1995, S. A26.

T. Reiterman / J. Jacob: Raven: The Untold Story of the Reverend Jim Jones and his People. New York 1982.

S. A. Renshon: Psychological Needs and Political Behavior. New York 1974.

J. Reston: Our Father Who Art in Hell. New York 1981.

J. M. Rhodes: The Hitler Movement: A Modern Millenarian Revolution. Stanford 1980.

L. P. Ribuffo: The Old Christian Right. Philadelphia 1983.

J. W. Ringwald: »An investigation of group reaction to central figures«. Analysis of Groups, hrsg. von G. Gibbard u.a. San Francisco 1974, S. 220–246.

M. J. Rioch: »All we like sheep (Isaiah 53:6): Followers and leaders« [1971]. Group Relations Reader I, hrsg. von A. D. Coleman / W. Harold Bexton. Washington, D. C. 1975, S. 159–177.

–: »The work of Wilfred Bion on groups«. Psychiatry (1971), S. 33, 55–56.
P. Robertson: The New World Order. Dallas 1991.
R. S. Robins: Political Institutionalization and the Integration of Elites. Beverly Hills 1976.
–: »Introduction«. Psychopathology and Political Leadership, hrsg. von R. S. Robins. New Orleans 1977, S. 1–33.
–: »Recruitment of pathological deviants into political leadership«. Psychopathology and Political Leadership, hrsg. von R. S. Robins. New Orleans 1977, S. 53–78.
–: »Disease, political events, and populations«. Biocultural Aspects of Disease, hrsg. von H. Rothschild. New York 1981, S. 153–175.
–: »Paranoid ideation and charismatic leadership«. Psychohistory Review 5 (1986), S. 15–55.
– / J. Handler: »The paranoid theme in the career of José Gaspar de Francia of Paraguay«. Biography 16 (1993), S. 346–368.
– / J. M. Post: »The paranoid political actor«. Biography 10 (1987), S. 1–19.
– / H. Rothschild: »Hidden health disabilities and the presidency: Medical management and political considerations«. Perspectives in Biology and Medicine (1981), S. 240–266.
– /–: »Ethical dilemmas of the president's physician«. Politics and the Life Sciences 7 (August 1988), S. 3–11.
G. Rochlin: Man's Aggression: The Defense of the Self. Boston 1973.
D. Rose (Hrsg.): The Emergence of David Duke and the Politics of Race. Chapel Hill 1992.
– / E. Esolen: »Duke for governor«. The Emergence of David Duke and the Politics of Race, hrsg. von D. Rose. Chapel Hill 1992, S. 197–241.
R. Rose: »Will Communists take over in 2002? Ask a John Bircher«. Wall Street Journal, 2. Oktober 1991, S. A1.
H. Rosen / H. E. Kiene: »The paranoic officer and the officer paranee«. American Journal of Psychiatry 103 (1947), S. 614–621.
R. A. Rosenstone: »*JFK:* Historical fact / historical film«. American Historical Review 97 (1992), S. 506–511.
B. Rosenthal: Salem Story. Cambridge 1993.
D. Rothstein: »Presidential assassination syndrome«. Archives of General Psychiatry 11 (1964), S. 245–254.
–: »Presidential assassination syndrome, 2: Applications to Lee Harvey Oswald«. Archives of General Psychiatry 15 (1965), S. 260–266.
–: »The assassin and the assassinated as non-patient subjects of psychiatric investigation«. Dynamics of Violence, hrsg. von J. Fawcett. Chicago 1971.
O. Roy: The Failure of Political Islam. Engl. Übers. Cambridge, Mass. 1994.

S. Rutan / W. Stone: Psychodynamic Group Psychotherapy. 2. Aufl., New York 1993.

L. Salzman: »Paranoid state: theory and theraphy«. Archives of General Psychiatry 2 (1960), S. 679–693.

–: [Rezension] »D. W. Swanson / J. P. Bohnert / J. A. Smith: The paranoid«. Psychiatry 34 (1971), S. 442–445.

L.T. Sargent (Hrsg.): Extremism in America: A Reader. New York 1995.

C. Savage / A. H. und D. C. Leighton: »The problem of cross-cultural identification of psychiatric disorders«. Approaches to Cross-Cultural Psychiatry. Ithaca 1965, S. 21–63.

R. H. Sawyer: »The truth about the invisible empire knights of the Ku Klux Klan (Rede vor 6000 Einwohnern von Portland, Oregon, am 22. Dezember 1921)«. The Invisible Empire in the West: Towards a New Appraisal of the Ku Klux Klan of the 1920s, hrsg. von S. Lay. Urbana, Ill. 1992, S. 11 bis 12.

M. Sayle: »Nerve gas and the four noble truths«. New Yorker, 1. April 1996, S. 56 bis 71.

I. Schiffer: Charisma. Toronto 1973.

R. Schifter: »The legacy of Communism«. Paper presented at the thirteenth Annual Meeting of the International Society of Political Psychology. Washington, D.C., Juli 1990.

S. Schmemann: »Assassination in Israel: The politics; now the finger pointing begins«. New York Times, 10. November 1995, S. A8.

–: »Police say Rabin killer led sect that laid plans to attack Arabs«. New York Times, 11. November 1995, S. A1.

S. Schmidt / T. Kenworthy: »Michigan fringe group's leader has national reputation«. Washington Post, 25. April 1995, S. A5.

K. Schneider: »Fearing a conspiracy, some heed a call to arms«. New York Times, 14. November 1994, S. A1, A14.

–: »Manual for terrorists extols ›greatest cold-bloodedness‹«. New York Times, 29. April 1995, S. A10.

J. Schofield / M. Pavelchak: »The day after: The impact of a media event«. American Psychologist 40 (1985), S. 542–548.

T. S. Schor: »The structure and stuff of rural violence in a north Andean valley«. The Human Mirror, hrsg. von M. Richardson. Baton Rouge, Lo. 1974, S. 269 bis 299.

P. C. Sederberg: Fires Within: Political Violence and Revolutionary Change. New York 1994.

M. Shafir: »Anti-Semitism without Jews in Romania«. Report on Eastern Europe 2, Heft 24 (14. Juni 1991), S. 22–28.

A. Shapiro: »Notes on illness and death in American presidents«. Advances 8, Heft 3 (Sommer 1992), S. 62–69.

D. Shapiro: Neurotic Styles. New York 1967.

W. Shawcross: The Quality of Mercy: Cambodia, Holocaust, and Modern Conscience. New York 1984.

C. Smith: »Soul Searching«. Far Eastern Economic Review 158, Heft 21 (25. Mai 1995), S. 14–16.

G. I. Smith: Ghosts of Kampala. London 1980.

L. B. Smith: Treason in Tudor England: Politics and Paranoia. Princeton 1986.

M. J. Smith: On Evolution. Edinburgh 1972.

–: »The theory of games and the evolution of animal conflict«. Journal of Theoretical Biology 47 (1974), S. 209–221.

–: »Evolution and the theory of games«. American Scientist 64 (1976), S. 41–45.

–: »Game theory and the evolution of behavior«. Proceedings of the Royal Society 205 (1979), S. 474–488.

–: Evolution and the Theory of Games. Cambridge 1983.

–: »Ownership and honesty in competitive interactions«. Behavioral Brain Science (1986), S. 742–744.

C. P. Snow: Varieties of Men. New York 1966.

A. Spaeth: »Engineer of doom«. Time, 12. Juni 1995, S. 57.

A. Speer: Erinnerungen. 2. Aufl., Berlin 1979.

–: Spandauer Tagebücher, 2. Aufl., Frankfurt a. M.–Berlin–Wien 1977.

V. Speitel: »Wir wollten alles und gleichzeitig nichts«. Der Spiegel 33 (11. August) 1980, S. 103.

R. Spitz / W. G. Cobliner: The First Year of Life: A Psychoanalytic Study of Normal and Deviant Object Relations. New York 1965.

E. Spinzak: »From Messianic pioneering to vigilante terrorism: The case of the Gush Emunim underground«. Journal of Strategic Studies, 4. Oktober 1987, S. 194–216. Auch in: Inside Terrorist Organizations, hrsg. von D. Rapoport. New York 1988, S. 195–216.

J. W. Stalin: Werke Bd. 1–13. Berlin 1951 ff.

O. W. Stalstrom: »Querulous paranoia: Diagnosis and dissent«. Australian and New Zealand Journal of Psychiatry 14 (1980), S. 145–150.

M. L. Starkey: The Devil in Massachusetts. New York 1949.

R. Steel: »Mr. Smith goes to the twilight zone«. New Republic, 3. Februar 1992, S. 30–32.

H. Stein: Developmental Time, Cultural Space. Norman, Okl. 1987.

Stevens u. a.: »Stimulation of caudate nucleus: Behavioral effects of chemical and electrical stimulation«. Archives of Neurology 4 (1961), S. 47–54.

H. Stierlin: Adolf Hitler: A Family Perspective. New York 1976.

S. Strasser / T. Post: »A cloud of terror – and suspicion«. Newsweek, 3. April 1995, S. 36–41.
B. Sturm: »In the trenches for the wrong cause«. Der Spiegel, Heft 7, 1972, S 57.
C. Sullivan: »The facts of King's death still hidden, observers say«. New Orleans Times-Picayune, 4. April 1993, S. A4.
H. S. Sullivan: Clinical Studies in Psychiatry. New York 1956.
K. Sullivan: »Tokyo judge sets in motion seizure of Aum cult assets«. Washington Post, 31. Oktober 1995, S. 8.
S. H. Surlin: »›Roots‹ research: A summary of findings«. Journal of Broadcasting 22 (1978), S. 309–320.
D. W. Swanson / J. P. Bohnert / J. A. Smith: The Paranoid. Boston 1970.
A. Swardson: »Guns have kept us free«. Washington Post, 23. April 1995, S. A22.
A. Taheri: Holy Terror. Bethesda 1987.
V. Tausk: »On the origins of the ›influencing machine‹ in schizophrenia«. Psychoanalytic Reader, hrsg. von R. Fliess, Bd. 1 [1919]. Reprint New York 1948, S. 52–85.
K. Thomas: Religion and the Decline of Magic. New York 1971.
S. B. Thomas / S. C. Quinn: »The Tuskeegee syphilis study, 1932–1972«. American Journal of Public Health 60 (1991), S. 1498–1505.
R. Thornhill: »Adaptive female mimicking behavior in a scorpion fly«. Science 205 (1979), S. 412–415.
R. Trivers: Social Evolution. Menlo Park, Calif. 1985.
R. C. Tucker: »The dictator and totalitarianism«. World Politics 17 (1965), S. 555–583.
–: »The theory of charismatic leadership«. Daedalus 97 (1968), S. 731–756.
–: Stalin as Revolutionary, 1879–1929. New York 1973.
– (Hrsg.): Stalinism. New York 1977.
–: »The rise of Stalin's personality cult«. American Historical Review 84 (1979), S. 347–366.
–: Politics as Leadership. Columbia, Miss. 1981.
–: »Does big brother really exist?« Psychoanalytic Inquiry 2 (1982), S. 118–132.
–: Stalin in Power, 1929–1941. New York 1990.
M. Tully / S. Jacob: Amritsar: Mrs. Gandhi's Last Battle. London 1985.
P. A. Turner: I heard it Through the Grape-vine: Rumor in African-American Culture. Berkeley 1994.
P. M. Turquet: »Leadership: The individual and the group«. Analysis of Groups, hrsg. von G. Gibbard / J. J. Hartman / R. D. Mann. San Francisco 1974, S. 349–371.
»Two militia figures lose platforms«. Washington Post, April 1995, S. A13.

A. Ugandan: »In Uganda, dead, dead, dead, dead«. New York Times, 12. September 1977, S. 33.
A. B. Ulam: In the Name of the People: Prophets and Conspirators in Prerevolutionary Russia. New York 1977.
R. B. Ulman / D. W. Abse: »The group psychology of mass madness: Jonestown«. Political Psychology 4 (1983), S. 637–662.
G. Vaillant: The Wisdom of the Ego. Cambridge, Mass. 1993.
J. M. Van Buren / C. L. Li / G. A. Ojemann: »The fronto-striatal arrest response in man«. Electroencephalography Clinical Neurophysiology 21 (1966), S. 114–130.
S. Verhovek: »›Messiah‹ fond of rock, women, and Bible«. New York Times, 3. März 1993, S. A1, B10.
W. E. Vine u. a.: An Expository Dictionary of Biblical Words. Nashville 1984.
V. Volkan: »Narcissistic personality organization and reparative leadership«. International Journal of Group Psychotherapy 30 (1980), S. 121–152.
–: »The need to have enemies and allies: A developmental approach«. Political Psychology 6 (1985), S. 219–248.
–: The Need to Have Enemies and Allies. Northvale, N. J. 1988.
D. Volkogonov: Lenin. New York 1994.
E. Von Domarus: »The specific laws of logic in schizophrenia«. Language and Thought in Schizophrenia, hrsg. von J. S. Kasinin. Berkeley 1944, S. 104–113.
M. Vovelle: »Ideologies and mentalities«. Culture, Ideology, and Politics, hrsg. von R. Samuel / G. S. Jones, London 1982, S. 2–11.
R. Waelder: »Characteristics of totalitarianism«. The Psychoanalytic Study of Society, hrsg. von W. Muensterberger / S. Axelrad. New York 1960, S. 11–25.
R. G. L. Waite: »Adolf Hitler's anti-Semitism«. The Psychoanalytic Interpretation of History, hrsg. von B. B. Wolman. New York 1971, S. 192–230.
–: The psychopathic god. New York 1976.
M. Weber: »An attempt on the mind of Idi Amin«. The Listener 90 (6. September 1973), S. 297–299.
M. Weber: Wirtschaft und Gesellschaft (= Grundriß der Sozialökonomik III. Abt.). Tübingen 1922.
G. L. Weinberg (Hrsg.): Hitlers Zweites Buch. Ein Dokument aus dem Jahr 1928. Stuttgart 1961.
R. Weisman: Witchcraft, Magic, and Religion in Seventeenth-century Massachusetts. Amherst, Mass. 1984.
R. Welch: God Forgive Us. Chicago 1952.
–: The Blue Book of the John Birch Society. Belmont, Mass. 1961.
–: The Politician. Belmont, Mass. 1964.
T. White: The Making of the President, 1960. London 1962.

D. Williams: »Rabbi's reaction to killing: We have to make a tear in our shirt«. Washington Post, 10. November 1995, S. A35.

J. A. Williams (Hrsg.): Themes of Islamic civilization. Berkeley 1971.

A. R. Wilner: The Spellbinders. New Haven 1984.

J. Wilson: Lectures on Our Israelite Origin. 5. Aufl., London 1876.

D. Winnicott: The Motivational Process and the Facilitating Environment. New York 1965.

R. S. Wistrich: Anti-semitism: The Longest Hatred. New York 1991.

R. Wood: »Right-wing extremism and the problem of rural unrest«. Rural Criminal Justice, hrsg. von T. D. McDonald / R. A. Wood / M. A. Flug. O.O. 1996, S. 217–234.

L. Wright: »Orphans of Jonestown«. New Yorker, 22. Dezember 1993, S. 66–89.

S. WuDunn: »Secretive Japan sect evokes both loyalty and hostility«. New York Times, 24. März 1995, S. A1.

–: »For ex-cult members in Japan, a hard, slow recovery«. New York Times, 5. Juni 1995, S. 3.

C. Yaeger: »Armageddon tomorrow: The Posse Comitatus prepares for the future«. TVI Report 11, Heft 2 (1994), S. 16–20.

H. J. Zee: »The Guyana incident: Some psychoanalytic considerations«. Bulletin of the Menninger Clinic 44 (1980), S. 345–363.

B. Zelizer: Covering the Body. Chicago 1992.

L. Zeskind: The »Christian Identity« Movement: A Theoretical Justification for Racist and Anti-Semitic Violence. Atlanta 1986.

M. Zonis: »Self-objects, self-representation, and sense-making crises: Political instability in the 1980s«. Political Psychology 5, Heft 2 (1984), S. 267–285.

– / D. Brumberg: »Khomeini, the Islamic republic of Iran, and the Arab world«. Harvard Middle East Papers, Cambridge, Mass, 1987.

– / C. Joseph: »Conspiracy thinking in the Middle east«. Political Psychology 15, Heft 3 (1994), S. 443–459.

Register

Danksagung

Kollegen und Studenten, unsere Familien und Freunde haben uns sehr geholfen, indem sie mit uns, zum Teil heftig, über das Vorhaben debattiert haben. Wir können nicht jedem einzelnen unseren Dank aussprechen, aber ausdrücklich gedankt sei hier insbesondere Fred Alford, Stephen Ambrose, Michael Barkun, Jason Berry, Roderick Camp, Brandon Clark, Lisa Cooper, David Chandler, Herman Freudenberger, Rajat Ganguly, Mark Gasiorowski, Lance Hill, F. Robert Hunter, Glen Jeansonne, Allen Johnson jr., Jeffrey Kaplan, Cheryl Koopman, Richard Latner, Roger Masters, Leo Ribuffo, Douglas Rose, Carol Rosenblum, Steven Rosenblum, Annelies J. Sheehan, Morris C. Sheehan, Kenneth Stern, Ray Taras, Robert Waite und Robert Wood.

Zu Dank verbunden sind wir auch Robert C. Tucker, Emeritus der Princeton University, und Marvin Zonis von der University of Chicago für ihr lang anhaltendes Interesse an diesem Projekt und ihre nützlichen Anregungen.

Nicht minder gilt unser Dank unseren Frauen, Carolyn Ashland Post und Marjorie McGann Robins, für ihre Unterstützung und ihre konstruktive Kritik.

Gladys Topkis, unserer Lektorin bei Yale University Press, danken wir für ihre Begeisterung, ihren scharfen Verstand, für Geduld und ihr Gespür für den richtigen Stil. Dank auch an Jenya Weinreb und Brenda Kolb, deren sorgfältige Redaktion und überlegte Korrekturen in vielerlei Hinsicht von Vorteil waren. Und ein besonderes Dankeschön an Keven Ruby, unsere brillante wissenschaftliche Hilfskraft, dessen nachdenkliche Aufmerksamkeit und Beharrlichkeit von außerordentlicher Wichtigkeit für die Vollendung unseres Buches waren.

Robert Robins war Gastprofessor an der Tavistock-Klinik und Gastwissenschaftler am Wellcome Institute for the History of Science, beides in London. Außerdem nahm er am New Orleans Psychoanalytic Applied Analysis Seminar teil. Diese Institutionen waren ein anregendes geistiges Umfeld in einer wichtigen Phase der Arbeit an diesem Buch.

Jerrold Post war von 1990 bis 1993 Stipendiat der Carnegie Corporation in New York. Die Unterstützung bei den Forschungen zur politischen Psychologie stellte eine große Hilfe in der ersten Phase der Recherchen für dieses Buch dar.